Hans-Dieter Gelfert

Charles Dickens

der Unnachahmliche

Hans-Dieter Gelfert

Charles Dickens

der Unnachahmliche

BIOGRAPHIE

Verlag C.H.Beck

Mit 70 Abbildungen

2. Auflage. 2012

Satz: Fotosatz Amann, Aichstetten
Druck und Bindung: CPI – Ebner & Spiegel, Ulm
Gedruckt auf säurefreiem, alterbeständigem Papier
(hergestellt aus chlorfrei gebleichtem Zellstoff)
Printed in Germany
ISBN 978 3 406 62217 5

www.beck.de

Inhalt

LEBEN UND WERK

ANHANG

Vorwort

The Inimitable, «der Unnachahmliche» – so nannte sich Dickens selbstironisch, doch voller Stolz, seit William Giles, sein erster Schullehrer, ihm 1836 aus Bewunderung eine silberne Schnupftabakdose mit der Gravur *The inimitable Boz* schickte. Damals war von Dickens nicht mehr als die unter diesem Pseudonym erschienenen *Skizzen von Boz* auf dem Markt, während sein in Fortsetzungen publizierter erster Roman *Die Pickwickier* noch im Erscheinen begriffen war. Deshalb gebührt dem jungen Lehrer und Baptistenprediger das Verdienst, als erster das Genie eines Mannes erkannt zu haben, dessen Name heute stellvertretend für eine ganze Epoche steht. Nur Shakespeare und Dr. Johnson werden in England als ähnlich repräsentativ für ihr Zeitalter empfunden.

Dickens' Name beschwört eine Welt von unverwechselbarer Eigenart, weshalb das Adjektiv *Dickensian* zu einem festen Bestandteil der englischen Sprache geworden ist. Mit seinen Romanen schuf er einen Kosmos, aus dem mehr unvergessliche Figuren in die Alltagsmythologie der Engländer übergegangen sind als aus den Werken aller übrigen Dichter der Insel, Shakespeare eingeschlossen. Bis in die Mitte des vorigen Jahrhunderts umgab ihn aber auch die negative Aura des bloß Populären und nicht ganz Seriösen. Anspruchsvolle Leser neigten dazu, zwar seine Genialität anzuerkennen, zugleich aber auf ihn als einen Erzähler von Märchen für Erwachsene herabzublicken.

Es ist vor allem das Verdienst des amerikanischen Kritikers Edmund Wilson, dieses Fehlurteil korrigiert zu haben. Mit seinem 1939 gehaltenen Vortrag *Dickens: The Two Scrooges* leitete er eine Wende in der Dickenskritik ein, die danach – dank weiterer Arbeiten vorwiegend von Amerikanern wie Dorothy van Ghent, J. Hillis Miller und Mark Spilka – Dickens' Werke nicht länger im viktorianischen Kontext, sondern eher in der Nähe Kafkas sah. Dieses neu erwachte Interesse, das 1970 in den Publikationen zum 100. Todestag kulminierte, ist inzwischen abgeflaut. In Deutschland war es gar nicht erst angekommen. Hier entspricht das allgemeine Dickensbild noch immer weitgehend dem seiner ersten Leser im 19. Jahrhundert. Für sie war Dickens der große Humorist und Sozialkritiker, der ein warmes Herz für die Mühseligen und Beladenen hatte und das Elend der Welt mit Humor zu lindern versuchte. Dass seine Werke nicht nur diese therapeutische Wirkung haben, sondern vor allem einen diagnostischen Blick in die *conditio humana* eröffnen, ist vom deutschen Lesepublikum bisher kaum erkannt worden. Da das vorliegende Buch zu dieser Sicht auf Dickens beitragen will, ist es nicht als reine Biographie, sondern als Monographie über Leben und Werk des Dichters angelegt.

Mit Dickens-Biographien ist der englische Buchmarkt bestens versorgt. Schon kurz nach seinem Tod brachte sein lebenslanger Freund und Ratgeber John Forster eine heraus, in der Dickens selber ausgiebig zu Wort kommt, da Forster aus den über tausend Briefen zitiert, die der Freund an ihn schrieb. Weitere Meilensteine in der akribischen Erforschung von Dickens' Leben sind die Biographien von Edgar Johnson, Fred Kaplan, Peter Ackroyd und die 2009 erschienene von Michael Slater, dem hervorragenden Dickens-Kenner und Autor zahlreicher Bücher und Aufsätze über ihn. Weniger Beachtung bei der kritischen Zunft fand die 1979 erschienene Biographie von Norman und Jeanne Mackenzie, die sich als erste auf die kritische Edition der Briefe stützte und auf eine sehr leserfreundliche Weise das Leben des Dichters erzählt. Dass sie so wenig gewürdigt wurde, rührt wohl daher, dass schon neun Jahre später Fred Kaplan seine mit festerem Zugriff geschriebene Biographie folgen ließ. Deutschen Lesern steht nur die Biographie der Mackenzies in einer guten Übersetzung von Edmund Jacoby zur Verfügung. Sie enthält, trotz einiger Ungenauigkeiten, alles Wesentliche. Eine noch akribischere Lebensbeschreibung als die von Michael Slater zu schreiben erscheint dem Verfasser des vorliegenden Buches überflüssig und für deutsche Leser wohl auch von geringem Interesse. Was dagegen hierzulande fehlt, ist ein Dickensporträt, das zugleich eine Vorstellung vom literarischen Rang des großen Erzählers vermittelt.

Beim biographischen Teil dieses Buches wäre es müßig gewesen, das von Slater gesichtete Material noch einmal an den Quellen zu überprüfen. Die wenigen Rätsel, die Dickens' Leben aufgibt – hauptsächlich das seiner Beziehung zu Ellen Ternan –, werden sich nicht weiter aufklären lassen; alles andere hat Slater so gründlich erforscht, dass sich der Autor getrost auf ihn verlassen und ihm hier vorab seinen Dank abstatten kann. Weitere Informationsquellen, die das gleiche Lob und den gleichen Dank verdienen, sind das von Paul Schlicke herausgegebene Handbuch *Oxford Reader's Companion to Dickens* (1998) und das von Paul Davis zusammengestellte Nachschlagewerk *A Charles Dickens A to Z. The Essential Reference to his Life and Work*, das ebenfalls 1998 zum ersten Mal erschien und 2009 in einer erweiterten Fassung herauskam. Hilfreich ist auch noch immer Norman Pages *A Dickens Companion* (1984). Die Hauptquelle für biographische Information war selbstverständlich die zwölfbändige Ausgabe von Dickens' Briefen, deren Herausgebern deshalb der größte Dank gebührt.

Deutsche Leser mag es irritieren, wenn in dieser Biographie immer wieder Dickens' Einkünfte erwähnt werden. Das war bereits in Forsters Biographie ein auffälliges Merkmal. Berechtigt sind diese Angaben insofern, als Dickens wie kein anderer Autor seiner Zeit seinen Wert zum Höchstpreis auf den Markt brachte. Deutsche Dichterbiographien behandeln das Geld meist als eine anrüchige Sache und lassen sich selten dazu herab, Honorare zu beziffern. Bei einem Autor wie Dickens, der mehr Zeit und Arbeit in philanthropische Unternehmungen investierte als die Mehrzahl seiner Kollegen, tut es seiner Ehre keinen Abbruch, wenn man ihn auch als einen hart verhandelnden Geschäftsmann vorstellt.

Ein anderes Ressentiment, das ebenso weit verbreitet ist wie das gegenüber dem Geld, ist der Verdacht, dass ein populärer Autor keiner von den ganz Großen sein kann. Dieses Vorurteil, gegen das wohl nur Amerikaner immun sind, war schon bei Dickens' Zeitgenossen im eigenen Land zu spüren und hat bis heute dazu geführt, dass selbst mancher Kritiker, der Dickens als Künstler anerkannte, dies mit intellektuellem Naserümpfen tat.

Noch ein drittes Vorurteil stand einer gerechten Beurteilung seiner Erzählkunst von Anfang an im Wege: es betrifft seinen Gebrauch von unwahrscheinlichen Koinzidenzen. Nun ist aber in Forsters Biographie zu lesen: «Auf Koinzidenzen, Ähnlichkeiten und Überraschungen im Leben kam Dickens besonders gern zu sprechen, und wenige Dinge beschäftigten seine Fantasie so angenehm. Die Welt, pflegte er zu sagen, ist so viel kleiner als wir glauben; wir alle sind ohne unser Wissen schicksalhaft miteinander verknüpft.» Wenn dieser Gedanke von Forster an anderer Stelle als Dickens' «Lieblingstheorie» bezeichnet wird, darf man auch die Koinzidenzen in seinen Romanen nicht einfach als bloße Spannungsmittel abtun, sondern muss sie als Teil seiner Weltsicht ernstnehmen.

Das Ziel des vorliegenden Buches ist es, neues Interesse für einen der größten Prosadichter der englischen Sprache – wenn nicht den größten überhaupt – zu wecken. Wer die Beschwörungskraft von Dickens' Sprache, ihre geniale Sprachkomik und ihre von heiterer Skurrilität bis zu makabrem Grausen reichende Ausdrucksskala im Original kennt, wird jeden Übersetzer bedauern, der sich daran versucht. Der volle Genuss dieser Sprache ist nur im Original zu haben, während sich der tiefere Gehalt der Werke auch aus Übersetzungen entnehmen lässt – vorausgesetzt, man ist bereit und willens, über die Ausbrüche von Pathos und Sentimentalität hinwegzusehen, die den heutigen Leser erst einmal abschrecken. Lässt man sich dann aber in die Romane hineinziehen, wird man in ihnen eine in Bilder übersetzte Weltsicht finden, die eher an Kafka als an die bürgerliche Welt des 19. Jahrhunderts erinnert. Diese vom viktorianischen Gewand verdeckte Modernität des Dichters harrt in Deutschland noch immer der Entdeckung.

Da Dickens' Hauptwerke deutschen Lesern unter deutschen Titeln vertraut sind, werden sie hier unter diesen Titeln besprochen. Daneben werden aber auch die Originaltitel verwendet, um das Nachschlagen in englischsprachigen Informationsquellen zu erleichtern. Bei Nebenwerken wird auf die deutsche Übersetzung der Originaltitel verzichtet, wenn anzunehmen ist, dass heutige Leser sie ohne weiteres verstehen werden. Zur Erleichterung lexikalischer Informationsentnahme wird ein Teil des Faktenmaterials im Anhang nachgetragen oder zusammenfassend wiederholt.

Dickens' England

Dickens lebte in einer Zeit, die als die viktorianische bezeichnet wird. Zwar war er schon 25 Jahre alt, als Viktoria den Thron bestieg, doch da die Epoche auch als das Zeitalter der Reformen gilt, lässt man sie gewöhnlich mit dem Jahr 1832 beginnen, in dem das erste große Reformgesetz verabschiedet wurde. Dieses Gesetz war lange überfällig und wäre wahrscheinlich schon früher von den fortschrittlichen Kräften durchgesetzt worden, wenn nicht die Französische Revolution die Angst geschürt hätte, dass eine Demokratisierung des Wahlrechts die Schleusentore für einen Umsturz öffnen könnte. Als die Briten dann lange Zeit allein den Krieg gegen Napoleon führen mussten, waren selbst die Sympathisanten der Revolution patriotisch genug, der eigenen Regierung nicht mit Reformforderungen in den Rücken zu fallen. Doch sobald Frankreich besiegt war, brachen die alten Konflikte neu auf.

Im 18. Jahrhundert hatte das englische Bürgertum einen stetigen Aufstieg erlebt. Sein politischer Anwalt war das *House of Commons*, das als Unterhaus jahrhundertelang dem Oberhaus der *Lords* nachgeordnet war, aber schon unter Elisabeth I. die politische Initiative an sich gezogen hatte und durch die Glorreiche Revolution und die dem König abgetrotzte Bill of Rights von 1689 zum Zentrum der Macht geworden war. Doch von Demokratie konnte trotzdem keine Rede sein, da die Zusammensetzung des Unterhauses in keiner Weise das Volk repräsentierte. Die älteste Hürde für eine Demokratisierung des Wahlrechts waren die sogenannten *rotten boroughs*, die ‹verrotteten Wahlkreise›. So nannte man jene Städte, die seit dem Spätmittelalter das verbriefte Recht hatten, zwei Abgeordnete ins Parlament zu schicken, obwohl sie nach der industriellen Revolution und der dadurch ausgelösten Bevölkerungswanderung nur noch wenige Einwohner hatten, während umgekehrt die erst vor kurzem aus Dörfern hervorgegangenen bevölkerungsreichen Industriestädte im Parlament nicht vertreten waren. Typische Beispiele, die in diesem Zusammenhang immer genannt werden, sind

Old Sarum, das nur noch sieben Einwohner hatte, und Dunwich, dessen größter Teil von mehreren Sturmfluten ins Meer gespült worden war. Beide Orte behielten trotzdem ihre Parlamentssitze, deren Besetzung die jeweiligen Grundeigentümer bestimmten. Die Wahl der Abgeordneten erfolgte in den einzelnen Boroughs auf ganz unterschiedliche Weise, je nachdem, was vor Jahrhunderten im Stadtbrief festgeschrieben worden war. In einigen Städten hatten fast alle Männer das Wahlrecht, in anderen nur wenige Honoratioren, in wieder anderen alle, die auf einem Herd einen ‹Pott› zum ‹wallen› bringen konnten: das waren die *potwaller*-Städte, die man verächtlich auch *potwallopers* nannte. Wenn das Wahlrecht demokratischer werden sollte, musste zuallerst das Problem der *rotten boroughs* gelöst werden. Diesen Anfang machte das Reformgesetz von 1832, das nur gegen den massiven Widerstand des *landed interest*, d. h. der Großgrundbesitzer, durchgesetzt werden konnte. Nachdem es das Unterhaus passiert hatte, konnten die Lords im Oberhaus nur durch Androhung eines Peerschubs zur Zustimmung bewegt werden. Würden sie sich noch länger weigern, so die Drohung, würde König Wilhelm IV. so viele neue Lords aus dem liberalen Lager kreieren, bis dieses die Mehrheit hätte. Die unmittelbare Auswirkung des Reformgesetzes war gering. Die Zahl der Wahlberechtigten stieg nur von 478 000 auf 814 000. Doch der Damm war gebrochen, und die beiden folgenden Gesetze von 1867 und 1884 sorgten für die weitere Ausdehnung des Wahlrechts, allerdings nur für Männer.

Das zweite gravierende Problem, das unmittelbar nach dem Sieg über Napoleon aufbrach, war das der *corn laws*. Während des Krieges war England durch die von Napoleon verhängte Kontinentalsperre von seinen früheren Getreidelieferanten abgeschnitten, was die Kornpreise in die Höhe getrieben hatte. Da die Großgrundbesitzer fürchteten, dass mit dem Wiederbeginn des Seehandels die Preise durch Importe fallen würden, setzten sie im Parlament hohe Kornzölle durch, die ihnen weiterhin die gewohnten Einkünfte aus dem Getreideanbau sicherten. Für die Arbeiterschicht bedeutete das einen hohen Brotpreis, weshalb sie die Abschaffung der Zölle forderten. Hierbei hatten sie die Fabrikbesitzer auf ihrer Seite; denn die brauchten gut genährte Arbeiter, wollten aber keine höheren Löhne zahlen. So spalteten die *corn laws* das Volk in zwei Lager.

Bei einem anderen Problem verlief die Lagerbildung umgekehrt. Hier ging es um den Kampf der Arbeiter für bessere Arbeitsbedingungen, vor allem um die Verkürzung der täglichen Arbeitszeit, um Einschränkung der Kinderarbeit und später auch um ein Verbot von Frauenarbeit in Bergwerken. Jetzt standen die konservativen Grundbesitzer, sofern sie nicht zugleich Fabrikbesitzer waren, auf der Seite der Arbeiter, während die Unternehmer mit allen Mitteln versuchten, die sogenannten *factory acts* zu verhindern. Ihren einflussreichsten Freund unter den Konservativen fanden die Arbeiter in Lord Ashley, der 1851 nach dem Tode seines Vaters Graf Shaftesbury wurde und meist unter diesem Namen in den Geschichtsbüchern erscheint. Doch schon vorher hatte er eine Reihe von *factory acts* durch das Parlament gebracht, was zur schrittweisen Verbesserung der Arbeitsbedingungen und zur Beseitigung der schlimmsten Missstände in den Fabriken führte.

Die Arbeiter selber hatten bereits im Jahr nach Waterloo ihren Unmut artikuliert, als sie in Spa Fields in London eine Protestversammlung abhielten, auf die die Regierung mit der Suspendierung der *Habeas Corpus*-Akte reagierte. Dieses Gesetz von 1679 verbot es, Bürger ohne richterlichen Beschluss für längere Zeit festzunehmen. Es galt deshalb als das nach der Magna Charta wichtigste Bollwerk zum Schutz des Bürgers gegen die Staatsmacht. Ein Jahr nach Spa Fields folgte der Protestmarsch der Blanketeers, so benannt nach den *blankets*, den Wolldecken, die sie zum Schutz gegen Polizeiknüppel trugen. 1819 kam es dann in Manchester zum sogenannten Peterloo-Massaker, als sich auf dem St. Peter's-Feld 60 000 Demonstranten zusammenfanden. Ihr Protest wurde mit brutaler Gewalt niedergeschlagen, wobei elf Personen getötet und weitere vierhundert verletzt wurden. Dieser Vorfall steht am Anfang einer Bewegung, die mit dem Begriff *radicalism* bezeichnet wurde, den auch Dickens für sich in Anspruch nahm. Der zunächst noch spontane Protest der Arbeiter nahm 1837 eine organisierte Form an, als einige besonnene Wortführer die *People's Charter* verfassten, in der fünf Forderungen aufgestellt wurden: allgemeines Wahlrecht für alle erwachsenen Männer, geheime Wahl, Bezahlung der Abgeordneten, Abschaffung aller Eigentumsqualifikationen für das passive Wahlrecht und alljährliche Wahl. Der unter dem Banner dieser Carta geführte Kampf, der als *chartism* in die Geschichtsbücher einging, dauerte bis 1849. Zu diesem Zeitpunkt war zwar keine der fünf Forderungen erfüllt, doch drei Jahre zuvor hatte das Parlament unter dem Eindruck einer furchtbaren Missernte mit anschließender Hungersnot den von Premierminister Robert Peel eingebrachten Gesetzesentwurf zur Abschaffung der Kornzölle passieren lassen. Damit war der Protestbewegung der Wind aus den Segeln genommen, und der nun einsetzende Freihandel tat ein Übriges, den Lebensstandard der Arbeiterschicht zu heben, so dass das Interesse an organisiertem Protest erlahmte.

Die durch Radikalismus geprägte Epoche pflegt man als Frühviktorianismus vom Hochviktorianismus abzugrenzen, wobei als Einschnitt meist das Jahr 1851 gewählt wird, in dem England seine führende Position als erste Wirtschaftsmacht der Welt mit der Großen Weltausstellung in London demonstrierte. Die darauf folgende Epoche zeichnete sich durch Wirtschaftswachstum und dadurch bedingten sozialen Frieden aus. Jetzt richteten sich die politischen Energien auf den Auf- und Ausbau des zweiten Empire mit dem «Kronjuwel» Indien. Dort herrschte, zunächst mit den unblutigen Waffen des Handels, die East India Company. Doch als es 1857 zum Aufstand von Teilen der indischen Bevölkerung kam, nahm die Regierung dies zum Anlass, den Subkontinent der englischen Krone zu unterstellen. Das war der Beginn einer imperialistischen Politik, die 1876 in der Krönung Königin Viktorias zur Kaiserin von Indien kulminierte. Dieses Ereignis hat Dickens nicht mehr miterlebt, doch mit der imperialen Entwicklung kam er familiär in Berührung: Sein zweiter Sohn Walter war an der Niederschlagung des Aufstands beteiligt, und sein dritter Sohn Francis diente ebenfalls in Indien bei der berittenen Polizei von Bengalen.

Für die imperiale Entwicklung steht Benjamin Disraeli. Dessen sechsjährige Regierungszeit als Premierminister hatte Dickens ebenfalls nicht mehr erlebt, doch kennengelernt hatte er den acht Jahre älteren Politiker bereits in den dreißiger Jahren, da Disraeli wie er selber Romane schrieb. Disraelis politischer Widersacher war der Liberale William Ewart Gladstone, mit dessen Namen sich nach Dickens' Tod vor allem die Kampagne für die Selbstregierung Irlands, die sogenannte *Home rule debate*, verband. Diese Kampagne setzte zwar erst in Dickens' Todesjahr ein, doch das Irland-Problem war spätestens seit der durch die Kartoffelfäule 1845 ausgelösten Hungersnot ständig virulent. Dickens schätzte Gladstone mehr als Disraeli, doch er war auch ihm gegenüber kritisch. Von Carlyle ist die Äußerung überliefert, dass Dickens «nur Tweedledum dem Tweedledee vorgezogen» habe, zwei Figuren aus einem englischen Kinderreim. Der Widerstreit zwischen Imperialismus und Liberalismus spaltete England in der hochviktorianischen Epoche so, wie es in der frühviktorianischen der Konflikt zwischen konservativen Grundbesitzern und industriellen Unternehmern getan hatte.

Obwohl sich im 19. Jahrhundert eine rasant fortschreitende Verstädterung der englischen Gesellschaft vollzog, blieb das verinnerlichte Selbstbild der städtischen Mittelschicht dennoch stark vom Vorbild des Landadels, der *gentry*, geprägt. Städte und Gentry waren seit dem Hochmittelalter, als sich beide im Unterhaus zusammenfanden, durch eine Interessenallianz verbunden. Kulturell bewirkte diese Allianz, dass sich das Bürgertum seit dem 18. Jahrhundert an der sozial höher stehenden Schicht des Landadels orientierte, was im 19. Jahrhundert zu einem Prozess der Gentrifizierung der Mittelschicht führte. In der Literatur ist dies schon daran abzulesen, dass der allergrößte Teil der Romane im Umkreis des Landadels spielt. Die große Ausnahme ist Dickens, dessen Gesamtwerk wie ein Sozialatlas der Stadt London anmutet. Dennoch strebte auch er nach dem Ideal eines Lebens als Gentleman auf einem standesgemäßen Landsitz, und er verwirklichte es als Krönung seines Lebens mit dem Kauf seines Altersruhesitzes Gad's Hill Place in der Grafschaft Kent.

Eines der drängendsten Probleme der frühviktorianischen Phase war die Armenfürsorge. Das ganze Mittelalter hindurch hatte die Verantwortung dafür bei der Kirche gelegen. Mit der Auflösung der Klöster unter Heinrich VIII. verschwand diese wichtigste karitative Institution, und an ihrer Stelle mussten die Gemeinden die Fürsorgepflicht übernehmen. Das führte während der industriellen Revolution dazu, dass die Armen sich nicht in den Industriezentren Arbeit suchten, weil sie dadurch den Anspruch auf Unterstützung durch ihre Heimatgemeinde verloren hätten. Dies Problem wurde 1834 mit einer harten Maßnahme gelöst, als der *Poor Law Amendment Act* das geltende Armenrecht dahingehend veränderte, dass Unterstützung nur noch den Alten und Gebrechlichen gewährt wurde, während alle arbeitsfähigen Armen, getrennt nach Geschlecht, in Arbeitshäusern ihren Unterhalt verdienen sollten. Diese Härte, gegen die Dickens immer wieder zu Felde zog, hatte den gewünschten Effekt und trieb die Arbeitslosen dorthin, wo es Arbeit gab. Damit erwies sich das, was für die unmittelbar Betroffenen grausam war, für das Gemeinwohl als positiv.

Die ökonomische Basis des Reformprozesses war die zweite Phase der industriellen Revolution, in der zur Textilindustrie, die im 18. Jahrhundert das Feld beherrschte, nun die Schwerindustrie hinzukam, die durch den Eisenbahnbau in ihrer Entwicklung dramatisch beschleunigt wurde. Überall, wo es Kohle gab und die Verkehrsanbindung günstig war, entstanden Stahlwerke. Das schon im 18. Jahrhundert gut ausgebaute Kanalsystem erlaubte preisgünstige Massenguttransporte, während das rasant anwachsende Eisenbahnnetz den schnellen Transport der Fertigprodukte zu den Verbrauchern und zu den Häfen ermöglichte. Darüber hinaus veränderte die Eisenbahn die Gesellschaft insgesamt. Reisen wurde nun auch für die ärmeren Schichten erschwinglich. Das förderte die Mobilität und die soziale Durchmischung.

Was in England am meisten im Argen lag, war das Rechtswesen. Das älteste Rechtskorpus ist hier noch heute das *Common Law*, ein ungeschriebenes Gewohnheitsrecht, das erst durch die Niederschrift von Gerichtsentscheidungen zum *corpus iuris* wird. Da sich im Laufe der Zeit die gesellschaftliche und ökonomische Lebenswelt der Bürger veränderte, waren alte Präzedenzfälle oft nicht mehr der aktuellen Realität angemessen. Das führte schon früh dazu, dass der König seinen Kanzler in dessen Rolle als «Behüter des königlichen Gewissens» beauftragte, ungerechte Urteile nach dem Prinzip der Billigkeit zu korrigieren. Ein Urteil, das nach dem Common Law *rechtmäßig* war, sollte nach Möglichkeit auch *gerecht* und *billig* sein. Der Kanzler, der bis zur Reformation fast immer ein kirchlicher Würdenträger war, griff dabei auf das am römischen Recht orientierte Kirchenrecht zurück. So entstand neben den königlichen Gerichtshöfen, die Recht nach dem Common Law sprachen, ein zweites Rechtssystem, das dem Kanzleigerichtshof, dem *Court of Chancery*, unterstand und nach dem Billigkeitsprinzip, auf Englisch *equity*, Recht sprach. Bis weit über die Mitte des 19. Jahrhunderts hinaus existierten diese beiden Systeme nebeneinander und machten es dem Bürger oft unmöglich, sein Recht zu bekommen. Manche Fälle ließen sich, wenn überhaupt, nur auf der Basis von Fiktionen lösen. So war es üblich, dass man zur Klärung von Rechtstiteln an Grundbesitz, die weit in die Zeit des Feudalismus zurückreichten, davon ausging, dass ein fiktiver John Do mit einem ebenfalls fiktiven Richard Roe ein Rechtsgeschäft über den strittigen Gegenstand getätigt hatte. Nur wenn beide Parteien diese Fiktion akzeptierten, ließ sich der Streit lösen. Doch bevor es zum Prozess kam, musste erst einmal festgestellt werden, welches Rechtssystem überhaupt zuständig war. So wurde der Rechtsuchende in vielen Fällen vom Common Law zum Equity und vom Equity wieder zurück zum Common Law verwiesen, was nicht nur zeitraubend, sondern außerordentlich kostspielig war. Zu einer Vereinigung der beiden Rechtssysteme kam es erst 1873 mit dem *Judicature Act*; doch selbst unter dem gemeinsamen institutionellen Dach bestanden Common Law und Equity als getrennte Rechtscorpora mit unterschiedlichen Normen und Verfahrensweisen fort. Dickens hat der desolaten Rechtsprechung seiner Zeit mit *Bleak House* einen ganzen Roman gewidmet.

Der soziale Fortschritt, der in der Wirtschaft durch die industrielle Entwicklung und in der Politik durch die stetige Ausweitung des Wahlrechts vorangetrieben wurde, hatte seine kulturelle Entsprechung in der stetig fortschreitenden Alphabetisierung der Bevölkerung. Das Verdienst dafür gebührt vor allem den Sonntagsschulen, die sich ab 1780 über das ganze Land ausgebreitet hatten. Sie sorgten dafür, dass auch die Unterschicht Zugang zu Gedrucktem hatte. Anfangs beschränkte sich deren Lektüre auf die Bibel und auf religiöse Traktate. Romane waren für sie unerschwinglich. Sir Walter Scott, der in den ersten drei Jahrzehnten des 19. Jahrhunderts der prominenteste Autor war und als erster fünfstellige Auflagen erzielte, hatte mit dem Preis von 31 Shilling und 6 Pence für einen «Dreidecker» – dreibändige Ausgaben waren die Regel – den Standard gesetzt. Das war mehr als der Wochenlohn eines gut verdienenden Handwerkers. Als Henry Peter Brougham, der später Lordkanzler wurde, 1827 zusammen mit anderen die *Society for the Diffusion of Useful Knowledge* (‹Gesellschaft für die Verbreitung von nützlichem Wissen›) ins Leben rief, sorgten deren Kampagnen dafür, dass Bücher nach der teuren Erstauflage als *popular edition* für 6 Shilling und als *cheap edition* für 2 Shilling nachgedruckt wurden. Breiten Zugang zur Belletristik hatten die Geringverdiener aber nur durch die *circulating libraries.* Diese kommerziellen Leihbüchereien waren im 18. Jahrhundert entstanden und gewannen im 19. mit der Zunahme des lesefähigen Publikums immer mehr an Bedeutung. Sie trugen nicht nur zur Verbreitung, sondern auch zu einer gewissen Zensierung der Literatur bei. Da die führenden Unternehmen oft über tausend Exemplare eines Romans auf einen Schlag abnahmen und da diese Bücher in der Regel von der ganzen Familie gelesen, oft sogar in ihrem Kreise vorgelesen wurden, konnte es sich kein Autor leisten, etwas zu schreiben, woran vor allem Frauen Anstoß genommen hätten.

Während die deutsche Kultur in dieser Zeit ihre Spitzenleistungen in der Musik hervorbrachte, wurde die englische von der Literatur so sehr dominiert, dass die übrigen Künste daneben deutlich abfielen. Obwohl London das ganze Jahrhundert hindurch ein florierendes Konzertleben hatte, gab es keine englischen Komponisten, die an ihre deutschen, italienischen, französischen und russischen Zeitgenossen heranreichten. In der bildenden Kunst bot England das gleiche epigonale Kostümfest der Stile wie der größere Teil des Kontinents. Die Architektur bewegte sich zwischen Neogotik und Neoklassik, die Malerei zwischen biedermeierlichen Interieurs und großformatigen Historienbildern, und die in England ohnehin schwach entwickelte Bildhauerei erschöpfte sich im Herstellen monumentaler Denkmäler. Auch das Drama spielte eine untergeordnete Rolle und brachte wenig Originelles hervor. Selbst die Lyrik, die auf hohem Niveau den Vorbildern der Romantik folgte, trägt epigonale Züge.

Wirklich kreativ und dynamisch war die Entwicklung nur auf dem Gebiet des Romans, was auf die oben erwähnte Situation auf dem Buchmarkt zurückzuführen ist. Romane erzielten zu Dickens' Zeiten eine gut zehnmal so hohe Auflage wie im 18. Jahrhundert zur Zeit von Fielding und Richardson. Wenn Dickens' Werke in wöchentlichen oder monatlichen Fortsetzungsheften erschienen, stürzten sich bis zu hunderttausend Käufer auf jede neue Lieferung. Das brachte den Autoren beträchtliche Einkünfte. Dickens und Thackeray hatten Jahreseinkünfte von 5000 bis 10 000 Pfund. Das war das Hundert- bis Zweihundertfache des Einkommens eines Industriearbeiters. Nimmt man allein die Produktion derjenigen Autoren, die heute in Literaturgeschichten erwähnt werden, so ist die schon eindrucksvoll genug. Doch hinter der ersten Reihe stand eine zweite und dritte, die mit unermüdlichem Fleiß Roman für Roman auf den Markt warfen. Unter den Autoren waren sehr viele Frauen, deren Produktion besonders hoch war. So schrieben Charlotte Yonge und Margaret Oliphant jeweils rund 100, Catherine Gore 56, Ouida (ein Pseudonym für Marie Louise de la Ramée) über 40 und Mrs. Craik 34 Romane. Da Autorinnen lange Zeit gegen Vorurteile ankämpfen mussten, wählten sie zuweilen männliche Pseudonyme. So schrieb Mary Ann Evans ihre bedeutenden Werke unter dem Namen George Eliot. Doch in der zweiten Hälfte des Jahrhunderts galt umgekehrt eine Autorin als sichere Garantie für eine sittsame Familienlektüre, was William Sharp bewog, seine Romane unter dem weiblichen Pseudonym Fiona Macleod zu publizieren. Die Gesamtzahl der während der Regierungszeit Königin Viktorias publizierten Romane wird auf über 60 000 geschätzt. Allein im Zeitraum 1841 bis 1871, in dem Dickens publizierte, kam es zu einer Vervierfachung der Buchproduktion.

Als typisches Merkmal der viktorianischen Kultur gilt aus heutiger Sicht die Prüderie. Nach dem oben Gesagten ist verständlich, dass in Büchern, die im Familienkreis vorgelesen wurden, keine expliziten Schilderungen von körperlicher Erotik enthalten sein durften. Doch so prüde, wie es das gängige Vorurteil nahelegt, waren die Viktorianer nicht. Immerhin erreichte ein Buch von Dr. Drysdale, das sehr liberale Aufklärung zur Empfängnisverhütung bot, zwischen 1854 und 1905 30 Auflagen. Von einer sexfeindlichen Atmosphäre kann jedenfalls keine Rede sein. Ehelicher Geschlechtsverkehr galt als normal und gesund. Die große Zahl von Prostituierten in London – in einer Quelle ist von 80 000 die Rede, was übertrieben sein dürfte – und die florierende Pornographie, die unter dem Ladentisch gehandelt wurde, sind allerdings Indizien dafür, dass die sexuelle Sphäre in den nichtöffentlichen Teil des gesellschaftlichen Lebens verdrängt wurde. Dies ist neben anderen Faktoren der evangelikalen Bewegung zuzuschreiben, die in der ersten Hälfte des 19. Jahrhunderts stetig an Boden gewann.

In einem Punkte scheinen die Engländer anders empfunden zu haben als ihre Zeitgenossen auf dem Kontinent. Während dort der Typus der *femme fatale* auffallend zahlreich auftrat, spielte er in der englischen Literatur eine geringere Rolle. Das Frauenbild der Viktorianer war das des «Engels im Haus», den Coventry Patmore ab 1854 in einer so betitelten mehrteiligen Gedichtsequenz besang. Das viktorianische England war von einer tiefen Sehnsucht nach Unschuld geprägt, im sexuellen wie im moralischen Sinne. Diese Sehnsucht drückt sich in der sentimentalen Darstellung von Kindern ebenso aus wie in der Rückwendung zu idealisierten Formen von Männlichkeit, wie sie König Artus verkörperte, in dem man das mythologische Urbild der eigenen Gentleman-Kultur sah. Die Präraffaeliten suchten die Unschuld der Kunst in der Malerei vor Raffael, und Lewis Carroll suchte sie in dem Wunderland, von dem er seiner kleinen Freundin Alice Liddell erzählte. Wie viel unterdrückte – oder, um es positiver zu sagen, sublimierte – Sexualität darin zum Ausdruck kommt, zeigt sich in den Fotos, die Carroll von kleinen Mädchen machte. Deren Posen haben einen unübersehbaren Zug von Laszivität. Carroll hatte – soviel scheint sicher – keines dieser Mädchen jemals unsittlich berührt, doch die Fotos zeigen deutlich, was in *Alice im Wunderland* raffiniert verschlüsselt ist. Solcher Verschlüsselung begegnet man auch bei Dickens immer wieder.

Manches spricht dafür, dass die sexuelle Prüderie eine Strategie war, mit der die viktorianische Gesellschaft ihr schlechtes Gewissen beschwichtigte, das die gesamte Epoche unterschwellig prägte. Das Selbstbild der Viktorianer war tief gespalten. Was sich im Großen in der Sympathie für die irische Home Rule-Bewegung auf der einen und in der Begeisterung für einen expansionistischen Imperialismus auf der anderen Seite zeigt, wiederholte sich im Privaten im Bekenntnis zu ideellen Werten bei gleichzeitiger Jagd nach dem Mammon. Moralischen Rechtfertigungs- und Beschwichtigungsstrategien begegnet man in der viktorianischen Kultur auf Schritt und Tritt. So war beispielsweise das Hauptargument gegen die Beschäftigung von Frauen in heißen Kohleschächten nicht etwa die unmenschliche Härte der Arbeit, sondern dass man nicht zulassen dürfe, dass Frauen dort wie Männer mit nacktem Oberkörper arbeiteten.

Dickens selber verkörpert wie kaum ein anderer den viktorianischen Zwiespalt. In seinem realen Leben war er ein hart verhandelnder Geschäftsmann, der gegen Ende seines Lebens den hohen Honoraren für seine Vortragsreisen bis zur Erschöpfung nachjagte, während er in seinen Romanen regelmäßig den Verlust eines Vermögens als moralischen Gewinn darstellt, wobei die Opfer des gesellschaftlichen Wettbewerbs zu moralischen Siegern erklärt werden. Es scheint so, als brauchten die Viktorianer zur Entschuldigung ihres hemdsärmligen Erwerbsstrebens die Identifikation mit solchen Opfern, seien es Kinder wie Oliver Twist und Little Nell oder wie der sich selbst opfernde Sydney Carton in *Eine Geschichte zweier Städte.*

Es mutet sonderbar an, dass ausgerechnet unter einer Königin, nach der die ganze Epoche benannt wird, die englische Frauenbewegung erlahmte. Im 18. Jahrhundert war diese Bewegung eine englische Errungenschaft. Doch nach den emanzipierten Frauen der Blaustrumpf-Gruppe und nach der Kampfschrift von Mary Wollstonecraft, die 1792 die Gleichberechtigung der Frau einforderte, kam es erst gegen Ende des 19. Jahrhunderts mit der Suffragettenbewegung wieder zu tatkräftigen Aktionen. Königin Viktoria war strikt gegen das Frauenwahlrecht, und auch Dickens lehnte es ab. Zu den wenigen Rufern in der Wüste, die sich für die Gleichberechtigung einsetzten, gehörte als prominentester Vertreter John Stuart Mill, in dem Dickens nicht den liberalen Genossen, sondern nur den Vertreter des ihm verhassten Utilitarismus sah.

Dringlicher als das Frauenwahlrecht war allerdings die Verbesserung der Eigentumsrechte verheirateter Frauen. Bis zum *Married Women's Property Act* von 1870 hatte der Ehemann das alleinige Verfügungsrecht über den Besitz seiner Frau und über ihre Arbeitseinkünfte. So konnte ein trunksüchtiger Mann den Lohn seiner Frau pfänden lassen, um das Geld danach zu vertrinken. Nur für vermögende Frauen ermöglichte das Billigkeitsrecht besondere Rechtskonstruktionen, die es erlaubten, den eigenen Besitz vor dem Zugriff des Ehemanns zu sichern. Eine weitere Benachteiligung der Frau gab es beim Scheidungsrecht. Hier war es schon für den Mann nicht leicht, eine Scheidung zu erwirken, für die Frau war es nahezu unmöglich. Bis 1857 konnte eine Scheidung nur durch einen Parlamentsbeschluss ausgesprochen werden. Erst danach gab es die Möglichkeit einer gerichtlichen Scheidung, wobei die Benachteiligung der Frau bestehen blieb. Denn ein Mann konnte die Scheidung verlangen, wenn die Frau ihm untreu war, während die Frau die Scheidung nur bekam, wenn auf seiten des Mannes zur Untreue eine andere Verfehlung wie Grausamkeit, Vergewaltigung, Inzest oder Sodomie hinzukam. Auf das Scheidungsproblem kommt Dickens in seinem Roman *Harte Zeiten* zu sprechen. Doch bezeichnenderweise zeigt er dort keine Frau, die an einen trunksüchtigen Mann gekettet ist, sondern einen Mann, der eine Trinkerin am Halse hat.

So sehr Dickens gegen das agitierte, was er als Utilitarismus verstand, so entschieden stand er dennoch im liberalen Lager und auf der Seite des wissenschaftlichen und ökonomischen Fortschritts. Die im konservativen Lager zunehmende nostalgische Sehnsucht zurück ins Mittelalter war ihm zuwider. In den von ihm herausgegebenen Zeitschriften bot er seinen Lesern immer wieder populärwissenschaftliche Information, auch wenn es sich dabei von seiner Seite um ein eher oberflächliches Interesse handelte.

Ob er das folgenreichste wissenschaftliche Werk seiner Zeit, Darwins Buch über den *Ursprung der Arten*, gelesen hat, ist nicht gewiss. Zumindest besaß er es, hat sich dazu aber nicht explizit geäußert, was insofern erstaunlich ist, als unmittelbar nach Erscheinen des Buches zahlreiche Karikaturen publiziert wurden, die den Menschen als Abkömmling des Affen zeigen. Das Anstößige an Darwins Theorie war nicht der Evolutionsgedanke, sondern die These, dass die Arten das Ergebnis eines gnadenlosen Überlebenskampfes nach dem Prinzip des *survival of the fittest* seien. Der Evolutionsgedanke selber war lange vorher und das ganze Jahrhundert hindurch in fast allen Köpfen präsent. Schon Darwins Großvater Erasmus hatte ihn in langen Lehrgedichten verkündet. Vor allem die Paläontologie, die durch den englischen Pionier William Smith maßgeblich mitbegründet wurde, hatte dank der zahlreichen Fossilienfunde in englischem Boden ein breites Interesse geweckt. In einem Brief vom 28. Mai 1863 an seinen Freund de Çerjat äußert Dickens die Ansicht, dass die von der Wissenschaft erforschte geologische Schichtung der Erde genauso als Offenbarung Gottes anzusehen sei wie «Bücher großen Alters und von (bestenfalls) zweifelhafter Urheberschaft».

Das zentrale Ereignis in der Mitte des Jahrhunderts war die Londoner Weltausstellung von 1851. Während Königin Viktoria den Eröffnungstag der von ihrem Ehemann Prinz Albert ins Leben gerufenen Ausstellung als «den größten Tag in unserer Geschichte» bezeichnete, blieb Dickens diesem nationalen Triumph gegenüber merkwürdig kühl. Insgesamt fällt auf, dass im Vergleich mit Deutschland, wo im 19. Jahrhundert das naturwissenschaftliche und technische Schrifttum gewaltig anschwoll, die englische Produktion erheblich geringer ausfiel. Hier hielt das gebildete Bürgertum weit stärker als im vermeintlichen Land der Dichter und Denker am schöngeistigen Bildungsideal fest. Die Weltausstellung, die zwischen dem 1. Mai und dem 15. Oktober von über sechs Millionen Menschen besucht wurde, symbolisierte nicht nur Englands Spitzenstellung auf technologischem Gebiet, sie versöhnte das englische Volk auch mit dem deutschen Prinzgemahl, dem es bis dahin reserviert gegenübergestanden hatte. Von jetzt an bis zu Alberts Tod im Jahr 1861 galt das königliche Paar als die Musterfamilie der Nation, weshalb sich in dieser Zeit die Vorstellung eines viktorianischen Zeitalters auszubilden begann.

Als die Königin nach Alberts Tod in tiefe Trauer versank und sich jahrelang kaum noch öffentlich blicken ließ, kühlte sich die Liebe des Volkes für die Monarchin merklich ab. Erst der Schotte John Brown, der als Leibdiener eingestellt wurde, um die Königin bei den ärztlich verordneten Ausritten zu begleiten, holte die trauernde Witwe wieder ins gesellige Leben zurück. Das aber führte nun erst recht zu Unmut beim Volke, da ihr Verhältnis zu dem Diener so eng wurde, dass man es als unschicklich empfand und von der Königin als Mrs. Brown sprach. Erst in späteren Jahren wurde Viktoria, jetzt wohl mehr aus Patriotismus, als positive Repräsentantin der Nation empfunden und verehrt.

Eine zwiespältige Rolle spielte in der ganzen Zeit die Kirche. England hatte – und hat noch immer – eine Staatskirche, deren Bischöfe auf Vorschlag der Regierung von der Krone eingesetzt wurden, während die Pfarrstellen, zumindest die auf dem Lande und in den kleineren Städten, von den Grundherren vergeben wurden. Das bedeutete eine enge Allianz zwischen Kirche und Aristokratie und damit eine ablehnende Haltung gegenüber demokratischen Reformen. Andererseits hatte sich bereits ab 1729 die aus der puritanischen Tradition gespeiste Bewegung des Methodismus daran gemacht, das kirchliche Leben von unten her zu erneuern. Doch der Widerstand der kirchlichen Hierarchie war zu groß, so dass die Methodisten die *Church of England* verließen und 1784 eine eigene Kirche gründeten. Ein Teil der evangelikalen Bewegung blieb jedoch in der Kirche und erhielt im 19. Jahrhundert vor allem in den Industriestädten starken Zulauf. Dadurch kam es innerhalb der Kirche zu einer Differenzierung in *High Church* und *Low Church*. Die Hochkirche stand an der Seite der Aristokratie, während sich die evangelikale *Low Church* um die Interessen der Arbeiter kümmerte. Dazwischen formierte sich eine wachsende Mittelposition als *Broad Church*, die ein weitherziges religiöses Bekenntnis und eine pragmatische Haltung gegenüber sozialen Fragen vertrat. Auf religiösem Gebiet war die Staatskirche im Laufe der Zeit immer liberaler geworden. 1829 wurde mit dem *Catholic Emancipation Act* auch die Benachteiligung der Katholiken endgültig beseitigt, während die Juden noch bis zum *Jewish Relief Act* von 1858 warten mussten.

Insgesamt war die englische Kirche im 19. Jahrhundert auf religiösem Gebiet durch zunehmende Toleranz geprägt. Ihr geistiger Einfluss auf die Bevölkerung war eher gering. Doch groß war noch immer ihre politische und soziale Macht. Bei der Vergabe von Ämtern in der lokalen und regionalen Verwaltung hatte sie ein kräftiges Wort mitzureden; und im Oberhaus hatten die Bischöfe, die dort qua Amt Sitz und Stimme hatten, weiterhin Einfluss. Die zunehmende Laxheit im Religiösen rief jedoch 1833, kurz nach der Verabschiedung des ersten Reformgesetzes, das sogenannte *Oxford Movement* ins Leben. Den Anstoß dazu gab John Keble mit einer scharfen Predigt gegen den «nationalen Abfall» vom wahren Glauben. Im selben Jahr publizierten John Henry Newman, R. H. Froude und andere die Schrift *Tracts for Our Times* (*Traktate für unsere Zeit*), deren Tenor die Forderung nach einer Rückkehr zu den strengen kirchlichen Ritualen war. Die *Tractarians*, wie man sie nannte, gewannen stetig an Einfluss. Am konsequentesten war Newman, der die Forderung nach einer Rekatholisierung der anglikanischen Kirche so weit trieb, dass er schließlich die Kirche verließ, zum Katholizismus übertrat und dort Kardinal wurde. Dickens war der Konservatismus der Hochkirche ebenso zuwider wie der religiöse Eifer der Evangelikalen. Besonders wütend machte ihn die als *sabbatarianism* bezeichnete Kampagne, die eine strikte Einhaltung der Sonntagsruhe forderte. Auch wenn die radikalste Forderung nach völligem Stillstand des öffentlichen Lebens einschließlich der Verkehrsmittel nicht durchkam, wurde damals durch eine Reihe von gesetzlichen Einschränkungen der Grund für die sprichwörtliche Langeweile der englischen Sonntage gelegt, die bis über die Mitte des 20. Jahrhunderts anhielt.

Sieht man einmal vom Krimkrieg ab, in dem fernab von England zwischen 1854 und 1856 45 000 britische Soldaten verbluteten, so war die viktorianische Epoche bis zu Dickens' Tod friedlich. Während Frankreich 1831 und noch einmal 1848 von einer Revolution erschüttert wurde, die sich im zweiten Fall auf große Teile des Kontinents ausdehnte, gelang es der englischen Regierung, den revolutionären Druck rechtzeitig abzufangen und in Reformen zu überführen. Auch beim Aufbau des Empires fanden die kriegerischen Auseinandersetzungen weit weg vom Mutterland in Indien statt. Auf dem europäischen Kontinent wurde die Geburt des Deutschen Reiches mit Kriegen Preußens gegen Dänemark und Österreich eingeleitet und zuletzt mit dem Krieg gegen Frankreich vollendet. Über England breitete sich währenddessen ein milder Himmel aus, der gegen Ende des Jahrhunderts den leicht melancholischen Charakter eines *Indian summer* annahm.

Allerdings zog gerade diese Milde in den zwanziger Jahren des vorigen Jahrhunderts die Verachtung der Intellektuellen auf sich. Damals erhielt das viktorianische Zeitalter den Stempel des Engherzigen, Muffigen, Heuchlerischen und Spießigen. Es dauerte einige Jahrzehnte, bis sich eine gerechtere Beurteilung durchsetzte. Heute sieht man, dass die viktorianische Gesellschaft nicht nur tatkräftig, sondern auch weltoffen und gar nicht so engherzig war. Im Vergleich mit anderen Gesellschaften der westlichen Welt zeichnete sie sich durch einen nüchternen Sinn für wirtschaftlichen Fortschritt und Verbesserung der sozialen Verhältnisse bei gleichzeitiger Wertschätzung für kulturelle Leistungen aus. Während anderswo Anzeichen von Fäulnis und Gärung zu beobachten sind – man denke an symptomatische Gestalten wie Poe in Amerika, Baudelaire in Frankreich und Nietzsche in Deutschland –, ist die wohl repräsentativste Gestalt jener Zeit in England Charles Darwin, der den Evolutionsgedanken ins Zentrum rückte. Sein Bild eines zwar gnadenlosen, aber auf Gleichgewicht ausgerichteten Wettbewerbs in der Natur entspricht im Wesentlichen der ökonomischen Realität seiner Zeit. Insofern zeichnet sich das viktorianische England gegenüber seinen Konkurrenten durch eine vergleichsweise «gesunde» Entwicklung aus, wenngleich auch hier der Druck im Kessel zunahm.

Bis zu Dickens' Tod war das Land aber noch in einem steilen Aufstieg begriffen. Die herrschende Ideologie war von Optimismus, Rationalität und Reformbereitschaft geprägt, auch wenn in der Literatur ein unterschwelliger Zug von Melancholie stetig zunahm. An Dickens' Werk lässt sich wie an einem Seismographen ablesen, dass die Anpassung der Gesellschaft nicht mit der unerbittlichen Entwicklung der objektiven Verhältnisse Schritt hielt. Es ist gewiss kein Zufall, dass das englische Wort für ‹unerbittlich›, nämlich *inexorable*, und der damit verbundene Vorstellungskomplex in seinem drittletzten Roman, *Eine Geschichte zweier Städte*, eine zentrale Bedeutung gewinnt. Er schrieb ihn unter dem Eindruck des politischen Katzenjammers nach dem desaströs verlaufenen Krimkrieg und wählte dafür als Stoff die Französische Revolution. Der Dickens-Spezialist Humphry House, der ein kluges Buch mit dem Titel *The Dickens World* schrieb, prägte den vielzitierten Satz: «In *Pickwick* war ein schlechter Geruch ein schlechter Geruch, in *Our Mutual Friend* ist er ein Problem.» Wie es zu dieser Entwicklung von Dickens' erstem bis zu seinem letzten vollendeten Roman kam, soll nun gegen den hier aufgerollten Hintergrund an Leben und Werk des Dichters aufgezeigt werden.

LEBEN UND WERK

Das «Leidmotiv»

Kindheit und Jugend

1812 bis 1829

Am 10. Februar 1812 stand in *The Hampshire Telegraph* und in *The Hampshire Courier* unter der Rubrik «Geburten» die folgende Anzeige:

> On Friday, at Mile-end Terrace, the lady of John Dickens, Esq., a son.

Dieser Sohn, der am 7. Februar in Portsmouth das Licht der Welt erblickte, wurde am 4. März auf den Namen Charles John Huffham Dickens getauft. John Dickens, der Vater des Kindes, muss bei der Formulierung der Anzeige großen Wert darauf gelegt haben, seiner Familie eine Aura von Vornehmheit zu geben; denn er spricht darin von seiner Frau als einer Lady und seinem eigenen Namen fügt er das Kürzel Esq. hinzu, das für *Esquire* steht und in der sozialen Schicht des niederen Adels den Rang unterhalb des *knight* (‹Ritter›) bezeichnet. Tatsächlich stammte er aber aus einfachen Verhältnissen. Er war der zweite Sohn der Eheleute William und Elizabeth Dickens, die als Bedienstete des reichen und später geadelten Großgrundbesitzers John Crewe in dessen Haushalt angestellt waren. Die Crewe-Familie lebte abwechselnd in ihrem Londoner Stadthaus und auf ihrem Landsitz in der Grafschaft Cheshire. William Dickens starb bereits zwei Monate nach der Geburt seines zweiten Sohnes, doch sein Arbeitgeber behielt die Witwe mit den beiden Kindern weiter in seinen Diensten. Während der ältere Sohn William sich offenbar seines niederen Standes bewusst blieb und später ein Kaffeehaus in der Londoner Oxford Street betrieb, was in Dickens' Familie als Makel empfunden wurde, scheint John sich ganz am Vorbild seiner vornehmen Herrschaft orientiert zu haben. Jeden-

Elizabeth Dickens. Porträt von John W. Gilbert.

falls kultivierte er von Anfang an den Akzent der Oberschicht und gab sich den Habitus eines gebildeten Gentleman. Im Alter von 19 Jahren erhielt er durch Vermittlung von John Crewe eine Anstellung beim Zahlamt der königlichen Marine in Somerset House in London mit einem Jahresgehalt von 78 Pfund. Von dort versetzte ihn das Amt 1807 an die Zweigstelle in Portsmouth.

Noch vor seiner Versetzung hatte sich John um die Hand von Elizabeth Barrow bemüht, die er am 13. Juni 1809 heiratete und nach Portsmouth holte, wo das junge Paar eine Wohnung in Mile End Terrace bezog. Elizabeth kam aus einer schon etwas arrivierteren Schicht. Ihr Vater, Charles Barrow (1759–1826), stammte aus einer wohlhabenden Familie von Musikinstrumentenbauern und bekleidete eine leitende Stellung im Zahlamt der Marine, wo er von London aus für die Geldüberweisungen in die Hafenstädte Plymouth, Portsmouth, Sheerness und Chatham zuständig war. Sein Kontakt zu John Dickens kam dadurch zustande, dass einer seiner Söhne – er hatte zehn Kinder – am selben Tag wie John in das Zahlamt eintrat. Der höhere Status der

John Dickens (ca. 1845). Unbekannter Zeichner.

Barrow-Familie hielt allerdings nicht lange an. Schon ein Jahr nach der Eheschließung von John und Elizabeth musste Charles Barrow die Unterschlagung von Staatsgeldern zugeben, worauf er sich unter dem Vorwand, das Geld für die Rückzahlung beschaffen zu wollen, auf die Insel Man absetzte. Der Skandal hatte jedoch weder für John Dickens noch für Barrows eigenen Sohn berufliche Nachteile.

Es ist nicht leicht, sich ein Bild von Dickens' Vater zu machen, ohne dabei an die Gestalt des Mr. Micawber in *David Copperfield* zu denken, in der ihn sein Sohn verewigt hat. Micawber ist ein liebenswerter Luftikus, der unfähig ist, seine Ausgaben den Einnahmen anzupassen, was schließlich zu seiner Inhaftierung im Schuldgefängnis führt. Doch selbst im Gefängnis lässt er sich nicht von der optimistischen Erwartung abbringen, dass irgendetwas schon «auftauchen» werde. Als Dickens Jahre später mit Mr. Dorrit noch einmal eine Figur schuf, die an seinen Vater erinnert, fiel das Bild weit weniger freundlich aus. Hier wird aus dem liebenswerten Lebenskünstler ein kaltherziger Egoist, der selbst noch in den 20 Jahren seiner Schuldhaft den Dünkel eines vornehmen Herrn kultiviert und seine Mitmenschen, seine Verwandten und engsten Freunde schamlos ausnutzt, wenngleich ihn eine Art tragischer Aura umweht. Für Charles scheint das Bild des Vaters zwischen diesen beiden Extremen geschwankt zu haben.

Der reale John Dickens, der sich in seinem späteren Leben über weite Strecken als fleißig, tatkräftig und durchaus nicht wehleidig erweisen sollte, wird von Zeitgenossen als ein fantasievoller, für Kunst und Musik aufgeschlossener, gastfreundlicher und hilfsbereiter Mann beschrieben. Von kleiner Gestalt und in späteren Jahren wohlbeleibt, war er lebhaft, zu jedem Spaß aufgelegt und einem Glas Grog nie abgeneigt. Seine Frau nannte ihn nach seinem Tode den «liebevollsten Gatten und Vater» und schrieb: «Niemals war ein Mann selbstloser als er.»

In ihren Temperamenten scheinen die beiden Eheleute bestens zueinander gepasst zu haben. Auch Elizabeth war eine lebhafte, humorvolle Frau, deren Sinn für Komik noch ausgeprägter war als der ihres Mannes. Nach ihrem Tode schrieb Mrs. Davey, in deren Haus ihr Mann 1851 gestorben war, über sie:

> Sie hatte sehr helle nussbraune Augen und war eine so durch und durch gutmütige, unkomplizierte und umgängliche Frau, wie man sie sich nur wünschen konnte. [...] Sie besaß einen außerordentlichen Sinn fürs Lächerliche, und ihre Fähigkeit zu Imitieren war etwas höchst Erstaunliches. Wenn sie einen Raum betrat, musterte sie fast unbewusst das gesamte Inventar, und wenn sie auch nur irgendetwas entdeckte, was fehl am Platz zu sein schien und daher lächerlich wirkte, konnte sie es danach auf die drolligste Weise beschreiben. Auf diese Art nahm sie die persönlichen Eigenheiten all ihrer Freunde und Bekannten wahr. Sie hatte auch einen feinfühligen Sinn für das Mitleiderregende und konnte Tränen in die Augen ihrer Zuhörer bringen, wenn sie eine traurige Begebenheit berichtete.

Diese Beschreibung mutet wie ein Porträt ihres berühmten Sohnes an, der die genannten Eigenschaften – die wachen Augen, den Sinn für Komik, das Imitationstalent und die Fähigkeit, Mitleid zu wecken – von ihr geerbt zu haben scheint.

In Portsmouth verbrachten John und Elizabeth sechs Jahre. Dort wurde 1810 ihr erstes Kind, die Tochter Frances Elizabeth (gen. Fanny), geboren. 1812 folgte der erste Sohn Charles und im Jahr darauf Alfred Allen, der aber mit sechs Monaten starb. In dieser Zeit erfreute sich die junge Familie eines bescheidenen Wohlstands. Als der Krieg Englands gegen Napoleon in die Endphase ging, hatte John Dickens reichlich zu tun; denn Portsmouth war der wichtigste Hafen der Kriegsmarine, und die Berechnung des Solds der Matrosen erforderte größte Sorgfalt, da jedes zu viel gezahlte Pfund dem verantwortlichen Angestellten des Zahlamts vom eigenen Gehalt abgezogen wurde. John Dickens scheint dabei seine Vorgesetzten so zufriedengestellt zu haben, dass sie sein Gehalt auf 231 Pfund erhöhten. Als 1814 Napoleon besiegt und auch der Krieg gegen die Vereinigten Staaten von Amerika beendet war, reduzierte die Königliche Marine ihr Personal, was für John Dickens nicht nur eine Versetzung zur Hauptverwaltung nach London, sondern dazu noch eine Gehaltsminderung zur Folge hatte. Aber auch jetzt annoncierte er 1816 die Geburt seiner zweiten Tochter, Laetitia Mary, stolz als «Gentleman». Im Jahr darauf folgten im Abstand von sechs Monaten zwei weitere Umzüge, zuerst nach Sheerness und dann nach Chatham, wo die Familie für die nächsten fünfeinhalb Jahre blieb.

In dieser Zeit stieg Johns Gehalt von 200 auf 441 Pfund, was ihm ein komfortables Leben gestattet hätte. Doch inzwischen scheint er sich an einen Lebensstil gewöhnt zu haben, für den selbst das gestiegene Gehalt nicht mehr ausreichte. Im August 1819 borgte er sich 220 Pfund, die er in Jahresraten von 26 Pfund zurückzahlen wollte. Als er die Raten nicht mehr zahlen konnte, sprang sein Schwager Thomas Barrow ein, dem er den Kredit bis zu dessen Tod schuldig blieb. Der Schwager blieb nicht Johns einziger Gläubiger. Wie es zu der schleichenden Verschuldung kam, ist schwer zu verstehen. Weder Spielschulden noch Finanzspekulationen noch sonstige Extravaganzen sind belegt. Allem Anschein nach war es einfach der alltägliche Lebensstil, der dazu führte, dass die Ausgaben zwar immer nur knapp, aber eben doch regelmäßig über den Einnahmen lagen.

Für Charles waren die Jahre in Chatham das ungetrübte Kindheitsparadies. Kein Wunder also, dass es ihn später dorthin zurückzog. Damals hatte ihm sein Vater bereits das schöne Anwesen Gad's Hill Place auf einem Hügel an der Straße von Rochester nach Gravesend gezeigt, das für ihn zum Inbegriff des standesgemäßen Landsitzes eines Gentleman wurde und das er später als seinen Altersruhesitz erwarb. In Chatham besuchte er zum ersten Mal eine Schule, wo der bereits erwähnte Lehrer William Giles schon früh die ungewöhnlichen Fähigkeiten seines Schülers erkannte. John Dickens nahm seinen Sohn mit ins Theater und gab ihm Bücher, die er begierig verschlang. Zusätzliche Nahrung erhielt seine hungrige Fantasie durch die Kinderfrau Mary Weller, die während der fünf Jahre in Chatham im Hause der Dickensfamilie lebte. Sie erzählte dem jungen Charles schaurige Mordgeschichten, die in ihm jenen Hang zum Grotesk-Makabren weckten, der später ein Markenzeichen seiner Erzählkunst wurde. Die Familie wuchs weiter. Drei Jahre nach der Geburt Laetitias folgte 1819 eine weitere Tochter, Harriet, die aber schon mit vier Jahren starb. 1820 wurde der Sohn Frederick geboren. Trotz des großen Altersunterschieds liebte Charles den kleinen Fred und fühlte sich als sein Beschützer und Lehrer. Ein weiterer Bruder, Alfred Lamert, kam 1822 dazu. Zu ihm, den Dickens als äußerst intelligent, tatkräftig und unternehmungslustig beschrieb, fand er erst in dessen Teenage-Jahren engeren Kontakt.

1822 ging das idyllische Leben in Chatham abrupt zu Ende, als John Dickens nach London zurückversetzt wurde, wobei sein Gehalt von 441 auf 350 Pfund zurückging. Das hielt ihn aber nicht davon ab, seine Tochter Fanny für eine Jahresgebühr von 40 Pfund zum Klavierstudium an der Königlichen Musikakademie anzumelden. Für Charles wollte er dagegen kein Schulgeld mehr aufbringen, was dieser als ungerecht empfand. Doch es sollte noch schlimmer kommen. Innerhalb weniger Monate steuerte die finanzielle Situation der Familie auf eine schwere Krise zu. Von Gläubigern bedrängt, versuchte das Ehepaar durch Eröffnung einer Privatschule das Familienbudget aufzubessern. Zu diesem Zweck tauschten sie kurz vor Weihnachten 1823 das kleine Haus, das sie für 22 Pfund Jahresmiete in Camden Town bezogen hatten, gegen ein größeres in Gower Street in der vornehmeren Bloomsbury-Gegend, dessen Miete 50 Pfund betrug. Doch schon im Februar des neuen Jahres war klar, dass die Idee mit der Schule ein Fehler war.

Ein rettender Strohhalm kam in Sicht, als James Lamert, der Stiefsohn einer Schwester von Dickens' Mutter, der schon in Chatham zeitweilig bei der Dickensfamilie gelebt hatte, von einem Cousin als Manager einer Schuhwichsfabrik angestellt wurde. Lamert bot an, den zwölfjährigen

Charles für einen Wochenlohn von sechs oder sieben Shilling in der Fabrik für das Kleben von Etiketten auf Schuhwichsflaschen anzustellen. Dass der angebotene Lohn trotz der damals üblichen Arbeitszeit von zehn Stunden an sechs Wochentagen großzügig war, wird klar, wenn man erfährt, dass Dickens drei Jahre später bei seiner ersten Anstellung als Anwaltsgehilfe auch nur einen Wochenlohn von zehneinhalb Shilling erhielt. Außerdem erklärte sich Lamert bereit, dem Jungen in der Mittagspause Schulunterricht zu geben.

Was Dickens' Eltern als Entlastung des Familienbudgets empfanden, war für ihn selber eine niederdrückende Last; denn mit einem Schlag schienen all seine Hoffnungen auf ein Leben als Gentleman vernichtet zu sein. Vermutlich am 9. Februar, zwei Tage nach seinem zwölften Geburtstag, nahm er die Arbeit in der Schuhwichsfabrik auf. Elf Tage später folgte ein zweiter Schlag, der die Erniedrigung für ihn so vollständig machte, dass er in diesem Moment sein junges Leben in der Blüte erstickt sah: Am 20. Februar wurde sein Vater im Marshalsea Prison als Schuldgefangener inhaftiert. Wie unauslöschlich sich diese traumatische Erfahrung in seine Seele einbrannte, geht daraus hervor, dass er sie in einem autobiographischen Fragment niederschrieb, das er nur seinem Freund John Forster unter dem Siegel der Verschwiegenheit zu lesen gab. Selbst seine Kinder erfuhren davon erst, als Forster das Fragment zwei Jahre nach dem Tod des Dichters in seiner Dickens-Biographie publizierte. Doch Dickens' Lesern waren große Teile davon längst bekannt, nur wussten sie nicht, dass der Autor das, was er in *David Copperfield* in oft gleichem Wortlaut als Kindheitstrauma seines Helden beschreibt, selber erlebt hatte. Das Fragment enthält nicht nur den biographischen Schlüssel zu manchen von Dickens' späteren Verhaltensweisen, sondern zugleich ein szenisches Inventar, das in immer neuen Verwandlungen als symbolische Kulisse in seinen Romanen wiederkehrt. Deshalb soll es hier in seinen wesentlichen Teilen wiedergegeben werden:

> Es ist mir unbegreiflich, wie man mich in so zartem Alter so leichthin fallen lassen konnte. Es ist mir unbegreiflich, dass, nachdem ich seit unserer Ankunft in London bereits zu einem kleinen Packesel geworden war, niemand genug Mitgefühl mit mir aufbrachte – mit einem Kinde von einzigartigen Gaben, aufgeweckt, lebhaft, zart

und verletzlich an Körper und Geist –, um auch nur vorzuschlagen, mich auf eine gewöhnliche Schule zu schicken. Die Mittel dafür hätten sich finden lassen. Unsere Freunde, so scheint es mir rückblickend, hatten resigniert, und mein Vater und meine Mutter waren damit zufrieden. Sie hätten kaum mehr Zufriedenheit zeigen können, wenn ich nach erfolgreichem Abschluss des Gymnasiums im Alter von 20 Jahren an die Universität von Cambridge gegangen wäre.

Die Schuhwichsfabrik war das letzte Haus in der Straße zu den Old Hungerford Stairs. Es war ein verwinkeltes, halbverfallenes altes Haus, das über den Fluss hinausragte und in dem es von Ratten wimmelte. Die hölzernen Wandverkleidungen, die verrotteten Fußböden und Treppen, die alten grauen Ratten, die im Keller umherhuschten, ihr Quietschen und Scharren, wenn sie die Treppe heraufkamen, der Dreck und Verfall – all das steigt vor meinem inneren Auge auf, als wäre ich wieder dort. Die Buchhaltung befand sich im ersten Stock, mit dem Blick über den Fluss und über die mit Kohle beladenen Schleppkähne. Dort war eine Nische, in der ich sitzen und arbeiten sollte. Meine Aufgabe war, die vollen Schuhwichsgefäße zuerst mit einem Stück Ölpapier und danach mit blauem Papier zu umwickeln, dann sollte ich das Papier mit einem Faden zusammenbinden und die überstehenden Enden rundherum so abschneiden, dass die Dosen zuletzt wie die hübschen Salbengefäße bei einem Apotheker aussahen. Wenn eine bestimmte Anzahl von Dosen in diesen Zustand von Perfektion gebracht war, sollte ich sie mit einem gedruckten Etikett bekleben. Dann kamen die nächsten an die Reihe. Zwei oder drei Jungen waren im Erdgeschoss mit dem Gleichen beschäftigt, bei gleichem Lohn. Einer von ihnen, in einer zerlumpten Schürze und mit einer Mütze aus Papier, kam zu mir herauf, um mir den Trick zu zeigen, wie man den Faden zu einem Knoten bindet. Er hieß Bob Fagin, und ich nahm mir die Freiheit, später in *Oliver Twist* einer Figur diesen Namen zu geben.

Unser Verwandter hatte sich freundlicherweise bereit erklärt, mich in der Mittagspause zu unterrichten, jeden Tag von zwölf bis ein Uhr, wenn ich mich recht erinnere. Doch das Arrangement vertrug sich mit dem Betrieb einer Buchhaltung so schlecht, dass es bald aufhörte, ohne dass er oder ich daran schuld gehabt hätten. Aus dem

Die Schuhwichsfabrik. Zeitgenössischer Stich.

gleichen Grund verschwanden bald auch mein kleiner Arbeitstisch, meine zu bearbeitenden Dosen, meine Papiere, Bindfäden, Scheren, mein Leimtopf und die Etiketten nach und nach und wanderten nach unten. Es dauerte nicht lange, bis ich neben Bob Fagin und einem anderen Jungen arbeitete. Dessen Name war Paul Green, doch man hielt Poll für seinen Taufnamen (ein Glaube, den ich viel später auf Mr. Sweedlepipe in *Martin Chuzzlewit* übertrug). Bob Fagin war ein Waisenkind und lebte bei seinem Schwager, der als «Wassermann» auf der Themse seinen Lebensunterhalt suchte. Poll Greens Vater war ein «Feuermann», der als Beleuchter am Drury Lane-Theater beschäftigt war, wo eine andere Verwandte von Poll, ich glaube seine kleine Schwester, als Kobold in Pantomimen auftrat.

Keine Worte können die heimliche Agonie meiner Seele ausdrücken, die das Versinken in solche Gesellschaft in mir bewirkte, wenn ich diese Genossen mit den Gefährten meiner glücklicheren Kindheit verglich und wenn ich daran dachte, dass alle Hoffnungen, einmal ein gelehrter und angesehener Mann zu werden, in meiner Brust erstickt waren.

> Unbeschreiblich ist die tiefsitzende Erinnerung daran, wie vollkommen vernachlässigt und ohne Hoffnung ich mich fühlte, mit welchem Elend in meinem jungen Herzen ich daran dachte, dass von Tag zu Tag alles, was ich gelernt, gedacht, woran ich mich erfreut und was meine Fantasie und meinen Ehrgeiz geweckt hatte, von mir wich, um nie wieder zurückzukehren. Mein ganzes Wesen war vom Schmerz der Erniedrigung so durchdrungen, dass ich selbst jetzt, wo ich berühmt, geschätzt und glücklich bin, in meinen Träumen oft vergesse, dass ich eine liebe Frau und Kinder habe, ja, dass ich ein erwachsener Mann bin, und ich wandere in trostloser Einsamkeit zurück in jene Zeit meines Lebens.

Auf den weiteren Seiten des Fragments beschreibt Dickens so detailreich, wie man es aus seinen Romanen kennt, wie kärglich er sich damals ernährte, wie er manchmal das Geld für sein Mittagessen für eine kleine Leckerei ausgab, deren Verlockung er nicht widerstehen konnte, und wie er an den Sonntagen zusammen mit seiner Schwester Fanny den Vater im Gefängnis besuchte. Vor allem aber, wie er mit allen Mitteln versuchte, sich einen höheren Status unter den Beschäftigten zu bewahren. Das gelang ihm – wie in seinem späteren Leben – zum einen durch äußerste Selbstdisiziplin und zum anderen durch so schnelles und geschicktes Arbeiten, dass Leute, die am Fenster der Fabrik vorbeikamen, stehenblieben und bewundernd den fleißigen Händen des Jungen zusahen. Inzwischen war die Fabrik in ein Haus in der Chandos Street, Covent Garden, verlegt worden, wo ein reges Treiben herrschte. Sein ganzes Selbstwertgefühl bezog Charles daraus, dass alle in der Fabrik von ihm als «dem jungen Gentleman» sprachen. Welche Bedeutung dieser Status für ihn hatte, zeigt sich nicht nur in seinen Romanen, sondern mehr noch in seinem späteren Leben, das immer stärker auf den Lebensstil eines Angehörigen der Gentry gerichtet war. Bezeichend dafür ist, dass er, obwohl er als Autor, Schauspieler und Rezitator einen unglaublichen körperlichen Einsatz zeigte, später offenbar nie eine Handarbeit, nicht einmal im eigenen Garten ausübte.

Die Aussicht auf Erlösung aus dem Elend kam schneller, als der verzweifelte Knabe zu hoffen gewagt hatte. John Dickens hatte vom Gefängnis aus erreicht, dass er aus gesundheitlichen Gründen in den

Ruhestand versetzt wurde, was ihm eine bescheidene, aber dauerhafte Pension von 146 Pfund sicherte. Eine weitere Verbesserung seiner finanziellen Verhältnisse trat ein, als am 26. April 1824 seine Mutter starb und ihm eine Erbschaft von 450 Pfund hinterließ. Das reichte zwar nicht, um seine Schulden vollständig zu bezahlen – es blieb eine Restforderung von 700 Pfund –, doch inzwischen hatten seine Gläubiger in ein förmliches Insolvenzverfahren eingewilligt, wodurch seine Entlassung aus dem Gefängnis am 28. Mai 1824 möglich wurde. Die letzte Rate seiner Schuldentilgung konnte er erst zwei Jahre später im November 1826 zurückzahlen.

Der Hoffnungsschimmer, den Charles am Horizont heraufziehen sah, erlosch für ihn aber gleich wieder, als sein Vater trotz der verbesserten finanziellen Situation keine Anstalten machte, ihn aus der Fabrik zu nehmen und wieder in die Schule zu schicken. Einen Monat nach der Entlassung des Vaters war der Sohn noch immer der Lohnsklave in der Schuhwichsfabrik und musste mit ansehen, wie seiner Schwester Fanny an der Königlichen Musikakademie eine silberne Medaille als zweiter Preis im Klavierspiel überreicht wurde. In dem Fragment berichtet er, wie der Vater sich darüber empörte, dass sein Sohn bei seiner erniedrigenden Arbeit den Blicken der Öffentlichkeit ausgesetzt war, was er, der Vater, offenbar als Kränkung der Familienehre eines Gentleman empfand. Das führte zu einem Streit mit dem Manager Lamert, dem der Vater androhte, den Sohn aus der Fabrik zu nehmen. Der Streit wurde durch die Mutter geschlichtet, die aus Sorge um die Familienfinanzen auf diese Einkommensquelle nicht verzichten wollte. Als der ohnehin tief verwundete Sohn erfuhr, dass seine Mutter auf der Fortdauer seiner Sklaverei bestand, fühlte er sich nun gänzlich jeder Hoffnung beraubt. Wie lange er das von ihm so empfundene Martyrium noch aushalten musste, ist ungeklärt. Lange Zeit glaubte man, dass er insgesamt nur etwa neun Monate in der Fabrik gearbeitet hat. Inzwischen gehen die bestinformierten Biographen, allen voran Michael Slater, von einer Zeitspanne zwischen 13 und 14 Monaten aus, was für einen Zwölfjährigen eine Ewigkeit ist.

Ende 1824 zog John Dickens mit seiner Familie in die Johnson Street, die in Somers Town, einem Armeleuteviertel, lag. Als dann im folgenden Jahr die Auszahlung seiner Pension begann, stabilisierten sich seine finanziellen Verhältnisse, und jetzt endlich erlöste er den

Sohn aus seinem Elend und schickte ihn wieder auf eine Schule. Die Wellington House Academy in der Hampstead Road war eine eher dürftige Lehranstalt, über deren Leiter Dickens sich in späteren Jahren höchst abfällig äußerte. Die Porträts unfähiger und grausamer Lehrer, die er in einigen seiner Romane gibt, dürften aus der Erinnerung an seine zwei Jahre an dieser Akademie gespeist sein. Für einen Wissenschaftler oder Philosophen wäre der Besuch einer solchen Schule verlorene Zeit gewesen, doch für einen so scharfen Beobachter von Wirklichkeit wie ihn, der die groteske Buntheit der Welt mit kleinsten Details in sich aufnahm, war es ein Gewinn an Welterfahrung und damit wertvoller als die unzulängliche Schulbildung, die er dort genoss.

Währenddessen verbesserten sich die finanziellen Verhältnisse der Familie nur langsam. Wiederholt musste der Vater um Stundung der Gebühren für Fannys Musikunterricht bitten. Um neue Einnahmequellen zu erschließen, verdingte er sich als Autor von Artikeln über Schiffsversicherungen und als Parlamentsreporter. Doch als die Zeitschrift *The British Press*, die ihm gerade erst den Einstieg in den Journalismus eröffnet hatte, im Oktober 1826 eingestellt wurde, war diese Quelle bereits wieder versiegt. Untätigkeit war ihm jedenfalls nicht vorzuwerfen.

Im Mai 1827 trat auch Charles ins Arbeitsleben ein. Bei einer entfernten Verwandten hatte er den jungen Anwalt Edward Blackmore kennengelernt, der den Fünfzehnjährigen, den er als «äußerst gut aussehend und gewitzt» beschrieb, als Anwaltsgehilfen einstellte. Blackmore berichtete später, wie beeindruckt er von der Ortskenntnis seines jungen Angestellten war. Schon in diesem Alter hatte Dickens die Stadt London, die er bis zu seinem Lebensende immer wieder in langen Fußmärschen durchwanderte und bis in die letzten Winkel erforschte, so detailliert im Kopf wie vermutlich sonst nur ein Droschkenkutscher.

1827 musste John Dickens mit seiner Familie erneut umziehen, da er für die Wohnung in der Johnson Street die Miete schuldig blieb. Jetzt reichte das Geld auch nicht mehr für Fannys Klavierunterricht. Im neuen Domizil, das wieder nur eine Durchgangsstation blieb, wurde das jüngste Kind der Familie, Augustus Newnham, geboren. Der Kleine erhielt schon bald den Scherznamen Moses, nach einer Figur aus Oliver Goldsmiths Roman *Der Pfarrer von Wakefield*. Da das Kind, als es zu reden anfing, diesen Namen als ‹Boz› aussprach, wurde so das Pseudonym geboren, unter dem sein ältester Bruder seine ersten literarischen Werke veröffentlichte, die den Namen berühmt machten.

In den zwei Jahren, die Dickens in der Anwaltskanzlei arbeitete, erwarb er sich Kenntnisse des labyrinthischen englischen Rechtswesens, die er später wiederholt in seine Romane einfließen ließ. Der knappe Wochenlohn und die ebenso knapp bemessene Zeit, die ihm sein Broterwerb ließ, hinderten ihn nicht, schon jetzt regelmäßig die Theater zu besuchen. Im Winter 1828 wechselte er zur Kanzlei von Charles Molloy in New Square, Lincoln's Inn, wo er mit dem Angestellten Thomas Mitton Freundschaft schloss, der ihm danach jahrzehntelang als Rechtsbeistand behilflich war. Er selber hatte aber schon nach wenigen Monaten von der juristischen Praxis genug und wechselte auf die andere Seite. Der Anstoß dazu kam wohl von John Henry Barrow, einem Bruder seiner Mutter, der sich als Gerichtsreporter einen Namen gemacht hatte. 1828 gründete dieser eine eigene Zeitung für Parlamentsberichte, *The Mirror of Parliament*, für die Dickens' Vater als Reporter Debatten mitstenografierte. Diesem Beispiel folgend lernte auch Charles das Stenografieren, was er bald mit großer Geschwindigkeit beherrschte. Irgendwann im Jahr 1829 tat er sich mit Thomas Charlton, einem anderen Gerichtsreporter, zusammen und betrieb mit ihm gemeinsam ein Büro, das Reportagen der Prozesse am Gerichtshof Doctor's Commons an die Presse lieferte.

Für Dickens' Wissensdurst und seinen nicht minder starken Aufstiegswillen spricht, dass er einen Tag nach seinem achtzehnten Geburtstag, dem Mindestalter für die Erteilung einer Lesekarte für die Bibliothek des Britischen Museums, dieses Eintrittsbillett in die Welt der höheren Bildung erwarb und sich dort mit den Klassikern der englischen Literatur vertraut machte, soweit er sie nicht schon in Chatham gelesen hatte. Seine Biographen haben in detektivischer Kleinarbeit herausgefunden, welche Bücher er wann auslieh. Darunter befand sich im September 1830 auch eins, das sich unter dem Titel *Thoughts on the Times, but Chiefly on the Profligacy of Our Women (1776; Gedanken über unsere Zeit, doch vor allem über die Lasterhaftigkeit unserer Frauen)* mit der weiblichen Sexualität befasste. Dickens las das Buch just zu der Zeit, als er sich zum erstenmal verliebte, ein Abenteuer, das drei Jahre währte und unerfüllt endete, was ihm beinahe das Herz brach.

Erste Liebe, erster Ruhm

1829 bis 1835

1830, vermutlich im Frühjahr, schlug in Dickens der Blitz der ersten Liebe ein, der in ihm einen solchen Gefühlssturm entfachte wie erst 37 Jahre später wieder die Begegnung mit Ellen Ternan, die zu der Zeit noch gar nicht geboren war. Die Frau, der seine Leidenschaft galt, war Maria Beadnell, jüngste Tochter eines wohlhabenden Bankiers. Sie war 13 Monate älter als er, sehr klein und sehr hübsch, mit dunklen Locken, dunklen Augen und einem kapriziös-koketten Naturell. Wann und bei welcher Gelegenheit er sie kennenlernte, ist unbekannt; doch vermutlich kam die Begegnung durch den befreundeten Henry Kolle zustande, der 1833 Maria Beadnells ältere Schwester Anne heiratete. Marias Eltern sahen die Werbung des noch mittellosen Journalisten um die Hand ihrer Tochter nicht gern und versuchten sie von Anfang an zu unterbinden. So hatte Dickens nur in größerer Gesellschaft Gelegenheit, die Angebetete zu sehen. Die meiste Zeit musste er ihr heimlich Briefe schreiben oder von gemeinsamen Bekannten Botschaften übermitteln lassen. Im Überschwang seiner Gefühle bestürmte er nicht nur Maria, sondern auch ihre Mutter mit Briefen, die die Aufrichtigkeit seiner Liebe bekunden sollten. Ob Maria Dickens' Gefühle erwiderte oder sich nur von seiner leidenschaftlichen Werbung geschmeichelt fühlte, ist nicht genau zu erkennen. Jedenfalls hielt sie ihn an der Angel und ließ ihn zappeln, indem sie auf kühle Antworten immer wieder versteckte Ermutigungen folgen ließ.

Das grausame Spiel zog sich über drei Jahre hin. Mehrmals stellte Dickens der Umworbenen eine Art Ultimatum und drohte ihr, seine Werbung zurückzuziehen, wenn sie sich nicht endlich erklärte. Doch zum endgültigen Bruch – oder eher zur finalen Resignation – scheint

Dickens im Alter von 18 Jahren. Gemalt von seiner Tante Janet Barrow.

es erst im Sommer 1833 gekommen zu sein. Am 18. März schrieb er ihr einen Brief, in dem er mit dem Ausdruck tiefer Enttäuschung seinen Abschied erklärte, aber dennoch mit dem Satz schloss, nichts werde «ihm größere Freude bereiten als zu erfahren, dass das Objekt seiner ersten und letzten Liebe glücklich sei.» Danach folgten noch einige Briefe, aus denen eine wechselnde Mischung von Bitterkeit, Stolz und Selbstmitleid spricht. Dann, Ende Mai, scheint er sich endgültig in sein Schicksal gefügt zu haben.

So wie es für Dickens-Leser beinahe unmöglich ist, im Vater des Dichters nicht Mr. Micawber zu sehen, so ist es fast noch schwerer, Maria Beadnell von ihrer literarischen Verewigung als Dora Spenlow in *David Copperfield* zu trennen. Für heutige Leser ist die verwöhnte, zu ordentlicher Haushaltsführung unfähige Dora mit ihrem dunklen Lockenkopf, dem koketten Schmollmund und dem Schoßhündchen zwar kein interessanter Charakter, aber dank ihrer Vitalität genießbarer als die sanfte, pflichtbewusste Agnes Wickfield, die David nach ihrem Tode heiratet. Auch Maria tritt, wie Dickens' Vater, ein zweites Mal in *Little Dorrit* auf, wo sie das Vorbild für Flora Finching wurde, die Jugendliebe des Helden, die diesem nach vielen Jahren als ge-

Maria Beadnell als Milchmädchen (1831). Gezeichnet von Henry Austin. Dickens signierte das Bild und gab es Maria für ihr Album.

schwätzige Witwe wiederbegegnet. Der Auslöser dafür war Dickens' eigene Wiederbegegnung mit Maria, die sich nach 22 Jahren mit einem Brief bei ihm gemeldet und damit die alten Gefühle in ihm neu aufgerührt hatte. Doch das mit klopfendem Herzen erwartete Wiedersehen endete mit einer tiefen Enttäuschung: Die mit dem Kaufmann Henry Winter verheiratete Matrone und Mutter zweier Töchter erschien vor ihm als eine körperlich aus dem Leim gegangene und geistig ungebildete Frau, die nichts von seinen einstigen Gefühlen in ihm wachrief.

Während Maria in Dickens eine schmerzende Wunde hinterließ, hat die Nachwelt ihr die Überlieferung seines ersten poetischen Werks zu verdanken. Es ist ein Gedicht, das er in der Form eines Akrostichons mit den Anfangsbuchstaben ihres Namens in ihr Poesiealbum schrieb. Im übrigen aber hatten die Seelenqualen, die die unglückliche Liebe ihm bereitete, seine Arbeit eher beflügelt als beeinträchtigt. Seine Tätigkeit als Parlamentsreporter erfüllte er so gewissenhaft, dass der Staatssekretär für Irland, Lord Stanley, auf ihn aufmerksam wurde.

Stanley fand eine Stellungnahme, die er vor dem Unterhaus abgegeben hatte, im *Mirror of Parliament* so exakt wiedergegeben, dass er den Reporter zu sich bestellte, um von ihm die Rede in ganzer Länge aufschreiben zu lassen. Dieser erste Kontakt führte 1840 dazu, dass Dickens in Stanleys Haus den von ihm bewunderten Thomas Carlyle kennenlernte.

Obwohl die journalistische Arbeit vollen Einsatz verlangte, fand Dickens noch Zeit für seine zweite literarische Leidenschaft, das Theater. Nach eigener Aussage verbrachte er dort unzählige Abende. Sein Imitationstalent und sein unbändiger Drang, andere Menschen damit zu beeindrucken, brachten ihn dazu, sich durch systematisches Training und durch das Imitieren der von ihm bewunderten Schauspieler selber für eine Karriere auf der Bühne vorzubereiten. Anfang 1832 gelang es ihm, einen Termin zum Vorsprechen an der Covent Garden-Bühne zu bekommen. Doch als es soweit war, streckte ihn eine schwere Erkältung nieder, und das Unglück, dass die englische Literatur womöglich ihren größten Erzähler an die Bühne verloren hätte, blieb der Nachwelt erspart. Doch damit war Dickens' Drang zur Bühne keineswegs vorbei. Er nutzte jede Gelegenheit, an privaten Theateraufführungen teilzunehmen und sie immer häufiger auch selber zu inszenieren.

Als sich die finanziellen Verhältnisse der Familie besserten, zog John Dickens, nach mehreren vorausgegangenen Wohnungswechseln, Ende 1832 erneut um, diesmal in ein ansehnliches Haus in der Bentick Street im Bezirk Marylebone. Hier wurde am 7. Februar 1833 mit großem Aufwand Charles' Volljährigkeit gefeiert. An dem Geburtstag, zu dem seine Mutter schriftliche Einladungen verschickte, nahm sehr wahrscheinlich auch Maria Beadnell teil. Jedenfalls klingt die Skizze «Geburtstagsfeiern», die Dickens 30 Jahre später in seiner Zeitschrift *All the Year Round* veröffentlichte, wie eine nur leicht verhüllte Erinnerung an seine eigene Volljährigkeitsparty. Darin beschreibt ein Ich-Erzähler im Ton des unverwechselbaren Dickens-Humors, wie er an seinem 21. Geburtstag die angebetete Olympia Squires mit einem Heiratsantrag bestürmte und von ihr das niederschmetternde Wort «B– –» zu hören bekommt. In der Schreibweise kommt zum Ausdruck, wie tief es ihn verletzte, von der Frau als *boy* abgefertigt zu werden.

Das geräumige Elternhaus bot nun auch Gelegenheit für private Theaterveranstaltungen. Eine solche fand schon wenig später am 27. April statt. Dickens selber spielte dabei seine vielseitige Begabung als Schauspieler aus, doch noch mehr Ehrgeiz entfaltete er bei der Regie.

Den ersten Versuch, außer Parlamentsreportagen auch einen belletristischen Text in einer Zeitschrift unterzubringen, unternahm er im Herbst 1833, als er die Prosaskizze mit dem Titel «Ein Sonntag außerhalb der Stadt» an das *Monthly Magazine* schickte, das kurz vorher von Captain J. B. Holland übernommen worden war. Die Zeitschrift war zwar schon seit längerem auf dem Markt, hatte aber nur eine Auflage von 600 und konnte deshalb kein Autorenhonorar zahlen. Dass Dickens, der sein Leben lang ein scharfes Auge auf die Einnahmenseite hatte und für sich stets gute Honorare aushandelte, ausgerechnet diese Zeitung wählte, statt für eine gut zahlende Tages- oder Wochenzeitung zu schreiben, lässt eine vorausschauende Strategie erkennen; denn anders als Beiträge zu Tageszeitungen wurden solche in Monats- und Vierteljahreszeitschriften rezensiert und damit vom literarischen Markt zur Kenntnis genommen. Dickens hat später im Vorwort zu einer Neuauflage der *Pickwick Papers* in selbstironisch-humoristischem Ton beschrieben, mit welchem Herzklopfen er seinen Erstling in den Briefkasten des Magazins fallen ließ und wie ängstlich er auf die Antwort wartete. Die Skizze erschien unter dem Titel «Ein Dinner in Poplar Walk» (späterer Titel: «Mr. Minn und sein Cousin»). In Abständen von ein bis zwei Monaten folgten nun in der gleichen Zeitschrift acht weitere Skizzen. Auch wenn sie ihm kein Honorar einbrachten, machten sie doch die literarische Szene auf den jungen Autor aufmerksam. Die ersten Skizzen waren noch anonym erschienen, doch nach der fünften fügte er den Autornamen ‹Boz› hinzu, der rasch zum Inbegriff eines humoristischen Stils von unverwechselbarer Eigenart wurde. Bereits 1834 konnte Dickens, nun gegen Honorar, fünf weitere Skizzen unter dem Obertitel «Straßenszenen» beim *Morning Chronicle* unterbringen.

Als sich im August 1834 nach dem Ende der Sitzungsperiode des Parlaments der liberale Premierminister Lord Grey, der 1832 gegen den Widerstand der Tories die *Reform Bill* durchgesetzt hatte und jetzt für seine liberale Irland-Politik im Kabinett keine Unterstützung mehr fand, aus der Politik zurückzog, wurde ihm zu Ehren in seiner Heimatstadt Edinburg ein großes Festival veranstaltet. Um über das Ereignis zu berichten, schickte der *Morning Chronicle* Dickens und seinen Kollegen Beard per Schiff dorthin. Dieser erste Besuch in der schottischen Hauptstadt verschaffte ihm Eindrücke, die er später in den *Pickwick Papers* literarisch verwertete. Auch wenn die anonymen Berichte über den Verlauf des Festivals nicht ausschließlich Dickens zugeordnet werden können, ist darin sein Stil spürbar. Im September des Jahres brachte die Zeitung dann auch die bereits erwähnten «Straßenszenen» unter dem Pseudonym Boz heraus. 1835 erschienen 20 weitere Skizzen im *Evening Chronicle* und ein Dutzend in *Bell's Life in London*. Ein Jahr später kamen drei weitere Abnehmer hinzu.

Der Herausgeber des *Evening Chronicle* war George Hogarth, der bald darauf Dickens Schwiegervater werden sollte. Hogarth war ein Schotte, der in Edinburg Jura studiert und eine Zeitlang schottisches Recht praktiziert hatte. 1830 gab er die Jurisprudenz auf, wechselte zum Journalismus und gründete die Zeitschrift *Halifax Guardian*. Danach wurde er 1834 Musikkritiker am Londoner *Morning Chronicle*. Dort lernte er Dickens kennen, als dessen Skizzen in der Zeitschrift erschienen. Hogarth war ein gebildeter, musisch begabter Mann, der Cello spielte und selber komponierte. Er erkannte sogleich das Talent des jungen Autors und bat ihn um weitere Skizzen für den *Evening Chronicle*. Damit war das Tor für Dickens' Eintritt in die englische Literatur aufgestoßen.

Die große Aufmerksamkeit, die Dickens' Skizzen in der literarischen Öffentlichkeit fanden, schrie förmlich danach, daraus ein Buch zu machen. Der Vorschlag dazu kam offenbar von William Harrison Ainsworth, den Dickens 1834 kennenlernte. Ainsworth (1805–82) war schon seit zehn Jahren im literarischen Geschäft und hatte gerade mit *Rookwood* seinen ersten erfolgreichen Roman herausgebracht. Dickens ließ sich von dem versierten Kollegen an den Verleger John Macrone vermitteln, der 100 Pfund für die gesammelte Ausgabe der Skizzen bot. Für die Illustrationen gewann Macrone den angesehensten Illustrator seiner Zeit, George Cruikshank. Dickens machte sich unverzüglich daran, die Texte für eine zweibändige Ausgabe zusammenzustellen. Er überarbeitete sie stilistisch, entfernte alle Ausdrücke, die als anstößig empfunden werden konnten, und gab einigen Skizzen neue Titel. Mit Cruikshank, der für die erste Serie 16 Illustrationen schuf, arbeitete er nach anfänglichen Schwierigkeiten freundschaftlich zu-

William Harrison Ainsworth. Zeitgenössischer Stich.

sammen. Das ursprünglich für Weihnachten geplante Buch erschien am 8. Februar 1836, einen Tag nach Dickens' 24. Geburtstag. Der Erfolg übertraf alle Erwartungen und veranlasste Autor und Verleger, nach einer weiteren Auflage der ersten Serie gegen Ende des Jahres eine zweite herauszubringen, für die Cruikshank weitere zehn Illustrationen schuf. Das Buch brachte Dickens 450 Pfund ein, doch er selber schätzte, dass Macrone damit 4000 verdient habe, was aber sicher übertrieben war.

Der große Erfolg seines ersten Buches ermutigte Dickens, den zweiten Anlauf zur Eheschließung zu unternehmen. Schon bald nach der ersten Bekanntschaft mit George Hogarth hatte er dessen Töchter Catherine, Mary und Georgina kennengelernt. In die älteste, die 20-jährige Kate, wie sie in der Familie genannt wurde, verliebte er sich auf der Stelle. Doch diesmal war er entschlossen, nie wieder wie ein Fisch an der Angel zu zappeln. Deshalb nahm er von Anfang an die Rolle des dominanten Mannes ein, der die umworbene Braut mit erzieherischen Ratschlägen, Ermahnungen und Zurechtweisungen daran erinnerte, dass es ihre Aufgabe sei, sich dem Ehemann unterzuordnen, ihn zu umsorgen und ihm ein trautes Heim zu bereiten.

Heutige Leser, selbst die treuesten unter den Dickens-Verehrern, neigen dazu, in diesem ersten erzählerischen Werk des Dichters nur eine Vorübung für die nachfolgenden Romane zu sehen. Um zu verstehen, weshalb die Skizzen so rasch die Aufmerksamkeit der Leser auf sich zogen und kurz darauf in der Buchausgabe zu einem sensationellen Erfolg wurden, muss man sich die literarische Situation im England der 1830er Jahre vergegenwärtigen.

Der letzte Autor vor Dickens, der dort als Erzähler mit gleichem Aplomb die Bühne betreten hatte, war Sir Walter Scott, dessen historische Romane man in ganz Europa und Amerika als so neuartig empfand, dass sie überall nachgeahmt wurden. Doch Scott hatte sich schon vorher einen Namen als Dichter von sehr erfolgreichen Verserzählungen gemacht, so dass seine Romane, auch wenn er sie anonym herausbrachte, bei Kennern keine so große Überraschung auslösten wie das Werk des bis dahin gänzlich unbekannten jungen Dickens. Scotts Romane hatten bis Ende der 1820er Jahre den Markt beherrscht. Doch nach seinem Tod 1832 zeigte der historische Roman die Ermüdungserscheinungen, die bei jeder Neuerung zu beobachten sind.

Als Alternative bot sich der Romantyp an, den Jane Austen zur Meisterschaft entwickelte. Sie hatte die Sittenkomödie, die sogenannte *comedy of manners*, ins Epische übertragen und damit eine Möglichkeit gefunden, zwischenmenschliche Beziehungen mit subtiler Psychologie darzustellen. Doch die von Scott hoch geschätzte Autorin war damals nur ein Geheimtipp. Als eine der Großen der englischen Literatur wurde sie erst im zwanzigsten Jahrhundert erkannt.

Die immer breiter werdende untere Mittel- und obere Arbeiterschicht, die nach Teilhabe an der Kultur verlangte, konnte weder bei Scott noch bei Jane Austen ihre eigene Welt wiederfinden. Scotts Romane spielten in der Vergangenheit und Austens in der Welt der *Landed Gentry.* Zwar hatte der Landadel, zu dem soziologisch auch die titellose Schicht der bloßen Gentlemen gehörte, familiäre Beziehungen zur oberen Mittelschicht der Städte, doch den Schichten darunter waren die Werte der Gentry weitgehend fremd. Diese Menschen, die bis dahin keinen literarischen Spiegel hatten, in dem sie ihre eigene Lebenswelt wiedererkannten, fanden in den *Skizzen von Boz* Geschichten, die weder im Mittelalter noch im schottischen Hochland spielen und auch nicht auf Landsitzen, deren Bewohner ohne eigene Arbeit von den Pachterträgen ihres Grundbesitzes leben. Es treten darin keine gebildeten Gentlemen auf, sondern mittellose Stadtbürger, die gern den Gentleman spielen; sie verkehren in Kneipen, kleinen Läden, Polizeibüros und billigen Pensionen. Sie werden von Gläubigern bedrängt, sind als Junggesellen auf der Suche nach einer Frau oder machen sich als ältere Jungfer noch Hoffnung auf einen Ehemann. Im bunten Gewimmel dieses Personals gibt es liebenswürdige, aber lebensuntüchtige Schwächlinge und tatkräftige, aber taktlose Männer, die solch einem Schwächling zu einer Frau verhelfen wollen; es gibt Mütter, die für ihre Töchter eine gute Partie ausspähen, und berechnende Erbschleicher, die einen reichen Verwandten einzuwickeln versuchen. Kurzum, es ist das Kleine-Leute-Milieu in seiner ganzen Vielfalt, dazu noch eingebettet in eine Stadtlandschaft, die man an Hand der zahllosen Straßennamen auf einem Stadtplan Londons nachzeichnen konnte. Aus englischer Sicht erinnert das Milieu an die Stiche William Hogarths aus dem 18. Jahrhundert, während deutsche Leser eher an Heinrich Zille denken werden. Doch anders als der von ihm bewunderte Hogarth zeigt Dickens die Menschen in ihrem Londoner Alltagsleben nicht im Licht eines gnadenlosen Moralismus. Eher schon gleicht er Zille, der über sein «Milljöh» ein warmes Mitgefühl ausgießt. Empathie für den leidenden Menschen ist bei Dickens in reichem Maße zu spüren, daneben aber auch Spott und Schadenfreude gegenüber bloßgestellten Angebern, Heuchlern und Geizhälsen. Doch selbst da, wo man die moralisierende Peitsche spürt, wird der Hieb durch einen Humor gemildert, der in fast jedem Satz mitschwingt.

Auch wenn manche der Skizzen – vor allem diejenigen, die als Kurzgeschichten angelegt sind – noch etwas schematisch und konventionell anmuten, ist doch in allen bereits die Handschrift des Meisters zu erkennen. Für die Buchpublikation hatte Dickens die Texte in vier Gruppen zusammengefasst, denen er die folgenden Titel gab: *Unsere Gemeinde* (*Our Parish*), *Szenen, Charaktere* und *Erzählungen*. Da der Begriff *parish* just zu der Zeit eine besondere sozialpolitische Bedeutung

Titelbild der
Sketches by Boz.

erlangt hatte, soll er hier statt des deutschen Wortes ‹Gemeinde› verwendet werden. Die Kirchspiele, also die *parishes,* hatten seit der Auflösung der Klöster durch Heinrich VIII. die Hauptlast der Armenfürsorge zu tragen. In Zeiten der Agrarwirtschaft beschränkte sich diese Fürsorge auf die Versorgung von Waisenkindern und auf die Unterstützung von Tagelöhnern, die entweder krank oder im Winter arbeitslos waren. Wie bereits zu Beginn dieses Buches ausgeführt wurde, hatte das *Poor Law Amendment Act* von 1834 die Armenfürsorge neu geregelt, um die Arbeitslosen zu zwingen, den Schutzbereich ihres *parish* zu verlassen und dorthin zu gehen, wo die Industrie sie brauchte. Damit war ab 1834 der Begriff *parish* ein sozialpolitischer Knochen, um den sich das liberal-fortschrittliche und das konservative Lager aus entgegengesetzten Motiven balgten.

Wenn Dickens sein Buch mit der Abteilung *Our Parish* beginnen lässt und die erste Skizze zum größeren Teil der gefürchteten Respektsperson des Gemeindebüttels (*beadle*) widmet, dann wurde der Leser damit in das Minenfeld einer höchst aktuellen innenpolitischen Debatte geführt. Im Rest des Buches überwiegen dann aber die komisch-grotesken Züge. Doch ans Ende der drei Hauptgruppen stellt Dickens je eine Skizze, in der bereits das düstere Milieu von *Oliver Twist* anklingt. Diese Skizzen tragen die Titel *Ein Besuch im Newgate-Gefängnis, Der Gefangenentransport* und *Der Tod des Trunksüchtigen*. Auch in den komischen Skizzen werden Motive angeschlagen, die später in den Romanen wiederkehren. Vor allem aber breitet Dickens in dem Buch schon fast die ganze Palette aus, die seinen Romanen ihre unnachahmliche Farbigkeit gibt. Die charakteristischsten seiner Kunstmittel sollen deshalb kurz vorgestellt werden.

Was wohl jedem Dickensleser am unmittelbarsten ins Auge springt, sind die Namen der Figuren. Selten sind es sprechende Namen, die mit ihrer Wortbedeutung auf einen typischen Charakterzug hinweisen. Trotzdem scheinen sie auf die jeweilige Figur wie maßgeschneidert zu passen. Wenn jemand Nicodemus Dumps, Watkins Tottle oder Horatio Sparkins heißt, dann verbindet sich in der Fantasie des Lesers der Name mit der Figur auf eine schwer zu erklärende Weise zu einer einprägsamen, oft unvergesslichen Gestalt.

Das zweite Merkmal ist die Technik der Detailhäufung beim Beschreiben von Figuren, Gebäuden oder Landschaften. Die Einführung einer Person durch eine steckbriefartige Beschreibung ihres Äußeren findet man schon bei früheren Erzählern wie Smollett und Scott, doch wo Smollett einen exzentrisch-grotesken Effekt und Scott ein realistisches Bild anstrebten, entwickelte Dickens ein konzentrisches Verfahren, indem er einen Grundzug im Erscheinungsbild der Figur durch gleichgestimmte Details immer weiter intensiviert. Oft lässt er dem Katalog von Merkmalen zuletzt ein scheinbar ganz überflüssiges, aber scharf beobachtetes Detail folgen, das dem Bild eine spezifisch Dickens'sche Signatur aufsetzt. Bei Gebäuden und Landschaften bedient er sich des gleichen Verfahrens, wobei er später in immer stärkerem Maße zum Mittel der Wiederholung eines den Grundton bestimmenden Wortes greift.

«Öffentliche Dinners» in Sketches by Boz. *Gezeichnet von George Cruikshank. Die große Figur in der Mitte stellt Dickens dar.*

Das gibt seinen Romanen, wie noch gezeigt werden soll, Hintergründe von solcher atmosphärischen Intensität, dass sie zu symbolischen Reflektoren der Innenwelt des Geschehens werden.

Das dritte Merkmal hängt mit dem zweiten eng zusammen. Anders als beispielsweise sein Zeitgenosse William Makepeace Thackeray, der aus größerer Distanz erzählt und dabei gern ein breites historisches oder gesellschaftliches Panorama in den Blick nimmt, liebt Dickens die szenische Präsentation aus kurzer Distanz. Dabei kann er seine scharfe Beobachtungsgabe und die Kunst der konzentrischen Detailhäufung effektvoll ausspielen. Seine Erzählweise wirkt dabei wie eine Vorwegnahme des Films vor dessen Erfindung.

Ein weiteres Merkmal springt in vielen seiner Werke noch unmittelbarer ins Auge als die drei bisher genannten. Es ist die Mischung aus komischer Darstellung und Komik des Dargestellten, die bereits in den *Skizzen* allenthalben anzutreffen ist. Was sprachliche Komik angeht, gibt es wenige, die an Dickens heranreichen. Er versteht es meisterhaft, seinen Figuren eine eigene Sprache, einen Idiolekt, zu geben, indem er individuelle Sprachmarotten mit Elementen des Londoner Stadtdialekts mischt. Auch wenn er als Erzähler selber spricht, beherrscht er die Kunst, mit überraschenden Formulierungen, Wortspielen und Doppeldeutigkeiten humoristische Wirkung zu erzielen. Am unverwechselbarsten ist der Dickens-Ton bei der Beschreibung skurriler Typen. Hier eine Kostprobe aus der Erzählung «Die Tuggses in Ramsgate» als Vorgeschmack auf das, worin Dickens zum unübertroffenen Meister wurde:

> Vor Zeiten lebte in einer engen Straße auf der Surrey-Seite des Flusses, nur drei Minuten Fußweg von der alten London Bridge, Mr. Joseph Tuggs – ein kleiner Mann mit dunklem Teint, glänzendem Haar, zwinkernden Augen, kurzen Beinen und einem Körper von beträchtlicher Dicke, gemessen vom mittleren Knopf seiner vorderen Weste bis zum dekorativen Knopf auf der Rückseite. Die Figur der liebenswürdigen Mrs. Tuggs, wenngleich nicht ganz sein symmetrisches Ebenbild, war entschieden gemütlich; und auch die Gestalt ihrer einzigen Tochter, der wohlerzogenen Miss Charlotte Tuggs, reifte sichtlich zu jener luxuriösen Rundlichkeit heran, die in früheren Jahren das Auge von Mr. Tuggs bezauberte und sein Herz gefangen nahm. Mr. Simon Tuggs, sein einziger Sohn und Miss Charlotte Tuggs' einziger Bruder, war an Gestalt ebenso verschieden vom Rest der Familie, wie er sich in seiner geistigen Konstitution von ihr unterschied. Die Länge seines gedankenvollen Gesichts und seine zur Schwäche tendierenden interessanten Beine sprachen unmissverständlich für einen großen Geist und eine romantische Gemütsverfassung. Selbst die nebensächlichsten Züge eines solchen Charakters sind für einen spekulativen Geist von nicht geringem Interesse. In der Öffentlichkeit erschien er gewöhnlich in geräumigen Schuhen und schwarzen Baumwollsocken; und man beobachtete an ihm eine besondere Anhänglichkeit bezüglich eines glänzenden schwarzen Stehkragens, den er ohne Krawatte oder ein anderes Ornament trug.

Im Schaffensrausch

1836 und 1837

Das Erscheinen der *Skizzen* am 8. Februar 1836 war die Ouvertüre zu einem Schaffensjahr, in dem Dickens mit staunenswerter Arbeitskraft immer neue Projekte in Angriff nahm. Schon am 10. Februar machte ihm William Hall, der zusammen mit Edward Chapman seit 1830 einen Verlag betrieb, das Angebot, den begleitenden Text zu einer Serie von sogenannten *sporting scenes* zu schreiben, in denen der Graphiker Robert Seymour die Abenteuer eines fiktiven Nimrod-Clubs darstellen sollte. Seymour, ein junger, schon recht bekannter Illustrator, hatte die Idee dazu bereits Ende 1835 an die Verleger herangetragen, die nun auf der Suche nach einem Verfasser für die Texte waren.

Solche episodisch erzählten und mit Stichen illustrierten komisch-grotesken Abenteuer von Möchtegern-Sportlern aus der Londoner City waren einige Jahre zuvor in Mode gekommen. George Cruikshank hatte mit der Illustration der populären Verserzählung *The Diverting History of John Gilpin* aus der Feder des Frühromantikers William Cowper den Boden dafür bereitet und in der Zeitschrift *The Comic Almanack*, dem Vorläufer von *Punch*, weitere Serien dieses Typs folgen lassen. Besonders erfolgreich war Robert Smith Surtees (1805–64), der 1830 als Sportjournalist Beiträge zu *The Sporting Magazine* schrieb und ein Jahr später das *New Sport Magazine* gründete. Darin schilderte er die Abenteuer von Mr. Jorrocks, einem Londoner Gemüsehändler, die er 1838 gesammelt unter dem Titel *Jorrock's Jaunts and Jollities* herausbrachte. Auch Seymour hatte sich schon 1833 auf diesem Felde mit den Illustrationen zu einer satirischen Folge von Anglerabenteuern einen Namen gemacht.

Chapman und Hall sahen für ihren noch jungen, nicht sehr kapitalkräftigen Verlag die besten Marktchancen in der Publikation von Fortsetzungserzählungen, da Wochen- und Monatshefte auch von der Unterschicht gekauft wurden, während die Standardform des dreibändigen Romans nur für Gutsituierte erschwinglich war. Obwohl die Verleger Dickens nur 14 Pfund für jede monatliche Lieferung boten, nahm er das Angebot an, allerdings unter der Bedingung, dass nicht er die Bilder, sondern die Bilder seinen Text ergänzen sollten.

Unverzüglich machte er sich an die erste der vereinbarten 20 monatlichen Lieferungen, die am 31. März erschien und den ironisch-umständlichen Titel trug: *Posthumous Papers of the Pickwick Club Containing a Faithful Record of the Perambulations, Perils, Travels, Adventures and Sporting Transactions of the Corresponding Members. Edited by ‹Boz›. (Posthume Papiere des Pickwick Clubs enthaltend den wahrheitsgetreuen Bericht der Fahrten, Fährnisse, Reisen, Abenteuer und sportlichen Unternehmungen der korrespondierenden Mitglieder, herausgegeben von ‹Boz›).*

Dickens muss gespürt haben, dass er mit *Pickwick* eine Goldader getroffen hatte. Jetzt hielt er seine zu erwartenden Einkünfte für ausreichend, um einen eigenen Hausstand zu gründen; und so schloss er am 2. April im engsten Familienkreis mit Catherine Hogarth den Bund der Ehe, nachdem er zuvor wegen ihrer Minderjährigkeit die erforderliche Sondergenehmigung eingeholt hatte. Die eine Flitterwoche, die er sich genehmigte, verbrachte er mit seiner Braut in dem Dorf Chalk in der Nähe von Chatham, in jener Gegend also, mit der er seine schönsten Kindheitserinnerungen verband. Danach wohnte das Paar zunächst in seinem kleinen Junggesellenappartement in Furnival's Inn, in das wenig später auch seine knapp sechzehnjährige Schwägerin Mary einzog, um ihrer älteren Schwester zur Hand zu gehen.

Nur wenige Tage später trat ein Unglück ein, das sich für Dickens als Glücksfall erweisen sollte. Sein Illustrator Seymour, mit dem er sich noch drei Tage zuvor zum ersten und einzigen Mal getroffen hatte, um ihm Änderungswünsche bezüglich der Illustrationen vorzutragen, und den er anschließend zu einem freundschaftlichen Glas Grog eingeladen hatte, arbeitete bis spät in die Nacht an den gewünschten Änderungen und ging am Morgen danach in sein Atelier, um sich dort zu erschießen. Seymour litt an Minderwertigkeitsgefühlen, psychischer Instabilität und war in Geldschwierigkeiten. Insofern kann die Kritik an seinem Entwurf nur der Tropfen gewesen sein, der das Fass zum Überlaufen brachte.

Dickens' erste Sorge musste jetzt sein, das ins Stocken geratene Unternehmen *Pickwick* wieder flott zu machen, und so suchte er mit seinen Verlegern unter Zeitdruck nach einem neuen Illustrator. Unter den Künstlern, die sich bewarben, war auch Thackeray, der später als Romanautor Dickens' gewichtigster Konkurrent werden sollte. Doch als Zeichner konnte er die Auftraggeber ebenso wenig überzeugen wie der von George Cruikshank empfohlene John Leech, der später die wohl besten Illustrationen zu Dickens' Weihnachtserzählungen schaffen sollte. Nachdem auch der junge, noch unerfahrene Robert Buss mit zwei Illustrationen für die dritte Fortsetzung weder Dickens noch die Verleger zufriedenstellen konnte, fand man schließlich in Hablot Knight Browne den Zeichner, der von da an unter dem Künstlernamen Phiz so viele von Dickens' Romanen illustrierte, dass Boz und Phiz für das Lesepublikum zu einem festen Gespann wurden.

Beim Neustart des Unternehmens gelang es Dickens, den Löwenanteil auf seine Seite zu ziehen. Statt wie zuvor für vier Illustrationen vierundzwanzig Druckseiten zu schreiben, war das Verhältnis jetzt zwei zu sechsunddreißig, was aus einer Bilderfolge mit Begleittext eine Erzählung mit Illustrationen machte. Außerdem gelang es ihm, ein höheres Honorar auszuhandeln. Aus 14 Pfund, drei Shilling und sechs Pence wurden 25 Pfund für jede Folge, was dem frisch Verheirateten finanziell Luft verschaffte. Der Absatz der ersten Folgen ließ den späteren Sensationserfolg noch nicht ahnen; denn für die zweite Lieferung lagen anfangs nur 500 Bestellungen vor. Doch als Dickens ab der vierten Folge dem Helden Pickwick den Cockney Sam Weller an die Seite stellte, ging der Absatz steil nach oben. In der elften Folge lag er bereits bei 14 000, in der vierzehnten bei 20 000, in der siebzehnten bei 26 000 und in der letzten bei nahezu 40 000.

Mit jeder Folge zog Dickens' Ruhm weitere Kreise. Bald wartete man überall in der englischsprachigen Welt begierig auf die nächste Fortsetzung. Lange bevor die Geschichte zu Ende erzählt war, brachten geschäftstüchtige Theatermacher Mr. Pickwick bereits auf die Bühne; Autoren plagiierten oder parodierten die Figur, und es wurden Pickwick-Objekte – ob Hut, Stock, Rock oder Hose – auf den Markt gebracht. Hätte es schon damals das System des lizensierten *merchandising* gegeben, hätte Dickens bereits mit seinem ersten Roman ein Vielfaches von dem verdient, was seine Verleger ihm zahlten. Obwohl Dickens

Monat für Monat ca. 50 Druckseiten für *Pickwick* abliefern musste, nahm er unablässig neue Aufträge an, schrieb weiterhin Beiträge für den *Chronicle* und unter dem Pseudonym Timothy Sparks das Pamphlet *Sunday Under Three Heads. As it is; as Sabbath Bills would make; as it might be made (Der Sonntag unter drei Gesichtspunkten; wie er ist; wozu ihn das Sabbath-Gesetz machen will; und wozu er gemacht werden könnte)*, das im Juni 1836 bei Chapman & Hall herauskam. Darin greift er ein Gesetz an, das den Sonntag zu einem Tag «der Düsternis und Strenge» machen wollte. Kein Wunder, dass dies einen Erzähler in Rage brachte, mit dessen Namen Weihnachtsfröhlichkeit untrennbar verbunden ist.

Als von den *Pickwick Papers* gerade erst die zweite Folge erschienen war, schloss Dickens am 9. Mai mit Macrone einen Vertrag über einen dreibändigen Roman mit dem Titel *Gabriel Vardon, the Locksmith of London.* Als Honorar wurden 200 Pfund vereinbart. Damit war der von Kreativität überschäumende Autor aber noch immer nicht ausgelastet. Am 11. August ließ er sich von Thomas Tegg, einem Verleger für Kinder- und Jugendliteratur, für ein Kinderbuch mit dem Titel *Solomon Bell the Raree Showman* unter Vertrag nehmen. Hier sollte das Honorar 100 Pfund betragen. Elf Tage später schloss er einen Vertrag mit dem Verleger Richard Bentley über zwei dreibändige Romane für ein Honorar von 500 Pfund. Darüber hinaus schlug ihm Bentley vor, ein monatlich erscheinendes Magazin unter dem Namen *The Wit's Miscellany* herauszugeben. Das Honorar für die Herausgebertätigkeit sollte 20 Pfund im Monat betragen, und weitere 21 Pfund wurden für jeden 16-seitigen Beitrag vereinbart. Bei einem solchen Angebot konnte Dickens unmöglich Nein sagen; denn damit hatte er zusammen mit den 25 Pfund für jede *Pickwick*-Lieferung ein sicheres Monatseinkommen von 66 Pfund. Außerdem hatte er als Herausgeber der Zeitschrift die Möglichkeit, ein Magazin nach seinen eigenen Vorstellungen zu gestalten, auch wenn sich Bentley beim Inhalt ein Vetorecht vorbehielt.

Die Fülle der eingegangenen Verpflichtungen hielt Dickens nicht davon ab, nebenher auch noch seinem Theater-Hobby zu frönen. Gleich drei Stücke brachte er im laufenden Jahr und im Frühjahr des folgenden auf die Bühne. Am 9. September kam im St. James-Theater die burleske Farce *The Strange Gentleman* heraus, deren Handlung auf der Erzählung *The Great Winglebury Duel* aus den *Skizzen* beruht. Das leichtgewichtige Stück, das Dickens zu seinen Lebzeiten in keine seiner Werkausgaben aufnahm, erlebte immerhin 50 Aufführungen. Ein zweites Stück des gleichen Genres, allerdings in der Form eines Singspiels mit Musik von John Pyke Hullah, erlebte am 6. Dezember, wiederum im St. James-Theater, unter dem Titel *The Village Coquettes* seine Uraufführung. Es wurde mit großem Beifall aufgenommen, aber schon nach 16 Aufführungen wieder abgesetzt, worüber Dickens sehr enttäuscht war. Er schrieb es den überteuerten Eintrittspreisen zu, während die Kritiker die Musik lobten, aber Dickens' Libretto bemängelten. Ein dritter burlesker Einakter, den er schon früher verfasst und im Februar 1837 überarbeitet hatte, kam am gleichen Ort unter dem Titel *Is She His Wife?, or Something Singular* zur Aufführung.

Dickens wurde sich schnell seines wachsenden Marktwertes bewusst und ihm wurde klar, dass er sich in dem Vertrag mit Macrone über den Nachdruck der *Skizzen* unter Wert verkauft hatte. Doch geschäftstüchtig, wie er war, konnte er seine neuen Verleger Chapman & Hall dazu bringen, Macrone das Copyright für die beiden Serien für 2250 Pfund abzukaufen und eine neu zusammengestellte Sammlung in monatlichen Lieferungen herauszubringen. Am 5. Januar 1837 wurde er schließlich im Rahmen einer Kompromisslösung auch aus seinem Vertrag über den Roman *Gabriel Vardon* entlassen.

Kurz vorher, am Weihnachtstag 1836, hatte Dickens eine der wichtigsten Begegnungen seines Lebens. Als Gast im Hause Harrison Ainsworths wurde er mit John Forster bekannt gemacht, seinem späteren Biographen, der ihm ein lebenslanger Freund und Berater werden sollte. Forster, der im selben Jahr wie er als zweiter Sohn eines Fleischers in Newcastle geboren wurde, war mit 16 Jahren nach London gekommen, um sich hier an der Rechtsschule des Inner Temple zum Juristen ausbilden zu lassen. Doch schon bald überwogen bei ihm die literarischen Interessen. Als Theaterkritiker, zuerst für die Zeitung *True Sun* und danach für den *Examiner*, lernte er rasch die literarische Prominenz der Metropole kennen, schloss Freundschaft mit Charles Lamb, Leigh Hunt und Walter Savage Landor, drei noch lebenden Essayisten der vorangegangenen romantischen Epoche, und mit Macready, dem angesehensten Schauspieler jener Zeit. Seine eigene literarische Begabung lag auf dem Felde der Geschichtsschreibung, wo er später umfangreiche Werke schuf. Sein sicheres Urteil über dichterische Werke

John Forster (1840). Gezeichnet von Daniel Maclise.

und sein stetig wachsender Bekanntenkreis machten ihn zu einer einflussreichen Figur in der Literaturszene. Dickens und Forster fühlten sich sogleich zueinander hingezogen, was vermutlich daher rührte, dass beide sich aus einfachen Verhältnissen hocharbeiten mussten. Obwohl sie gleichaltrig waren, übernahm Forster schon bald die Rolle des väterlichen Freundes, Beraters und Mentors. Seine Fähigkeit, Fäden zwischen Literaten zu knüpfen, in Verbindung mit seinen juristischen Kenntnissen beim Aushandeln von Verträgen, sollte sich für Dickens als nützlich erweisen. Schon kurz nach der ersten Bekanntschaft half ihm Forster, aus dem Vertrag mit Macrone herauszukommen. Erst gegen Ende seines Lebens wurde Dickens' Haltung Forster gegenüber etwas reservierter.

Das Trio Forster, Ainsworth und Dickens bildete eine Zeitlang den Cerberus-Club, so benannt nach dem dreiköpfigen Höllenhund. Am 16. Juni 1837 erweiterte sich der Freundeskreis durch Vermittlung Forsters um den 19 Jahre älteren prominenten Schauspieler William Charles

William Charles Macready. Zeitgenössischer Stich.

Macready, der bis zu Dickens' Tod einer seiner treuesten Freunde blieb. Wenig später kam als fünfter im Bunde der irische Maler Daniel Maclise hinzu. Um diesen engsten Kreis scharten sich weitere Freunde, darunter der Jurist Thomas Talfourd, dem Dickens die Buchausgabe der *Pickwick Papers* widmete, die Illustratoren Clarkson Stanfield und George Cattermole, der Maler Edwin Landseer und auch schon Dickens' späterer Hauptkonkurrent Thackeray. Forster berichtet, dass die engeren Freunde sich 1838 und 1839 mit Dickens auch an seinen Urlaubsorten Twickenham und Petersham trafen, wo sie sich mit sportlichen Wettkämpfen vergnügten, bei denen Dickens die anderen an Ausdauer weit übertroffen habe.

Am 1. Januar 1837 begann Dickens' Tätigkeit als Herausgeber von Bentleys Magazin, das inzwischen in *Bentley's Miscellany* umbenannt worden war, sehr zu seiner Erleichterung; denn *The Wit's Miscellany* klang allzu sehr nach 18. Jahrhundert. In dieser Zeitschrift sollte ab Februar sein neuer Roman *Oliver Twist* in monatlichen Fortsetzungen,

Charles Dickens (1837). Zeichnung von Samuel Laurence.

mit gelegentlichen Unterbrechungen, erscheinen, während er gleichzeitig noch die letzten zehn der insgesamt zwanzig Folgen der *Pickwick Papers* schreiben musste. Das zwang ihn zu strikter Arbeitsdisziplin. Die ersten zwei Wochen jedes Monats widmete er dem neuen Roman, die letzten beiden dem alten. Darüber hinaus musste er sich aber noch jeden Monat um die weitere Füllung des Magazins kümmern, was ihn gelegentlich zwang, neben der Romanfortsetzung weitere Beiträge zu schreiben.

Bei dieser immensen Produktivität wird seine junge Ehefrau wenig von ihm gehabt haben. Schon in der Flitterwoche war sie schwanger geworden und brachte am 6. Januar 1837 den Sohn Charles Culliford (genannt «Charley») zur Welt. Dass sie ihn nicht stillen konnte, bedrückte sie, weil sie fürchtete, dass das Kind sie dann weniger lieben

Catherine Dickens (1837). Zeichnung von Samuel Laurence.

würde. Eine seelische Stütze fand sie in ihrer vier Jahre jüngeren Schwester Mary, die von beiden Eheleuten wegen ihrer heiteren Art und ihres gesunden Menschenverstandes geliebt wurde.

Dickens selber blieb wenig Zeit, die Vaterfreuden zu genießen. Schon zwei Wochen nach dem freudigen Ereignis ließ er sich in den Garrick Club aufnehmen, was einem literarischen Ritterschlag gleichkam, da in dem Club viele angesehene Autoren und Theaterleute verkehrten. Allerdings gab er schon ein Jahr später die Mitgliedschaft vorübergehend wieder auf, aus Solidarität mit Macready, der wegen einer persönlichen Kränkung ausgetreten war. Da das Appartement in Furnival's Inn für die junge Familie zu eng wurde, suchte er jetzt nach einer Wohnung, die seinem neuen Status mehr entsprach. Er fand sie in dem Haus Doughty Street Nr. 48, das er für drei Jahre mietete und am

31. März bezog. Eine Woche später gaben Chapman & Hall für ihn ein festliches Dinner, bei dem sie ihm einen Scheck über 500 Pfund und eine edel gebundene Ausgabe der Werke Shakespeares überreichten.

Am 7. Mai 1837 traf Dickens ein Schicksalsschlag, der ihn so tief erschütterte wie kein anderes Ereignis in seinem früheren und späteren Leben. Es war der plötzliche Tod seiner Schwägerin, die gerade erst siebzehn Jahre alt war. Mary hatte seit der Niederkunft ihrer Schwester in seinem Haushalt gelebt und war noch am 6. Mai bei scheinbar bester Gesundheit mit ihm im St. James-Theater gewesen. Am Morgen danach hörte er aus ihrem Zimmer einen Schrei, und als er dorthin stürzte, fand er sie im Zustand heftiger Schmerzen. Ein Arzt wurde eilends herbeigerufen, konnte aber nicht mehr helfen. Um 3 Uhr nachmittags starb sie in Dickens Armen, «still und sanft», wie er in einem Brief schrieb.

Dickens hatte von Anfang an eine tiefe Zuneigung für sie empfunden. Sie war ein schönes, heiteres, bei allen beliebtes Mädchen, das sich liebevoll um die ältere Schwester kümmerte, die eher zur Launenhaftigkeit neigte. Für Dickens blieb sie zeitlebens ein Idol, das ihm als Vorbild für spätere Romanfiguren diente. Auch wenn er in ihr gewiss die schöne junge Frau sah, die ihn erotisch anzog, scheint er die körperliche Anziehung gänzlich aus seinen Gefühlen verdrängt zu haben. Wie für viele seiner viktorianischen Zeitgenossen war auch für ihn mädchenhafte Unschuld ein Ideal, das gerade aus der Verdrängung des Sexuellen seinen Wert empfing. Bei seiner Frau löste der Tod der Schwester eine Fehlgeburt aus, bei ihm selber eine vorübergehende Lähmung seines Schaffens. Er sah sich außerstande, die für Ende Mai vorgesehene Lieferung der *Pickwick Papers* zu schreiben, und auch die Fortsetzung von *Oliver Twist* blieb aus. Im Juli machte er dann zusammen mit Catherine und seinem Illustrator Browne eine Woche Urlaub in Frankreich und im August und September einen längeren Familienurlaub in Broadstairs an der kentischen Küste. Danach kehrte seine alte Schaffenskraft zurück. Am 18. November feierte er mit Freunden und seinen Verlegern den Abschluss der *Pickwickier* mit einem großen Bankett im noblen Prince of Wales Hotel am Leicester Place, was er sich 42 Pfund kosten ließ.

Chapman & Hall wussten, welchen Goldesel sie in Dickens hatten, und versuchten deshalb, ihn durch bessere Konditionen an sich zu bin-

Mary Hogarth. Nach einem verschollenen Porträt von Hablot Knight Browne.

den. So willigten sie ein, ihm nach fünf Jahren ein Drittel des Copyrights an den *Pickwick Papers* zu überlassen. Außerdem schlossen sie mit ihm einen Vertrag über einen neuen Fortsetzungsroman, noch ohne Titel, für dessen 20 Lieferungen Dickens je 150 Pfund erhalten sollte. Das brachte seine Gesamteinkünfte aus dem gerade abgeschlossenen Roman auf 2000 Pfund und eröffnete ihm die Aussicht auf 3000 Pfund für den nächsten, zusätzlich zu den Honoraren für den erfolgreich laufenden *Oliver Twist*, von dem inzwischen knapp ein Drittel erschienen war. Weitere Einkünfte in Höhe von 300 Pfund vorab und der gleichen Summe bei entsprechendem Absatz hatte er für die Herausgabe der Memoiren des berühmtesten Clowns seiner Zeit, Joseph Grimaldi, in Aussicht. Als Kind hatte er diesen Clown geliebt und bewundert. Ob er sich deshalb oder des Geldes wegen die zusätzliche Aufgabe aufhalsen ließ, ist schwer zu sagen. Jedenfalls hatte er den Auftrag dafür von Bentley angenommen, obwohl er den Verleger nicht mochte, ihn zeitweilig sogar hasste und sich von ihm ausgenommen fühlte. Als am 9. Dezember 1837 mit großem Pomp die Taufe seines Sohnes gefeiert wurde, durfte er sich als ein bereits über die Landesgrenzen hinaus berühmter Autor und als ein rundum geachteter Bürger fühlen.

Der 25-jährige Dickens, seine 22-jährige Frau und der knapp einjährige Sohn bildeten eine Familie, über der ein guter Stern zu stehen schien. Auch wenn er für Frau und Kind wenig Zeit hatte, war er doch ein Familienmensch, der Geselligkeit im eigenen Heim und lange Zeit auch das Spiel mit seinen Kindern liebte. Da Sohn Charley am 6. Januar geboren war, fiel sein Geburtstag auf die «zwölfte Nacht» nach Weihnachten, die schon zu Shakespeares Zeiten mit Theateraufführungen und vergnüglichen Spielen gefeiert wurde. Mit der Zeit und mit wachsender Kinderschar etablierte sich dieser Tag auch in Dickens' Haushalt als ein geselliges Ereignis, zu dessen Ausgestaltung er selber das meiste beitrug. So lernte er in den nächsten Jahren den Kindern zuliebe Zauberkunststücke, die er bei solchen Gelegenheiten mit professioneller Perfektion vorführte. Auch das Verhältnis zu seiner Frau war harmonisch. Catherine war stolz auf ihren erfolgreichen Mann, und Dickens genoss die Komplimente, die man ihm zu seiner hübschen Frau machte. Noch war sie so jung, dass er in ihr einen Abglanz jener Mädchenhaftigkeit sehen konnte, die er in ihrer Schwester Mary idolisiert hatte.

Eine Inhaltsangabe würde kaum verständlich machen, weshalb dieses Buch einen so sensationellen Erfolg hatte und danach einen fast mythischen Status erlangte. Nichts daran schien originell zu sein. Die episodische Erzählweise gehörte seit über hundert Jahren zum Standardrepertoire der englischen Erzählliteratur. Daniel Defoe, Henry Fielding und Tobias Smollett, mit deren Werken Dickens seit seiner Kindheit vertraut war, hatten die aus der Tradition des spanischen Schelmenromans entlehnte Form populär gemacht. Im spanischen Vorbild – nach dessen Heldenfigur, dem Picaro, die Form auch «pikarisch» genannt wird – war der Held noch ganz im Sinne des Barock dem Rad der Fortuna ausgeliefert, das ihn von Station zu Station durch wechselnde Höhen und Tiefen trug. Bei Fielding hingegen traten die Helden als *tabula rasa* in die Welt ein, d. h. als eine leere Schrifttafel, die im Sinne des von John Locke begründeten Empirismus sukzessiv mit Welterfahrung beschrieben wird, was aus der barocken Achterbahn die Aufstiegsleiter eines aufgeklärten Sozialisierungsprozesses macht. In seinem ersten Roman *Die Geschichte von den Abenteuern Joseph Andrews und seines Freundes, des Herrn Abraham Adams* (1742) bekannte sich Fielding offen zu seinem spanischen Vorbild; denn dem Titel folgt der Zusatz «geschrieben nach Art des Cervantes, des Autors von ‹Don Quichote›». Auch ohne diesen Zusatz hätte jeder Leser in Joseph Andrews und Pfarrer Adams den Bezug auf Don Quichote und Sancho Panza erkannt. In Abwandlungen kehrte dieses Gespann danach in zahlreichen Romanen wieder.

Als Dickens der langen Reihe von Vorgängern Mr. Pickwick und seinen gewitzten Diener Sam Weller folgen ließ, kann das seinen Lesern kaum besonders originell erschienen sein. Auch die Kombination des altvertrauten Cervantes'schen Schemas mit der ebenfalls nicht mehr taufrischen Form der *sporting scenes* war nicht neu, ebensowenig der skurrile Humor, den man von Laurence Sterne kannte. Das Gleiche gilt für die grotesken Elemente, die seit Smollett zum Repertoire komischer Erzählungen gehörten. Ein weiterer Autor, an den sich die Leser

«Mr. Pickwick spricht vor seinem Club». Gezeichnet von Robert Seymour.

erinnert fühlen mussten, war Theodore Hook, der deshalb in heutigen Literaturgeschichten als Vorläufer von Dickens genannt wird. In seiner neunbändigen Sammlung von Erzählungen, die von 1824 bis 1828 unter dem Obertitel *Sayings and Doings: A Series of Sketches From Life* (*Reden und Treiben: Eine Serie von Skizzen aus dem Leben*) erschien, gab es bereits die scharf beobachteten Marotten und absonderlichen Verhaltensweisen, die zu Dickens' Markenzeichen wurden. Selbst das Londoner Lokalkolorit war nicht neu; denn Pierce Egan hatte in seiner Wochenzeitschrift *Pierce Egan*'s *Life in London and Sporting Guide* die *sporting scenes* bereits in der Metropole angesiedelt und sie mit Londoner Stadtslang gewürzt. Es wundert deshalb nicht, dass einer der ersten Rezensenten der *Pickwick Papers* am 3. Dezember 1836 im *Athenaeum* das Rezept des Buches so beschrieb: «zwei Pfund Smollett, drei Unzen Sterne, eine Handvoll Hook und eine Prise der Sprache Pierce Egans».

Die besondere Wirkung, die Dickens mit dieser Rezeptur erzielte, lag nicht in den Zutaten, sondern in der Zubereitung. In den ersten drei Folgen des Romans wirkt das Repertoire komischer Effekte noch ein wenig konventionell, doch mit dem Auftritt Sam Wellers bekommt die Erzählung einen unverwechselbaren Ton. Das Gespann, das der grundgütige, rundlich-joviale Mr. Pickwick mit seinem agilen Diener bildet, ging trotz der langen Ahnenreihe in die Mythologie der englischen Alltagskultur ein, sogar noch vor dem Erscheinen der letzten Fortsetzung. Während Fieldings Joseph Andrews und sein Begleiter realistische Figuren bleiben, gewinnt Dickens' komisches Gespann eine quasi-mythische Allgemeingültigkeit. Die meisten Leser, die sich an die *Pickwick Papers* erinnern, werden Szenen ungetrübter Heiterkeit vor dem inneren Auge haben. Doch wenn das Buch nur aus den komisch-skurrilen Verwicklungen bestünde, aus denen sich Mr. Pickwick mit Hilfe von Sam Weller herauswinden muss, wäre es wohl ein literarisches Leichtgewicht geblieben. Was ihm Gewicht und Fülle gibt, sind eingestreute Erzählungen, in denen Dickens bereits Kostproben jener Neigung zum Düster-Makabren abliefert, die schon seinen nächsten Roman bestimmen wird. Dass er von Anfang an die Absicht hatte, diese Geschichten in den Roman aufzunehmen, geht daraus hervor, dass er bereits mit Seymour darüber verhandelte, wie sie zu illustrieren seien. Sicher wird dabei auch der Wunsch mitgespielt haben, schon fertige Erzählungen nutzbringend zu vermarkten. Doch sein späteres Werk zeigt deutlich, dass für ihn die Nachtseite des Lebens – z. B. Szenen, in denen Verurteilte auf ihre Hinrichtung warten oder Wahnsinnige von ihren Obsessionen gequält werden – als Gegenpol zu jener heiteren Welt gehören, die heute als typisch *Dickensian* gilt. Die Verbindung von Grauen und Komik ist das, was Dickens mit dem von ihm verehrten Shakespeare gemein hat.

Mit Mr. Pickwick schuf Dickens eine Figur, die als Archetyp des englischen Humors in einer Reihe mit Figuren wie Chaucers Frau aus Bath, Shakespeares Falstaff und Sternes Onkel Toby steht. Die Nähe zu Falstaff wurde bereits von Edward Chapman zum Ausdruck gebracht, der im Verlegergespann für die künstlerische Seite zuständig war. Als Seymour den Helden als dürre Figur zeichnen wollte, protestierte Chapman mit dem Argument: «Echter Humor und Fleisch gehören seit Falstaff zusammen.» Allerdings erlebt Shakespeares amoralischer Fettwanst in Pickwick eine Wiedergeburt als jovialer Viktorianer, eine Verwandlung, in der Sternes Onkel Toby noch als Zwischenstadium zu erkennen ist. Nicht ganz so sprichwörtlich, aber noch immer bekannt blieben bis heute auch Mr. Pickwicks Begleiter Augustus Snod-

«Erster Auftritt von Sam Weller». Gezeichnet von Phiz (Hablot K. Browne).

grass, Tracy Tupman und Nathaniel Winkle sowie Alfred Jingle, der mit seiner Stakkato-Sprechweise und seinen abgewetzten zu kurzen Ärmeln und Hosen an Figuren des Volkstheaters erinnert.

Die Handlung des Romans, sofern man von einer solchen überhaupt sprechen kann, besteht in einer schier endlosen Folge von Verwicklungen, deren Schauplatz oft ein Gasthof in London oder einer Provinzstadt ist. Es geht um komische Missverständnisse, die zu einer Duellforderung oder zu einem Prozess wegen eines angeblich gebrochenen Heiratsversprechens führen, um Heiratsschwindel, heimliche Eheschließungen, Verfolgungen und Versöhnungen und immer wieder um komische Unglücksfälle, wenn z. B. Mr. Pickwick beim Eislaufen einbricht, versehentlich in das Schlafzimmer einer Frau stolpert oder betrunken in einer Schubkarre einschläft, worauf er für einen Eindringling gehalten und in das Dorfgehege für entlaufenes Vieh gesperrt wird. Fast alle gesellschaftlichen Einrichtungen werden dabei satirisch an den Pranger gestellt. In Eatanswill ist es die absurd-korrupte

«Die Wahl in Eatanswill». Gezeichnet von Phiz (Hablot Knight Browne).

Wahl eines Parlamentsabgeordneten, beim Rechtsstreit um Mr. Pickwicks vermeintliches Eheversprechen das Rechtswesen und die Geldgier skrupelloser Rechtsanwälte, bei Pickwicks «Theorie über Stichlinge» ist es die Pseudowissenschaft dilettierender Naturforscher, bei seinem Clubkameraden Nathaniel Winkle das angeberische Getue von Sonntagssportlern und bei Augustus Snodgrass der Ehrgeiz von Freizeitpoeten.

Auch wenn sich Dickens in den Grenzen des moralisch Tolerablen hält, weht durch den Roman noch sehr viel mehr vom Geist des 18. Jahrhunderts als in seinen späteren Werken. In der Darstellung des Wahlkampfs in Eatanswill ist die Nähe zu Hogarth nicht zu übersehen. Die Szene selbst und der Name – *eat- and-swill* bedeutet ‹iss-und-sauf› – wirkt wie eine bewusste Anlehnung an den großen Vorgänger, den man als den Dickens des 18. Jahrhunderts bezeichnen kann, so wie Dickens umgekehrt der Hogarth des 19. Jahrhunderts wurde. Neben der Ähnlichkeit ist aber auch der Unterschied offensichtlich.

Bei Hogarth dient das Lächerlichmachen ausschließlich der satirischen Absicht und hat damit eine moralisierende Qualität. Bei Dickens

William Hogarth, der Dickens des 18. Jahrhunderts.
«Die Stimmabgabe».

steht ebenso eindeutig der humoristische Effekt im Vordergrund. Selbst als er seinen Helden ins Schuldgefängnis schickt und dabei auf das eigene Kindheitserlebnis zurückgreift, ist vom Leidensdruck dieses Traumas nichts zu spüren. Pickwick bleibt auch während seiner dreimonatigen Haft im Fleet Prison – genauso lange saß Dickens' Vater im Marshalsea-Gefängnis – der ungebrochene Ritter ohne Furcht und Tadel. Unterstützt wird er selbst hier von seinem getreuen Sam Weller, der den eigenen Vater überreden musste, ihn wegen einer nicht bestehenden Geldschuld zu verklagen, damit er seinem Herrn ins Schuldgefängnis folgen konnte. Das ganze Buch ist ein Epos menschlicher Großherzigkeit und Lächerlichkeit und in sofern dem Buch von Cervantes ähnlicher als den Satiren Hogarths. Ein Modewort jener Zeit war *humbug*, das um 1750 aufkam und ursprünglich ‹Hochstapler› bedeutete. Als Mr. Pickwick gleich am Anfang des Romans von Mr. Blotton *humbug* genannt wird, gibt es Streit, der erst beilegt wird, als man sich darauf verständigt, dass das Wort im ‹pickwickianischen› Sinn gemeint war. Das ist die viktorianische Variante von donquichotesk.

Lust und Last des Schreibens

1838

Nach der Beendigung der *Pickwick Papers* hätte sich Dickens im Jahr 1838 ganz seinem zweiten Roman, *Oliver Twist*, widmen können, von dem bei Jahresbeginn erst ein gutes Drittel erschienen war. Doch die widerwillig übernommene Herausgeberschaft der Memoiren Grimaldis verlangte von ihm mehr Arbeit als erwartet. Der Text aus der Feder eines Journalisten namens Wilks lag ihm in einer Fassung vor, die er als *dreary twaddle,* ‹langweiliges Geschwätz›, empfand, so dass er sich genötigt sah, sie in großen Teilen umzuschreiben. Das tat er mit wachsendem Gusto und machte daraus fast ein eigenes Werk. Kaum hatte er die Pflichtarbeit hinter sich, ließ er sich zu einer weiteren überreden. Chapman & Hall hatten kurz vorher die humoristischen *Sketches of Young Ladies* des Pfarrers Edward Caswall unter dem Pseudonym ‹Quiz› mit Illustrationen von Hablot K. Browne herausgebracht. Jetzt wollten sie von Dickens einen Nachfolgeband mit dem Titel *Sketches of Young Gentlemen* haben. Es sollte wie der Vorgänger ein schmales Buch für drei Shilling werden, wofür die Verleger dennoch 125 Pfund Honorar anboten. Dickens sah darin eine Gelegenheit, mit wenig Arbeit gutes Geld zu verdienen, ohne seinem Renommee zu schaden, da das Buch anonym erscheinen würde.

Nachdem Dickens auch diese Arbeit abgeliefert und daneben noch Theaterkritiken für Forsters *Examiner* geschrieben hatte, zeigte er zum ersten Mal Anzeichen von Überarbeitung; denn inzwischen hatte er bereits mit den Vorarbeiten für den nächsten Roman begonnen, der den ironisch-umständlichen Titel tragen sollte: *The Life and Adventures of Nicholas Nickleby, containing a Faithful Account of the Fortunes, Misfortunes, Uprisings, Downfallings, and Complete Career of the Nickleby Family,*

Edited by ‹Boz› (*Leben und Abenteuer von Nicholas Nickleby, nebst einem wahrheitsgetreuen Bericht der Glücks- und Unglücksfälle, der Aufstiege, Abstürze und vollständigen Karriere der Familie Nickleby, herausgegeben von ‹Boz›*»). In diesem Roman wollte er einerseits das Erfolgsrezept der *Pickwick Papers* beibehalten, andererseits aber auch die sozialkritische Stoßrichtung von *Oliver Twist* fortsetzen. Als Zielscheibe dafür hatte er die übelbeleumdeten Privatschulen in Yorkshire im Visier, deren Missstände zu jener Zeit öffentlich diskutiert wurden. Um sich Kenntnis davon aus unmittelbarer Anschauung zu verschaffen, reiste er am 30. Januar mit seinem Illustrator Browne nach Norden und ließ sich unter dem Vorwand, eine geeignete Schule für den Sohn einer armen Witwe zu suchen, einige dieser Schulen zeigen. Was er dabei zu sehen bekam, gab ihm reichlich Stoff für den neuen Roman. Nach der Rückkehr von der Reise machte er sich sogleich an die erste Folge, die am 31. März herauskam. Jetzt schrieb er, wie schon im Jahr davor, wieder gleichzeitig an zwei Romanen. Kurz vorher, am 6. März 1838, war seine erste Tochter geboren worden, die den Namen Mary und keinen weiteren Vornamen erhielt, was anzeigt, dass Dickens der betrauerten Schwägerin in ihr ein lebendes Denkmal setzen wollte.

Außer der Arbeit an den beiden Romanen lag dem vielbeschäftigten Autor noch ein dritter auf der Seele. Seit Mai 1836 hatte er sein allererstes Romanprojekt vor sich hergeschoben. Nachdem er zunächst dem Verleger Macrone den Roman *Gabriel Vardon, the Locksmith of London* versprochen und danach am 22. August 1836 einen Vertrag mit Bentley darüber geschlossen hatte, wartete dieser mit wachsender Ungeduld auf das dreibändige Werk. Im Lauf der nächsten Jahre kam es zu insgesamt elf Vertragsänderungen, ohne dass Dickens über viel mehr als den neuen Titel *Barnaby Rudge* hinauskommen sollte.

Die Gründe für sein Zaudern waren verständlich. Im Zentrum des Romans sollte ein historisches Ereignis stehen, nämlich die antikatholische Rebellion, die der fanatische Katholikenhasser Lord Gordon 1780 in London angezettelt hatte. Mit einem solchen Stoff hätte sich Dickens auf das Feld Sir Walter Scotts begeben, des Erfinders und Großmeisters des historischen Romans. Und da der Höhepunkt der Handlung der Sturm auf das Newgate-Gefängnis sein sollte, hätte sich Dickens in unmittelbare Konkurrenz zu Scotts Meisterwerk *The Heart of Midlothian* gewagt; denn auch dort geht es um eine spontane Rebellion, die in einem Sturm auf das Edinburger Gefängnis, das «Herz von Midlothian», gipfelt. Man kann sich gut vorstellen, dass es Dickens einerseits reizte, den Wettkampf mit Scott aufzunehmen, dass er andererseits aber davor zurückscheute, sein eben erst gewonnenes Ansehen als «unnachahmlicher» Meister des humoristischen Genres dadurch aufs Spiel zu setzen, dass er sich auf ein Gebiet begab, das seinem Naturell nicht wirklich entsprach.

Bis Juni 1838 hatte er parallel an den beiden laufenden Fortsetzungsromanen gearbeitet. Dann machte er mit seiner Familie für zwei Monate Urlaub in einer Villa in Twickenham, von wo aus er weiter seinen Verpflichtungen nachkam. Am 3. September flüchtete er noch einmal für neun Tage auf die Isle of Wight, um sich ganz auf *Oliver Twist* zu konzentrieren, den er im Oktober abschloss. Danach machte er sich Ende des Monats, wiederum in Begleitung von Browne, auf eine Rundreise zu ruhmreichen Städten im Süden Englands und in den Midlands. Er besuchte Warwick Caste, Kenilworth, Shakespeares Geburtsort Stratford und Shrewsbury. Von dort ging es weiter nach Birmingham, Wolverhampton, nach Llangollen in Wales und zuletzt nach Liverpool und Manchester, wo er zum ersten Mal das ganze Ausmaß der Industrialisierung kennenlernte. Doch am 8. November brach er die Reise ab und eilte zurück nach London, um beim Erscheinen der dreibändigen Buchausgabe von *Oliver Twist* anwesend zu sein. Die Publikation der monatlichen Fortsetzungen des Romans ging noch bis April 1839 weiter.

Am 22. September 1838 hatte sich Dickens mit Bentley darauf geeinigt, dass *Barnaby Rudge* nicht als fertiges Buch, sondern im Anschluss an *Oliver Twist* als Fortsetzungsroman erscheinen sollte. Aber auch dazu konnte er sich nicht durchringen. Statt sich nach der Vertragserneuerung an den historischen Roman zu machen, schrieb er lieber für Macready die dramatische Farce *The Lamplighter* (*Der Lampenanzünder*), die er dem Freund am 5. Dezember vorlas. Den Rest des anstrengenden Jahres verbrachte er mit geradezu hektischer Geselligkeit. In einer erneuten Vertragsänderung verpflichtete er sich gegenüber Bentley, den leidigen Roman nun doch als fertiges Manuskript, aber erst im Januar 1840 abzuliefern, wofür ein Honorar von 4000 Pfund vereinbart wurde.

In das Jahr 1838 fällt vermutlich auch Dickens' Bekanntwerden mit dem Arzt John Elliotson (1791–1868), der sich als einer der Ersten für eine Therapie durch Mesmerisieren einsetzte. Das von dem deutschen Arzt Franz Anton Mesmer (1734–1815) bereits 1771 propagierte Verfahren des Heilens durch Hypnose – Mesmer sprach von «animalischem Magnetismus» – war schon bald auf dem Umweg über Frankreich nach England gelangt, wo es lange Zeit bespöttelt und angefeindet wurde. Elliotson, der in den 1830er Jahren Professor an der Medizinischen Hochschule in London war, setzte sich für die Aufnahme des Verfahrens in die allgemeine Praxis ein, stieß dabei aber auf so heftigen Widerstand seitens der materialistisch ausgerichteten Schulmedizin, dass er seine Professur aufgeben musste. Umso mehr Interesse fand er mit seinen Demonstrationen beim gebildeten Laienpublikum. Zu seinen interessiertesten Adepten zählte Dickens, der schon bald mit dem Mediziner Freundschaft schloss und ihn lange Zeit als Hausarzt der Familie konsultierte.

Einen noch engeren, lebenslangen Freund fand er wenig später in dem Geistlichen Chauncy Hare Townshend (1798–1868), der 1840 das Buch *Facts in Mesmerism* publizierte und damit für Elliotsons Theorien eine wachsende Gefolgschaft gewann. Auch Dickens lernte das Verfahren und übte es gelegentlich aus, ließ sich aber nie selber hypnotisieren. Über die Gründe seines Interesses lässt sich nur spekulieren. Viel spricht dafür, dass es seinem Bedürfnis nach Macht entgegenkam, was sich wiederum als Reaktion auf die Erfahrung der Ohnmacht in der Schuhwichsfabrik erklären ließe. Zwar hat er das Hypnotisieren nur wenige Male ausgeübt, aber seine gesamte Kunst als Erzähler, Schauspieler und später als Rezitator zielte darauf ab, seine Leser und Zuhörer in Bann zu schlagen. Einen Autor, der das gleiche Interesse und die gleiche Wirkung auf sein Publikum hatte, sollte er 1842 in Amerika kennenlernen, nämlich Edgar Allan Poe, der seinerseits bereits vorher eine Affinität zu Dickens gespürt und als einer der ersten Amerikaner die literarische Qualität des drei Jahre jüngeren britischen Kollegen erkannt hatte. Poe sah im Mesmerismus einen Entdeckungspfad ins Übernatürliche. Darin ist ihm Dickens nicht gefolgt; der hielt am englischen Common Sense fest, auch wenn er wie Hamlet mehr Dinge zwischen Himmel und Erde sah, als sich die Schulweisheit träumen ließ.

Was in den *Pickwick Papers* nur in den eingelegten Erzählungen anklingt, bestimmt in *Oliver Twist* den Grundton des Romans. Von jetzt an wird sich Dickens' Erzählkunst zwischen zwei Polen bewegen: seinem Humor auf der einen und seinem Hang zum Düster-Makabren auf der anderen Seite. In seinem zweiten Roman überwiegt die düstere Seite. Doch es kommt hier noch ein weiteres Moment hinzu, das sich danach immer stärker ausprägen wird. Es ist das Grundschema des Detektivromans. Der Roman beginnt zunächst wie eine Erzählung in der Nachfolge von Fieldings *Tom Jones.* Schon in diesem gab es ein detektivisches Element; denn am Schluss stellt sich heraus, dass Tom als Findelkind von seiner ledigen Mutter zur Vertuschung ihrer Schande auf der Türschwelle des eigenen Bruders abgelegt und von diesem aufgezogen wurde. Doch dieser Aspekt spielt gegenüber dem aufklärerischen Prinzip der Sozialisierung durch Aufnahme von Welterfahrung nur die Rolle eines spannungsfördernden Erzählmotivs. Bei Dickens' Waisenkind ist das Geheimnis mehr als bloß das Rätsel einer unaufgeklärten Identität.

Zunächst aber durchläuft Oliver Stationen, die an das stereotype Auf und Ab eines barocken Pikaro erinnern. Vom Arbeitshaus, in dem er geboren wurde, kommt er ins Waisenhaus, dann wieder ins Arbeitshaus und danach in die Werkstatt des Leichenbestatters Sowerberry, vor dessen Brutalität er flüchtet, um wenig später in die Diebesbande des Juden Fagin zu geraten. Als ein Kumpan ihm zeigen will, wie man einem Passanten ein Taschentuch stiehlt, wird er verhaftet, doch gleich darauf von Mr. Brownlow, dem Opfer des Diebstahls, gerettet und in die behütete Welt bürgerlicher Wohlanständigkeit aufgenommen. Das Geheimnis um Olivers Herkunft führt nun dazu, dass er gewaltsam ins Verbrechermilieu zurückgeholt wird. Nach einem fehlgeschlagenen Einbruch, zu dem er von dem Gewaltverbrecher Sikes gezwungen wurde, scheint er endgültig gerettet zu sein.

Doch ehe er, nach kurzer Flucht verletzt in einem Graben liegend, dort aufgefunden wird, schiebt Dickens fünf Kapitel ein, in denen andere Figuren des Romans über Oliver reden. In diesen Kapiteln beginnt der Leser zu ahnen, dass ein gewisser Monks dem Helden auf den Fersen ist und dass es um mehr geht als darum, dass der Jude Fagin und der Verbrecher Sikes ein nützliches Bandenmitglied behalten wollen. Nach diesem Einschub, fast genau in der Mitte des Romans, nimmt der Erzähler den unterbrochenen Faden wieder auf. Wenn man jetzt liest, wie der verletzte Held gefunden und in das idyllische Haus der Maylies, in das Sikes einzubrechen versuchte, zurückgebracht wird, weiß man, dass Oliver noch längst nicht gerettet ist; denn nun ist klar, dass ein mit seiner Geburt zusammenhängendes Geheimnis ihn schicksalhaft verfolgt.

Erst am Schluss des Romans wird das Rätsel vollständig gelöst. Brownlows engster Freund war einst von seiner Familie im Alter von sechzehn Jahren aus finanziellen Gründen mit einer wesentlich älteren Frau verheiratet worden, die er nach Jahren unglücklicher Ehe verließ, obwohl er einen Sohn mit ihr hatte. Später verliebte er sich in eine junge Frau, die nach seinem Tod seinen illegitimen Sohn Oliver zur Welt brachte. Seine Ehefrau und der zum Verbrecher gewordene Sohn, der den falschen Namen Monks annahm, versuchten mit allen Mitteln zu verhindern, dass Oliver, wie es der Vater in seinem Testament verfügte, in den Besitz von dessen Vermögen kommt. Brownlow, der in langwieriger Detektivarbeit die verbrecherischen Machenschaften von Monks aufdeckte, zwingt diesen schließlich in einem letzten Showdown zum Eingeständnis seiner Schuld.

Monks und seine Machenschaften tragen deutliche Züge des Schauerromans, der als *Gothic novel* im 18. Jahrhundert aufkam und auch zu Dickens' Zeiten noch populär war. Bereits der Name erinnert an den Roman *The Monk* (1796; *Der Mönch*), der so populär wurde, dass sein Verfasser Matthew Gregory Lewis als Monk-Lewis in die Literaturgeschichte einging. Sicher ging es Dickens in erster Linie darum, seine Erzählung, deren Ende der Leser schon glaubt absehen zu können, noch einmal mit Spannung aufzuladen. Doch wer sein Gesamtwerk kennt, wird spüren, dass schon hier etwas anklingt, was in den späteren Romanen zu einem Grundthema wird. Immer wieder taucht das Motiv einer Erbschaft auf, die den Helden wie ein Schatten verfolgt und in sein Leben hineinwirkt. Meist handelt es sich um eine tatsächliche Erbschaft, die konkret durch ein Testament oder ein gleichwertiges Doku-

«Oliver bittet um mehr». Gezeichnet von George Cruikshank.

ment repräsentiert wird. Es kann aber auch ein anderes Schicksalsgewebe sein, in das eine der Hauptfiguren ahnungslos und in der Regel ohne eigene Schuld verstrickt ist. Dickens Romanhelden betreten die Bühne des Lebens nicht wie die von Fielding als *tabula rasa*, sondern als Erben einer unaufgeklärten Vergangenheit, von der sie sich durch Aufklärung und moralische Bewältigung emanzipieren müssen. Man kann darin ein bloßes Spannungsmittel sehen, doch die Obsessivität des Motivs spricht eher dafür, dass Dickens darin seinem eigenen Gefühl Ausdruck verlieh, von einer dunklen Vergangenheit verfolgt zu sein. Er selber empfand sein Kindheitstrauma als eine solche ‹Leiche im Schrank›; und von einem *skeleton in the cupboard* ist in seinen Werken und Briefen mehrfach die Rede.

In *Oliver Twist* wird diese Thematik noch weitgehend durch die Konstruktion eines nicht sonderlich glaubwürdigen Plots verdeckt. Deshalb werden sich Leser des Buches später kaum noch an die umständliche Enthüllung erinnern, wohingegen die Bilder von Fagins Diebeshöhle, von Olivers Gefangenschaft in der Dachkammer und von Sikes' Mord an Nancy und dessen eigenem Tod wie eingebrannte Fotos im Gedächtnis bleiben. Vor allem die Szene, in der sich Sikes durch einen Sprung aus dem Fenster des düsteren Gebäudes auf Jacob's Island unfreiwillig erhängt, ist bezeichnend für das Bildinventar von Dickens' Fantasie. Hier taucht zum ersten Mal die später regelmäßig wiederkehrende Bildkonfrontation des gefängnishaften Hauses mit der Sphäre des Wassers auf, bezeichnenderweise verknüpft mit dem Erbschaftsmotiv. Denn Monks versucht die Beweise von Olivers Identität dadurch zu vernichten, dass er sie in die Themse wirft. Gefängnishafte Häuser, düstere Gewässer und Zeichen für eine ererbte Vergangenheit werden von nun an immer häufiger in Dickens' Romanen anzutreffen sein, wobei nicht so sehr ihr Erscheinen als vielmehr ihre enge Beziehung zueinander bedeutsam ist.

Neben der dichterischen Kraft zur symbolischen Vertiefung zeigt sich in *Oliver Twist* aber auch schon das, was Dickens' Erzählkunst bis heute in den Augen seiner Kritiker beeinträchtigt. Es ist sein Hang zum Moralisieren und seine Tendenz, in gefühlvollen Szenen so dick aufzutragen, dass die Sentimentalität für heutige Leser schwer erträglich wird. Der vollständige Titel des Romans lautet: *Oliver Twist: or, The Parish Boy's Progress* und spielt damit auf John Bunyans *Pilgrim's Progress* an; doch dessen religiös fundiertes Moralisieren ist bei Dickens ganz ins Soziale verlagert, was allein schon durch das ominöse Wort *parish* signalisiert wird. Dabei trägt seine Sozialkritik bereits Züge, die als typisch viktorianisch gelten. So hält er mit seiner Kritik an der öffentlichen Armenfürsorge in den Arbeitshäusern nicht zurück, lässt andererseits aber auch keinen Zweifel daran, dass die uneheliche Schwangerschaft von Olivers Mutter ein moralischer Fehltritt war. Allerdings zeigt er hier ein eigentümliches Schwanken, das später immer häufiger in seinen Werken zu beobachten ist. So sehr er die Fehltritte gefallener Mädchen moralisch verurteilt, so emphatisch wirbt er zugleich um Mitleid für die armen Geschöpfe. Später wird er persönlich Kontakt zu Prostituierten aufnehmen, um sie zu retten.

Verführte Kindfrauen waren ein Lieblingsthema der viktorianischen Literatur. Der dreizehn Jahre ältere Autor Thomas Hood, den Dickens sehr schätzte und der mit seiner Verbindung von Humor und Sentimentalität als einer seiner Vorläufer gelten kann, publizierte 1844 unter dem Titel *Bridge of Sighs* (*Seufzerbrücke*) eines der populärsten Gedichte der Zeit, das vom Selbstmord eines gefallenen Mädchens handelt.

«Fagin in der Todeszelle». Gezeichnet von George Cruikshank.

Weibliche Wasserleichen, dazu noch in Verbindung mit Sex und Prostitution, fanden beim viktorianischen Publikum ein starkes, zweifellos erotisches Interesse. Dickens' erster Beitrag zu diesem Thema ist die Figur der Prostituierten Nancy, die anfangs im Auftrag Fagins den Titelhelden zurück ins Verbrechermilieu holt, danach aber nach einer Begegnung mit Brownlow tatkräftig mithilft, Oliver zu retten und seine Identität aufzuklären. Als Rache für diesen Verrat wird sie von Sikes erschlagen.

Zu dem großen Erfolg des Buches haben sicher auch die eindringlichen Illustrationen von George Cruikshank beigetragen, von denen die beiden hier wiedergegebenen dem Leser unauslöschlich im Gedächtnis bleiben. Der Satz *I want some more*, mit dem Oliver bei der Essensausgabe im Arbeitshaus «um mehr» bittet, ist noch heute ein den meisten Engländern vertrautes Zitat. Noch eindringlicher ist die Darstellung Fagins in der Todeszelle.

Auf der Erfolgsspur

1839

Das Jahr 1839 begann für Dickens mit der erleichternden Gewissheit, dass seine zweijährige Fron als Herausgeber von *Bentley's Miscellany* zu Ende ging. Bentley versuchte zwar, Dickens zu einer Vertragsverlängerung zu bewegen, doch er tat es so undiplomatisch, dass Dickens nicht einmal das lukrative Angebot annahm, für 40 Pfund im Monat seinen Namen als Aushängeschild herzugeben. Einen Verlust an öffentlicher Präsenz brauchte er nicht zu befürchten. Ihm lag bereits eine Einladung nach Manchester vor, wo man ihm zu Ehren am 14. Januar ein öffentliches Dinner veranstaltete, an dem er zusammen mit seinen Freunden Ainsworth und Forster teilnahm. Danach widmete er sich ganz der Arbeit an *Nicholas Nickleby*. Die Stofffülle dieses umfangreichen Romans machte ihm so sehr zu schaffen, dass er die monatlichen Lieferungen oft erst am vorletzten oder letzten Tag vor dem Erscheinen fertigstellen konnte. Anfang Januar hatte er noch einmal versucht, das *Barnaby Rudge*-Projekt in Angriff zu nehmen, das ihm schwer auf der Seele lag. Aber er schaffte nur wenige Seiten und verlangte danach von Bentley einen weiteren Aufschub.

Am 7. Februar feierte er seinen 27. Geburtstag in Anwesenheit prominenter Gäste, darunter der Bildhauer Angus Fletcher, der im weiteren Verlauf des Jahres eine Büste von ihm anfertigen sollte. Als Dickens vom 4. bis 11. März zu einem Kurzurlaub in Exeter weilte, entdeckte er in dem Dorf Alphington in Devon ein Cottage, das er kurzentschlossen für 20 Pfund im Jahr bis Oktober 1842 mietete, um es seinen Eltern als Wohnsitz anzubieten. Die konnten das Angebot schlecht ablehnen, und so hatte Dickens endlich die Sorge vom Hals, dass sein Vater immer wieder in London Schulden machte, für die er als Sohn geradestehen

Daniel Maclise (1838). Selbstporträt in Frasers Gallery of Literary Characters.

musste. Das Problem mit den Eltern war damit für eine Weile gelöst, auch wenn es Dickens nicht gerade billig zu stehen kam; denn die Herrichtung des Cottage und weitere Nebenkosten beliefen sich insgesamt auf 300–400 Pfund.

Für sich selbst und seine Familie mietete er Ende April für vier Monate die Villa Elm Lodge in Petersham in Hampshire, um dort in Ruhe an *Nicholas Nickleby* arbeiten zu könne. Hier besuchte ihn auf Empfehlung von Ainsworth der irische Maler Daniel Maclise, mit dem er rasch Freundschaft schloss. Maclise (1806–1870) war ein gutaussehender, warmherziger Mann, der von Dickens' ganzer Familie geschätzt wurde. Im Lauf des Jahres schuf er als erstes bedeutendes Dickensporträt das Ölgemälde, das heute in der National Portrait Gallery hängt. Das Bild war danach die Vorlage für ein Porträt, das als Stich der letzten Folge von *Nicholas Nickleby* beigegeben wurde und später als Frontispiz der ersten Ausgabe von Dickens' Gesammelten Werken diente. Als sogenanntes Nickleby-Porträt war es das erste veröffentlichte Bildnis des Dichters.

Am 20. Mai musste Dickens erleben, wie der Theatermacher William Moncrieff im Strand-Theater das Stück *Nicholas Nickleby and Poor Smike or, The Victim of the Yorkshire School* herausbrachte. Das Plagiat hätte Dickens vielleicht noch geschmeichelt, doch dass in dem Stück die Herkunft des armen Smike verraten wurde, die in der laufenden Publikation des Romans noch ein Geheimnis war, machte Dickens wütend, und er rächte sich, indem er in der nächsten Fortsetzung Moncrieff als Karikatur auftreten ließ. Aus Sorge, dass seine Leser des Wartens auf eine monatliche Fortsetzung überdrüssig werden könnten, schlug Dickens um diese Zeit Chapman & Hall vor, unter seiner Regie ein wöchentlich erscheinendes Magazin herauszubringen, das neben einem Fortsetzungsroman auch Beiträge von anderen Autoren enthalten sollte. Das würde den für ihn so wichtigen Rapport mit den Lesern noch enger machen und ihm außerdem größere Freiheit bei der inhaltlichen Gestaltung der Zeitschrift verschaffen. Die Verleger, wohlwissend, wie viel Profit sie ihrem Starautor verdankten, gaben am 15. Oktober 1839 ihr Einverständnis, auch wenn der Vertrag erst am 31. März des folgenden Jahres unterzeichnet wurde.

Am 3. September wechselte Dickens noch einmal das Quartier und mietete für einen Monat ein Haus in Broadstairs an der kentischen Küste. Von hier aus brachte er am 20. September die letzte *Nickleby*-Nummer zur Post. Bei keinem seiner früheren Werke empfand er die Fertigstellung mit solcher Erleichterung. Nach der Rückkehr nach London bereiteten ihm Chapman & Hall zur Feier des Romanabschlusses ein großes Festessen im Albion Hotel, bei dem neben anderen prominenten Gästen der angesehene Aquarellist und Illustrator George Cattermole, der hochgeschätzte Genremaler Sir David Wilkie und der neue Freund Daniel Maclise anwesend waren. Bei dieser Gelegenheit machten die Verleger ihrem Autor das oben erwähnte Porträt zum Geschenk.

Zwei Wochen später, am 29. Oktober, brachte Kate ihr drittes Kind, die Tochter Kate Macready, zur Welt. Jetzt hielt es Dickens für nötig, ein größeres Haus zu mieten. Er fand es in der noblen Gegend gegenüber vom York-Eingang zum Regent Park in Devonshire Terrace Nr. 1. Das stattliche Haus mit 13 Zimmern entsprach seinem inzwischen weiter gestiegenen Prestige und machte ihn auch in diesem Punkte den prominenten Zeitgenossen, mit denen er verkehrte,

Dickens' Haus in Devonshire Terrace. Gezeichnet von Maclise.

ebenbürtig. Er mietete es für 800 Pfund Grundpacht und eine Jahresmiete von 160 Pfund auf elf Jahre und bezog es Anfang Dezember.

Inzwischen nahte erneut der Abgabetermin für ein fertiges *Barnaby Rudge*-Manuskript, den er nach zähen Verhandlungen mit Bentley auf den 1. Januar 1840 verschoben hatte; und noch immer war er über erste Anfänge nicht hinausgekommen. Mitten in den Umzugsvorbereitungen hatte er noch einmal einen halbherzigen Anlauf unternommen. Doch als Bentley den Roman bereits öffentlich ankündigte, fühlte sich Dickens so unter Druck gesetzt, dass er vor Wut schäumte. Jetzt wollte er mit dem Verleger, den er von Anfang an nicht mochte, endgültig brechen, koste es, was es wolle. Er schwor ihm «Kampf bis aufs Messer ohne Pardon». Der anschließende Rechtsstreit um die Vertragsauflösung zog sich bis zum Sommer des nächsten Jahres hin. Dann endlich kam es zu einer Einigung. Dickens kaufte alle Rechte an *Oliver Twist* für 1500 Pfund zurück und erwarb für weitere 750 Pfund die Rechte an Cruikshanks Illustrationen zu dem Roman. Chapman & Hall streckten ihm dafür 3000 Pfund vor, die als Vorschuss für *Barnaby Rudge* gedacht waren, der nun bei ihnen in monatlichen Fortsetzungen erscheinen sollte.

Finanziell war Dickens jetzt eigentlich sorgenfrei. *Nicholas Nickleby*

Dickens (1839). Porträt von Daniel Maclise.

hatte sich mit einer durchschnittlichen Monatsauflage von 50 000 bestens verkauft, und auch die Buchausgabe sollte sich als Dauerbrenner erweisen. 1863 schätzte der *Spectator* die Gesamtauflage auf 100 000. Dennoch beschlich Dickens damals die Befürchtung, dass ihm das Publikum einmal seine Gunst entziehen könnte. Wie ernst die Sorge war, ist schwer zu entscheiden. Doch die Tatsache, dass er wiederholt auf die finanzielle Misere von Sir Walter Scott zu sprechen kam, lässt vermuten, dass er einen Absturz nicht für ausgeschlossen hielt. Deshalb tat er am 6. Dezember 1839 einen überraschenden Schritt und schrieb sich an der Rechtsschule des Middle Temple ein, um sich zum Juristen ausbilden zu lassen. Sollte die literarische Karriere ins Stocken geraten, hätte er dann wenigstens einen hochangesehenen und einträglichen bürgerlichen Beruf. Die nicht eingetretene Notlage ersparte der Nachwelt einen vermutlich schlechten Juristen, der sich mehr von seinen Gefühlen als vom Recht hätte leiten lassen, und erhielt ihr einen genialen Erzähler.

Nicholas Nickleby

Dickens' dritter Roman erschien zuerst in Fortsetzungen unter dem bereits genannten Titel *Leben und Abenteuer des Nicholas Nickleby: ein wahrheitsgetreuer Bericht der Glücks- und Unglücksfälle, der Aufstiege, Abstürze und der vollständigen Karriere der Nickleby-Familie, herausgegeben von ‹Boz›*. Schon dieser Titel verrät, an welchem Vorbild sich Dickens orientierte. Es war Tobias Smollett, neben Fielding der zweite große Repräsentant des pikarischen Romans im 18. Jahrhundert. Der alliterative Name des Titelhelden erinnert an Smolletts *Roderick Random* und *Peregrine Pickle*; und wie bei diesen besteht die Handlung aus einer Folge von Abenteuern, die Nicholas von Station zu Station, von Episode zu Episode durch England und die englische Gesellschaft führen. An Smollett erinnern auch die grotesk überzeichneten Figuren, mit denen Dickens – teils in satirischer Absicht, teils um der bloßen Komik willen – seinen Roman bevölkert. Das Buch ist so figurenreich, dass sich der Leser am Ende der über 800 Seiten kaum noch an alle erinnert. Da Dickens darin die Komik der *Pickwick Papers* mit der Sozialkritik von *Oliver Twist* zu verbinden versuchte, wirkt der Roman im Ganzen weniger einheitlich als seine beiden Vorgänger.

Wie in *Oliver Twist* geht es auch hier um soziale Missstände. War es dort das Arbeitshaus, so ist es jetzt der beklagenswerte Zustand der Privatschulen in Yorkshire, in denen arme Kinder schamlos ausgebeutet und nicht selten zu Tode gequält wurden. Da diese Schulen eine ganzjährige Unterbringung der Schüler anboten, wurden sie vor allem zur Entsorgung unerwünschter Kinder genutzt, um die sich die Eltern oder Vormünder nicht einmal in den Ferien zu kümmern brauchten. Auf seiner Erkundungsreise hatte Dickens einen Schulleiter, William Shaw, interviewt, den er danach in der Figur des Squeers an den Pranger stellte. Shaw war bereits 1823, allerdings ohne nennenswerte Konsequenzen, vor Gericht zitiert worden, weil an seiner Schule zwei Jungen wegen Vernachlässigung erblindeten. In seinem Roman lässt Dickens seinen Helden Nicholas, dessen Mutter und Schwester nach dem Tod des Vaters auf die Gnade eines hartherzigen Onkels angewiesen sind, als Lehrer an Squeers' Schule gehen. Die trägt den ominösen Namen *Dotheboys Hall*, was auf Deutsch soviel wie «Mach die Jungs fertig» heißt. Nicholas hält es dort nicht lange aus. Als der Schulleiter einen Schüler sadistisch quält, verprügelt ihn Nicholas und verlässt die Anstalt, wobei ihm der ausgemergelte und seelisch gebrochene Schüler Smikes folgt. Die beiden schließen sich danach einer Schauspieltruppe an, die Nicholas bald zu ihrem Leiter macht.

Neben diesem Handlungsstrang wird in einem zweiten erzählt, wie Kate, die Schwester des Helden, durch ihren Onkel Ralph an eine Putzmacherin vermittelt wird, wo ihr die gleiche Ausbeutung blüht wie ihrem Bruder an der Schule. Ein weiterer eingeflochtener Handlungsstrang handelt von korrupten Adligen, die nach Kates Unschuld trachten. Nach zahlreichen, theatralisch erzählten Episoden wird die vielgliedrige Handlung zu einem moralisch befriedigenden Ende gebracht. Der bösere der beiden Adligen tötet seinen Rivalen im Duell und muss auf den Kontinent fliehen. Smikes stirbt an Entkräftung und gesteht kurz vor seinem Tod seine Liebe zu Kate; und Ralph Nickleby, der hartherzige Onkel, erfährt, dass Smikes sein Sohn aus einer heimlichen Ehe war, den ihm ein früherer Angestellter aus Rache für schlechte Behandlung als tot gemeldet hatte. Nach dieser Enthüllung nimmt sich Ralph mit einem Strick das Leben. Damit fällt sein Vermögen an Nicholas, der nun Madeline Bray heiraten kann, die ihrerseits kurz davor war, mit einem alten Mann verheiratet zu werden, weil nur mit dessen Geld ihr Vater aus dem Schuldgefängnis ausgelöst werden konnte. Der Tod des alten Nickleby an Madelines geplantem Hochzeitstag bewahrt sie vor einer Ehe, in die sie nur aus Pflichtgefühl eingewilligt hatte.

Der grobe Handlungsabriss lässt keinen Roman erwarten, der für heutige Leser noch interessant sein könnte; denn die Zielscheiben der Satire sind nicht mehr aktuell, und die Psychologie der Figuren ist so schematisch, dass auch ihre individuellen Schicksale zu keiner einfühlenden Lektüre einladen. Umso erstaunlicher ist, dass der Roman trotzdem bis heute publikumswirksam geblieben ist. Noch 1980 wurde die von der Royal Shakespeare Company aufgeführte achtstündige (!) Dramenfassung ein so großer Erfolg, dass sie wenig später im Fernsehen ausgestrahlt und als Videoaufnahme auf den Markt gebracht wurde. Der Reiz des Romans liegt in seiner typischen Dickensqualität: in dem fantasievollen Bilderbogen skurriler, grotesker und satirisch überzeichneter Figuren, die eingebettet sind in ein Wechselbad von aggressiver Sozialkritik und sentimentalem Melodrama. Es ist eine Mischung, die fortan zum Markenzeichen aller Dickensromane wurde.

Von der symbolisch aufgeladenen Bilderwelt, die in *Oliver Twist* bereits klar hervortritt, ist hier wenig zu spüren. Nur wer das Gesamtwerk kennt, wird die Motive erkennen, die sich obsessiv durch Dickens' Werke ziehen. So spielen auch hier gefängnishafte Häuser wie die Schule *Dotheboys Hall* und das Haus von Ralph Nickleby eine Rolle als sichtbarer Ausdruck der inneren Erstarrung ihrer Bewohner, während die moralische Haltlosigkeit der korrupten Aristokraten mit dem Bildbereich des Wassers in Verbindung gebracht wird, als die beiden Kontrahenten sich auf einer Wiese an der Themse duellieren. Auch das Erbschaftsmotiv spielt eine Rolle; denn Madeline Bray wird von dem alten Geizkragen Arthur Gride, den sie um ein Haar hätte heiraten müssen, nur deshalb umworben, weil ihm zu Ohren gekommen ist, dass sie eine große Erbschaft zu erwarten habe. Umgekehrt hätte für Nicholas selber die Versuchung nahegelegen, sich als nächster Blutsverwandter und damit als potentieller Erbe bei seinem Onkel Ralph einzuschmeicheln. Doch das Motiv der ‹großen Erwartungen›, das später immer festere Formen annimmt, ist hier nur zu ahnen.

Dickens schrieb den Roman unter großem Zeitdruck. Manchmal hatte er Mühe, die vereinbarte Seitenzahl zu füllen; dann machte er, wie schon in den *Pickwick Papers*, von bereits fertigen Texten Gebrauch, die er als eingelegte Erzählungen in den Roman einfügte. Bezeichnend für seinen engen Rapport mit seinen Lesern ist die folgende Anekdote. Im Dezember 1839 schrieb ihm der fünfjährige William Hughes, der jüngere Bruder des späteren Verfassers von *Tom Brown's Schooldays* (1857), er möge den bösen Squeers ordentlich bestrafen, worauf Dickens dem Jungen zurückschrieb, dass er dem Bösewicht inzwischen einen gehörigen «Schlag ins Genick und zweie auf den Kopf» verpasst habe. Vielleicht ist gerade die Wehrhaftigkeit des Titelhelden der Grund für die andauernde Popularität des Romans. Nicholas ist entschieden tatkräftiger als die späteren Helden, die ihr Leben eher erleiden, als dass sie es in die Hand nehmen.

Gute Gesellschaft und eigene Zeitschrift

1840

Nach dem Bruch mit Bentley hatte Dickens das lästige *Barnaby Rudge*-Projekt erst einmal vom Halse, obschon er befürchten musste, dass der Verleger ihn wegen des Vertragsbruchs in einen langwierigen Rechtsstreit verwickeln könnte. Doch zunächst ging es darum, die neue, ganz seiner Regie unterstellte Wochenzeitschrift vorzubereiten, für die ihm Chapman & Hall bereits im Oktober des Vorjahres grünes Licht gegeben hatten, auch wenn der förmliche Vertrag noch auf sich warten ließ. Die Freiheit von unmittelbaren Verpflichtungen nutzte er, um seine sozialen Kontakte zu den besseren Kreisen auszuweiten.

Nachdem er bereits 1838 in den liberalen Salon von Lady Augusta-Mary Holland in Holland House eingeladen worden war, ließ er sich jetzt durch Forster in den noch freizügigeren Salon der Lady Blessington (1789–1849) in Gore House in Kensington einführen. Die schöne Gräfin war eine schillernde Gestalt. Als Tochter eines kleinen Landbesitzers in Irland war sie im Alter von 15 Jahren für Geld mit einem brutalen Trunkenbold verheiratet worden, den sie später verließ. Nach dem Tode ihres Mannes heiratete sie mit 29 Jahren den irischen Grafen Blessington, mit dem sie Europa bereiste und freundschaftliche Kontakte zu Dichtern wie Lord Byron und Walter Savage Landor unterhielt. 1822 lernte das Paar den französischen Grafen D'Orsay kennen, der später Blessingtons Tochter aus erster Ehe heiratete, aber schon bald ein Verhältnis mit der Lady selber hatte. Nach dem Tode ihres Mannes lebten die beiden offen zusammen. In London führten sie ein offenes Haus, dessen Kosten die Gräfin zum Teil mit eigener Schriftstellerei bestritt. Wegen ihres freizügigen Lebenswandels wurde sie von der guten Gesellschaft geschnitten, doch für Künstler und Literaten war ihr Salon die erste Adresse.

Die Gräfin Blessington (um 1821). Porträt von Thomas Lawrence.

Hier lernte Dickens Landor kennen, den nach Charles Lamb und William Hazlitt letzten noch lebenden der drei großen romantischen Essayisten. Der 65-Jährige (1775–1864), der zwanzig Jahre in Italien gelebt und sich mit bildungsgesättigten Werken wie den *Imaginary Conversations of Literary Men and Statesmen* (1824–29; *Erdachte Gespräche zwischen Persönlichkeiten aus Literatur und Politik*) hohes Ansehen erworben hatte, machte auf Dickens einen so tiefen Eindruck, dass er die Freundschaft des *grand old man* suchte und ihn im Jahr darauf als Paten und Namensgeber für seinen zweiten Sohn gewann. Auch die Namen seiner nächsten beiden Söhne stammen von Männern, mit denen er in dieser Zeit bekannt wurde. Lord Francis Jeffrey (1773–1850), der Pate des dritten Sohnes, war schottischer Richter, Parlamentsmitglied der Whigs und vor allem Begründer und Herausgeber der einflussreichen *Edinburgh Review*. In dieser angesehensten Literaturzeitschrift der Zeit war im Oktober 1838 eine höchst positive Rezension von *Oliver Twist* erschienen. Als Autor vermutete Dickens den Herausgeber selber. Tatsächlich stammte die Besprechung aber von Thomas Lister. Aber auch

Thomas Carlyle. Daguerreotypie.

Jeffrey war von dem jungen Autor so angetan, dass er sich später als dessen *critic laureate* bezeichnete. Die beiden trafen sich 1839 zum ersten Mal und blieben danach lebenslang Freunde. Der zweite Namensgeber aus dem Kreis um Lady Blessington war ihr Lebensgefährte Alfred D'Orsay (1801–52), ein bildschöner französischer Aristokrat, der als «Prinz der Dandies» und dilettierender bildender Künstler die Nachfolge des legendären Beau Brummell angetreten hatte.

Ein dritter einflussreicher Salon war der des Whig-Politikers Edward Stanley, mit dem Dickens bereits als Zwanzigjähriger bekannt geworden war, als der Politiker ihn zum Stenografieren einer seiner Reden anheuerte. Jetzt, acht Jahre später, verkehrte der einstige Stenograf in Stanleys Salon als prominenter Gast und traf hier, im März 1840, zum ersten Mal den von ihm am meisten bewunderten und verehrten Intellektuellen seiner Zeit, Thomas Carlyle (1795–1881). Obwohl der 17 Jahre ältere Schotte, der mit seiner *History of the French Revolution* (1837; *Geschichte der französischen Revolution*) berühmt geworden war,

Jane Carlyle.
Daguerreotypie.

dem jungen Autor anfangs rerserviert gegenüberstand, kam es zwischen den beiden danach zu einer lebenslangen Freundschaft.

Carlyle war eine Zentralgestalt des viktorianischen Geisteslebens. Als Biograph Friedrich Schillers und Übersetzer von Goethes *Wilhelm Meister* umgab ihn eine Aura von höchstem Bildungsanspruch. Doch was Dickens an ihm faszinierte, war nicht der deutsche Geist, den Carlyle seinen Landsleuten nahebrachte, sondern die Rigorosität seiner Kritik an der Gesellschaft seiner Zeit. Darin spürte er offenbar eine Geistesverwandtschaft. Auch Carlyle kam aus einfachsten Verhältnissen und musste sich gegen Widerstände hoch arbeiten. Das machte ihn in Dickens' Augen zu einem Underdog, der es geschafft hatte und den er dafür grenzenlos bewunderte und verehrte. Am ähnlichsten waren sich die beiden in ihrem Schwanken zwischen radikaler Kritik an den Herrschaftsstrukturen einerseits und der konservativen Sehnsucht nach moralischer Autorität andererseits, wobei der autoritäre Zug bei Carlyle stetig zunahm, während Dickens bis zuletzt seine anti-autoritäre Radi-

Edward Bulwer-Lytton. Zeitgenössischer Stich.

kalität bewahrte. Carlyle war seit 1826 mit Jane Baillie Welsh verheiratet, die ihm geistig ebenbürtig war, sich aber ganz in seinen Dienst stellte, was später zu latenten Spannungen führte. Vom wechselvollen Verlauf ihrer Ehe, die wahrscheinlich nie vollzogen wurde, zeugen die ca. 9000 Briefe, die sich die beiden schrieben. Jane gilt als eine der besten Briefschreiberinnen in englischer Sprache. Auch zu ihr unterhielt Dickens ein freundschaftliches Verhältnis, und er hatte die beiden öfter bei sich zu Gast.

In Gore House verkehrte auch Edward Bulwer, der sich ab 1844 Bulwer-Lytton nannte, als er nach dem Tod seiner Mutter den Familiensitz der Lyttons erbte. Der 1803 geborene Autor hatte bereits zahlreiche erfolgreiche Romane und Theaterstücke herausgebracht, war seit 1831 Mitglied des Parlaments und hatte dort die *Reform Bill* unterstützt. Neben dem noch heute gelesenen Klassiker *Die letzten Tage von Pompeji* (1834) hatte er mit *Paul Clifford* (1830) und *Eugene Aram* (1832) zwei Romane geschrieben, die im Gefängnismilieu spielen und einen Romantypus begründeten, der später nach dem Londoner Strafgefängnis als *Newgate novel* bezeichnet wurde. Dickens hatte den schon

Miss Angela Burdett-Coutts. Zeitgenössischer Stich.

berühmten älteren Kollegen bereits früher kennengelernt und schätzte ihn sehr, was beim Autor von *Oliver Twist* nicht verwundern kann.

Verwunderlicher ist aber, dass aus der Bekanntschaft erst in den 1850er Jahren eine tiefe Freundschaft wurde. Man gewinnt den Eindruck, dass sich Dickens vor allem um die Freundschaft solcher Künstler und Autoren bemühte, die nicht auf seinem eigenen Felde tätig waren. Das galt für die Essayisten Landor und Carlyle, für den Lyriker Tennyson und für den Schauspieler Macready. Den unmittelbaren Konkurrenten wie Thackeray und Bulwer-Lytton gegenüber hielt er erst einmal Distanz, bis sich seine eigene Kunst und auch sein Ansehen soweit gefestigt hatten, dass er sich als Herr in seinem Revier fühlen konnte.

Eine andere bedeutende Persönlichkeit, die Dickens bereits 1839 kennengelernt hatte und mit der ihn danach zwanzig Jahre lang eine enge Freundschaft verband, war Angela Burdett-Coutts (1814–1906), die durch zwei Erbschaften zur zweitreichsten Frau nach Königin Viktoria geworden war und danach beschlossen hatte, ihren Reichtum für wohltätige Zwecke einzusetzen, wofür sie Dickens um Rat und Mithilfe bat. Miss Coutts war eine ungewöhnliche Frau, die als die bedeutendste Philanthropin in die englische Geschichte einging und zuletzt sogar mit der Peerswürde geadelt wurde. Dabei gab es in ihrem Leben Dinge, die zu einem Muster an viktorianischer Moral kaum zu passen scheinen. Ab 1826 lebte sie mit ihrer Gouvernante Hannah Meredith, die 1844 Dr. William Brown heiratete, 52 Jahre lang jeden Sommer wie in einer Ehe zusammen. Später machte sie nach Aussage von Zeitzeugen dem 78-jährigen Herzog von Wellington, dem Sieger von Waterloo, einen Heiratsantrag, den dieser dezent zurückwies. Drei Jahre nach dem Tode Hannahs – «Liebling, Gefährtin und Sonnenschein meines Lebens» – heiratete sie als 67-Jährige ihren 29 Jahre alten Sekretär, einen gebürtigen Amerikaner, der Mitglied des englischen Parlaments geworden war. Die Frau, die solch extravagante Lebensstationen durchlief, war trotzdem eine bibeltreue Christin von untadliger Moral. Für Dickens war sie lange Zeit neben Carlyle der zweite Leitstern, an dem er seine politische und soziale Einstellung orientierte.

Neben den gesellschaftlichen Aktivitäten widmete sich Dickens intensiv der geplanten Wochenzeitschrift, für die er die ersten drei Nummern bereits im Februar fertig hatte, obwohl der Vertrag mit Chapman & Hall erst am 31. März abgeschlossen wurde. Auf der Suche nach einem neugierig machenden Titel entschied man sich für *Master Humphrey's Clock*. Die Grundidee war, dass eine Gruppe einsamer Männer sich bei Master Humphrey, einem verkrüppelten alten Mann, am Kaminfeuer regelmäßig treffen sollte, um sich dort aus Manuskripten von Geschichten, Briefen, Essays und Skizzen vorzulesen, die sich in Humphreys Standuhr befinden. Der Vertrag sah vor, dass Dickens für jedes Heft ein Honorar von 50 Pfund und darüber hinaus 50 Prozent vom Reingewinn der Zeitschrift erhalten sollte. Die erste Nummer kam bereits am 4. April heraus und erreichte auf einen Schlag eine Auflage von 70 000. Die Nachricht erreichte Dickens in Birmingham, wohin er mit seiner Frau für vier Tage gereist war, weil sich in ihm der Aberglaube festgesetzt hatte, dass er beim Start einer neuen Zeitschrift nicht am Erscheinungsort sein dürfe. Die Erfolgsmeldung, die ihm Forster überbrachte, machte ihn euphorisch, und er rechnete sich bei gleichbleibendem Absatz bereits Jahreseinkünfte von 10 000 Pfund aus.

Anders als bei Bentleys monatlich erschienener *Miscellany* musste er nun Woche für Woche genug Material für eine Nummer zusammenbringen. Auf der anderen Seite bot ihm die neue Form aber auch die Möglichkeit, eine Nummer bei fehlendem Material mit kleinen, schnell herzustellenden Beiträgen aufzufüllen. Um das Maximum an Profit aus dem Unternehmen herauszuschlagen, war von Anfang an daran gedacht, eine Auswahl aus den wöchentlichen Heften in Monatsheften nachzudrucken und aus diesen wiederum halbjährliche Buchausgaben zu machen. Dank seiner strikten Arbeitsdisziplin konnte es sich Dickens leisten, seine Urlaubsgewohnheiten beizubehalten. So verbrachte er den Juni wie gewohnt mit seiner Familie in Broadstairs, von wo aus er die Zeitschrift weiter betreute. Vom 27. Juli bis zum 4. August folgte ein Kurzbesuch bei seinen Eltern in Devon.

Es war klar, dass in der Zeitschrift endlich auch *Barnaby Rudge* erscheinen sollte. Aber noch wollte sich Dickens der unmittelbaren Konkurrenz mit Scott nicht stellen. Stattdessen begann er erst einmal damit, den alten Humphrey bei einer nächtlichen Wanderung durch die stillen Straßen der Stadt zu einem Raritätenladen zu führen, in dem ein Großvater mit seiner Enkelin, einem engelhaft schönen Kind, lebte. Die Idee dazu war ihm bei einem Vier-Tage-Trip nach Bath gekommen, den er Ende Februar mit Forster unternommen hatte, um dort Landor zu besuchen. Ursprünglich sollte das Motiv des Raritätenladens nur der Aufhänger für einige wenige Skizzen der ersten Nummern sein, doch dann fing Dickens Feuer und begann, den Faden zu einer längeren Erzählung weiterzuspinnen, bis schließlich ein ganzer Roman daraus wurde. Man merkt dem fertigen Werk mit dem Titel *The Old Curiosity Shop (Der alte Raritätenladen)* die ungeplante Entstehung noch an; denn darin taucht am Anfang Master Humphrey selber als Erzähler auf und verschwindet dann plötzlich, ohne wiederzukehren.

Mit der Einführung von Little Nell, der Enkelin, traf Dickens den Nerv eines tränenseligen Publikums. Unschuldige Kinder, die in der rauen Welt wie Blumen verwelken, waren seit langem ein literarisches Motiv, das die Herzen der Leser anrührte. William Wordsworth, Englands höchstgeschätzter Romantiker, hatte es in Gedichte gefasst, die evangelikalen Erbauungsschriften nutzten es, und Dickens selber hatte bereits mit *Oliver Twist* auf diesen Hunger nach Sentimentalität reagiert.

Es war aber nicht kühle Kalkulation, was ihn dazu veranlasste. Die Wunde, die der Tod seiner Schwägerin Mary in ihm hinterlassen hatte, war noch längst nicht verheilt; und in Briefen gestand er, wie sie erneut zu bluten anfing, als er Little Nells lange Reise in den Tod zu erzählen begann.

Da die wöchentlichen Nummern der Zeitschrift außer den Romankapiteln andere, teils narrative, teils essayistische Beiträge enthielten, sahen sich einige Leser in ihrer Erwartung eines neuen Dickens-Romans getäuscht und der triumphale Anfangserfolg ließ nach. Dennoch hielt sich die Auflage bei ca. 50 000. Als am 2. Juli die schon angedeutete Vertragsauflösung mit Bentley geregelt wurde, geriet Dickens in finanzielle Schieflage. Zwar hatten ihm Chapman & Hall 3000 Pfund vorgeschossen, aber der Rückkauf des Copyrights für *Oliver Twist* und für die Ilustrationen von Cruikshank verschlang den größten Teil davon, und mehr als den Rest hatte er vorher bereits für seinen aufwändigen Lebensstil verbraucht. So musste er jetzt bei seinen Verlegern erneut Kredit aufnehmen.

Ein nebensächlich erscheinendes, aber für das Verständnis von Dickens' Gefühlswelt aufschlussreiches Ereignis fand am 6. Juli statt. Es war der Tag der Hinrichtung des Schweizer Kammerdieners François Courvoisier, der seinem Herrn, Lord William Russell, nachts die Kehle durchgeschnitten hatte. Diese Tat musste bei Dickens mehr als bloß sensationelles Interesse wecken; denn ein fast identisches Verbrechen hatte er im Jahr zuvor im ersten Kapitel seines Entwurfs zu *Barnaby Rudge* beschrieben. Er bat seinen Schwager Burnett und den Freund Maclise, ihn zur Hinrichtung zu begleiten, wo sie mitten im Gedränge auch Thackeray trafen. Dickens verfolgte das grausige Geschehen mit einer Mischung aus Ekel und Faszination. Vor allem die Blutgier, die er in der wartenden Menge spürte, prägte sich ihm ein. Hier sammelte er Bilder, die er wenig später in *Barnaby Rudge* zu eindrucksvollen Szenen verarbeitete.

Danach begab er sich mit seiner Familie zum zweiten Male nach Broadstairs, wo er den ganzen September bis zum 10. Oktober blieb. Am 21. Oktober kam die erste Halbjahresproduktion der Zeitschrift gebunden heraus, was gebührend gefeiert wurde. Den Band widmete Dickens dem dichtenden Bankier Samuel Rogers (1763–1855), in dessen Buch *The Pleasures of Memory* (1792; *Das Vergnügen der Erinnerung*) er eine Seelenverwandtschaft spürte. Der nun wieder steigende Absatz der Zeitschrift ließ Dickens einem äußerst vergnügten Weihnachtsfest entgegensehen. Es erfüllte ihn mit Stolz, dass er mit seiner Feder das erreicht hatte, was anderen in die Wiege gelegt wurde. Deshalb nahm er bereitwillig die Einladung an, dies am 2. Dezember vor der *Southwark Literary and Scientific Institution* öffentlich auszusprechen.

Am 6. Februar 1841 ging mit der letzten Fortsetzung des *Raritätenladens* die wohl tränenreichste Erfolgsgeschichte eines Buches in der englischen Literatur zu Ende. Als die Leser dem Tod Little Nells entgegenzitterten, stieg die Auflage der Zeitschrift auf 100 000. Damit war dieser Roman Dickens' bis dahin erfolgreichster. Für die Illustrationen sorgte neben ‹Phiz› auch noch Dickens' neuer Freund Cattermole. Außerdem steuerten Maclise und Samuel Williams je eine bei. In Leserbriefen war Dickens angefleht worden, Little Nell nicht sterben zu lassen. Es kostete ihn viel Selbstüberwindung, es doch zu tun, um seinen Roman nicht in den seichten Gewässern der Trivialliteratur stranden zu lassen. Neben solchen Briefen, von denen er die meisten beantwortete, erhielt er auch Hilferufe von unbekannten Autoren, die vergeblich nach einer Publikationsmöglichkeit suchten. Auch diesen Ratsuchenden versuchte er mit tröstenden Worten Mut zu machen. Daneben schrieb er offene Briefe, Pamphlete, hielt Vorträge – alles das, während er Woche für Woche ein druckreifes Manuskript für seine Zeitschrift teils verfassen, teils redigieren musste und während *Barnaby Rudge* wie ein Gespenst vor der Tür stand, um von ihm als nächstes geschrieben zu werden.

Ganz offensichtlich genoss Dickens seine jugendfrische Prominenz und ließ sich auch durch Zeitknappheit nicht davon abhalten, sie bei jeder sich bietenden Gelegenheit durch öffentliche Wortmeldungen zu verstärken. Der sensationelle Erfolg des abgeschlossenen Romans und die stattliche Zahl neuer Freunde aus den besseren Kreisen bestätigten ihm, dass ihm der Aufstieg in die gute Gesellschaft gelungen war. Jetzt verkehrte er auf Augenhöhe mit der liberalen Intelligentsia Londons, und er konnte es sich leisten, auch seinerseits ein offenes Haus zu führen. Aus den Zensusangaben des Jahres 1841 geht hervor, dass in seinem geräumigen Haus in Devonshire Terrace fünf Bedienstete lebten. Hinzu kam sein persönlicher Diener, der außerhalb des Hauses wohnte. Auch wenn er das Schicksal seines Vaters als warnendes Bespiel immer vor Augen hatte, knauserte er im eigenen Haushalt nicht. Die Schottin

Jane Carlyle fand sogar, dass seine großzügige Gastlichkeit für einen Literaten übertrieben sei. Auch bei seiner Kleidung sparte er nicht, ebensowenig beim Urlaub und beim geselligen Verkehr außerhalb des eigenen Hauses. Die steigenden Kosten scheinen bei ihm eher ein Antrieb gewesen zu sein, durch Fleiß und Geschäftstüchtigkeit die Einnahmen entsprechend zu steigern. Obwohl er gerade in dieser Zeit seinen Verlag um einen Vorschuss bitten musste, weil er sein Konto überzogen hatte, zeigte er nichts von den finanziellen Befürchtungen, die später immer wieder bei ihm anklingen, als er längst materiell gesichert war. In dieser Aufstiegsphase fühlte er sich im Vollbesitz seiner Kräfte und schien das Trauma seiner Kindheit hinter sich gelassen zu haben.

In *Nicholas Nickleby* hatte Dickens versucht, den Humor der *Pickwick Papers* mit der Sozialkritik von *Oliver Twist* zu verbinden. Zu diesen beiden Grundzügen seines Werkes kommt in seinem vierten Roman ein weiterer, der für sein Schaffen ebenso charakteristisch werden sollte. Es ist die von der Romantik geprägte Sehnsucht nach Unschuld und reiner Natur. Little Nell, die Heldin des Romans, ist nach Oliver Twist seine zweite Kindergestalt, die es zu Weltruhm brachte. Doch während Oliver unter den Missständen einer reformbedürftigen Armenfürsorge und unter dem Londoner Verbrechermilieu leidet, ist für Little Nell der gesamte Lebensraum der industrialisierten Gesellschaft eine Sphäre, in der sie keine Luft zum Atmen findet. Deshalb konnte es für Oliver eine Rettung geben, während Little Nell wie eine Blume auf trockenem Sand verkümmern muss. Zwar konstruiert Dickens auch hier eine Handlung, die erklärt, weshalb sie und ihr Großvater aus London fliehen und sich auf die Wanderschaft durch das von der Industrie bedrohte ländliche England begeben, doch wirkt diese wie ein bloßer Vorwand, um den Gegensatz von Industrie und Natur darstellen zu können.

Da der Roman keine konkreten sozialen Verhältnisse, sondern den universalen Gegensatz zwischen der reinen und der vom Menschen deformierten Natur zeigt, nimmt er eine allegorische Form an, in der nicht nur gebildete Leser das Muster von Bunyans *The Pilgrim's Progress from This World to That Which is to Come* erkennen mussten. Bunyans Dichtung war lange Zeit das nach der Bibel meistgelesene Buch in England, und die Personen darin – mit sprechenden Namen wie Christian (der Christ), Faithful (der Treue), Hopeful (der Hoffnungsvolle) oder Mr. Worldly Wise (der Weltkluge) – waren auch für bildungsferne Engländer vertraute Figuren. In Dickens' Roman vergleicht sich Little Nell explizit mit Bunyans Christian. Allerdings ersetzt Dickens das Religiöse durch die Universalität des Märchens. Wenn Little Nell den sexuellen Nachstellungen des boshaften Zwerges Quilp ausgesetzt ist, der sie noch zu Lebzeiten seiner Frau fragt, ob sie deren Nachfolgerin

Little Nell. Gezeichnet von George Cattermole.

werden will, dann erinnert das an Rumpelstilzchen. Die Wendung ins Märchenhafte gibt dem Roman eine ambivalentere Allgemeinheit, als sie Bunyans Allegorie aufweist, die sich eins zu eins in ihre Bedeutung übersetzen lässt.

Zum Märchenhaften kommt das aus den früheren Romanen bereits bekannte symbolische Schema hinzu, das hier besonders augenfällig hervortritt. Der alte Raritätenladen, aus dem Little Nell und ihr Großvater fliehen, hat die beiden typischen Aspekte dieses Symbolbereichs; denn er evoziert einerseits eine Vorstellung von Geborgenheit, während er andererseits ein Friedhof für ausgemusterten Hausrat und für Little Nell ein Gefängnis ist. Ähnliches gilt für Quilps Behausung auf Tower Hill – der Name sagt alles –, wo der Unhold seine eigene Frau wie eine Gefangene behandelt, während er selber darin wie in einer Trutzburg haust. Noch düsterer ist seine Werft am Ufer der Themse, von der aus er seine Geschäfte betreibt. Das Gefängnismotiv wiederholt sich im Haus von Quilps Anwalt und Handlanger Sampson Brass, der im Keller ein Dienstmädchen wie eine Sklavin gefangenhält. Während Little Nell ihr Gefängnis verlässt, kehrt Quilp in das seine immer wieder zurück, bis er zuletzt auf der Flucht vor der Polizei im Nebel in die Themse stürzt und ertrinkt. Für ihn bedeutet das Wasser nicht Freiheit, sondern ein haltloses Versinken in seinem moralischen Sumpf.

Little Nell hingegen durchläuft eine Folge von Stationen, in denen sich Gefängnis- und Wassermotive abwechseln, wobei sich deren Bedeutung sukzessiv abschwächt. In einer Engführung der beiden Symbolbereiche werden die beiden Flüchtlinge von einem Kanalboot aufgenommen, das sie in ein Stahlwerk bringt, wo sie in der Wärme des Hochofens nächtigen. Danach gewährt ihnen ein gütiger Lehrer Unterkunft in seinem Schulhaus, wo das immer schwächer werdende Kind auf dem benachbarten Friedhof melancholischen Trost findet und in der Kirchenruine wenig später stirbt. Dort wird sie, während es draußen schneit, vom Bruder ihres Großvaters gefunden, der sich auf die Suche nach den beiden gemacht hat. Ruine und Schnee, gesprengtes Gefängnis und gefrorenes Wasser – das sind bei Dickens typische Bilder für eine tödlich ausgehende, aber moralisch gelungene Flucht in die Freiheit. Die gleiche Bildkonstellation wird später beim Tod Lady Dedlocks in *Bleak House* wiederkehren.

Die für heutige Leser schwer erträgliche Sentimentalität der Haupthandlung wird gemildert durch den schwarzen Humor der Quilp-Handlung und durch die skurrile Komik der zweiten Nebenhandlung, deren Held Dick Swiveller ist. Swiveller steht am Anfang einer langen Reihe von haltlos durchs Leben treibenden Menschen, die entweder wie in seinem Fall durch die Liebe zu einer Frau Halt finden oder als Zyniker zugrundegehen. Schon sein Name weist auf diese beiden Möglichkeiten hin; denn *swivel* bezeichnet einen Drehzapfen, auf dem sich etwas zur einen oder anderen Seite hin drehen kann. In allen Romanen, die noch kommen werden, lässt Dickens die immer gleichen Charaktertypen in immer neuen Variationen auftreten. Auf der einen Seite zeigt er innerlich verhärtete Menschen, die zuweilen schon durch Namen wie Murdstone oder Headstone als solche markiert sind, auf der anderen Seite stehen haltlos Treibende. Die beiden Typen repräsentieren das, was symbolisch in den Bildkomplexen des Gefängnisses und des Wassers zum Ausdruck kommt. Ein dritter Typus, der moralisch gefestigt, aber dennoch offen für mitmenschliche Beziehungen ist, repräsentiert die positive Mitte zwischen den Extremen.

Der Raritätenladen wurde vom Publikum mit noch größerer Anteilnahme aufgenommen als *Oliver Twist*. Unzählige Leser bangten um

Little Nell und hofften, Dickens würde sie nicht sterben lassen. Als das Schiff, das die letzte Fortsetzung des Romans nach Amerika brachte, im Hafen von New York erwartet wurde, soll es dort von einer großen Menge mit dem angstvollen Ruf «Ist Little Nell tot?» empfangen worden sein. Dickens selber litt Seelenqualen, als er den unvermeidlichen Tod seiner Heldin darstellen musste. Doch später wurde gerade dieser Teil des Romans von Kritikern am meisten getadelt. Oscar Wilde meinte, man «müsse ein Herz aus Stein haben, um bei Little Nells Tod nicht in Lachen auszubrechen».

Wer den Roman als realistische Fiktion liest, wird entweder wie Wilde mit mokantem Gelächter reagieren oder sein sentimentales Verlangen nach Kitsch befriedigt bekommen. Liest man ihn aber als ein musikalisch komponiertes Prosagedicht, wird man in der märchenhaft-allegorischen Reise Little Nells etwas von der Allgemeingültigkeit des Mythos spüren. Dickens ist der große Mythenbildner unter den englischen Erzählern. Schon Mr. Pickwick und Oliver Twist hatten etwas von dieser mythischen Qualität. Für Little Nell und ihren Gegenspieler Quilp gilt das in noch stärkerem Maße. Wem es gelingt, die Sentimentalität auszublenden, der wird in den beiden Figuren vielleicht etwas sehen, was an Ariel und Caliban in Shakespeares *Sturm* erinnert. Dennoch ist nicht zu bestreiten, dass das Buch der im 19. Jahrhundert immer stärker werdenden Tendenz zum Kitsch bedenklich nahe kommt und nur durch Dickens' Sprachkraft davor bewahrt wird.

Aus heutiger Sicht werden kritische Leser in Little Nells Flucht vor dem lüsternen Zwerg so etwas wie verdrängte Pädophilie vermuten und dabei das ungute Gefühl haben, dass Dickens hier die verklemmten Viktorianer mit latenter Erotik bedient. Dass in jener Zeit eine ungesunde Sexualmoral vorherrschte, die zu verschleierter Ersatzbefriedigung disponierte, steht außer Frage. Andererseits steht dem die tief verinnerlichte Sehnsucht nach Unschuld entgegen, auf die bereits im Eingangskapitel eingegangen wurde. Wer im Mutterland der industriellen Revolution auf Schritt und Tritt die Verschandelung der Natur vor Augen hatte, für den musste Unschuld etwas anderes bedeuten als die Geborgenheit in noch existierenden rauschenden Wäldern, wie sie Eichendorff besang, obgleich auch bei ihm schon die Angst vor dem Verlust des Paradieses mitschwingt.

Aufbruch zu neuen Ufern

1841

Dem Abschluss des *Raritätenladens* folgte zwei Tage später am 8. Februar die Geburt des vierten Kindes und zweiten Sohns, der den Namen seines Paten Walter Savage Landor erhielt. Schon in der Woche danach erschien die erste Folge von *Barnaby Rudge*. Auch dieser Roman erschien in der Zeitschrift *Master Humphrey's Clock*. Das Publikum, das etwas Ähnliches wie den vorangegangenen Roman erwartet hatte, reagierte enttäuscht. Die Auflage von anfangs 70 000 sank stetig und endete zuletzt bei 30 000. Besonders frustrierend war für Dickens, dass auch die Kritiker sein nach Thema und Komposition bis dahin ambitioniertestes Werk kaum zur Kenntnis nahmen. Der Grund war wohl der, dass der Roman nicht wie die früheren dem Vorbild Fieldings und Smolletts, sondern dem Sir Walter Scotts folgte, so dass ihm wesentliche Züge fehlten, die die Leser von Boz gewohnt waren. Dickens nahm die Enttäuschung hin und biss sich durch den widerspenstigen historischen Stoff, wobei vor allem sein Humor auf der Strecke blieb. Die wöchentlichen Fortsetzungen ebenso wie die monatlichen Zusammenfassungen erschienen unter dem Namen ‹Boz›, während die dreibändige Gesamtausgabe aller Hefte der Zeitschrift unter seinem richtigen Namen herauskam. Danach folgte noch eine einbändige Ausgabe des reinen Romantextes. Gleichzeitig mit der Publikation in der Wochenzeitschrift erschien der Roman in Amerika im Verlag Lea & Blanchard, der im Gegensatz zu anderen amerikanischen Verlagen, die das Copyright missachteten, mit Dickens einen Vertrag geschlossen hatte.

Als Kuriosum sei vermerkt, dass Dickens gleich zu Beginn des Romans ein ungewöhnliches «Familienmitglied» darin auftreten ließ, nämlich einen zahmen Raben, der unter dem Namen Grip die Titelfigur des Romans begleitet. Dickens hatte in den 1840er Jahren zweimal einen solchen Vogel in seinem Haushalt. Der erste, das Vorbild für Grip, war ihm besonders ans Herz gewachsen, da er sprechen konnte. Als das Tier kurz darauf starb, schrieb er einen launigen Bericht über das Ableben des geliebten Hausgenossen und schickte das Schreiben, mit Trauerrand und schwarzem Siegel, an Maclise. Dem Bericht zufolge verabschiedete sich der muntere Vogel von dieser Welt mit seinem Lieblingssatz: *Halloa old girl!* Dickens ließ das Tier ausstopfen und gab ihm einen Ehrenplatz in seinem Arbeitszimmer.

Am 18. Februar sah sich Dickens wieder einmal in die peinliche Lage versetzt, für Schulden seines Vaters herangezogen zu werden. Er hatte gehofft, dass sein alter Herr im fernen Devon keine Gelegenheit haben würde, sich auf den Namen seines Sohnes Geld zu leihen. Doch der unverfrorene Schnorrer hatte es wieder einmal geschafft, worauf Dickens so wütend wurde, dass er seinen Anwalt Mitton beauftragte, eine Anzeige in alle Zeitungen zu setzen und darin kundzutun, dass er für keinerlei Schulden außer für die eigenen Verantwortung übernehme. Seinem Vater setzte er die Pistole auf die Brust und forderte ihn auf, mit der Mutter und dem jüngsten Sohn Augustus ins Ausland zu gehen. Anderenfalls werde er ihm keine weiteren Zahlungen zukommen lassen. Am Ende blieb aber alles beim Alten.

Im Sommer trat Dickens mit seiner Frau eine längere Reise nach Schottland an, wo ihm in Edinburg am 25. Juni ein großer Empfang bereitet und die Ehrenbürgerschaft der Stadt verliehen wurde. Da sein Freund Jeffrey krank war, hielt der als ruppig bekannte Professor John Wilson die Laudatio, die dennoch äußerst positiv ausfiel und Dickens in eine Reihe mit Defoe, Richardson, Fielding und Scott stellte. Nach diesem Festakt bereiste er in Begleitung seiner Frau und des Bildhauers Angus Fletcher die romantischsten Regionen des schottischen Hochlands, die er in Briefen an Forster mit großer Intensität beschrieb. Vor allem die wilde Landschaft um Glencoe beeindruckte ihn tief. Die von Forster zitierten Briefe zählen mit ihrer detailversessenen Unmittelbarkeit zum Besten, was Dickens an Reiseberichten geschrieben hat.

In die Zeit der Schottlandreise fiel eine Parlamentswahl, die den konservativen Tories unter Sir Robert Peel eine knappe Mehrheit brachte. Dickens hatte selber eine Zeitlang mit dem Gedanken gespielt, sich um den Wahlkreis Reading zu bewerben, wozu ihn die dortigen Liberalen ermutigt hatten. Doch da Abgeordnete damals noch keine Diäten erhielten, nahm er aus finanziellen Gründen von dem Vorhaben Abstand. Über Peel und seine Leute äußerte er sich damals abschätzig, obwohl es ironischerweise gerade dieser Premierminister war, der 1846 die umstrittenen Kornzölle abschaffte, gegen die Dickens selber so heftig agitierte.

Nach der Rückkehr aus Schottland widmete er sich wieder ganz seinem literarischen Metier. Für Neuauflagen der Buchausgaben früherer Romane schrieb er jetzt Vorworte, in denen er das Schreiben seiner Werke als planvoller darstellte, als es in der Tat gewesen war. Offensichtlich sah er sich jetzt nicht mehr nur als erfolgreichen Unterhaltungsschriftsteller, sondern wollte als Künstler ernst genommen werden. Im übrigen machten ihm die sinkenden Absatzzahlen seiner Zeitschrift Sorge, da er noch immer bei seinen Verlegern in der Kreide stand. Außerdem hatte ihm der Besuch von Abbotsford, dem Landsitz Sir Walter Scotts, am Schluss seiner Schottlandreise die finanziellen Schwierigkeiten dieses großen Autors erneut als warnendes Beispiel ins Bewusstsein gerufen. Trotzdem war er selbstlos genug, im August seine Arbeitskraft für die Herausgabe einer Anthologie unter dem Titel *The Pic-Nic Papers* zur Verfügung zu stellen, deren Erträge in Höhe von 450 Pfund für die Unterstützung der Witwe des Verlegers Macrone gedacht waren, dem Dickens seinen ersten literarischen Erfolg verdankte. Als eigenen Beitrag dazu schrieb er seine dramatische Farce *The Lamplighter* in eine Erzählung um.

Vom 1. August bis zum 2. Oktober war er wieder mit der Familie in Broadstairs. Der schleppende Absatz der Zeitschrift bewog ihn und seine Verleger, sie nach Abschluss von *Barnaby Rudge* auslaufen zu lassen, obwohl der Vertrag weitere drei Jahre vorsah. Da er noch kein neues Romanprojekt im Kopf hatte und eine innere Leere verspürte, bat er seine Verleger, ihm ein Sabbatjahr zu gewähren. Danach wolle er mit einem Dreidecker aufwarten, der die Stadt erneut mit einem literarischen Feuerwerk überraschen werde. Die Verleger boten ihm daraufhin einen monatlichen Vorschuss von 150 Pfund zu 5 Prozent Zinsen, und für das angekündigte Werk für die Zeit des Erscheinens ein Monatsgehalt von 200 Pfund. Dadurch finanziell abgesichert, beschloss er kurz darauf, das Sabbatjahr für eine Reise nach Amerika zu nutzen.

Vorher musste er sich aber erst noch einer äußert schmerzhaften Operation wegen einer Darmfistel unterziehen. Zur Rekonvaleszenz begab er sich auf ärztlichen Rat für vierzehn Tage nach Windsor, wo er sich im White Hart Hotel pflegen ließ. Unter Schmerzen schrieb er die letzten beiden Kapitel von *Barnaby Rudge*, die am 27. November erschienen. Der dritte Sammelband von *Master Humphrey's Clock* folgte am 15. Dezember, zusammen mit den separaten Textausgaben der beiden darin enthaltenen Romane.

Inzwischen hatte sich Dickens mit umfangreicher Lektüre für die geplante Amerikareise eingedeckt. In den 1830er Jahren waren einige Reiseberichte über die USA erschienen, die er nachweislich kannte. Frances Trollope, die Mutter des Romanciers Anthony Trollope, die drei Jahre in den Vereinigten Staaten verbracht hatte, schrieb darüber aus konservativer Sicht den kritischen Bericht *Domestic Manners of the Americans* (1832). Mit ähnlichem Tenor publizierte Captain Marryat sein sechsbändiges *Diary in America* (1839). Marryat, dessen Seeromane dem Vorbild Smolletts folgen und darum manche Ähnlichkeit mit Dickens' Erzählweise haben, war dem Autor von *Oliver Twist* freundschaftlich verbunden und führte beim Begrüßungsdinner anlässlich seiner Rückkehr aus Amerika den Vorsitz.

Aus liberal-fortschrittlicher, aber dennoch nicht unkritischer Sicht schrieb Harriet Martineau ihren dreibändigen Bericht *Society in America* (1837), dem sie im Jahr darauf das Buch *A Retrospect Western Travel* folgen ließ. Ihrer Haltung stand Dickens' politischer Radikalismus anfangs sehr viel näher, weshalb er sie später als eine der ersten um Beiträge für seine Zeitschrift *Household Words* bat. Doch als sie seine Sozialkritik als sentimental abtat, erklärte er sie seinerseits zur «verbohrtesten Frau, die jemals geboren wurde». Die genannten Publikationen markieren das Spektrum, in dem sich das englische Amerikabild bewegte. Die einen sahen in der abgefallenen Kolonie das Menetekel einer vulgären Massengesellschaft, die anderen den Hoffnungsträger für ein fortschrittliches, freieres und gerechteres Gemeinwesen. Zur zweiten Gruppe zählte zunächst auch Dickens. Ungewiss ist, ob er auch die scharfsinnigste Analyse der amerikanischen Gesellschaft jener Zeit kannte, nämlich Alexis de Tocquevilles Buch *Demokratie in Amerika*, dessen englische Übersetzung 1837 erschienen war.

Nachdem sein Entschluss zur Reise gefasst war, erledigte er die wei-

Dickens' Kinder (1841). Das von Daniel Maclise gemalte Medaillon nahm Catherine Dickens mit nach Amerika.

teren Schritte mit der Effizienz, die ihn als Geschäftsmann auszeichnete. Das Hauptproblem waren die Kinder, von denen das Jüngste noch nicht einmal ein Jahr alt war. Da Dickens seine Frau in Amerika bei sich haben, diese aber ihre Kinder nicht mit über den Atlantik nehmen wollte, musste eine Lösung gefunden werden. Als Dickens' Freund Macready anbot, sich mit seiner Frau um die Kinder zu kümmern, mietete er in der Nähe von dessen Haus eine Wohnung, in der die Kinder mit einer Amme und weiterem Personal unter der Obhut seines Bruders Fred wohnen sollten, während Macready ein wachsames Auge auf den Haushalt haben würde. Für sich selber schloss er eine Lebensversicherung in Höhe von 5000 Pfund ab. Und als ein Direktor ebendieser Versicherungsanstalt andeutete, dass er für eine kurze Zeit eine Wohnung suche, vermietete er ihm das große Haus in Devonshire Terrace für die Zeit seiner Abwesenheit. Die Überfahrt buchte er auf der *Britannia*, einem mittelgroßen Postschiff, das bis zu 115 Passagiere aufnehmen konnte.

Die Reisevorbereitungen hinderten ihn nicht, noch einmal das Londoner Theaterleben und die üblichen geselligen Veranstaltungen zum Jahresende zu genießen. Von seinem Lesepublikum hatte er sich bereits in der letzten Nummer seiner Zeitschrift vom 4. Dezember verabschiedet. Darin ließ er noch einmal Master Humphrey auftreten und melancholisch über den Zustand der Welt räsonnieren. Außerdem publizierte er in dieser Nummer sein Vorwort für die Buchausgabe von *Barnaby Rudge*, worin er die historische Wahrheitstreue seines Romans verteidigte und den Verdacht prokatholischer Sympathien zurückwies.

Als Autor sah sich Dickens jetzt zum ersten Mal seit seinen Anfängen wieder vor einem leeren Blatt Papier. Hatte er früher zeitweilig zwei Romane gleichzeitig in Arbeit, so blickte er jetzt auf fünf abgeschlossene zurück, ohne zu wissen, wie der nächste aussehen sollte. Das einzige konkrete Projekt, das er mit seinen Verlegern vereinbart hatte, war ein Bericht über die bevorstehende Amerikareise. Das Jahr klang aus mit den Weihnachts- und Neujahrsfestlichkeiten sowie der Taufe des einjährigen Sohnes. Danach wurde der Weinkeller versiegelt und der Schlüssel von Devonshire Terrace Nummer 1 dem Mieter übergeben. Am 2. Januar 1842 machte sich Dickens mit seiner Frau in Begleitung von John Forster auf den Weg nach Liverpool – zum Start in die neue Welt.

Barnaby Rudge

Dickens' fünfter Roman wäre sein erster geworden, wenn er damals nicht das Angebot der *Pickwick Papers* erhalten hätte; denn den Plan zu einer romanhaften Darstellung der antikatholischen Aufstände im Jahr 1780, der so genannten *Gordon Riots*, hatte er bereits vor 1836 gefasst. Die frühe Konzeption merkt man dem Roman deutlich an. Es ist offensichtlich, dass er sich dabei an den historischen Romanen Sir Walter Scotts orientierte, die in den 30er Jahren den Buchmarkt beherrschten.

Mit einem der Romane von Scott hat *Barnaby Rudge* sogar, wie bereits früher erwähnt, eine auffallende Ähnlichkeit, nämlich mit *Das Herz von Midlothian*. Auch dort geht es um einen spontanen Aufstand der Volksmenge und um die Erstürmung eines Gefängnisses. Bei Scott sind es die so genannten *Porteous Riots*, die dadurch ausgelöst wurden, dass John Porteous, der Hauptmann der Edinburger Stadtwache, bei einer öffentlichen Hinrichtung in die aufgebrachte Menge schießen ließ. Scotts Vorbild scheint auch in einem konkreten Detail durch: Was bei ihm die geistesschwache Zigeunerin Madge Wildfire ist bei Dickens der geistig zurückgebliebene Titelheld Barnaby Rudge.

Selbst die Erzählweise klingt in den ersten Kapiteln eher nach Scott als nach dem Autor von *Nicholas Nickleby*. Statt wie in den früheren Romanen mit einem humoristischen oder sarkastischen Ton einzusetzen, beginnt er wie Scott mit einer realistischen Beschreibung des Schauplatzes. Danach lässt er, ebenfalls dem großen Vorgänger folgend, nacheinander Personen auftreten, die zunächst anonym bleiben, während die bereits Anwesenden versuchen, sich ein Urteil über sie zu bilden. Mit diesem Verfahren erreichte Scott die Illusion einer realistischen Wirklichkeitsdarstellung, wohingegen die Leser der vorangegangenen Dickens-Romane vom ersten Satz an der Stimme eines Erzählers lauschten, der eine eigene Welt von unverwechselbarer Farbigkeit beschwört. Wer zuvor den *Raritätenladen* gelesen hatte, wird erstaunt gewesen sein, nun in der gleichen Zeitschrift einen so ganz anderen Ton anzutreffen.

Kritiker warfen dem Roman vor, dass er aus zwei unverbundenen Teilen bestehe, aus einem historischen Roman über die *Gordon Riots* und einem Kriminalroman über die Aufklärung eines Mordes, den der für tot gehaltene Vater des Titelhelden begangen hat. Doch im historischen Teil geht es nicht darum, ein geschichtliches Ereignis aus seinen gesellschaftlichen Voraussetzungen verstehbar zu machen, vielmehr reduziert Dickens den Konflikt zwischen den Aufständischen und den Vertretern der Ordnung auf die symbolische Opposition zwischen dem Gefängnis auf der einen und der wie ein Meer dagegen anbrandenden Menge auf der anderen Seite. Das gibt dem Roman im Hintergrund jene Polarität von lebensfeindlicher Erstarrung und haltloser Offenheit, die in den späteren Werken immer mehr Raum gewinnen sollte. In das Spannungsfeld dieser Pole stellt Dickens mit der Kriminalhandlung sein drittes obsessives Thema, das einer «ererbten» Vergangenheit.

Die Handlung ist in groben Zügen folgende: 22 Jahre vor Beginn der Erzählgegenwart wurde der katholische Landadlige Geoffrey Haredale auf seinem Familiensitz, dem *Warren*, ermordet. Nach der Tat waren der Gärtner und der Schlossverwalter Rudge verschwunden, weshalb sie als Verdächtige galten. Als man später eine Leiche fand, die aufgrund der Kleidung als Rudge identifiziert wurde, galt der verschwundene Gärtner als der Mörder. In der antikatholisch eingestellten Bevölkerung hielt sich aber auch ein Verdacht gegen Reuben Haredale, den Bruder und Erben des Ermordeten. Tatsächlich war der Täter aber Rudge, der im ersten Kapitel des Romans wieder auftaucht. Da man annahm, er sei im Kampf gegen den Mörder getötet worden, hatte der Bruder des Ermordeten Rudges Witwe und deren Sohn Barnaby eine Rente ausgesetzt. Als nun Rudge bei seiner vermeintlichen Witwe auftaucht und Geld von ihr verlangt, verlässt sie mit ihrem Sohn ihren Wohnsitz und teilt Reuben Haredale mit, dass sie die Rente nicht länger annehmen könne.

In einer zweiten Handlung geht es darum, dass der gewissenlose Lebemann Sir John Chester, nachdem er das Familienvermögen mit seinem luxuriösen Leben durchgebracht hat, eine reiche Frau für seinen Sohn Edward sucht, um sich weiter den gewohnten Luxus leisten zu können. Edward liebt Emma, die Tochter Reuben Haredales, doch sein Vater verbietet ihm die Ehe mit der Katholikin. Außerdem besteht zwischen Haredale und John Chester eine alte Feindschaft, die am

Schluss des Romans zu einem Duell führt, bei dem Chester getötet wird. Doch ehe es dazu kommt, wird die Handlung erst einmal für fünf Jahre unterbrochen und setzt erst im Jahr der *Gordon Riots* wieder ein.

Zur Gefolgschaft Lord Gordons, der die antikatholische Massenbewegung angestachelt hat, gehören sein gewissenloser Sekretär Gashford, der blutrünstige Henker Dennis und der von athletischer Wildheit strotzende Hugh, der sich zuletzt als unehelicher Sohn von Sir John Chester und einer Zigeunerin entpuppt. Im Verlauf der Aufstände stürmt die fanatische Menge das Newgate-Gefängnis, um Barnaby zu befreien, der sich in seiner geistigen Zurückgebliebenheit vom Aufruhr hatte mitreißen lassen und deswegen verhaftet wurde. Vorher war es Chester bereits gelungen, seine Anhänger gegen seinen alten Feind Haredale aufzuhetzen, die dessen Landsitz niederbrennen. Nach der Niederschlagung des Aufstands wird Barnaby zum Tode verurteilt, doch den Vertretern der guten Seite gelingt es, eine Begnadigung zu erwirken.

Diese gute Seite wird zentral durch den Schlosser Gabriel Varden verkörpert, der ursprünglich sogar von Dickens als Titelheld vorgesehen war. Vardens idyllisches Haus, *The Golden Key* (Der goldene Schlüssel), markiert die moralische Mitte zwischen dem Gefängnis und dem Meer der aufbrandenen Masse. Varden, der selber die antikatholischen Ressentiments teilt und mit einer Katholikenhasserin verheiratet ist, weigert sich dennoch standhaft und unter Lebensgefahr, als die Aufständischen ihn, den Schlosser, zwingen wollen, das Gefängnistor zu öffnen.

Soweit es die Handlung betrifft, sind die beiden Romanhälften auf eine recht krude Weise miteinander verknüpft. Thematisch enthält der Roman aber schon alles, was Dickens danach immer von neuem in immer komplexer werdende symbolische Netze knüpft. Auf die Grundkonstellation von Gefängnis, Wasser und Erbschaft wurde bereits hingewiesen. Zum erstgenannten Komplex gehört neben dem Newgate-Gefängnis auch Haredales Familiensitz *Warren*. Das Wort *warren* bezeichnet ein Kaninchen- oder Wildgehege und im übertragenen Sinn ein labyrinthisches Straßengewirr, in dem Menschen zusammengepfercht sind. Doch der eigentliche Grund für die Namenswahl dürfte wohl Dickens' Erinnerung an Warrens Schuhwichsfabrik gewesen sein. Auch der Symbolbereich des Wassers beschränkt sich nicht auf die immer wieder mit dem tobenden Meer verglichene Masse. Den ganzen Roman hindurch wird wiederholt auf Wasserbilder Bezug genommen. Ebenso ausgefächert ist das Erbschaftssymbol. Der 22 Jahre zurückliegende Mord ist nicht die einzige ‹Erbschaft›. Auch Chester und Haredale sind seit ihrer gemeinsamen Schulzeit durch eine Art Erbfeindschaft miteinander verbunden. Schließlich ist auch im Großen die rechtliche Benachteiligung der Katholiken eine politische Erbschaft, mit der sich die Gesellschaft im Ganzen auseinandersetzen muss.

So klar wie die symbolische Bildstruktur ist auch die ihr zugeordnete Konstellation der Charaktertypen. Der alte Rudge, der am Ende gehenkt wird, kam aus dem gefängnishaften *Warren* und endet im Newgate-Gefängnis. Er verkörpert den kalten, moralisch erstarrten Typ. Sein Gegenpol ist Sir John Chester, der sich moralisch treiben lässt und folglich von der Woge der aufgewühlten Masse getragen wird. Sein Sohn Edward steht am Anfang einer langen Reihe von Charakteren, in denen Dickens zeigt, wie Menschen in Erwartung einer Erbschaft auf die autonome Gestaltung ihres Lebens verzichten und erst durch eine Krise, wenn überhaupt, zu sich zurückfinden. Edward wirft in einem langen Gespräch seinem Vater vor, dass er ihn mit großen Erwartungen aufwachsen ließ und damit für das Leben untüchtig gemacht habe. Hier klingt zum ersten Mal in Dickens' Werken das Thema an, das er in seinem vorletzten Roman, *Große Erwartungen*, ins Zentrum stellte. Edward Chester gelingt es schließlich, sich zu emanzipieren, und er wird dafür mit der Hand Emma Haredales belohnt. Deren Vater sprengt zwar symbolisch sein Gefängnis, was in der Zerstörung des *Warren* zum Ausdruck kommt, doch er ist zu starrsinnig und trotzig in seiner Außenseiterrolle als Katholik. Deshalb muss er nach dem Duell, bei dem er Chester tötet, auf den Kontinent fliehen, wo er wenig später in einem Kloster stirbt. Die positive Mitte repräsentiert Gabriel Varden, dessen weltoffene, lebensbejahende Heiterkeit Dickens' Ideal darstellt.

Wie planvoll die symbolischen Komplexe eingesetzt werden, zeigt sich daran, dass am Schluss das Bild des brandenden Mob in das positive Medium einer Regeneration umgepolt wird. Als die Menge sich vor Vardens Haus versammelt und auf ihren Schultern den begnadigten Barnaby trägt, wird dies wie ein Auferstehungserlebnis beschrieben.

Amerika, eine enttäuschte Liebe

Januar bis Juni 1842

Am 4. Januar 1842 brach Dickens mit seiner Frau und ihrer Zofe von Liverpool aus in die neue Welt auf und landete nach stürmischer Überfahrt am 22. Januar in Boston. Dort wurde er wie ein Held empfangen. Er blieb bis zum 5. Februar in der Stadt, lernte den Dichter Henry Wadsworth Longfellow kennen, befreundete sich mit dem Bürgermeister Jonathan Chapman und fand in Cornelius Felton, einem Professor für Griechisch, einen noch engeren Freund, mit dem er später eine herzliche Korrespondenz führte. Schon in Boston sprach er bei Empfängen das heikle Thema des nicht vorhandenen amerikanischen Copyright-Schutzes für ausländische Autoren an, das ihm bald die ganze Reise vergällen sollte.

Die gesellschaftlichen Verpflichtungen, die auf ihn niederprasselten, hatten ihn bereits an einem der ersten Tage veranlasst, einen Sekretär anzustellen, der ihn und seine Frau danach als Faktotum begleitete. Am 5. Februar reiste er über Worcester weiter nach Hartford in Connecticut, wo er vier Tage blieb, das Gefängnis und das Irrenhaus besichtigte und erneut auf das Copyright-Thema zu sprechen kam. Dann ging es weiter in Richtung New York. Die Begeisterung wuchs anfangs von Station zu Station; und amerikanische Zeitzeugen meinten, selbst George Washington sei nie so umjubelt worden. In New York wurde ihm zu Ehren am 14. Februar im Park Theatre ein Ball gegeben, an dem über 3000 Gäste teilnahmen. Das Theater war aufwändig geschmückt mit Blumen, Girlanden und zahlreichen Darstellungen von Szenen aus seinen Romanen. Doch dann kühlte die Begeisterung rasch ab, und acht Tage nach dem großen Ball beklagte sich Dickens bei seinem neuen Freund Jonathan Chapman mit wütenden Worten, dass er noch nie so würdelos behandelt worden sei. Was war geschehen?

In öffentlichen Äußerungen hatte er den Amerikanern Komplimente gemacht zu ihrem erfolgreichen Versuch, eine freiere und gerechtere Gesellschaftsordnung zu etablieren, und er hatte hinzugefügt, er hoffe, «dass der Tag kommen werde, an dem hier auch die Schriftsteller gerecht behandelt werden». Obwohl er selber sich als Opfer dieser Ungerechtigkeit fühlte, war er diplomatisch genug, als Beispiel nicht die eigene Situation, sondern die von Sir Walter Scott zu schildern, der sich trotz seines weltweiten Erfolges zu Tode arbeiten musste, um einen riesigen Schuldenberg abzutragen. Unterstützt wurde er bei seiner Forderung von Washington Irving, mit dem er schon vor seiner Reise korrespondiert hatte. Irving, damals der in Europa bekannteste amerikanische Autor, fühlte sich geschmeichelt, als Dickens detaillierte Kenntnis seiner Erzählungen bewies.

Dickens hatte schon vor Antritt seiner Reise den Plan gefasst, das Urheberrecht zur Sprache zu bringen; denn durch den nichthonorierten Nachdruck seiner Werke gingen ihm beträchtliche Einnahmen verloren. Für die Amerikaner bedeutete das Fehlen des Copyright aber freien Zugang zu allem Gedruckten und damit breitestmögliche Volksbildung. George Washington hatte seinerzeit das Schlagwort *diffusion of knowledge* (‹Verbreitung von Wissen›) geprägt und den Vorschlag gemacht, Zeitungen kostenlos durch die Post befördern zu lassen. Deshalb sah vor allem die amerikanische Presse in Dickens' Forderung nach einem internationalen Copyright-Abkommen den Versuch, aus materiellem Gewinnstreben ein demokratisches Recht zu beschneiden.

Amerikanische Autoren waren eher geneigt, Dickens' Forderung zu unterstützen; denn sie litten unter der billigen Konkurrenz nichthonorierter Nachdrucke europäischer Autoren und erhielten auch ihrerseits keine Honorare aus Europa. Dennoch wurde Dickens' Kritik, die anfangs noch sehr freundlich verpackt war, als massiver Angriff auf ein amerikanisches Grundrecht und damit als Affront gegen die amerikanische Ehre empfunden. Seine Berichte über Amerika fielen von da an immer negativer aus.

Eine weitere Zielscheibe seiner Kritik war die Sklaverei. Doch dazu nahm er erst nach seiner Rückkehr mit aller Schärfe Stellung; denn ihm war nach der Reaktion auf seine Copyright-Forderung bewusst geworden, wie empfindlich die Amerikaner auf jede Art von Kritik reagierten. Da scheute er dann doch davor zurück, sich in die Kampagne der *abolitionists* für die Abschaffung der Sklaverei öffentlich einzumischen.

Von New York ging die Reise weiter nach Philadelphia, wo Dickens zweimal mit Edgar Allan Poe zusammentraf, der als Kritiker früh den literarischen Rang des britischen Kollegen gewürdigt hatte und nun hoffte, dass dieser auch etwas für die Verbreitung seiner eigenen Werke in England tun könne. In Philadelphia besuchte Dickens das Eastern Penitentiary, ein zwölf Jahre zuvor errichtetes Gefängnis, das als moderne Errungenschaft die konsequente Einzelhaft aller Gefangenen praktizierte, um zu verhindern, dass die Häftlinge durch den Einfluss anderer Gefangener in ihrer Kriminalität bestärkt würden. Dickens sah darin eine Unmenschlichkeit, die ihn entsetzte.

Von Philadelphia reiste er weiter nach Washington, wo er von Präsident John Tyler empfangen wurde. Die noch unfertige Hauptstadt beeindruckte ihn nicht sonderlich. Außer den bereits fertigen Repräsentationsbauten der Bundesregierung sah er dort nur «großzügige Avenuen, die im Nichts beginnen und im Nichts enden». Nach einer Woche ging es am 17. März weiter nach Richmond, der Hauptstaat des Staates Virginia, in dem die Sklaverei legal war. Bei einem Empfang hielt er hier seine letzte Rede auf amerikanischem Boden. Der Zwang, aus Höflichkeit das Thema der Sklaverei vermeiden zu müssen, scheint ihn so belastet zu haben, dass er die geplante Weiterreise in den Süden nach Charleston aufgab und sich, angewidert von der unübersehbaren Präsenz dieses zivilisatorischen Schandflecks, nach St. Louis hin orientierte, wo man ihn zu einem öffentlichen Dinner eingeladen hatte.

Doch zunächst ging es zurück nach Washington und von dort weiter nach Baltimore. Hier traf er erneut mit Washington Irving zusammen und verbrachte einen angenehmen Abend mit ihm. Dickens beschrieb den amerikanischen Kollegen als *a great fellow*, mit dem er «herzhaft gelacht» habe. Die Weiterreise führte über York und Harrisburg nach Pittsburg, das Dickens an Birmingham erinnerte. Hier bewies er seine hypnotische Fähigkeit, als er nach dem Verfahren des Mesmerismus seine Frau vor Zeugen innerhalb von sechs Minuten in Trance versetzte, um ihren Kopfschmerz zu heilen.

Weiter ging es zu Schiff nach Cincinnati, einer Stadt, die ihm gut gefiel und von der er schrieb, dass sie wie eine Stadt aus Tausendundeiner Nacht aus dem Urwald hervortrete. Über Louisville in Kentucky, wo die Reisenden am 7. April übernachteten, ging es den Ohio stromab nach St. Louis, dem westlichsten Punkt der Reise. Auf dem Wege dorthin kamen sie an Cairo vorbei, einer Stadt an der Mündung des Ohio in den Mississippi, die Dickens' Vorbild für das deprimierende Eden in *Martin Chuzzlewit* wurde. Am 10. April kamen sie in St. Louis an, wo Dickens die Gesellschaft bei der ihm zu Ehren gegebenen Dinnerparty als so unerträglich eingebildet empfand, dass er froh war, nach vier Tagen wieder nach Cincinnati zurückkehren zu dürfen. Über Columbus und Cleveland ging es weiter zu den Niagara-Fällen und von dort mit dem Dampfer über den Ontariosee nach Toronto in Kanada, wo er das Gegenteil von amerikanischem Demokratismus vorfand, nämlich etwas, das er als *rabid Toryism*, als ‹tollwütigen Konservatismus›, empfand.

Erholsamer war für ihn ein zweiwöchiger Aufenthalt in Montreal. Hier inszenierte er, wie bereits von England aus verabredet, mit einer Laientruppe drei Theaterstücke, in denen seine Frau und er selber Rollen übernahmen. Das gab ihm Gelegenheit, seiner Leidenschaft für die Schauspielerei zu frönen und so die angestaute Frustration der vorausgegangenen Reise abzureagieren. Am 2. Juni ging es zurück nach New York, und fünf Tage später trat das Ehepaar auf der *George Washington* die Heimreise nach England antrat. Dort landeten sie am 29. Juni in Liverpool und nahmen ohne Aufenthalt den Zug nach London, wo sie spät abends eintrafen und von den Kindern freudig begrüßt wurden.

Schon bald nach der Rückkehr machte sich Dickens an den Reisebericht, den seine Verleger von ihm erwarteten. Die Entwürfe vieler Kapitel waren bereits in groben Zügen fertig, da er seine Briefe aus Amerika, vor allem die an Forster, schon mit dem Blick auf die spätere Veröffentlichung geschrieben hatte. Deshalb dauerte es nur drei Monate, bis das Buch fertig war. Bereits im Oktober kam es unter dem Titel *American Notes for General Circulation* auf den Markt. Mit dem Titel spielte Dickens ironisch auf die zu der Zeit noch nachwirkende Bankenkrise an, die den Wert der umlaufenden amerikanischen Banknoten in Frage stellte.

Vergleicht man es mit der scharfsinnigen Analyse, die de Tocqueville sieben Jahre zuvor publiziert hatte, so ist Dickens' Bild entschieden idiosynkratischer, einseitiger und feuilletonistischer. Er versucht gar nicht erst, Amerika zu verstehen, sondern beschreibt es so, wie er es erlebt hatte. Allen eingestreuten Bemerkungen über die Freundlichkeit der Amerikaner zum Trotz überwiegen die negativen Züge. Ihn stört, dass Amerikaner ständig Kautabak kauen und überall hinspucken, dass unter ihnen ein allgemeines Klima des Misstrauens herrsche, dass sie Fremden gegenüber aufdringlich und überheblich seien. Er beklagt ihre Tischsitten und hält sie insgesamt für ein Volk von Händlern, die alles zu Geld machen wollen. Manche seiner Beobachtungen würden Amerika-Reisende wohl auch heute noch bestätigen. So beschreibt er in missbilligendem Ton einen Amerikaner, der ungeniert seine Mitreisenden ausfragt. Das tun Amerikaner immer noch gern. Deutsche empfinden das meist als unkomplizierten Umgang und als Ausdruck von Interesse, während Engländer darin ein Eindringen in die Privatsphäre sehen.

Am schärfsten geißelt Dickens die Sklaverei. Da er die Reise in die Südstaaten schon nach der ersten Station abgebrochen hatte, nimmt er im vorletzten Kapitel, das mit dieser Ursünde der Amerikaner abrechnet, sein Material aus Pamphleten der Abolitionisten und druckt eine lange Liste wörtlicher Zitate daraus ab. Dann macht er im Schlusskapitel noch einmal den Versuch, das negative Bild abzumildern, indem er die Höflichkeit, Offenheit und durchgängige Freundlichkeit der Amerikaner lobt, doch wenig später ist er bereits wieder bei seinem Lieblingsfeind, der amerikanischen Presse, die er als den zweiten nationalen Schandfleck der USA ansieht.

Große Teile des Buches sind persönliche Impressionen, die detailliert die Beschwerlichkeit des Reisens per Eisenbahn und Schiff schildern. Auffällig ist dabei, wie wenig sich Dickens durch grandiose Landschaften beeindrucken ließ. Der Mississippi war in seinen Augen nur ein «riesiger Graben, manchmal zwei bis drei Meilen breit, durch den flüssiger Schlamm fließt, mit sechs Meilen pro Stunde». Nur die Niagara-Fälle rissen ihn zu hymnischer Begeisterung hin. Bei ihrem Anblick empfand er «Frieden», «Glück» und «Schönheit» und fühlte sich seinem «Schöpfer nahe». Man gewinnt allerdings den Eindruck, dass ihn erst das Verlassen der USA und der Eintritt ins britische Kanada für solche Gefühle empfänglich gemacht hat. Seine Beschreibung der Wasserfälle erinnert an Bilder von Turner, in denen erhabene Natur ins Malerische übersetzt wird.

In Geschmacksfragen war Dickens durch und durch englisch. Er schätzte das Pittoreske, das die Engländer bereits im 18. Jahrhundert gegenüber dem Schönen und dem Erhabenen zu ihrem nationaltypischen ästhetischen Ideal erkoren hatten. Für das Erhabene in reiner Form hatte er wenig Sinn. Deshalb ließ ihn auch die amerikanische Landschaft mit ihren gewaltigen Strömen und den endlosen Ebenen kalt. Die vielleicht interessanteste, weil unerwartete Begegnung, von der er berichtet, ist die mit einem Choctaw-Häuptling, den er auf einem Schiff traf, als dieser nach Verhandlungen in Washington auf der Rückreise in sein Reservat war. Der hochgebildete Indianer hatte Gedichte von Sir Walter Scott gelesen und nötigte Dickens auch sonst durch seine Höflichkeit und seine würdevolle Haltung Respekt ab. Hier zeigt sich, wie tief der Hasser der englischen Aristokratie dennoch durch die Gentry-Kultur seines Landes geprägt war. Im Grunde waren die Amerikaner für ihn Plebejer, die – anders als die heimische Unterschicht –, nicht hilfsbedürftig waren, weshalb er ihnen gegenüber nicht das Mitgefühl des Überlegenen entwickeln konnte. Von der Enttäuschung seiner ersten Liebe zu Amerika, dem Land, in dem er ein Utopia der Bürgerfreiheit zu finden hoffte, hat er sich auch später nie mehr ganz erholt.

Zurück in England

Juli 1842 bis Ende 1843

Noch während Dickens an den *Notizen aus Amerika* schrieb, stürzte er sich bereits wieder ins Getümmel der englischen Politik. Als das vom Grafen Shaftesbury, damals noch Lord Ashley, initiierte Reformgesetz zur Verbesserung der Arbeitsbedingungen in den Kohlegruben vom Oberhaus verabschiedet wurde, schrieb der Tory Lord Londonderry, der selber Kohlegruben besaß, ein vehementes Pamphlet dagegen. Dickens hatte in einem Leserbrief vom 25. Juli Shaftesburys Gesetz unterstützt und wetzte nun seine Feder für eine scharfe Attacke gegen Londonderry, die am 20. Oktober im *Morning Chronicle* erschien. Um diese Zeit kam sein Amerika-Buch in zwei Bänden heraus, von dem ironischerweise in Amerika bereits ein Raubdruck erschienen war, der sich dort bestens verkaufte.

Das politische Scharmützel und die Arbeit am letzten Schliff des Buches hatten Dickens urlaubsreif gemacht. So brach er am 27. Oktober mit Forster, Maclise und dem Landschaftsmaler Clarkson Stanfield nach Cornwall auf, wo die Gruppe bis zum 4. November die Grafschaft bereiste und dabei ausgiebig feierte. Liest man in Dickens' Brief an seinen amerikanischen Freund Felton, mit welchem Gusto er in alten Kirchen herumstöberte, gewinnt man den Eindruck, dass erst in Amerika sein Interesse am guten alten England so richtig erwacht ist.

Eine Frucht dieser Reise war ein Bild, das Maclise nach der Rückkehr malte. Es zeigt den Wasserfall von St. Nighton's Keive in der Nähe von Tintagel mit einer weiblichen Figur in ländlicher Tracht, die einen Krug auf der Schulter trägt. Dafür hatte Maclise Dickens' fünfzehnjährige Schwägerin Georgina als Modell gewählt. Dickens gefiel das Bild auf Anhieb, aber er wusste, dass der Freund es ihm schenken würde,

«Mädchen am Wasserfall» (1842). Gemälde von Daniel Maclise mit Georgina Hogarth als Modell.

wenn er ein Kaufangebot gemacht hätte. Schon das Medaillon, das Maclise für Kate vor Antritt der Amerikareise gemalt hatte, wollte dieser sich nicht bezahlen lassen. Um die Großzügigkeit des Freundes nicht auszunutzen, ließ Dickens das Bild durch einen Bekannten vor Eröffnung der Ausstellung, auf der es gezeigt werden sollte, für sich erwerben. Als Maclise davon erfuhr, war er verärgert und wollte den Scheck zurückgeben. Da Dickens sich weigerte, ihn anzunehmen, erklärte Maclise, er wolle dann wenigstens ein Bild von Dickens' Frau als Pendant zu dessen eigenem Porträt malen, was er vier Jahre später tat. Allerdings scheint das Bild von 1847 nach einem schon 1842 gezeichneten Porträt gemalt zu sein, so dass Kate darauf jünger aussieht, als sie zu der Zeit war. 1842 schuf Maclise auch die bekannte Zeichnung, die Dickens, seine Frau und Georgina im Profil zeigt. Sie entstand bei einem Ausflug, den die drei und der Maler nach Richmond unternahmen.

Georgina hatte sich während der Amerikareise ihrer Schwester um die Kinder gekümmert und war von diesen so ins Herz geschlossen

Dickens mit seiner Frau und – in der Mitte – Georgina Hogarth (1842). Skizze von Daniel Maclise.

worden, dass Dickens die Fünfzehnjährige in seinen Haushalt aufnahm, wo sie von da an bis zu seinem Tod blieb. Es ist schwer zu sagen, ob er damit seine Frau entlasten oder selber Georgina um sich haben wollte, weil sie seinem Ideal einer Kindfrau entsprach und ihn an die verstorbene Mary erinnerte.

Seine unmittelbare Sorge war jetzt, den Stoff für einen neuen Roman zu finden, dessen erste Lieferung schon für den 1. November angekündigt war, dann aber auf den 1. Januar 1843 verschoben wurde. Da für ihn der Name des Titelhelden oft der Zündfunke für den ganzen Roman war, suchte er nach einem solchen und fand ihn schließlich – nach verworfenen Namen wie Chubblewig, Chuzzletoe, Sweezleden und Sweezlewag – in Chuzzlewit. Das sollte die Lokomotive sein, an die er, wie bei den früheren Romanen des pikarischen Typs, eine bunte Vielfalt von Episoden anhängen würde. Die erste Lieferung trug den längsten und umständlichsten Titel aller seiner Romane, der ein wenig gequält in seinem humoristischen Ton wirkt. Er lautete: *The Life and Adventures of Martin Chuzzlewit, His Relatives, Friends and Enemies, Comprising all his Wills and Ways. With an Historical Record of what he did and what he didn't; showing, moreover, Who inherited the Family Plate, Who came in for the Silver Spoons, and Who for the wooden Ladles, the whole forming a complete Key to the House of Chuzzlewit, edited by ‹Boz›, with illustrations by ‹Phiz›.* Eine Übersetzung erübrigt sich, da Dickens sich danach mit dem Haupttitel *Leben und Abenteuer des Martin Chuzzlewit* begnügte. Der ursprüngliche Titel musste die Leser einen Roman vom Typ N*icholas Nickleby* erwarten lassen, dessen voller Titel ganz ähnlich klang.

Inzwischen war aber Dickens' sozialkritischer Blick so geschärft, dass er immer mehr Kritikwürdiges sah. Durch die Bekanntschaft mit Carlyle, der im Jahr darauf in seinem Buch *Past and Present* (1843; *Vergangenheit und Gegenwart*) das Schlagwort *condition of England* (der Zustand Englands) für eine bereits auf Hochtouren laufende Debatte prägen sollte, war ihm die Dringlichkeit der Probleme noch deutlicher bewusst geworden. Die oben erwähnte Attacke gegen Londonderry war nur eine von vielen Äußerungen, mit denen er sich zu Wort meldete. Was ihn, der die Erinnerung an die Schuhwichsfabrik im Nacken spürte, besonders erregte, war die Ausbeutung von Kindern in den Fabriken. Die Gesetzgebung auf diesem Gebiet erfolgte so schleppend, weil sie gegen den Widerstand der Fabrikbesitzer durchgesetzt werden musste. Seinerzeit waren diese im Kampf um die Reform Bill der harte Kern der reformwilligen Whigs gewesen, jetzt aber befürchteten sie den Verlust billiger Arbeitskräfte. Erst 1842 gelang es Shaftesbury, der als Tory gegen die Reform Bill gestimmt hatte, ein Verbot der Beschäftigung von Knaben unter 10 Jahren in Bergwerken durchzusetzen; und er brauchte weitere zwei Jahre, um eine Begrenzung der täglichen Arbeitszeit von Kindern unter 13 Jahren auf sechseinhalb Stunden zu erreichen. Der Widerstand kam zum Teil von den Arbeitern selber, für deren Familien die Einkünfte der Kinder oft überlebenswichtig waren.

Eine Entspannung der sozialen Lage brachte erst die Abschaffung der Kornzölle, um die in diesen Jahren heftig gerungen wurde, bis der moderate Tory Robert Peel unter dem Druck der durch die Kartoffelfäule in Irland ausgelösten Hungersnot das Gesetz 1846 gegen den

Widerstand der eigenen Partei durchbrachte. Der sozialpolitische Interessenkonflikt machte sich auch bei Dickens bemerkbar, der einerseits die Reformforderungen der liberalen Whigs unterstützte, andererseits aber ein paternalistisches Verantwortungsgefühl für die Schwachen empfand, das eher im Lager der ihm verhassten Tories zu finden war.

Sein sozialreformatorischer Eifer machte ihn trotzdem nicht blind für die eigenen materiellen Interessen. So sah er mit Sorge, dass die Auflage der seit Januar 1843 erscheinenden monatlichen Folgen von *Martin Chuzzlewit* nicht über 20 000 hinausging. Zwar war beim Vergleich mit den 100 000 des *Raritätenladens* zu berücksichtigen, dass monatliche Lieferungen teurer waren als die Wochenzeitschrift, doch für Dickens war die gesunkene Nachfrage enttäuschend, da er den Roman gegenüber Forster als «in hundert Punkten unendlich viel besser als die besten meiner Geschichten» bezeichnete.

Während er den Absatz dadurch zu befördern suchte, dass er seinen Titelhelden nach Amerika schickte, kämpfte er an der Heimatfront weiter gegen Missstände aller Art. Zusammen mit Miss Burdett-Coutts engagierte er sich für die Bewegung der sogenannten *Ragged Schools* (Lumpenschulen). So nannte man gebührenfreie Schulen, die für arme Stadtkinder eingerichtet werden sollten. Dickens besuchte solche Schulen, um sich ein Bild von ihrer Wirksamkeit zu machen. Später warb er in Manchester auf Einladung des *Athenaeum* für Arbeiterbildungseinrichtungen und tat das Gleiche in Liverpool vor der *Mechanics Institution* – das alles, während er selber vorübergehend so in der Klemme war, dass er sich von seinem Freund und Rechtsanwalt Thomas Mitton am 22. Juli 1843 einen Überbrückungskredit von 70 Pfund erbeten musste. Im August und September machte er trotzdem mit seiner schwangeren Frau und den Kindern Urlaub in Broadstairs, von wo aus er immer wieder nach London fuhr, um seine Arbeit voranzutreiben.

Die Beschäftigung mit dem Elend der Kinderarbeit scheint der Anlass dafür gewesen zu sein, dass er im Herbst den Plan fasste, zum Weihnachtsfest unter dem Titel *A Christmas Carol* seine Sozialkritik in die Form eines Weihnachtsmärchens zu gießen. Er schrieb es im Oktober und November neben der Arbeit am Roman und versprach sich davon so viel Gewinn, dass er den Kredit bei Chapman & Hall würde tilgen können. Als das schmale Buch mit den vier farbigen Illustrationen von John Leech am 17. Dezember herauskam, wurden bis zum Weihnachtstag 6000 Exemplare zu dem vergleichsweise hohen Preis von 5 Shilling verkauft. Bis Mai des folgenden Jahres gab es sechs Nachdrucke. Trotzdem war es nicht der erhoffte finanzielle Erfolg. Dickens hatte besonders klug sein wollen und das Buch von Chapman & Hall in Kommission verlegen lassen, worauf ihm der Verlag nach Abzug der Kosten für die aufwändige Herstellung nur 230 Pfund für die erste Auflage überwies. Als bereits am 6. Januar 1844 ein Plagiat erschien, strengte er einen Prozess gegen dessen Verleger an, den er gewann; doch da der Prozessgegner danach in Konkurs ging, blieb er auf Gerichtskosten von 700 Pfund sitzen.

Außerhalb der englischsprachigen Welt lebt Dickens im Bewusstsein seiner Leser vor allem als der Schöpfer von *Oliver Twist* und *David Copperfield*, doch im eigenen Land und in Amerika ist er zuerst und vor allem der Autor von *A Christmas Carol. In Prose. Being a Ghost Story of Christmas (Ein Weihnachtslied in Prosa. Eine weihnachtliche Geistergeschichte).* Der Engländer Gilbert Keith Chesterton, der sich zum Chefpropagandisten des großen Erzählers machte, sah in ihm sogar in erster Linie den Verkünder einer «Weihnachtsphilosophie». Märchenhafte Züge trugen schon die früheren Romane, vor allem der *Raritätenladen.* Während dort aber das realistische Geschehen märchenhaft verallgemeinert wird, wählt Dickens in *A Christmas Carol* das umgekehrte Verfahren: hier erzählt er ein Märchen so, dass seine Leser darin eine Kritik an den realen Lebensverhältnissen der Gesellschaft erkennen konnten.

Von den fünf Erzählungen, die er zwischen 1843 und 1848 als separat erscheinende Weihnachtsbücher herausbrachte, ist diese erste nicht nur die bekannteste und beliebteste, sondern auch die beste; denn darin sind die beiden Aspekte so austariert, dass weder die Realität durch das Märchen verharmlost noch das Märchen durch die Realität sentimentalisiert wird. Dickens hatte kurz vorher einen Parlamentsbericht über die Ausbeutung von Kindern in den Fabriken gelesen und versprochen, dass er gegen diesen Missstand «einen Hieb mit dem Vorschlaghammer» führen werde. Doch sein Vorschlaghammer war nicht auf konkrete Lebens- und Arbeitsbedingungen, sondern auf die verhärteten Herzen der dafür Verantwortlichen gerichtet.

So erzählt er in seinem *Weihnachtslied* das Märchen von Scrooge, einem hartherzigen Geizhals, dem in der Nacht vor Weihnachten Geister erscheinen, die ihn zur inneren Umkehr bewegen wollen. Zuerst erscheint ihm der Geist seines vor sieben Jahren verstorbenen Partners Marley, der ihn davor warnt, so zu enden wie er selber, nämlich als erkalteter Mensch, der sich selber in Ketten gelegt hat. Dann folgen drei Geistererscheinungen, die Weihnachten wie es war, wie es ist und wie es sein wird verkörpern. Der erste Geist ruft in ihm die Erinnerung an Kind-

«Scrooges dritter Besucher». Gezeichnet von John Leech.

heitsängste und an die gute Zeit bei seinem Lehrherrn Fezziwig wach, der zweite führt ihn in den Haushalt seines Angestellten Cratchit, wo er sieht, wie Menschen unter ärmlichen Bedingungen ein Fest der Nächstenliebe feiern. Der dritte zeigt ihm den Leichnam eines ungeliebten Pfandleihers, in dem er sich selbst erkennt. Als er am Weihnachtsmorgen erwacht und merkt, dass er das Fest nicht verschlafen hat, geht er in sich und kehrt in die menschliche Gemeinschaft zurück, aus der er sich durch seine Hartherzigkeit und Geldgier ausgeschlossen hatte. Er kauft einen Truthahn, bringt ihn zu Cratchit, dem er vorher nur zähneknirschend einen Urlaubstag zu Weihnachten gewährt hatte, und feiert mit dessen Familie ein vergnügtes Weihnachtsfest. Als Cratchit am nächsten Morgen verspätet zur Arbeit kommt, ranzt Scrooge ihn zunächst mit gewohnter Strenge an: «Ich bin nicht bereit, dies länger zu dulden ...», um dann fortzufahren: «deshalb werde ich Ihnen das Gehalt erhöhen».

«Mr. Fezziwigs Ball». Gezeichnet von John Leech.

Diese Geschichte ließ Dickens in den Augen der Nachwelt zum Verkünder jener punschseligen, durch und durch optimistischen «Weihnachtsphilosophie» werden, auf die ihn Chesterton festlegte. Tatsächliche nimmt die Idylle in der Erzählung aber nur wenig Raum ein. Der Hauptteil des Märchens beschreibt menschliches Elend und die eisige Kälte, die den alten Scrooge umgibt. Das zentrale Thema der Geschichte – wie auch der vier noch folgenden – ist die Sprengung einer seelischen Panzerung gegenüber menschlichem Leid. Es ist somit das, was die eine Seite der thematischen Struktur der Romane ausmacht; die andere, die Gefahr des Haltlos-Werdens, bleibt in den Weihnachtserzählungen ausgespart, da sie sich im Märchenton schlecht darstellen lässt. Deshalb gibt es in diesen Erzählungen zwar gefängnisartige Räume, aber nur selten die Gegensphäre des Wassers. Um so zentraler ist darin das Erbschaftsmotiv, obgleich es hier nicht als testamentarische Verfügung, sondern als Erinnerung an die eigene Vergangenheit auftaucht. Die Auflösung einer seelischen Verhärtung durch die heilende Wirkung der Erinnerung ist ein Thema, das Dickens' gesamtes Werk durchzieht.

Neue Verleger

Januar bis Juni 1844

Die Schuld an dem enttäuschenden Ertrag des Weihnachtsbuches sah Dickens nicht in der aufwändigen Herstellung, auf der er bestanden hatte, und in dem dadurch bedingten hohen Preis, sondern in der unzureichenden Werbung, die Chapman & Hall für das Buch betrieben hätten. Er hatte gehofft, mit dem Honorar ein Sabbatjahr auf dem Kontinent finanzieren zu können. Da kam es ihm zupass, als ihm die Verleger Bradbury & Evans einen zinslosen Kredit von 2800 Pfund anboten und dafür nicht die Ablieferung eines Romanmanuskripts zu einem festen Termin, sondern nur die vertragliche Zusicherung eines Viertels der Reinerträge seiner zukünftigen Produktion haben wollten. Sie stellten ihm sogar die Leitung eines neuen Magazins in Aussicht. Damit hatte Dickens die Voraussetzungen für die Auszeit, die er in Italien zu verbringen gedachte. Als der Vertrag unter Dach und Fach war, schrieb er am 24. März 1844 stolz an seinen alten Freund Thomas James Thompson: «Am ersten Juli nimmt Dick Kurs auf die Orangenhaine». Er musste nur noch für Juli die letzte Nummer von *Martin Chuzzlewit* abliefern und seine Schulden bei Chapman & Hall begleichen, dann war er frei, ein ganzes Jahr unter südlicher Sonne zu verbringen.

Sein Groll gegen den alten Verlag war inzwischen so heftig geworden, dass seine geschäftliche Kühle, die er sonst an den Tag legte, von negativen Gefühlen verdrängt wurde. Noch im Sommer des vorangegangenen Jahres hatte er mit Chapman & Hall einen Vertrag für *Martin Chuzzlewit* ausgehandelt, den er voller Stolz als einen Triumph empfand. Obwohl er bei den Verlegern mit 3000 Pfund in der Kreide stand, hatte er ihnen das Zugeständnis abgerungen, ihm einen Vorschuss von 2000 Pfund für ein Sabbatjahr zu gewähren. Als Gegenleistung hatte er ihnen einen weiteren Roman versprochen, von dessen Erträgen er selber Dreiviertel erhalten sollte, ohne für den Fall eines Verlustes selber zahlen zu müssen. Eine Klausel seines alten Vertrages vom 7. September 1841, der die Finanzierung seiner Amerikareise regelte, sicherte dem Verlag allerdings die Möglichkeit zu, das Monatshonorar für den laufenden Roman um 50 Pfund zu senken, falls der Profit nicht ausreichen sollte, seine Schulden zu begleichen. Als die Verkaufszahlen des Romans bei 20 000 stagnierten, deutete der Verlag an, dass die Klausel wirksam werde. Dickens wurde wütend. Am 28. Juni 1843 schrieb er an Forster, er sei wild entschlossen, Chapman auszuzahlen, und wolle nie wieder etwas mit ihm zu tun haben. Bradbury & Evans nutzten die gespannte Situation, um dem Konkurrenzverlag mit der oben genannten Offerte den Erfolgsautor auszuspannen.

Rache nahm Dickens auch an Amerika, wobei er sogar eine finanzielle Einbuße in Kauf nahm. Er erklärte öffentlich, dass er bis zur Regelung des Copyrights keine Vorab-Druckfahnen der Monatsnummern seiner Romane mehr an amerikanische Verlage schicken werde. Damit traf er den seriösen Verlag Lea & Blanchard, mit dem er ein solches Abkommen hatte und der für die Fortsetzungsnummern einen fairen Preis zahlte, konnte aber nicht verhindern, dass in den USA bereits 1843 drei Raubdrucke seines laufenden Romans erschienen.

Seine Aktivitäten zu wohltätigen Zwecken setzte er bis zur Abreise nach Italien fort. So hielt er Reden vor Organisationen, die sich um das Los von Gouvernanten und um mittellose Künstler kümmerten. Im Juni 1844 machte er Werbung für Konzerte der 19-jährigen Pianistin Christiana Weller, die er in Liverpool kennengelernt und in die er sich offensichtlich verliebt hatte. Als sein Freund, der verwitwete Thomas James Thompson, ihm gestand, dass er Christiana ebenfalls liebte, war Dickens geschockt, unterstützte dann aber doch dessen Werben und vermittelte mehrfach zwischen den Verlobten, als es bei ihnen kriselte.

Als die letzte Fortsetzung von *Martin Chuzzlewit* fertig war, machte Dickens noch schnell einen Blitzbesuch bei Landor in Bath, kehrte nach London zurück, um eine Abschiedsparty zu geben, und dann war alles bereit für die längste Zeit von *dolce far niente* in seinem ganzen Leben. Dass es Italien sein musste, zeigt an, wie sehr er sich bereits dem Lebensstil der Gentry angenähert hatte. Seit dem 17. Jahrhundert war das Land der «Orangenhaine» ein fester Bestandteil der Grand Tour, mit der junge Gentlemen ihrer Allgemeinbildung den letzten Schliff gaben, bevor sie heirateten und eine gehobene Position in der Gesellschaft einnahmen. Dickens wollte nachholen, was er seinem Status schuldig zu sein glaubte, wobei auch der Wunsch mitgespielt haben wird, denen da oben zu zeigen, dass ein Mann aus dem Volke sich die gleiche Bildung wie die Aristokraten leisten konnte.

Italien hatte aber noch aus einem anderen Grund für Engländer eine irritierende Faszination. Als das katholische Land schlechthin war es seit der Reformation der kulturelle Gegenpol zum protestantischen England. In den Augen der Briten verkörperte es all das, was englischer Aufgeklärtheit entgegenstand. Seit Horace Walpole mit seinem Roman *The Castle of Otranto* (1764; *Die Burg von Otranto*) das populäre Genre der *Gothic novels* begründet hatte, war Italien der stereotype Schauplatz solcher Schauerromane. Einer von ihnen aus der Feder von Ann Radcliffe, der Großmeisterin des Genres, trug sogar den Titel *The Italian* (1797), wobei der Untertitel *The Confessional of the Black Penitents* (*Der Beichtstuhl der Schwarzen Büßer*) auf das katholische Milieu hinweist. Die Schauerromane prägten ein Italienbild, in dem zerklüftete Berglandschaften, Klöster, lüsterne Mönche, willfährige Nonnen, machtgierige Äbte, Banditen und Schurken aller Art typische Versatzstücke waren. Schon vor dem Aufkommen der *Gothic novels* hatten englische Sammler den neapolitanischen Maler Salvator Rosa (1615–73) mit seinen düster-makabren Bildern zu ihrem besonderen Liebling erkoren. Mehr als für andere Europäer hatte Italien für puritanisch geprägte Engländer den Reiz des Fremdartigen und Verbotenen. Für sie war eine Reise dorthin wie der Eintritt in ein von Kunst überquellendes Museum mit dem Hautgout eines Bordells. Es liegt auf der Hand, dass gerade Dickens, der seine Vorliebe für das Makabre bereits in seinem zweiten Roman bewiesen hatte, besonders empfänglich für solche Verlockungen gewesen sein musste. Im übrigen gab es für ihn aber auch ein ganz handfestes materielles Motiv: Italien war – zumal für Briten – ein billiges Reiseland, und ein längerer Aufenthalt dort bedeutete, anders als heute, keinen erhöhten Aufwand, sondern eher eine finanzielle Entlastung.

Martin Chuzzlewit

Dickens' sechster Roman trägt den vollen Titel: *Leben und Abenteuer Martin Chuzzlewits, seiner Familie, seiner Freunde und Feinde: mit all seinen Wünschen und Wegen und einem historischen Bericht von dem, was er tat und was er nicht tat, darüberhinaus, wer das Familiensilber erbte, wer die silbernen Löffel und wer die hölzernen Kellen bekam: das Ganze als vollständiger Schlüssel zum Hause Chuzzlewit, herausgegeben von ‹Boz›*. Der Titel lässt einen Roman vom Typ *Nicholas Nickleby* erwarten. Formal ist er das auch; denn Dickens kehrt hier, nachdem er sich auf dem Felde Sir Walter Scotts versucht hatte, zur pikarischen Form von Fielding und Smollett zurück, die sich für die Publikation in monatlichen Fortsetzungen besonders gut eignete. An *Nicholas Nickleby* und *Pickwick* erinnert auch der Humor, der diesen Roman nun wieder durchgängig prägt, jetzt aber mit deutlich mehr Tiefgang. Über *Pickwick* strahlte die aufgeklärte Heiterkeit des 18. Jahrhunderts, in *Chuzzlewit* spürt man die beißende Satire Ben Jonsons und den Geist Shakespeares.

Dickens hatte, wie sein Freund Forster berichtet, den Roman von Anfang an als umfassende Satire auf die menschliche Selbstsucht geplant. Die zentrale Verkörperung dieses Themas ist der Heuchler Seth Pecksniff, ein Charakter, der seitdem zu den großen Typen der Weltliteratur zählt. Um Pecksniff herum gruppieren sich zahlreiche Figuren, die unterschiedliche Abstufungen von Selbstsucht, Geldgier oder bloßer Egozentrik darstellen. Doch wenn sich Dickens mit einer Typenkomödie begnügt hätte, wie Ben Jonson sie in seinen so genannten *comedies of humour* schuf, wäre sein Roman eine Satire geblieben und würde heute nicht als eine Komödie mit Tiefgang gelten. Dazu wird er unter anderem durch Pecksniffs Gegenpol Mrs. Gamp. Diese schlampige, ewig angetrunkene, unaufhörlich redende und dabei mit absurder Logik auftrumpfende Frau stellt wie ein weiblicher Falstaff der kalten Welt der Geldgier eine vitale Fleischlichkeit entgegen. Dabei hat Mrs. Gamp, die sich ständig auf ihre nie auftretende Freundin Mrs. Harris beruft, kaum etwas mit der eigentlichen Handlung zu tun; und der geringe Raum, den sie im Roman einnimmt, steht in keinem Verhältnis zu dem Eindruck, den sie in der Erinnerung der Leser hinterlässt. Durch ihren Beruf als Hebamme und Leichenwäscherin wirkt sie wie eine symbolische Brücke zwischen Geburt und Tod.

Dass es auch in diesem Roman um Erbschaft geht, wird bereits durch den vollen Titel angekündigt. Der Erblasser, auf dessen Ableben die meisten Mitglieder der Familie wie die Aasgeier warten, ist der Großvater des Titelhelden, der den gleichen Namen trägt. Der Alte spielt in Dickens' bitterer Komödie der Selbstsucht eine ähnliche Rolle wie der Titelheld in Ben Jonsons *Volpone*, nur dass er nicht wie dieser aus Gewinnstreben handelt, sondern die Selbstsucht der anderen düpieren will, wobei er selber zum verbitterten Egozentriker wird.

Die Handlung beginnt im Haushalt des Architekten Pecksniff und seiner beiden Töchter Mercy und Charity, deren Namen bereits das Heuchlerische ihres Vaters zum Ausdruck bringen. Dort taucht später der junge Martin Chuzzlewit auf, um sich von Pecksniff ausbilden zu lassen. Doch Martin merkt bald, dass der von öligem Moralismus triefende Lehrherr ein Egoist ist, der seine Angestellten schamlos ausnutzt. Während sich die weitere Pecksniff-Handlung um die Eheabsichten seiner Töcher Mercy und Charity und um Pecksniffs eigene Erbschleicherei dreht, überwirft sich Martin mit dem Heuchler, geht nach London und fasst gemeinsam mit dem gutmütigen und tatkräftigen Mark Tapley den Entschluss, nach Amerika auszuwandern. Dort werden seine großen Erwartungen bitter enttäuscht. Er erlebt eine neue Welt, in der die ganze Gesellschaft von Selbstsucht infiziert ist. Seine Desillusionierung erreicht den Gipfel, als er sich von einem Agenten der *Valley of Eden Land Corporation* ein Stück Land aufschwatzen lässt, das den Namen Eden trägt und sich als trostloser Sumpf entpuppt. Martin erkrankt an schwerem Fieber und erlebt die lange, beinahe tödlich verlaufende Krankheit, die er nur dank Mark Tapleys selbstloser Hilfe übersteht, als innere Wiedergeburt. Danach hat er Gelegenheit, an dem nun ebenfalls erkrankten Tapley die gleiche Selbstlosigkeit zu beweisen.

Nach dem Fehlschlag in Amerika kehren Martin und Tapley nach England zurück. Dort haben inzwischen die Erbschaftsintrigen kriminelle Formen angenommen. Jonas Chuzzlewit, der skrupellose Neffe des alten Martin, hat – so glaubt er – mit Gift den eigenen Vater umgebracht, um ihn schneller zu beerben. Ganz zum Schluss stellt sich allerdings heraus, dass der Vater das Gift bemerkte und an einem Herzschlag

«Mrs. Gamp bringt einen Toast aus». Gezeichnet von Phiz (Hablot Knight Browne).

starb. Die frivole Mercy Pecksniff (genannt Merry), die mit ihrer ernsthafteren, aber genauso berechnenden Schwester Charity (genannt Cherry), um Jonas konkurrierte und ihn heiratete, erlebt noch vor dessen Tod ihre Ehe als Fiasko. Jonas selber, der den skrupellosen Spekulanten und Betrüger Montague Tigg ermordete, nimmt nach seiner Verhaftung Gift. Die schlimmsten Übeltäter haben so ihre gerechte Strafe bekommen, und die Guten werden wie in einer echten Komödie mit der Hand einer Geliebten belohnt. Die in England spielenden Teile des Romans sind größtenteils komödienhaft angelegt. Sie erinnern teils an Shakespearesche Szenen um Figuren wie Falstaff oder Benvolio, teils an Ben Jonsons *Volpone.*

Weniger klar tritt in dem Roman das zuvor bereits mehrfach aufgezeigte symbolische Grundmuster hervor. Nur das Erbschaftsmotiv steht unübersehbar im Zentrum. Die beiden anderen Symbolkomplexe, das Gefängnis und das Wasser, sind erst bei näherem Zusehen zu erkennen. Wenn man aber weiß, wie oft und geradezu obsessiv Dickens moralische Regenerationserlebnisse mit der Sphäre des Wassers im weitesten Sinne verbindet, wird man unschwer eine solche in den Sümpfen von Eden erkennen, in denen der Titelheld von den verhängnisvollen Folgen seiner großen Erwartungen endgültig geheilt wird und zu sich selber findet. Martin war in Gefahr, zu einem haltlos Treibenden zu werden. Dem stehen die kalten, moralisch verhärteten Menschen gegenüber, die sich in einem Milieu bewegen, das hier zwar nicht durch ein wirkliches Gefängnis, aber doch durch gefängnishafte Züge charakterisiert wird. Am offensichtlichsten wird die Symbolik, als Jonas, Martins moralischer Gegenpol, sich vor dem geplanten Mord in sein Zimmer einschließt und nach der Tat heimlich dorthin zurückkehrt. Hier wird bei der Beschreibung seiner Rückkehr gesagt, dass ihm vor dem Zimmer mehr grauste als vor dem Wald, in dem er die Tat beging. Wer Dickens' Bildersprache kennt, wird außer den genannten besonders hervorstechenden Beispielen zahlreiche weitere Stellen entdecken, in denen Gefängnis- und Wassermotive kunstvoll kontrastiert werden.

Auch die der Symbolik zugeordnete Charaktertypologie ist klar zu erkennen. Die stabilsten Charaktere, die die Mitte repräsentieren, sind Westlock und Mary Graham, die darum auf den Leser eher langweilig wirken. Während Westlock sich gegenüber seinem früheren Lehrherrn Pecksniff mannhaft behauptet, ist Mary eine der typischen Kindfrauen, die Dickens immer wieder als Ideal darstellt. Als sie vom alten Martin als dessen Gesellschafterin angestellt wird, geschieht dies unter der Bedingung, dass sie von seinem Erbe nichts zu erwarten habe. Diese grundsätzliche Immunität gegenüber der Versuchung von großen Erwartungen macht sie in Dickens' Augen zu einer würdigen Partnerin für den Titelhelden, der sich ihre Hand seinerseits durch die Emanzipation von den eigenen großen Erwartungen verdient hat. Der alte Martin, der in seinem Menschenhass erstarrt zu sein scheint, verlässt am Schluss sein moralisches Gefängnis und gibt der Ehe seines Enkels seinen Segen. Jonas endet auf dem Weg ins Gefängnis durch Selbstmord, und sein Opfer, der skrupellose Spekulant Tigg, endet in einem feuchten Wald, wo seine Leiche «triefend und sich vollsaugend auf einem Kissen von Blättern in den sumpfigen Untergrund einzusinken begann». Das ist der Kontrapunkt zur Regeneration des Titelhelden in den Sümpfen von Eden. Wie konsequent Dickens solche Bilder einsetzte, lässt sich gerade dort beobachten, wo die Motive scheinbar beiläufig auftauchen. So bekommt beispielsweise Jonas auf dem Weg zu seiner Mordtat von einem Kutscher, der sein Gesicht kritisch musterte, zu hören: «Du wirst nicht ertrinken. Damit kannst du dich trösten.»

Italienische Reise

Juli 1844 bis Juni 1845

Als *Martin Chuzzlewit* abgeschlossen und die Finanzierung der Italienreise durch den Vertrag mit den neuen Verlegern gesichert war, kaufte Dickens eine große gebrauchte Reisekutsche, die Platz für die siebenköpfige Familie, die Schwägerin und drei weibliche Bedienstete bot und heuerte den Franzosen Louis Roche an, der ihn als Kutscher und Reiseführer nach Italien bringen sollte. Dann vermietete er sein Haus am 28. Mai an eine zahlungskräftige Witwe und zog bis zu seiner Abreise in eine Mietwohnung.

Am 1. Juli 1844 brach der Tross auf. Nach Überquerung des Kanals ging es von Boulogne weiter nach Paris, wo die Reisenden zwei Tage blieben. Obwohl Dickens die Hauptstadt Frankreichs in seinem Reisebericht nur mit einer halben Seite bedenkt, muss sie ihn bei seinem ersten Besuch tief beeindruckt haben; denn später reiste er immer wieder dorthin und blieb oft mehrere Monate. Von Paris ging es weiter über Chalon nach Lyon und von dort rhoneabwärts zuerst nach Avignon und dann nach Marseille, wo der Reisewagen auf ein Schiff verladen und mitsamt den Passagieren nach Genua gebracht wurde. Hier hatte sich Dickens von Angus Fletcher, der sich zu der Zeit in Italien aufhielt, die Villa Bagnerello nahe der Stadt im Dorf Albaro mieten lassen, in die er zunächst einzog. Das Haus bot eine prächtige Aussicht, war ansonsten aber wenig einladend. Dickens beklagte sich mit bitterem Humor über die Ratten im Keller und über die unzähligen Flöhe, die, «wenn man sie anschirren würde, seine Kutsche entführen könnten». Auch war das Haus im Winter kaum bewohnbar. Deshalb tauschte er die ländliche Idylle Ende September gegen den Palazzo Peschiere in der Altstadt von Genua.

Die ersten Wochen in Italien verbrachte er mit ungewohntem Müßiggang. Er ging täglich schwimmen, las Manzonis *I promessi sposi* und wartete währenddessen auf die Ankunft seines Schreibpults mit dem nötigen Zubehör. Zwischendurch reiste er noch einmal zu Schiff nach Marseille, um dort seinen Bruder Alfred abzuholen, der bei ihm seinen Urlaub verbringen wollte. Auf dem Rückweg nahm er ab Nizza den Landweg entlang der Felsenküste, um die malerischen Städtchen, die er bereits vom Schiff aus bewundert hatte, auch einmal von innen zu sehen. Nachdem er in Genua alle Sehenswürdigkeiten besichtigt und das pittoreske Stadtleben ausgiebig genossen hatte, unternahm er weitere Ausflüge in die nähere Umgebung. Inzwischen hatte er auch wieder ein literarisches Projekt in Arbeit. Nach dem *Christmas Carol* im Jahr zuvor erwartete sein neuer Verleger von ihm für das bevorstehende Fest ebenfalls ein Weihnachtsbuch. Lag schon in der ersten Erzählung der Akzent auf der sozialen Anklage gegen die Hartherzigkeit der Reichen gegenüber den Armen, so wollte Dickens jetzt noch härter zuschlagen. Unter dem Titel *The Chimes (Die Glocken)* schrieb er eine Erzählung, in der die Darstellung von sozialer Ungerechtigkeit kaum Weihnachtsstimmung aufkommen lässt. Am 3. November war die Erzählung fertig. Bei ihrer Niederschrift hatte sich Dickens so stark emotional engagiert, dass er nach dem Abschluss heftig weinen musste.

Wie schon bei den früheren Werken packte ihn auch diesmal nach der Fertigstellung die alte Ruhelosigkeit. Er beschloss, die Veröffentlichung der Erzählung in London vor Ort selber zu überwachen. Auf dem Wege dorthin wollte er sich aber erst einmal die sehenswertesten Städte Norditaliens ansehen. So brach er, in Begleitung seines treuen Louis Roche, am 6. November zu einer zweiwöchigen Besichtigungsreise nach Parma, Modena, Bologna, Ferrara und Venedig auf. Während er die vier erstgenannten Städte in seinem Reisebericht realistisch beschreibt, gibt er seine Eindrücke von Venedig als eine Traumvision wieder. Die Stadt muss ihn tief beeindruckt haben. Die Beschreibung erinnert sehr an die obsessiven Bilder seiner Romane. So imaginiert er eine Stadt, in die von allen Seiten das Meer eindringt, während im Zentrum aus dem Wasser das Gefängnis herausragt. Das ist die Konfrontation der beiden Symbolkomplexe, von denen so oft schon die Rede war. Von Venedig ging es weiter über Verona, Mantua und Cremona nach Mailand, dann im Schnee über den Simplon und weiter

Dickens liest The Chimes. *Zeichnung von Maclise (1844).*

über Straßburg nach Paris. Am 30. November kam er in London an. Schon am Tag darauf las er die neue Erzählung seinem Freund Macready vor. Zwei Tage später las er sie noch einmal vor einem Kreis von Freunden, die Forster zusammengetrommelt hatte. Die Skizze, die Maclise von dieser Lesung zeichnete, zeigt Dickens mit einer Art Heiligenschein, umgeben von andächtig lauschenden Jüngern – wohl eine ironische Anspielung auf Leonardos Abendmahl. Am 9. Dezember war er bereits wieder in Paris; und in Genua traf er rechtzeitig ein, um Weihnachten mit der Familie feiern zu können.

Hier braute sich eine familiäre Störung zusammen. Dickens hatte in der Stadt den Schweizer Bankier de la Rue kennengelernt, dessen englische Frau an einer schweren hysterischen Störung litt, die sich in Visionen und Krampfanfällen äußerte. Er erbot sich, ihr Leiden durch Hypnose, wenn nicht zu heilen, so wenigstens zu lindern. Das Verfahren, das er dabei anwandte, mutet wie eine Vorwegnahme der Freudschen Psychoanalyse an; denn er begnügte sich nicht damit, die Frau in Trance zu versetzen, er befragte sie in diesem Zustand auch und versuchte so, die Ursachen ihrer Ängste zu ergründen. Seine Bemühungen um Mrs. de la Rue nahmen so intensive Formen an, dass seine Frau eifersüchtig wurde und ihm Szenen machte. Um des Ehefriedens willen gab er die Behandlung schließlich widerwillig auf.

Am 19. Januar packte ihn erneut die Reiselust, und er ließ sich mit seiner Familie von seinem «treuen Roche», wie er ihn nannte, über Pisa und Siena nach Rom kutschieren, wo die Gruppe elf Tage später ankam und eine Woche blieb. Hier besichtigte er die Sehenswürdigkeiten, ließ sich durch die Katakomben führen und beobachtete das Karnevalstreiben, das just zu der Zeit stattfand. Danach ging es weiter nach Neapel, Pompeji und Herkulaneum. Unter schwierigsten Bedingungen bestieg er mit seiner Frau und anderen Touristen den vereisten Vesuv, wobei ein Trupp von dreißig Reiseführern die kleine Gruppe teils stützte, teils auf Tragbahren emportrug.

Nach der Rückkehr nach Rom wurde Dickens Zeuge einer öffentlichen Hinrichtung per Guillotine, die er mit sonderbarer Kälte beschreibt, als sei es eine Sportveranstaltung, bei der das Publikum seinem Ärger über das verspätete Erscheinen der Wettkämpfer Luft macht. Der Verurteilte wollte nämlich nicht beichten, und ohne Beichte wollte die christliche Gerichtsbarkeit ihn nicht ins Jenseits befördern. Dickens äußerte zwar Abscheu vor dem grausamen Spektakel, konnte aber eine gewisse Faszination nicht verhehlen. In der Karwoche ließ er danach keine Gelegenheit aus, den Papst bei seinen öffentlichen Auftritten zu sehen. So wartete er geduldig auf sein Erscheinen in der Sixtinischen Kapelle und war am Ostersonntag unter den 150 000 – so seine Schätzung –, die auf dem Petersplatz auf den päpstlichen Segen warteten.

Bei seinen Urteilen über die Kunstwerke, die er in Rom besichtigte, war er sehr unorthodox. Im Vorwort zu seinem Reisebericht nimmt er für sich in Anspruch, Kunst nach dem natürlichen Empfinden zu beurteilen und nicht danach, was die Sachverständigen sagen. So äußert er sich über das Jüngste Gericht von Michelangelo kritisch und den Altarraum des Petersdoms vergleicht er mit «einem Goldschmiedeladen oder der Szenerie einer Märchenpantomime». Positiv beindruckt war er von den Skulpturen Canovas und von einigen Bildern Tizians und Tintorettos. Vor allem aber hatten es ihm Bilder von Guido Reni angetan. Sie brachten die sentimentale Saite in ihm zum Klingen.

Von Rom reiste Familie Dickens über Florenz zurück nach Genua, wo sie am 9. April eintraf. Wie es scheint, verwandte Dickens die zwei verbleibenden Monate seines Sabbatjahrs vor allem darauf, *Oliver Twist* für eine Neuauflage stilistisch zu überarbeiten. Am 9. Juni traten sie schließlich die Heimreise an, diesmal auf dem Landweg, doch nicht über den Simplon-Pass, sondern über den St. Gotthard. Die Schweizer Alpen, die Dickens bei der letzten Überquerung als unwirtliche Schneelandschaft erlebt hatte, begeisterten ihn jetzt in ihrer sommerlichen Schönheit. Schon hier fasste er den Entschluss, seinen nächsten Auslandsaufenthalt in der Schweiz zu verbringen. Über Zürich ging es weiter nach Köln und Brüssel, und am 3. Juli war die Familie wieder in ihrem Haus in Devonshire Terrace.

In seinem Reisebericht *Bilder aus Italien* schwanken seine Urteile über Italien und die Italiener ständig zwischen missbilligenden Äußerungen über Schmutz und Elend auf der einen und Bewunderung für die pittoreske Schönheit auf der anderen Seite. Seinen zwiespältigen, aber doch überwiegend von Sympathie geprägten Gesamteindruck fasst er am Schluss des Buches so zusammen:

> Lasst uns von Italien, mit all seinem Elend und seinen Fehlern, in Liebe scheiden, in Bewunderung für seine Schönheiten, die natürlichen wie die künstlichen, von denen es übervoll ist, und in Sympathie für das Volk, das von Natur aus liebenswürdig, geduldig und gutherzig ist. Jahre der Vernachlässigung, der Unterdrückung und der Misswirtschaft haben seine Natur verändert und seinen Unternehmungsgeist reduziert; erbärmliche Eifersüchteleien, angefacht von Duodezfürsten, denen Einheit Ruin und Teilung Stärke bedeuten, waren das Krebsgeschwür an der Wurzel der Nation; sie haben ihre Sprache barbarisiert; doch das Gute, das von jeher in ihr war, besteht fort; und ein edles Volk wird sich eines Tages aus dieser Asche erheben. Lasst uns diese Hoffnung hegen! Und lasst uns darum Italien mit nicht geringerer Achtung im Gedächtnis behalten; denn mit jedem Fragment seiner verfallenen Tempel, mit jedem Stein seiner verlassenen Paläste und Gefängnisse erteilt uns dieses Land die Lehre, dass das Rad der Zeit auf ein Ziel zurollt und dass die Welt, indem sie voranschreitet, im Großen und Ganzen besser, freundlicher, duldsamer und hoffnungsvoller wird!

Vergleicht man Dickens' Haltung gegenüber Italien mit der, die er zu Amerika einnahm, fällt auf, wie nachsichtig er hier Mängel beurteilt, die er dort scharf verurteilte. Noch am Schluss der *Amerikanischen Notizen* gibt er den Amerikanern in schulmeisterlichem Ton den Rat, ihre Ernährungsgewohnheiten sowie die Abwassersysteme und die Hygiene zu verbessern, und er empfiehlt ihnen, sich an Mr. Chadwicks *Report über die sanitären Bedingungen der Arbeiterklasse* zu orientieren. Auch in Italien erwähnt er immer wieder den Schmutz und die schlechten hygienischen Bedingungen, doch hier lässt er dies als Teil einer überwiegend pittoresken Szenerie gelten. Man gewinnt den Eindruck, dass er sich den Italienern gegenüber in einer so unangefochtenen Position der Überlegenheit empfand, dass er auf sie mit väterlichem Wohlwollen herabschauen konnte, während ihm in Amerika Menschen gegenübertraten, die ihrerseits die Rolle der Überlegenen beanspruchten, was Dickens als Arroganz empfand.

Die Glocken

Dickens' zweite Weihnachtserzählung, *The Chimes. A Goblin Story of Some Bells that Rang an Old Year Out and a New Year In (Die Glocken. Die Geschichte von Glocken, die ein altes Jahr aus- und ein neues einläuteten)*, schildert das soziale Elend von Menschen, die Hunger leiden, arbeitslos sind und denen die Wohnung gekündigt wird. Toby Veck (genannt Trotty), die Hauptfigur der Erzählung, ist ein «schwacher, kleiner, dürrer alter Mann», der als Botengänger frierend an windigen Ecken auf Aufträge wartet. Stets arbeitswillig und fleißig, hat sich der einfältige, arglos-gutwillige Mann von der öffentlichen Meinung einreden lassen, dass er an seiner Armut selber schuld sei.

Die Geschichte spielt am letzten Tag des Jahres und beginnt damit, dass Trottys Tochter Meg ihm an seinen windigen Standort gekochte Kutteln, sein Lieblingsgericht, bringt und ihm mitteilt, dass sie am Neujahrstag ihren Verehrer Richard heiraten werde; denn da sie beide sowieso arm bleiben werden, habe es keinen Sinn, noch länger zu warten. Während Trotty sein Mittagsmahl verzehrt, kommen drei Gentlemen vorbei, die in ihm das Gefühl wertlos zu sein so sehr verstärken, dass er danach am liebsten sterben will. Der erste wirft ihm vor, dass er mit seinem Luxusessen armen Witwen und Waisen die Nahrung wegnehme und dass die Heirat seiner Tochter verantwortungslos sei. Der zweite behauptet, es gebe in Wirklichkeit gar keinen Mangel, und der dritte beschwört die gute alte Zeit (an die Dickens selber nie glauben wollte).

Später wird Trotty Zeuge, wie Will Fern, ein mittelloser Arbeitsuchender, wegen Landstreicherei verhaftet werden soll, weshalb er ihn und seine neunjährige Nichte Lilian zu sich einlädt. Mit seinen letzten sechs Pennies kauft er für sie Tee und etwas Speck und verschafft ihnen eine Unterkunft für die Nacht. Als die Glocken, in denen er schon vorher Stimmen zu hören glaubte, erneut läuten, geht er zum Glockenturm, findet die Tür offen und steigt nach oben, wo er in Ohnmacht fällt. Im Traum sprechen die Glocken als Geister zu ihm. Die Größte wirft ihm vor, dass er aus ihren Stimmen immer nur die Verzweiflung heraushöre und nicht an Fortschritt und Verbesserung glaube. Damit habe er sich an ihnen versündigt und müsse sich auf eine düstere Zukunft gefasst machen. Dann sieht er sich selber als Leichnam am Fuße des Glockenturms und neun Jahre später seine Tochter, die sich mit harter Arbeit kaum ernähren kann. Danach wird er Zeuge einer aufrührerischen Rede, die der immer wieder ins Gefängnis geworfene Will Fern hält. Zuletzt sieht er noch einmal seine Tochter mit ihrem trunksüchtigen Mann. Als dieser stirbt und sie selber mit ihrer kleinen Tochter aus der Wohnung vertrieben wird, geht sie zum Fluss, um sich und ihr Kind umzubringen. Da fleht Trotty die Glocken um Hilfe an und versichert, dass er ihre Botschaft verstanden habe und von nun an die Hoffnung und das Vertrauen nicht mehr aufgeben werde. In diesem Moment erwacht er bei sich zu Hause. Als die Glocken das neue Jahr einläuten, kommt mit dampfendem Punsch Mrs. Chickenstalker vorbei, nach der Will Fern gesuchte hatte, als Trotty ihn vor der Verhaftung warnte und bei sich aufnahm.

Die Botschaft, die Dickens in diese Geistergeschichte verpackt hat, ist nicht ganz klar. Einerseits verkündet er seinem Helden keine rosige Zukunft; denn die als Warnung gedachte Traumvision könnte durchaus Wirklichkeit werden. Andererseits warnt er aber auch vor revolutionärem Aufbegehren. Den nostalgischen Blick zurück in die gute alte Zeit, den damals die konservative *Young England*-Bewegung pflegte, lehnte er ebenso ab wie das, was die Vertreter der mechanistischen «politischen Ökonomie» predigten, die meinten, dass jeder seines Glückes Schmied sei und Armut nur dem eigenen Versagen entspringe. Dickens Werte sind Hoffnung, Vertrauen und Mitmenschlichkeit. Aus heutiger Sicht klingt das quietistisch und sentimental. Man muss sich aber bewusst machen, dass Dickens seine Geschichte schrieb, als die sogenannte Chartistenbewegung in vollem Gange war. Diese Arbeiterbewegung, die die Kampagnen der bürgerlichen *Anti-Corn Law League* begleitete, bewegte sich stets am Rande revolutionärer Unruhen, vor denen Dickens warnte. Erst mit der Abschaffung der Kornzölle 1846 schwand diese Gefahr und die Bewegung schlief ein. Dickens hatte zwar von Anfang an mit ihr sympathisiert, aber nur unter der Bedingung, dass sie gewaltlos blieb. Mit ihrem Ausklingen schwand auch die sozialkritische Schärfe aus seinen Weihnachtsbüchern. In den letzten dreien weicht die soziale Anklage mehr und mehr dem Appell an die persönliche Moral.

Drang zur Bühne

Juli bis Dezember 1845

Als Dickens am 3. Juli wieder in sein Haus in Devonshire Terrace einzog, hatte er noch kein neues Romanprojekt im Kopf. Dass er aus seinen Italieneindrücken einen Reisebericht machen würde, stand allerdings fest. Doch anders als bei den *American Notes* war er anfangs unsicher, wie er die Fülle des Materials in Buchform bringen konnte und bat dazu Forster um Rat. Da kam am 25. Juli das Angebot von Bradbury & Evans, Herausgeber einer nationalen Tageszeitung zu werden, die der Verlag zusammen mit Joseph Paxton als Geldgeber starten wollte. Paxton, der sechs Jahre später als Architekt des Kristallpalastes für die Londoner Weltausstellung berühmt werden sollte, war nicht nur Chefgärtner und Gutsverwalter des Herzogs von Devonshire, sondern ein Geschäftsmann, der durch Finanzspekulationen und kluge Investitionen in ein Eisenbahnunternehmen reich geworden war.

Bei einem solchen Partner war klar, dass die geplante Zeitung im liberalen Lager stehen und gegen die Kornzölle agitieren würde. Die mit 2000 Pfund Jahresgehalt honorierte Position war für Dickens so verlockend, dass er das Angebot erst einmal annahm, wohlwissend, dass die Leitung einer Tageszeitung ihm auf Dauer wenig Zeit für seine schriftstellerische Arbeit lassen würde. Trotzdem unterschrieb er am 3. November den Vertrag und machte sich wenig später daran, eine Ankündigung der Zeitung zu entwerfen, die unter dem Namen *Daily News* ab 1. Januar 1846 erscheinen sollte.

Die Zeit bis zum Beginn der neuen Tätigkeit nutzte er, um den Reisebericht in eine endgültige Form zu bringen und wieder eine Weihnachtserzählung für das bevorstehende Fest zu schreiben. Die beiden Buchprojekte hielten ihn aber nicht davon ab, auch noch eine private Theateraufführung vorzubereiten. Wie sehr er dieses Ventil für

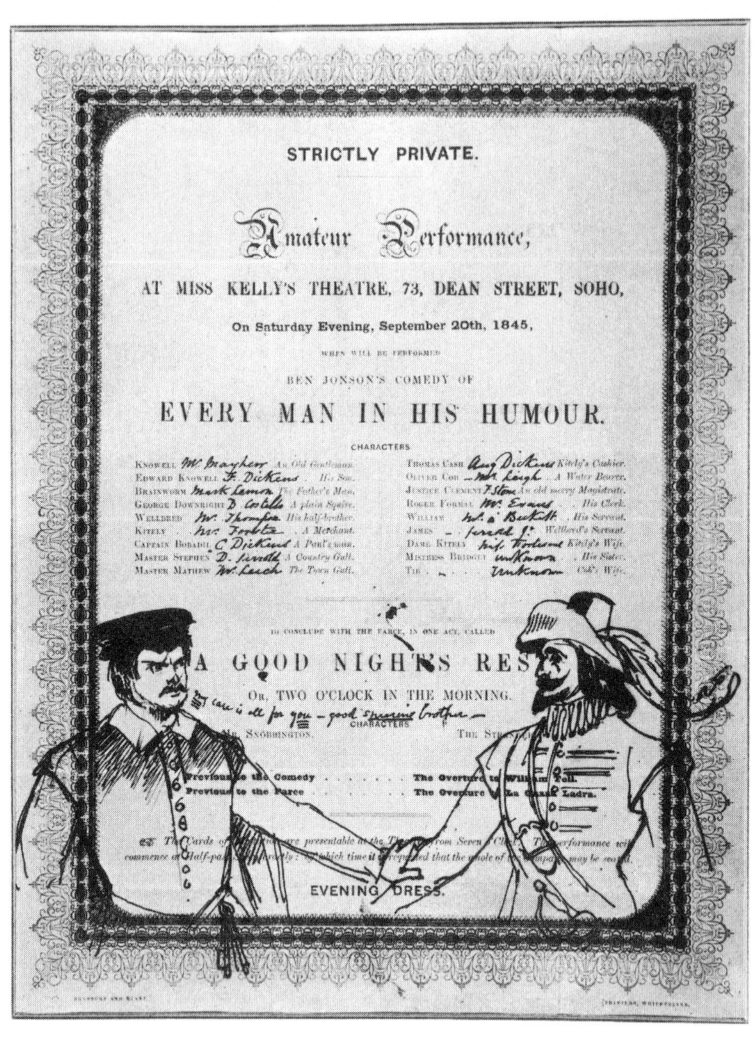

STRICTLY PRIVATE.

Amateur Performance,

AT MISS KELLY'S THEATRE, 73, DEAN STREET, SOHO,

On Saturday Evening, September 20th, 1845,

WHEN WILL BE PERFORMED

BEN JONSON'S COMEDY OF

EVERY MAN IN HIS HUMOUR.

CHARACTERS

Knowell . . . An Old Gentleman.
Edward Knowell . . . His Son.
Brainworm . . . The Father's Man.
George Downright . . . A plain Squire.
Wellbred . . . His half-brother.
Kitely . . . A Merchant.
Captain Bobadil . . . A Paul's man.
Master Stephen . . . A Country Gull.
Master Mathew . . . The Town Gull.
Thomas Cash . . . Kitely's Cashier.
Oliver Cob . . . A Water Bearer.
Justice Clement . . . An old merry Magistrate.
Roger Formal . . . His Clerk.
William . . . His Servant.
James . . . Wellbred's Servant.
Dame Kitely . . . Kitely's Wife.
Mistress Bridget . . . His Sister.
Tib . . . Cob's Wife.

TO CONCLUDE WITH THE FARCE, IN ONE ACT, CALLED

A GOOD NIGHT'S RES[T]

OR, TWO O'CLOCK IN THE MORNING.

CHARACTERS

Mr. Snobbington. . . . The Str[anger]

Previous to the Comedy . . . . . . The Overture to William Tell.
Previous to the Farce . . . . . . The Overture to La Gazza Ladra.

EVENING DRESS.

Theaterzettel für Dickens' erste öffentliche Inszenierung.

seine aufgestaute Energie brauchte, geht aus einem Satz hervor, mit dem er am 3. September seinem Freund Cattermole gegenüber den Drang zur Bühne erklärte: «Ich war so lange zugekorkt, dass ich selig bin, in diesem Stück einen Korkenzieher zu finden.» Das Stück, das er

«Dickens in der Rolle des Bobadil» (1846).
Gemälde von Charles Robert Leslie.

im Auge hatte und das er danach noch öfter mit Freunden aufführte, war Ben Jonsons *Every Man in His Humour (1598; Jedermann auf seine Art).* Darin gibt es die Rolle des großsprecherischen Captain Bobadil, die er selber übernahm und darin sein ganzes komödiantisches Talent ausspielte. Außerdem war er Regisseur und Produzent des Unternehmens. Die männlichen Rollen übernahmen Freunde und Verwandte, für die weiblichen engagierte er professionelle Schauspielerinnen. Die Aufführung fand am 20. September in einem Privattheater in Soho statt. Das prominente Publikum sorgte durch Mundpropaganda dafür, dass der Wunsch nach einer öffentlichen Aufführung laut wurde, die am 15. November in Anwesenheit des Prinzgemahls Albert und seines Gefolges im St. James-Theater stattfand.

Während Dickens seine aufgestaute Energie auf der Bühne abreagierte, sah seine Frau der sechsten Niederkunft entgegen. Am 28. Oktober brachte sie den vierten Sohn zur Welt, der nach seinen beiden Paten den Namen Alfred D'Orsay Tennyson erhielt, aber erst im folgenden April förmlich getauft wurde. Zwei gegensätzlichere Paten hätten sich kaum finden lassen: der viktorianisch-dezente Dichter Tennyson, der später zum Lord geadelt wurde, und der schillernde Count D'Orsay, der mit Tennyson nur den Vornamen Alfred gemein hatte.

Auf eine andere private Begebenheit aus dieser Zeit weist Michael Slater in seiner Biographie hin. Als Dickens' 18-jähriger Bruder Augustus, das Sorgenkind der Familie, im Begriff war, eine nicht standesgemäße Verbindung einzugehen, schrieb Thomas Powell, der Augustus eine Anstellung vermittelt hatte, Dickens einen Brief, in dem er ihm nahelegte, die Mesalliance zu verhindern. Doch Dickens lehnte ab mit dem Verweis darauf, dass auch er mit seinen Liebesangelegenheiten selber fertig geworden sei und wohl eher eine Dummheit begangen hätte, wenn andere sich eingemischt hätten. Dabei spielte er auf seine Werbung um Maria Beadnell an, die sich in seiner Erinnerung jetzt von drei tatsächlichen Leidensjahren auf sechs bis sieben ausdehnte.

Rechtzeitig zum Fest, wenn auch unter hohem Zeitdruck geschrieben, erschien am 20. Dezember Dickens' dritte Weihnachtserzählung, *The Cricket on the Hearth: a Fairy Tale of Home (Das Heimchen am Herde. Ein Märchen vom Heim)*. Das Buch verkaufte sich gut und brachte ihm schon mit den ersten beiden Auflagen 1022 Pfund ein. Gleichzeitig mit der Buchpremiere erfolgte im Lyceum-Theater die Aufführung einer von Dickens autorisierten Dramenfassung, die über 60 Wiederholungen erlebte.

Nach der moralischen Fabel des *Weihnachtslieds* und der sozialen Anklage der *Glocken* verzichtet Dickens in seiner dritten Weihnachtsgeschichte ganz auf eine direkte Botschaft und erzählt statt dessen in der Form einer rührenden, um nicht zu sagen rührseligen Komödie das Drama einer Ehekrise, die unter dem Schutz der als Hausgott fungierenden Grille ein gutes Ende findet. Die Erzählung beginnt mit einem virtuosen Beispiel Dickensscher Sprachkomik. Über mehrere Seiten hinweg wird ein quasi-musikalisches Duett wiedergegeben, das ein Teekessel auf dem Herd und das Heimchen dahinter mit- und gegeneinander bestreiten und dessen Prosa zuletzt in kunstvoll gereimte Verse übergeht. Es gibt in Dickens' Gesamtwerk kaum einen Text, indem er seiner sprachlichen Spielfreude so sehr die Zügel schießen lässt wie hier.

Im Mittelpunkt der Handlung steht das ungleiche Ehepaar Peerybingle kurz vor ihrem ersten Hochzeitstag. Die klein gewachsene Mary, von ihrem Mann *Dot*, ‹Pünktchen›, genannt, ist halb so alt wie er, von rosig-draller Schönheit und stolze Mutter eines drei Monate alten Babys. John ist ein großer, vierschrötiger, aber durch und durch gutmütiger Fuhrmann, der mit einem uralten Pferd Pakete ausliefert. An dem Abend, mit dem die Erzählung beginnt, kommt er von einer Tour zurück und bringt einen weißhaarigen, scheinbar schwerhörigen Fremden mit, der bei ihm gegen Bezahlung um Unterkunft für die Nacht bittet. Dann taucht der Puppenmacher Caleb Plummer auf, um ein für ihn bestimmtes Päckchen abzuholen. Caleb ist ein kleiner, von Mühsal gezeichneter Mann, der mit seiner blinden Tochter Bertha in einer armseligen Behausung lebt, die er seiner Tochter als gemütliches Heim beschreibt. Auch seinen ungehobelten, auf den Gefühlen anderer Menschen herumtrampelnden Arbeitgeber Tackleton beschreibt er ihr als einen Wohltäter, den sie deshalb verehrt.

Tackleton betreibt eine Spielzeugmanufaktur, obwohl er weder Kinder noch Spielzeug mag und immer bestrebt ist, den von Caleb hergestellten Puppen eine häßliche Fratze aufzusetzen. Für Tackleton, der als nächster auftritt, hat John eine Hochzeitstorte mitgebracht, da der Grobian die Absicht hat, die schöne, aber mittellose May zu heiraten, die von ihrer Mutter zu einer so vorteilhaften Ehe gedrängt wurde. May war seit früher Jugend Calebs Sohn Edmund versprochen, der in Südamerika sein Glück machen wollte, aber schon seit Jahren verschollen ist. Tackleton bittet John und Dot, mit seiner Braut an einem Picknick teilnehmen zu dürfen, das die beiden regelmäßig mit Caleb und seiner blinden Tochter veranstalten und an dem diesmal auch der weißhaarige Logiergast teilnehmen wird. Der angehende Bräutigam verspricht sich davon, dass seine junge Braut angesichts des mustergültigen Eheglücks der Peerybingles der Ehe mit einem alten Mann weniger bedrückt entgegensehen wird. Während des Picknicks wird John von dem Fabrikanten auf eine verdächtig intime Unterredung zwischen Dot und dem geheimnisvollen Fremden aufmerksam gemacht, der jetzt auf einmal als junger Mann mit einer weißen Perücke in der Hand dasteht. In John regt sich Eifersucht, die ihn bereits zu einem Gewehr greifen lässt, um den Verführer unter seinem Dach zu erledigen. Doch dann tritt der Geist des Heimchens aus dem Herd, Elfen umschwirren den erregten Mann, und am Ende kommt er zu der Einsicht, dass er selber an seiner Frau schuldig wurde, weil er sie zu einer so ungleichen Ehe bewogen hat, und er ist bereit, ihrem vermeintlichen Glück mit dem jüngeren Mann nicht im Wege zu stehen.

Zuletzt löst sich alles in komödienhaftem Wohlgefallen auf. Der Fremde entpuppt sich als Calebs heimgekehrter Sohn Edmund, der May, die Tackleton am Nachmittag heiraten wollte, bereits am Vormittag zum Altar führt. Der Fabrikant ist zuerst wütend, dann aber bricht doch der gute Kern in ihm durch. Erst schickt er der Hochzeitsgesellschaft die Torte, für die er keine Verwendung mehr hat. Dann kommt er selber, um sich, noch immer kurz angebunden, zu entschuldigen, und zuletzt schließt er sich der Hochzeitsfeier an und lässt sich sogar zu einem Tanz mit der ihm entgangenen Schwiegermutter bewegen. Es geht wie in allen Werken von Dickens, nur jetzt in hochkonzentrierter Form, um die Sprengung einer seelischen Verhärtung auf der einen und um die Festigung eines vom Gefühl fortgerissenen Charakters auf der anderen Seite. Obgleich dies hier auf extrem sentimentale Weise geschieht, gelingt es Dickens, einen humoristischen Ton durchzuhalten, der die Sentimentalität über weite Strecken neutralisiert, so dass es manchem hartgesottenen Kitschverächter schwerfällt, sich der Rührung zu erwehren.

London, Lausanne und Paris

Januar 1846 bis März 1847

Das Jahr 1846 begann für Dickens mit dem Dienstantritt als Herausgeber der neu gegründeten Tageszeitung *Daily News*. Obwohl er nie daran gedacht hatte, diese Position für längere Zeit auszufüllen, wird er wohl ebenso wenig geplant haben, sie schon am 9. Februar wieder aufzugeben. Am Anfang hatte ihn sicher die Aufgabe gereizt, eine liberale Zeitung zu leiten, die sich dem Kampf gegen die verhassten Kornzölle verschrieb und die die Fahne des industriellen Fortschritts hochhielt. Darüber hinaus gab es für ihn aber auch eine verlockende Gewinnerwartung; denn er bezog nicht nur ein Jahresgehalt von 2000 Pfund, zu der Zeit das höchste in der Zeitungsbranche, er erhielt außerdem ohne eigene Einlagen zehn Aktien, mit denen seine geistige Investition honoriert wurde. Das entsprach einem Kapitalanteil von ca. 4000 Pfund, was als Rücklage für die Zukunft angesichts seiner ungewissen Einnahmen aus der Schriftstellerei ein beruhigendes Polster darstellte.

Bei der Vorbereitung des Unternehmens entfaltete er die ihm eigene, an Selbstherrlichkeit grenzende Initiative. So stellte er sogleich drei Verwandte ein. Die finanziellen Sorgen um seinen Vater schaffte er sich vom Halse, indem er ihn als Koordinator der Zeitungsreporter beschäftigte, eine Aufgabe, die John Dickens offenbar zur Zufriedenheit der Hauptaktionäre ausfüllte; denn er behielt die Stellung bis zu seinem Tode 1851. Dem Schwiegervater George Hogarth übertrug er die Theater- und Musikredaktion; und auch für John Henry Barrow, einen Onkel mütterlichertseits, fand er eine Position. Außerdem gewann er frühere Kollegen vom *Morning Chronicle* als Festangestellte und angesehene Autoren aus seinem Freundeskreis, wie Douglas Jerrold und Mark Lemon, als freie Mitarbeiter. Lady Blessington erklärte sich bereit, die

Zeitung mit Nachrichten aus der High Society zu beliefern. Dickens' Hauptstütze aber war John Forster, der schon drei Wochen nach Erscheinen der ersten Ausgabe die Position des Herausgebers übernahm, sie dann aber im Oktober desselben Jahres an Charles Wentworth Dilke weitergab. Ein anderer Getreuer war William Henry Wills, den Dickens zu seinem Sekretär machte und den er später als Mitherausgeber und Teilhaber an seine eigenen Zeitschriften *Household Words* und *All the Year Round* holte.

Dickens' Ehrgeiz war es von Anfang an, eine Zeitung herauszubringen, die an Qualität, Modernität und Popularität die Konkurrenz weit hinter sich lassen würde. Als am 21. Januar die erste Ausgabe erscheinen sollte, blieb er bis zum frühen Morgen in der Redaktion und empfand stolze Befriedigung darüber, dass seine Zeitung noch vor der *Times* auf dem Markt war. In dieser Ausgabe legte er in einem Geleitwort als Herausgeber die Grundprinzipien der Zeitung dar, die er als «die Prinzipien des Fortschritts und der Verbesserung auf den Gebieten der Erziehung, der zivilen und religiösen Freiheit und der Gleichheit vor dem Gesetz» definierte. Er selber nutzte die Zeitung in den ersten Wochen als Plattform, um darin anonym in fünf Leitartikeln für die Abschaffung der Todesstrafe zu plädieren. Außerdem publizierte er darin unter seinem Namen die ersten Reisebriefe aus Italien.

Was ihn bewog, schon nach drei Wochen die Herausgeberschaft an Forster zu übergeben, wird zum einen die Ahnung gewesen sein, dass er sich bei seinem Einsatz, den er offensichtlich nicht auf ein pragmatisches Maß drosseln konnte, in der Tretmühle der täglichen Redaktionsarbeit aufreiben würde. Möglicherweise hat er aber auch gespürt, dass er die aggressive Eisenbahnpolitik des Hauptaktionärs Joseph Paxton nicht mit ganzem Herzen unterstützen konnte. Zwar sah auch er im industriellen Fortschritt und vor allem in der Eisenbahn zunächst etwas Gutes, doch wie schon sein nächster Roman zeigen sollte, spürte er dahinter auch das Destruktive. Vielleicht waren aber auch finanzielle Überlegungen im Spiel; denn schon im Februar und März sank der Absatz der Zeitung, während Dickens um dieselbe Zeit feststellen musste, dass er sein Konto überzogen hatte. So entschloss er sich, auf das Feld zurückzukehren, auf dem er sich als der «Unnachahmliche» etabliert hatte.

Da die ersten acht Reisebriefe in den *Daily News* gut aufgenommen worden waren, machte er sich daran, die Buchveröffentlichung des gesamten Reiseberichts voranzutreiben, während er gleichzeitig bereits Pläne für einen neuen Roman im Kopf hatte. Am 18. Mai 1846 kamen die *Pictures From Italy (Bilder aus Italien)* als Buch heraus. Für die Illustrationen war ursprünglich der mit Dickens befreundete Clarkson Stanfield vorgesehen. Doch als der kurz vor dem Übertritt zum Katholizismus stehende Maler Dickens' Seitenhiebe auf die katholische Kirche las, gab er den Auftrag zurück. An seine Stelle trat der romantische Maler Samuel Palmer, der allerdings in der knappen Zeit nur vier statt der vorgesehenen zwölf Illustrationen fertigstellen konnte.

Einen Monat vor Erscheinen des Reiseberichts hatten Bradbury & Evans bereits «eine neue englische Geschichte von Mr. Dickens» angekündigt. Bis dieses Projekt finanzielle Früchte tragen würde, wollte Dickens seine Lebenshaltungskosten wie schon im vorangegangenen Jahr durch einen längeren Auslandsaufenthalt senken. Am liebsten wäre er wieder nach Genua gegangen, doch da legte seine Frau ihr Veto ein. So einigte sich das Ehepaar auf die Schweiz, die ihnen auf der Rückreise aus Italien sehr gefallen hatte. Als Domizil wurde Lausanne ins Auge gefasst. Auch diesmal wickelte Dickens die Vorbereitungen mit der ihm eigenen Schnelligkeit ab. Er vermietete sein Haus für eine Halbjahresmiete von 300 Pfund an ein Parlamentsmitglied, heuerte erneut den getreuen Monsieur Roche an, und brach am 31. Mai nach Lausanne auf, wo die Familie neun Tage später eintraf und eine kleine Villa mit dem vielversprechenden Namen *Rosemont* bezog.

Auch hier fand Dickens, wie schon in Genua, eine englische Kolonie vor, aus der neue Freunde hervorgingen. Mit einem von ihnen, William Haldimand, kam es bald zu einem so herzlichen Verhältnis, dass Dickens im Jahr darauf seinen fünften Sohn nach ihm benannte. Haldimand, ehemaliges Parlamentsmitglied, war ein Bankier im Ruhestand, der Dickens' philanthropische Überzeugungen teilte und bereits ein Heim für Blinde mitbegründet hatte. Ein anderes ehemaliges Parlamentsmitglied, mit dem Dickens in Lausanne Freundschaft schloss, war Richard Watson, der mit seiner Frau Lavinia in Northamptonshire in Rockingham Castle lebte, wo Dickens die beiden später mehrfach besuchte. Gemeinsame philanthropische Interessen brachten ihn auch mit dem wohlhabenden William de Çerjat und seiner Frau Maria zusammen, mit dem er danach bis zu dessen Tod korrespondierte.

Schon zwei Wochen nach der Ankunft in Lausanne machte er sich an die Arbeit an seinem neuen Roman mit dem Titel *Dealings with the Firm of Dombey & Son. Wholesale, Retail & for Exportation (Geschäfte mit der Firma Dombey & Sohn: Großhandel, Einzelhandel und Export).* Daneben plante er auch diesmal wieder ein Weihnachtsbuch. Die Geschichte mit dem Titel *The Battle of Life: A Love Story (Der Kampf des Lebens. Eine Liebesgeschichte)* ging ihm nicht so leicht von der Hand wie die früheren Weihnachtserzählungen, und er dachte zeitweilig daran, sie ganz aufzugeben. Doch die Nachricht, dass die ersten Lieferungen von *Dombey und Sohn* sich viel besser verkauften als der vorangegangene Roman, beflügelte ihn so sehr, dass er auch das Weihnachtsbuch früher als erwartet, nämlich schon am 18. Oktober, an den Verlag abschicken konnte. Neben diesen kommerziellen Arbeiten hatte er bereits im Frühsommer ein Buch für seine Kinder begonnen, das nicht zur Veröffentlichung bestimmt war. Darin beschreibt er in leicht fasslicher Sprache das Leben Jesu, wobei er das Hauptgewicht auf die ethische Botschaft legt. Das Manuskript, aus dem er seinen Kindern vorlas, hatte zunächst den Titel *The Children's New Testament (Das Neue Testament für Kinder)* und wurde erst lange nach seinem Tode im Jahr 1934, zuerst in Zeitungen und danach in Buchform, unter dem Titel *The Life of Our Lord (Das Leben unseres Herrn)* veröffentlicht.

Nach Abschluss der Weihnachtserzählung ging Dickens mit seiner Familie zunächst nach Genf, wo kurz vorher eine Revolution stattgefunden hatte, deren Kanonendonner er in Lausanne gehört hatte. Den Anstoß zu den Unruhen gab die geplante Ausweisung der Jesuiten aus der Schweiz. Dickens sympathisierte natürlich mit der protestantischen Seite und äußerte in einem Brief an Forster seine antikatholischen Gefühle sehr viel drastischer, als er dies in seinem Italienbuch getan hattte. Der religiöse Konflikt war zugleich ein innenpolitischer zwischen dem konservativen Lager und den radikalen freiheitsdurstigen Bürgern, die in Genf die verkrustete Oligarchie hinwegfegten. Da diese Revolution mit Schweizer Präzision ablief und nur wenig Blutvergießen und keine nennenswerte Zerstörung mit sich brachte, konnte Dickens Forster gegenüber seine uneingeschränkte Sympathie für die Radikalen bekunden.

Von Genf reiste er schon nach wenigen Tagen weiter nach Paris, wo die Familie am 20. November ankam und einige Zeit im Hotel Brighton verbrachte, bevor sie eine Mietwohnung des Marquis de Castellan bezog. Bei diesem zweiten Aufenthalt in der französischen Metropole besuchte Dickens – wie es ihm seit seiner Amerikareise bei jedem Aufenthalt in einer fremden Stadt zur Gewohnheit geworden war – soziale Einrichtungen wie Hospitäler, Gefängnisse und in diesem Fall die Morgue, das Leichenschauhaus, das ihn auch bei späteren Besuchen in der Stadt unwiderstehlich anzog. Viel Zeit verbrachte er außerdem in den zahlreichen Theatern, in die er seinen elfjährigen Sohn Charley mitnahm, um dessen Französisch zu verbessern. In Paris kam er mit einigen der prominentesten Geistesgrößen Frankreichs zusammen. Darunter befanden sich der 78-jährige Chateaubriand, die Dichter Lamartine und Gautier, der Komödienschreiber und Librettist Eugene Scribe, die populären Romanciers Alexandre Dumas und Eugene Sue und der große Victor Hugo, in dessen sozialkritischen Werken er eigentlich eine Geistesverwandtschaft hätte spüren müssen. Doch in seinen Briefen sucht man vergebens nach Äußerungen über den französischen Kollegen. Statt dessen findet man detaillierte Theaterkommentare, in denen er sich unter anderem über die kuriose Aussprache englischer Namen aus dem Mund französischer Schauspieler lustig macht. Man gewinnt den Eindruck, dass er ganz bewusst vermied, über die Kunst anderer Erzähler nachzudenken, um nicht vom Pfad seiner eigenen «Unnachahmlichkeit» abgebracht zu werden. Kritische Kommentare gibt er allerdings über die Franzosen generell ab, die er als faul, unzuverlässig, handwerklich ungeschickt und genauso individualistisch wie die Amerikaner empfindet, nur ohne deren Zielstrebigkeit.

Am 15. Dezember machte er sich zu einem Kurzbesuch nach London auf, um dort den Proben für die Dramatisierung von *The Battle of Life* beizuwohnen. Das Schauspielerehepaar Keeley hatte von ihm für 100 Pfund die Aufführungsrechte erworben und den Autor Albert Smith mit der Abfassung eines Textbuchs betraut. Die Aufführung war ein großer Erfolg und verstärkte die Nachfrage nach dem am 19. Dezember erscheinenden Weihnachtsbuch so sehr, dass bereits am ersten Tag 23 000 Exemplare verkauft wurden. Wilkie Collins gegenüber sagte Dickens, dass ihm das Buch 4000 Guineeen, d. h. 4200 Pfund, eingebracht habe. Das ließ ihn die lauwarmen bis schlechten Kritiken verschmerzen. Am 24. Dezember war er wieder in Paris. Während die Familie hier noch längere Zeit zu bleiben gedachte, wurde Sohn Char-

«*The Sisters*».

ley kurz nach Weihnachten nach London geschickt, um dort an der King's College School eine von Miss Burdett-Coutts finanzierte standesgemäße Schulbildung zu erhalten.

Für die Illustrationen von *The Battle of Life* konnte Dickens neben John Leech, Richard Doyle und Clarkson Stanfield wieder einmal seinen Freund Maclise gewinnen, der die Gefahr des Süßlich-Sentimentalen in der Darstellung der beiden Schwestern, um die es in der Geschichte geht, durch einen Hauch von klassizistischer Strenge bannte, wie die Abbildung oben zeigt.

Der Kampf des Lebens

Dickens' vierte Weihnachtserzählung ist seine schwächste; denn allzu penetrant wird darin der viktorianischen Entsagungsmoral gehuldigt. Die Geschichte handelt davon, wie eine junge Frau plötzlich verschwindet, um ihrer Schwester den geliebten Mann zu überlassen. Als sie nach sechs Jahren wiederkehrt und den Grund für ihr Verschwinden nennt, ist Dr. Jeddler, ihr Vater, so gerührt, dass er seine ironisch-nihilistische Weltsicht aufgibt und an die Mysterien des menschlichen Herzens glaubt. Der religiöse Unterton der Geschichte ist wohl darauf zurückzuführen, dass Dickens zur selben Zeit an der Nacherzählung des Lebens Jesu schrieb.

Obwohl die Erzählung mit dem stereotypen «Es war einmal» beginnt, ist sie kein Märchen mit einer allgemeingültigen Moral, sondern eine moralisierende Geschichte, die nur durch die Einbettung in den humoristischen Erzählfluss vor dem Urteil «Schnulze» bewahrt wird. Alle Menschen darin sind gut. Selbst der Bruder Leichtfuß Michael Warden, der als potentieller Verführer dargestellt wird, erweist sich zuletzt als Ehrenmann. Die aufopferungsvolle, aber weniger attraktive Grace, die an der jüngeren Schwester Marion Mutterstelle vertreten hat, bekommt den von beiden geliebten Alfred, der eigentlich Marion versprochen war; und Marion, die sich – unter dem Verdacht, mit Warden durchgebrannt zu sein – zu einer Tante geflüchtet hat, um die Schwester mit dem geliebten Mann glücklich werden zu lassen, darf nach ihrer Rückkehr auf eine Ehe mit Warden hoffen.

Die Geschichte ist voll von Charaktertypen und Motiven, die in den späteren Romanen wiederkehren und dort thematisch entfaltet werden. So klingen in Warden bereits Charakterzüge der langen Reihe von haltlos durchs Leben treibenden, teils charmant sympathischen, teils zynischen Verführern an, deren typischster Vertreter Steerforth in *David Copperfield* ist. Auch die Kontrastierung einer warmherzig-sanften mit einer reizvollen Frau kehrt mehrfach wieder. Einen geliebten Menschen zugunsten eines Dritten aufzugeben, galt in der viktorianischen Literatur als Ausweis höchster Moral. Während David Copperfields Jugendliebe sich von Steerforth verführen lässt, spielt Dickens hier nur mit dem Verdacht. Er war sogar entrüstet, als sein Illustrator Leech in einer Zeichnung eine Entführung Marions durch Michael Warden andeutete. Am schwersten zu ertragen sind die Passagen, in denen Dickens nicht erzählt, sondern als Autor spricht. Dann verfällt er oft in ein jambisches Versmaß, das wie die klappernden Blankverse in schlechten Dramen klingt. Das ist in extremer Form am Schluss der Geschichte zu beobachten, wo er in diesem Versmaß über die Zeit räsonniert. Selbst die versuchte Ironie wirkt hier reichlich gequält.

Die Moral der Geschichte wird von Anfang an allegorisch vorbereitet; denn der Handlungsschauplatz und Wohnort der beteiligten Personen liegt am Rande eines alten Schlachtfeldes. Das gibt Dickens Gelegenheit, seine Geringschätzung, um nicht zu sagen: Verachtung, für militärische Heldentaten zum Ausdruck zu bringen. Zur historischen Resonanz des Geschehens tragen auch die Namen bei. So werden englische Leser beim Namen der männlichen Zentralfigur an König Alfred denken, der unter allen Regenten der Insel am meisten von der Aura eines Friedensbewahrers hat; denn ihm gelang es, die Angelsachsen mit den von ihm besiegten Dänen zu versöhnen. Noch direkter, wenngleich ironisch relativiert kommt der historische Bezug im Namen Benjamin Britain zum Ausdruck. So heißt der Diener Dr. Jeddlers, der mit seinem Dienstherrn die Überzeugung teilt, dass im Grunde alles im Leben und auf der Welt, ja, die ganze Menschheit nur ein *joke* und eine Farce ist. An einer Stelle zitiert Jeddler sogar wörtlich den Satz, mit dem sich angeblich François Rabelais von der Welt verabschiedet hat: «Die Farce ist zu Ende. Lasst den Vorhang fallen!» Am Ende aber ist er bekehrt und glaubt an eine «Welt voller Herzen», von denen jedes seine «heiligen Mysterien» hat, und in der unzählige unblutige Schlachten geschlagen werden. Dies entspricht Dickens' Credo, nur trägt er es hier so dick und undifferenziert auf, dass selbst die skurrilen Nebenfiguren mit ihrer Sprachkomik die Moralinsäure nicht neutralisieren.

Allerdings eignete sich die wie ein Drama in drei Akten erzählte Geschichte vorzüglich für die von Anfang an geplante Bühnenfassung, deren Mischung aus grotesker Komik und rührseliger Moral ganz dem viktorianischen Geschmack entsprach.

Wettstreit mit Thackeray

April 1847 bis April 1848

In Paris wollte Dickens in Ruhe an *Dombey und Sohn* weiterarbeiten. Doch der Arbeitsurlaub kam zu einem jähen Ende, als Charley in London an Scharlach erkrankte. Da hielt es die Familie nicht länger in Frankreich und sie kehrte nach Hause zurück. Da das Haus noch vermietet war, mussten sie sich erst einmal in einem Hotel einquartieren, bis eine Wohnung gefunden war, die Dickens für drei Monate mietete. Hier, in Chester Place am Regent's Park, wurde am 18. April das siebente Kind, ein Sohn, geboren, der den Namen Sydney Smith Haldimand erhielt. Der erste Namenspatron war der von Dickens geschätzte Sydney Smith, mit dem er seit 1839 eng befreundet war und dessen geistreiche Aussprüche er gern zitierte. Smith war zwei Jahre zuvor im Alter von 74 gestorben, so dass die Namensgebung als posthume Ehrung des alten Freundes zu verstehen ist. Der zweite Namensgeber war der Philanthrop William Haldimand, mit dem Dickens in Lausanne Freundschaft geschlossen hatte.

Im April begann die *Cheap Edition* von Dickens' Werken zu erscheinen, die er bei seinem Kurztrip vor Weihnachten mit seinen Verlegern vertraglich geregelt hatte. Dabei handelte es sich um den Nachdruck aller seiner bis dahin erschienenen Werke, wobei diese zuerst als wöchentliche, dann als monatliche Lieferungen und danach in Buchform erscheinen sollten. Das Unternehmen zeugt von Dickens' Geschäftstüchtigkeit; denn obgleich die unmittelbaren Einnahmen anfangs enttäuschend waren, warf diese Billigausgabe langfristig beträchtlichen Gewinn ab, da sie durch die preisliche Abstufung der drei Erscheinungsformate so gut wie alle Bevölkerungsschichten erreichte. Gleichzeitig kommt darin auch das Selbstbewusstsein des Autors zum Ausdruck, der

Catherine Dickens (1847). Ölgemälde von Daniel Maclise.

sich nicht scheute, bereits als 34-Jähriger eine Gesamtausgabe seiner Werke zu starten und damit die Konkurrenz mit Sir Walter Scott aufzunehmen, dessen gesammelte Werke erst posthum erschienen.

Um nicht gleich wieder ins Londoner Gesellschaftsleben hineingezogen zu werden, machte Dickens mit seiner Familie im Mai erst einmal einen kurzen Urlaub in Brighton und ging danach für den Rest des Sommers in das vertraute Broadstairs. Doch schon vorher hatte ihn wieder die alte Unrast und vor allem die Lust auf Theaterspiel gepackt. Als die Staatspension, die er zusammen mit Freunden für den ständig von Geldnot geplagten Leigh Hunt gefordert hatte, auf sich warten ließ, beschloss er, als Benefizveranstaltung für den Freund das Stück *Every Man in His Humour* erneut aufzuführen und eine Neuinszenierung von Shakespeares *Merry Wives of Windsor* hinzuzufügen. Nach zwei Aufführungen in Covent Garden schlossen sich weitere in Manchester und Liverpoool an, obwohl die Pension von 200 Pfund jährlich für Hunt inzwischen bewilligt war und der Anlass für die Wohltätigkeitsveranstaltung nicht mehr bestand. Doch es war, wie Dickens dem befreundeten Thomas Mitton anvertraute, sein Ehrgeiz, mit seinen Benefizveranstaltungen mehr Geld für verarmte Künstler und Wissenschaftler einzutreiben, als die Regierung zu diesem Zweck für die gesamte Zivilliste ausgab.

Im September kehrte die Familie schließlich zurück in ihr Haus in Devonshire Terrace. Hier warteten auf Dickens neue Aufgaben. Für das Projekt eines Heims für ehemalige Prostituierte und weibliche Strafgefangene, das Miss Burdett-Coutts finanzieren wollte, hatte er im Westen Londons in Shepherd's Bush ein geeignetes Haus gefunden, in dem nun unter dem Namen *Urania Cottage* das Heim eröffnet wurde. Von diesem Zeitpunkt an kümmerte er sich zehn Jahre lang gewissenhaft um das Projekt und setzte sich später sogar persönlich für eine ledige Mutter ein, die ihre kleine Tochter nur durch Prostitution ernähren konnte. Sein Engagement nahm in der Gründungsphase soviel Zeit in Anspruch, dass er in diesem Jahr schweren Herzens auf das Schreiben einer Weihnachtserzählung verzichtete. Als sei die Arbeit für *Urania Cottage* noch nicht genug, folgte er am 1. Dezember der Einladung zu einem öffentlichen Dinner der *Mechanics' Society* in Leeds, wo er den Ehrenvorsitz innehatte und sich in einer Rede für die Verbesserung der Volksbildung einsetzte. Nach einer kurzen Ruhepause über Weihnachten war er erneut in Sachen Volksbildung unterwegs. Auf Einladung des *Athenaeum* in Glasgow reiste er mit seiner Frau über Edinburg dorthin, doch kurz vor dem Ziel erlitt Catherine im Zug eine Fehlgeburt. Das hielt Dickens nicht davon ab, sich auf dem abendlichen Dinner feiern zu lassen. Der Gesundheitszustand seiner Frau zwang ihn danach, über Silvester und Neujahr in Schottland zu bleiben.

Das Jahr 1847, das Dickens ursprünglich zur Hälfte in guter Muße in Paris hatte verbringen wollen, war für ihn zu einem stetig anschwellenden Strudel von sozialpolitischen Aktivitäten geworden. Dabei wurde gerade in diesem Jahr Literatur produziert, die ihm anzeigte, dass er seine ganze Kraft und sein ganzes Genie würde einsetzen müssen, um gegen die aufkommende Konkurrenz bestehen zu können. Sein stärkster Rivale Thackeray hatte mit der Publikation seines Meisterwerks *Vanity Fair* (*Jahrmarkt der Eitelkeit*) begonnen; und mit *Jane Eyre*, dem Roman der noch gänzlich unbekannten Charlotte Brontë, war ein neuer Typ von psychologischem Realismus auf den literarischen Markt gekommen, der nicht zu Dickens' Stärken zählte. Mit umso mehr Ehrgeiz machte er sich deshalb an den Abschluss von *Dombey und Sohn*. Zu diesem Zweck ging er Ende Februar 1848 mit Catherine für eine Woche nach Brighton, wo er sich von der Meeresküste für das Schlusstableau des Romans inspirieren ließ. Am 24. März schrieb er den letzten Satz und fügte noch ein kurzes Vorwort hinzu, mit dem er sich bei seinen Lesern für die warme Anteilnahme bedankte. Er widmete das Buch der Gräfin Normanby, der Frau des englischen Botschafters in Paris; die beiden hatte er schon früher kennengelernt und war bei ihnen in Paris ein gern gesehener Gast. Die gebundene Ausgabe erschien in einem Band am 12. April 1848.

Am Tag zuvor hatte Dickens, wie es bei ihm inzwischen fester Brauch war, die Geburt des neuen Werkes mit einem Festessen gefeiert. Schon die 19 monatlichen Fortsetzungen hatten ihm rund 9000 Pfund eingebracht, siebeneinhalb mal mehr, als Thackeray mit *Vanity Fair* einnahm. Das war für ihn der endgültige finanzielle Durchbruch. Von nun an war er sicher, sich und seine Familie mit seinen Romanen ernähren zu können. Ob er aber auf Dauer auch künstlerisch gegen den Konkurrenten würde bestehen können, war nicht so gewiss. Vor dem Erscheinen von *Vanity Fair* hatte er den Rivalen nicht zu fürchten brauchen; denn der hatte bis dahin eine glücklose Karriere hingelegt. Nachdem Thackeray das väterliche Vermögen teils verspielt, teils durch den Bankrott einer von ihm gekauften Zeitung verloren hatte, heiratete er 1836 eine Irin ohne Vermögen, die vier Jahre später geisteskrank wurde und 1842 in einem Heim untergebracht werden musste, wo sie erst 1894 starb. Danach war er gezwungen, mit seiner Feder den Unterhalt seiner kranken Frau und seiner zwei kleinen Töchter zu verdienen. Im Vergleich mit ihm war Dickens trotz seines traumatischen Kindheitserlebnisses ein Glückspilz.

Beide Erzähler reagierten auf das, was sie erlitten hatten, mit Gesellschaftskritik, doch auf sehr unterschiedliche Weise. Dickens verband seine Kritik mit Humor und Empathie, Thackeray die seine mit satirischem Witz und ironischer Distanz. Anfangs wurde seine Ironie als so kalt empfunden, dass er mit seinem ersten beachtenswerten Roman *Barry Lyndon*, der 1844 in Fortsetzungen erschien, beim Publikum nicht ankam, weshalb die Buchfassung erst 1856 herauskam. Doch in *Vanity Fair* gelang es ihm, einen Erzählton von souveräner Kühle durchzuhalten, den anspruchsvolle Kritiker höher schätzten als die menschliche Wärme, die selbst noch aus einem Roman wie *Oliver Twist* sprach. Im

William Makepeace Thackeray (1852). Gezeichnet von Samuel Laurence.

europäischen Vergleich schien Thackeray Autoren wie Stendhal, Balzac, Flaubert und Turgenjew ebenbürtiger zu sein als Dickens. Für diesen kam es deshalb darauf an, das, was ihn «unnachahmlich» machte, beizubehalten, es aber mit einer tiefer dringenden Darstellung der realen Welt zu verbinden.

Aus dem Jahr 1848 stammt ein frühes Zeugnis, das auf Dickens' literarische Wertkriterien schließen lässt. Es ist der Brief, den er am 22. April an Forster schrieb. Darin rühmt er dessen Goldsmith-Biographie und äußert sich verächtlich über James Boswells *Life of Dr. Johnson*, ein Buch, das damals wie heute als Meisterwerk galt. Der rühmende Teil des Briefes mag seiner Freundschaft mit dem Verfasser geschuldet sein, doch dass er Boswell so abschätzig beurteilt, überrascht, hätte man doch erwartet, dass er in der lebendigen Erzählweise des vitalen Schotten etwas vom eigenen Temperament spüren würde. Doch bei allem Humor verlangte er von der Literatur eine moralische Ernsthaftigkeit, die er in Boswells erdnaher Fleischlichkeit ebenso vermisste wie in Thackerays ironischer

Distanz. Den Erfolg seines Romans sah er als Bestätigung seiner Position an. Thackeray, der seinerseits dazu neigte, in Dickens einen nicht ganz seriösen Unterhaltungsschriftsteller zu sehen, war dennoch so aufrichtig, seine Bewunderung für *Dombey und Sohn* unumwunden einzugestehen. Einem Freund gegenüber sagte er: «Es gibt kein Mittel gegen solche Sprachgewalt – man hat keine Chance! Lies das Kapitel, das den Tod des jungen Paul beschreibt: es ist unübertrefflich, staunenerregend.»

Thackeray drückte seine Bewunderung für den Roman auch in einem (nicht erhaltenen) Brief an Dickens aus, auf den dieser am 9. Januar 1848 antwortete. Darin bedankt sich Dickens zunächst für das Lob und schreibt, dass er sich die Lektüre von *Vanity Fair* für die Zeit nach Abschluss seines eigenen Romans aufgespart habe. Danach bezieht er sich auf eine Serie von Literaturparodien aus der Feder Thackerays, die ab 3. April 1847 unter dem Titel *Punch's Prize Novelists* in *Punch* erschienen waren, und er wundert sich darüber, dass er selber ausgespart blieb. Thackerays Tochter berichtete später, dass Thackeray ursprünglich sich selbst und Dickens als letzte parodieren wollte, dass aber die Eigentümer der Zeitschrift die Dickens-Parodie untersagt hätten. Wenn das zutrifft, ist es ein weiterer Beweis dafür, dass Dickens inzwischen zu einer moralischen Instanz geworden war. In seinem Brief an Thackeray unterstreicht er selber diesen Sachverhalt, wenn er dort seiner Hoffnung Ausdruck gibt, dazu beigetragen zu haben, der Literatur einen so hohen Status zu verschaffen. Dabei lässt er Thackeray recht unverblümt wissen, dass er das Parodieren von Literaten nicht gut heißen könne, da es dem Status der Literatur im Ganzen abträglich sei. Das hielt ihn aber nicht davon ab, den Rivalen in einem späteren Brief vom 30. März für den 11. April zur Feier des Abschlusses seines Romans einzuladen.

Geschäfte mit der Firma Dombey und Sohn ist der erste Roman, für den Dickens einen schriftlichen Plan entwarf. Während er in *Martin Chuzzlewit* noch dem linearen Prinzip des pikarischen Romans folgte, wählte er hier die Form, die ab *Bleak House* in allen seinen späteren Werken wiederkehrt. Es ist eine komplexe Struktur, in der die bereits bekannte symbolische Trias Gefängnis – Wasser – Erbschaft in ein dichtes Handlungsnetz eingewoben und mit einem detektivischen Moment versehen wird. Im Zentrum des Romans steht das düstere Haus des Kaufmanns Dombey, das für seine Bewohner Gefängnis, Gruft und Mausoleum zugleich ist. Sein Gegenpol ist Solomon Gills Geschäft für nautische Geräte, das den bezeichnenden Namen *Wooden Midshipman*, der ‹hölzerne Leutnant zur See›, trägt und damit das symbolische Zentrum des Wasserbereichs darstellt.

Der Roman beginnt mit der Vorstellung des 48-jährigen Dombey und seines 48 Minuten alten Sohns Paul, des gerade geborenen, lang ersehnten Erben der Firma. Doch von Freude, Glück und Zukunftshoffnung ist nichts zu spüren. Dombey sitzt am Feuer und klimpert mit seiner schweren goldenen Uhr, als wollte er damit sagen, dass nun der zeitliche Fortbestand seines Handelshauses gesichert sei. Tatsächlich signalisiert das mehrfach wiederholte Uhrenmotiv aber das Verrinnen der Zeit, und am Ende des Kapitels treibt die Mutter des Neugeborenen «hinaus auf die dunkle, unbekannte See, die die ganze Welt umgibt». Damit sind die thematischen Pole fixiert, zwischen denen sich die Handlung abspielt.

Wasserbilder kehren im Fortgang des Romans ständig wieder, sei es in Gestalt der Themse oder in der des Meeres an der Küste von Brighton, wo ein Teil der Handlung spielt. Manchmal weist bereits die Kapitelüberschrift auf ihre Bedeutung hin, wie z. B. Kapitel XVI: «Was die Wellen immer sagen». Dombey liebt in seinem Sohn nicht das Kind, sondern die Investition, während er in seiner Tochter Florence eine Fehlinvestition, eine «wertlose Münze», sieht. Ihre Versuche, seine Liebe zu gewinnen, weist er kalt zurück. Als der kleine Paul die Liebe

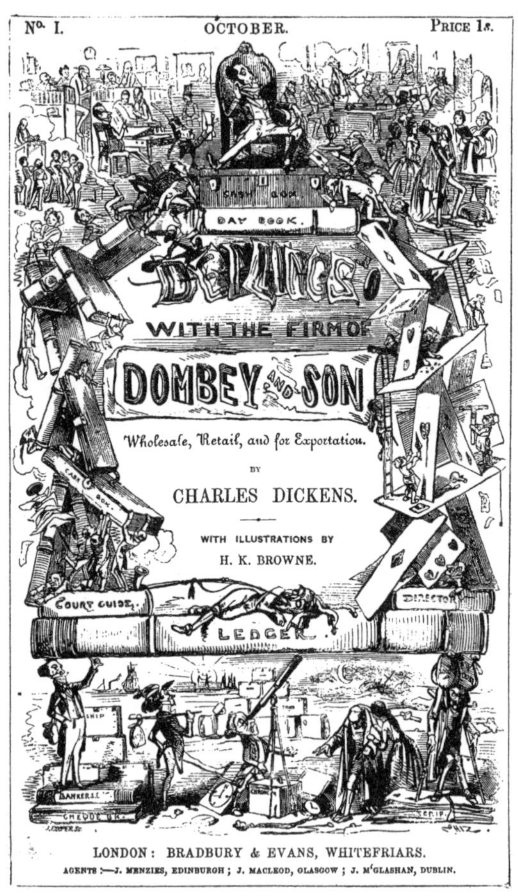

Umschlagbild von Dombey and Son.

seiner Schwester erwidert, wird Dombeys Ablehnung der Tochter noch kälter; denn er spürt in ihr eine Kraft, die ihm den Sohn abspenstig macht. Schon nach einem Viertel des Romans stirbt der altkluge, von Geburt an schwächliche Junge im Alter von sechs Jahren, und zurück bleibt ein Vater, der den Verlust als eine tiefe Kränkung seines Stolzes empfindet. Dass Stolz im Mittelpunkt des Romans stehen sollte, hatte Dickens bereits vor Beginn seinem Freund Forster mitgeteilt.

Nach dem Tode des Sohns erlebt Dombey eine noch tiefere Kränkung, als er die schöne Witwe Edith heiratet, von der er erwartet, dass sie zu ihm wie zu einem Herrscher aufschaut. Doch er findet in ihr eine Frau, bei der ein gleich starker Stolz sich in Trotz verwandelt hat.

Als schöne, gebildete, aber mittellose Frau war sie von ihrer Mutter unablässig dazu angehalten worden, wie ein Zirkuspferd ihre Fertigkeiten auf dem Heiratsmarkt vorzuführen. Sie fühlt sich von Dombey gekauft und lässt ihn dies mit selbstquälerischem Trotz von Anfang an spüren. Die einzige wärmere Empfindung, die sie in dem gruftartigen Haus entwickelt, ist ihre Zuneigung zu Florence. Diese wiederum erfährt menschliche Wärme nur außerhalb des väterlichen Hauses, wenn sie von ihrer Amme zu deren Familie mitgenommen wird. Auf einem dieser Ausflüge wird sie von «Good Mrs. Brown», so der ironische Name einer Diebin und Hehlerin, entführt und von Walter Gay, dem Neffen von Solomon Gills, gerettet und zu ihrem Vater zurückgebracht. Damit ist die Verbindung zur Gegensphäre hergestellt.

Allerdings gelingt es Dickens hier noch nicht, das thematisch Intendierte in eine schlüssige Handlung zu übersetzen. So lässt er Walter Gay, der für Florence wie ein beschützender Bruder ist, Schiffbruch erleiden, so dass er einige Zeitlang für tot gehalten wird, bis er zurückkehrt und Florence heiratet. Dieser Schiffbruch entspricht formal den Regenerationserlebnissen im Wasser, die Dickens in seinen späteren Romanen zeigt, doch da Walter von Anfang an als ein offener, warmherziger und gutwilliger Junge gezeigt wird, besteht für ihn keine Notwendigkeit für ein solches Erlebnis. Allerdings hatte Dickens in ihm ursprünglich einen jener «treibenden» Charaktere zeigen wollen, die bei ihm später regelmäßig auftreten wie schon im nächsten Roman Steerforth, David Copperfields bewunderter Jugendfreund. In der ausgeführten Fassung ist aber nicht Walter Gay, sondern James Carker, der Generalmanager von Dombeys Firma, der Treibende. Er steht in der langen Reihe von moralisch haltlosen Zynikern, die sich durch Dickens Romane zieht. Als Edith den Entschluss fasst, Dombey zu verlassen, tut sie dies zusammen mit Carker. Doch sie gibt seinem Verführungsversuch nicht nach und erklärt ihm, sie habe ihn nur als Mittel benutzt, um Dombey in dem Glauben zu lassen, dass ein anderer ihm die Frau genommen habe. Eine solche Kränkung würde ihn tiefer treffen als der Verlust der Frau.

Das detektivische Moment der verdrängten Vergangenheit tritt in dem Roman erst spät auf, als der Leser erfährt, dass Carker einmal eine Affäre mit einer gewissen Alice Brown hatte, die Edith auffallend ähnlich sieht. Es stellt sich heraus, dass Alice die Tochter von Good Mrs.

Brown und eine Cousine von Edith ist. Carker hatte Alice vor Jahren verführt und dann fallengelassen, worauf diese zur Diebin wurde. Aus Rache hilft sie nun Dombey bei der Verfolgung seines Rivalen, die damit endet, dass dieser, als er Dombey auf einem Bahnhof sieht und vor ihm zurückweicht, von einem Zug erfasst und getötet wird.

Auch die Eisenbahn hat in dem Roman eine wichtige symbolische Funktion. Sie steht für das neue Zeitalter der Industrie, das die alte Zeit der Kaufmannsherrlichkeit ablöst. Schon im 6. Kapitel führt Dickens das Motiv mit einer Eisenbahnbaustelle ein, die er so beschreibt, als habe ein Erdbeben die Stadt aufgebrochen. Was der Schiffbruch auf der Seite des Wassers, bedeutet die Eisenbahn auf der des Gefängnisses. Sie sprengt eine lebensfeindliche Verkrustung und kann damit lebensfördernd, aber auch tödlich sein. Die gute Seite der Eisenbahn erfährt die Arbeiterfamilie der Toodles, die der Dombey-Familie als positives Gegenbild gegenübersteht. Als Polly Toodle, das Kindermädchen des kleinen Paul, ihren Schützling und Florence mit zu ihrer Familie nimmt, lernen die beiden zum ersten Mal einen warmherzigen, vitalen und liebevollen Umgang zwischen Eltern und Kindern kennen. Pollys späterer Ehemann findet als Ingenieur eine gute Anstellung bei der Eisenbahn.

Wer Dickens' spätere Romane kennt, wird schon hier das thematische Material identifizieren können, das danach immer konsequenter ausgearbeitet wird. Seelisch verhärtete Charaktere wie Mr. Dombey und Edith auf der einen, innerlich haltlose wie Carker auf der anderen Seite und dazwischen die positiven Helden Walter Gay und Florence – das ist eine ständig wiederkehrende Charakterkonfiguration. Nur ist die Zuordnung zu den korrespondierenden Symbolbereichen des Gefängnisses und des Wassers hier noch nicht so kunstvoll ausgeführt wie in den reifen Werken, und das Erbschaftsmotiv wird zum Schluss reichlich krude eingearbeitet. Nach Carkers Tod kommen die letzten Fäden eines verborgenen Geflechts ans Licht, wobei die Auflösung gerade durch das Fehlen eines Testaments möglich wird. Denn dadurch werden Carkers Schwester und sein schwacher Bruder, der sein Leben lang für eine kleine Verfehlung gebüßt hat, Erben seines Vermögens, was den beiden die Möglichkeit gibt, Mr. Dombey nach seinem Bankrott ohne sein Wissen zu unterstützen.

Gänzlich unbefriedigend ist allerdings der Schluss. Wenn Dombey nach dem Zusammenbruch seiner Firma nachts in das einstige Kinderzimmer seines leeren Hauses geht, dort weinend zusammenbricht, einen Selbstmordversuch unternimmt und durch das plötzliche Auftauchen seiner Tochter gerettet wird, ist das schon hart am Rande der Trivialliteratur. Doch wenn er sich danach als gebrochener Mann zu einem musterhaft guten Vater wandelt, wird wohl jeder anspruchsvolle Leser das Urteil Hippolyte Taines teilen. Dieser französische Literatur- und Kulturkritiker, einer der besten Kenner Englands und der englischen Literatur seiner Zeit, meinte, Dombey «wird zum besten Vater und verdirbt einen guten Roman».

Der Roman endet mit einer Reihe von Hochzeiten und mit einer Schlussszene, in der der weißhaarige Dombey sich am Strand mit seinen beiden Enkelkindern, Paul und Florence, unterhält. Als die Kleine fragt: «Lieber Großvater, warum weinst du immer, wenn du mich küsst?», antwortet er nur: «Kleine Florence! Kleine Florence!» und streicht ihr das Haar aus der Stirn. Hier wird die moralische Wiedergeburt vor dem Hintergrund des Meeres so penetrant zur Schau gestellt, dass die Symbolik sich in kitschige Idylle verwandelt. Der sentimentale Schluss schmälert aber nicht den Rang dieses außerordentlich dicht geknüpften Romans, der nicht nur durch seine technische Kunstfertigkeit, sondern ebenso durch die eindringliche Schilderung menschlicher Schicksale beeindruckt.

Tod der Schwester

April bis Dezember 1848

Wie jedes Mal, wenn er ein Buch abgeschlossen hatte, stürzte sich Dickens unmittelbar danach in manische Aktivität, am liebsten in eine Theateraufführung. Darum war es für ihn ein Geschenk des Himmels, dass kurz vorher eine Gruppe von Shakespeareverehrern das Geburtshaus des «Schwans vom Avon» in Stratford gekauft hatte, um es als nationales Kulturdenkmal zu erhalten. Für die Herrichtung des Gebäudes war Kapital erforderlich, zu dessen Beschaffung Dickens mit Aufführungen von *Die lustigen Weiber von Windsor* beitragen wollte. Zu diesem Zweck reaktivierte er seine alte Truppe, der zum ersten Mal mit Mary Cowden Clarke eine nichtprofessionelle Schauspielerin angehörte. Die hochgebildete Dame, die 1844 und 1845 die erste vollständige Konkordanz zu Shakespeares Stücken herausgebracht hatte, blieb Dickens auch später freundschaftlich verbunden. Die Truppe spielte das Stück insgesamt achtmal, zuerst in London, danach in Manchester, Liverpool, Edinburg und Glasgow.

In der zweiten Jahreshälfte widmete sich Dickens zahlreichen journalistischen Arbeiten. Er schrieb literarische Rezensionen, kritische Artikel mit Titeln wie *Ignorance and Crime (Unwissenheit und Verbrechen)* und *Ignorance and its Victims (Unwissenheit und ihre Opfer)* und weitere Beiträge für Forsters *Examiner*. Den größeren Teil des Sommers verbrachte er mit seiner Familie wieder in Broadstairs. Doch diesmal wurde der Urlaub von der fortschreitenden Schwindsucht seiner Schwester Fanny überschattet. Sie lebte mit ihrer Familie in Manchester, was für eine Lungenkranke ein höchst ungesunder Wohnort war. Deshalb mietete Dickens für sie ein kleines Haus auf dem Lande in der Nähe Londons, sorgte für die beste medizinische Versorgung und kümmerte sich auch sonst rührend um sie. Mit Fanny hatte er in früher Kindheit das engste Verhältnis gehabt, obwohl er sie damals beneidete, als sie ihr Klavierstudium fortsetzen durfte, während er in der Schuhwichsfabrik arbeiten musste. Seinen brüderlichen Gefühlen für sie hatte dies keinen Abbruch getan. Doch alle Fürsorge war vergebens, sie starb am 2. September. Fanny hinterließ einen Ehemann, der sie um 45 Jahre überlebte, sowie zwei Söhne, von denen der ältere mit einer Behinderung geboren war und ein Jahr nach der Mutter als Neunjähriger starb.

Die durch den Tod der Schwester geweckten Kindheitserinnerungen könnten der Grund gewesen sein, dass in Dickens wenig später der Entschluss reifte, einen autobiographisch gefärbten Roman zu schreiben. Noch unmittelbarer scheint die Erinnerung seine fünfte und letzte Weihnachtserzählung angeregt zu haben, zu deren Abfassung er sich nach der Pause von 1847 entschlossen hatte. Sie sollte den Titel *The Haunted Man (Der Heimgesuchte)* tragen. Um sie zu schreiben, zog er sich am 22. November nach Brighton zurück. Acht Tage später war das Buch fertig. Statt der Feier zum Abschluss des Werkes gab er am 5. Dezember ein Hochzeitsfrühstück für seinen jüngsten Bruder Augustus, der die Tochter eines verstorbenen Beamten der East India Company heiratete. Doch als sein Bruder Fred Ende des Monats ebenfalls heiratete, verweigerte Dickens die Teilnahme an der Feier, da er die Verbindung mit Anna Weller, der jüngeren Schwester seines einstigen Kindermädchens, missbilligte. Am 11. Dezember las er die neue Geschichte dem Ehepaar Watson und anderen Freunden vor. Danach half er seinem Freund Mark Lemon bei der Abfassung einer dramatisierten Fassung, was ihn frustrierte, da die Geschichte im Gegensatz zu ihrer Vorgängerin wenig Dramatisches hergab. Immerhin brachte ihm die Aufführung weitere 100 Pfund ein. Als das Buch am 19. Dezember herauskam, lagen die Verkaufszahlen unter denen von *The Battle of Life*. Doch es reichte für einen Reingewinn von 793 Pfund.

Dickens' letzte Publikation des Jahres 1848 erschien am 30. Dezember im *Examiner*. Es war eine kritische Würdigung der Zeichnungen seines Freundes John Leech (1817–64), der mit seinen Illustrationen von *A Christmas Carol* wesentlich zum langfristigen Erfolg dieses Buches beigetragen hat. Leech war einer der wichtigsten Zeichner der 1841 gegründeten satirischen Zeitschrift *Punch* und wurde auch als Illustrator

Schlusstableau von The Haunted Man, *gezeichnet von Clarkson Stanfield.*

hoch geschätzt. Dickens hatte zu ihm lange Zeit engen Kontakt, unternahm Reisen und Wanderungen mit ihm und gewann den Widerstrebenden auch zur Teilnahme an Theateraufführungen. Im Jahr 1849 werden die beiden in benachbarten Orten auf der Isle of Wight Badeurlaub machen, und Dickens wird versuchen, durch Mesmerisieren die Kopfschmerzen des Freundes zu lindern, die der Schlag einer Riesenwelle bei ihm ausgelöst hatte. Leech war auch einer der Illustratoren des letzten Weihnachtsbuches. Doch das Bild, das das Zentralthema der Geschichte in einem Schlusstableau zusammenfasst, schuf nicht er, sondern Clarkson Stanfield. Die Unterschrift «HERR, erhalte mein Erinnerungsvermögen grün» und der sakrale Raum, in dem die Familienfeier stattfindet, gibt dem Erinnerungsthema eine quasi religiöse Bedeutung.

Was schon in den vier vorangegangenen Weihnachtserzählungen ein die Handlung bestimmendes Motiv war, wird in der fünften und letzten explizit zum Thema gemacht, nämlich die Auseinandersetzung mit der Erinnerung im umfassendsten Sinn. Im Mittelpunkt der Handlung steht der vom Leben enttäuschte, zwischen Resignation und Verbitterung schwankende Chemieprofessor Redlaw, der einem freudlosen Weihnachtsfest entgegensieht und sich wünscht, die Enttäuschungen seines Lebens vergessen zu können. Dabei geht es ihm gar nicht so schlecht; denn die Familie der Swidgers, die als Angestellte seines College für ihn sorgen, ist freundlich und liebevoll zu ihm. Vor allem Milly, die Frau von George Swidger, ist der gute Geist ihrer Umgebung und strahlt Wärme und Fürsorglichkeit aus. Auch diese Menschen haben ihr Päckchen zu tragen. George hat einen Bruder, der sich in gefühlloser Verhärtung von der Familie abgewandt hat, und Milly musste mit dem frühen Tod eines Kindes fertig werden. Statt in Verbitterung zu versinken, kümmert sie sich um einen verwahrlosten Jungen aus den Slums und um den vereinsamten Studenten Edmund Denham, den Redlaw nur als stumme Gestalt in seinen Vorlesungen kennt. Auch eine andere Familie aus Redlaws Umkreis, die Tetterbys, die sich mit acht Kindern mehr schlecht als recht durchs Leben schlagen, scheint mit ihren Nöten ganz gut zurechtzukommen.

Während der Professor vor dem Feuer sitzt und in die flackernden Flammen starrt – ein Motiv, das in Dickens' Werken mehrfach wiederkehrt –, kommen in ihm die Erinnerungen an sein unglückliches Leben hoch, wie sein früherer Freund Longford, der mit seiner Schwester verlobt war, diese im Stich ließ und mit seiner eigenen Verlobten durchbrannte, worauf die verlassene Schwester aus Gram starb. In der zunehmenden Düsternis, die Redlaw umgibt, erscheint ihm ein Abbild seiner selbst als Phantom, das ihm seinen Wunsch nach Auslöschung der Erinnerung erfüllt, und nicht nur das: Der Geist verspricht ihm außerdem, dass alle, die mit ihm in Berührung kommen, das gleiche Geschenk erhalten werden. Doch das Geschenk erweist sich als Fluch; denn kaum hat Redlaw den nächsten Kontakt zu den Swigders und Tetterbys, brechen in den beiden Familien die sozialen Beziehungen zusammen. Die Angehörigen fangen an zu streiten und kümmern sich nur noch um sich selbst. Alle haben plötzlich die Erinnerung an eigenes Leid verloren, die bis dahin bewirkte, dass sie mit ihren Nächsten nachsichtig und verzeihend umgingen. Nur zwei Menschen bleiben von der Wirkung des Geschenks unberührt. Milly ist von Natur aus so warmherzig und gut, dass sie die «heilende» Wirkung der Erinnerung an erlittenes Leid nicht nötig hat; und der Junge aus den Slums hat in seiner totalen Verwahrlosung diese heilende Wirkung nie kennengelernt, so dass er sie auch nicht verlieren kann.

Die Geschichte endet damit, dass Redlaw das Geschenk zurückgibt und sich mit Milly daran macht, die zerrissenen Fäden in den Familien wieder zusammenzufügen. Alle finden dank «heilender» Erinnerung wieder zu ihrem besseren Ich zurück. Für Redlaw nimmt die Erinnerung an seine Vergangenheit konkrete Gestalt an, als sich herausstellt, dass der Student Edmund Denham in Wirklichkeit Longford heißt und der Sohn seiner einstigen Verlobten ist. Dann taucht auch noch der alte Longford selber auf, der lange vorher Frau und Kind verlassen hatte und jetzt reumütig zurückkehrt und Redlaw um Verzeihung bittet.

Aufklärung verdrängter Vergangenheit ist ein Grundthema, das in Dickens' späteren Romanen immer stärker ins Zentrum rückt und mit immer komplexeren Mitteln bildhaft zum Ausdruck gebracht wird. Doch es geht dabei nie um ein bloß rationales Aufdecken von Verdrängtem, sondern um dessen emotionale Akzeptanz. Deshalb stellt Dickens der kalten Rationalität des Chemieprofessors Millys Herzensgüte als die wahre Form von Aufklärung gegenüber, die er nicht als geistige Erleuchtung im Sinne von *enlightenment* – das englische Wort für ‹Aufklärung› taucht in der Geschichte in der Formel *struggle for enlightenment* auf –, sondern als Herzenserwärmung versteht. Dickens muss gespürt haben, dass er dieses Grundthema nicht länger in der parabolischen Form einer Weihnachtserzählung ausdrücken konnte. Deshalb blieb diese die letzte, auch wenn er danach noch weitere kurze *Christmas stories* schrieb.

Der autobiographische Roman

1849 und 1850

Nach dem Abschluss von *The Haunted Man* brauchte Dickens ein neues Romanprojekt. Der Tod der Schwester und das Erinnerungs-Thema der Weihnachtsgeschichte scheinen seine Gedanken auf ein autobiographisches Werk gelenkt zu haben. Vielleicht hatte ihm aber auch der unerwartete Erfolg von Charlotte Brontës Ich-Roman *Jane Eyre* angezeigt, dass anspruchsvolle Leser nach einer subjektiveren, psychologisch differenzierteren Erzählweise verlangten. Jedenfalls nahm er sich jetzt das autobiographische Fragment, das er Forster gezeigt hatte, wieder vor und ließ es zur Keimzelle des neuen Romans werden. Als er am 7. Januar 1849 mit John Leech und Mark Lemon einen Kurztrip nach Norfolk unternahm, beeindruckte ihn die spröde Küstenlandschaft um Yarmouth so sehr, dass er nach der Rückkehr am 12. Januar an Forster schrieb, er wolle seine Feder an «diesem seltsamsten Ort der Welt» versuchen. Noch aber fehlte ihm ein Titel, der die Keimzelle zum Leben erwecken würde.

Am 16. Januar wurde sein achtes Kind, Henry Fielding, geboren. Die Namensgebung lässt bereits ahnen, dass der neue Roman dem Entwicklungsschema von Fieldings *Tom Jones* folgen würde. Nachdem Dickens Namen wie Wellbury, Flowerbury, Magbury, Copperboy, Topflower und Copperstone für den Helden erwogen hatte, entschied er sich schließlich für David Copperfield und formulierte als Titel *The Personal History, Experience and Observations of David Copperfield the Younger, of Blunderstone Rookery, which he never meant to be published on any account (Die persönliche Geschichte, die Erfahrungen und Beobachtungen David Copperfields, des Jüngeren, von Blunderstone Rookery, die er unter keinen Umständen zu veröffentlichen gedachte).* Der umständliche Titel atmet den Geist des 18. Jahrhunderts und ließ einen Roman nach Art von *Nicholas Nickleby* oder *Martin Chuzzlewit* erwarten. Doch diesmal wählte Dickens die Form der Ich-Erzählung, die eine andere Erzählhaltung bedingte. Zwar gestattete der Rückblick des Ich-Erzählers die gleiche ironisch-humoristische Distanz wie in den beiden anderen Romanen, doch da der Leser alles aus dem Mund des Helden erfährt, sah Dickens sich vor der Aufgabe, eine psychologisch überzeugende Innenwelt darzustellen. Das fiel ihm im ersten Teil des Romans, der die Kindheit des Helden erzählt, nicht schwer; denn es war seine eigene, traumatische Kindheit, die er hier in Dichtung verwandelte.

Nachdem er Ende Februar den endgültigen Titel gefunden hatte, machte er sich unverzüglich an die Arbeit und lieferte pünktlich die erste von insgesamt 19 Folgen ab, die am 1. Mai erschien. Der Absatz lag bei 20 000 und damit deutlich unter den 32 000 von *Dombey und Sohn*. Doch die seriöse Kritik nahm das Buch sehr positiv auf. Die zweite Folge war bereits fertig, als Dickens am 12. Mai das Ehepaar Carlyle, die Freunde Douglas Jerrold und Hablot Knight Browne sowie die Kollegen Thackeray und Elizabeth Gaskell in seinem Haus zu Gast hatte. Die Carlyles äußerten sich über den neuen Roman sehr positiv, und auch Thackeray sparte nicht mit Lob. Das Dinner mutet im Rückblick wie eine symbolische Widerspiegelung der sich kreuzenden literarischen Wege der beiden großen Rivalen an. Thackeray hatte mit *Vanity Fair*, trotz geringerer Verkaufszahlen, bei der Kritik mehr Anerkennung gefunden als Dickens und er ließ seit November 1848 in Fortsetzungen den autobiographisch gefärbten Bildungsroman *Pendennis* erscheinen, so dass sich hier die Rivalen auf dem gleichen Terrain begegneten. Danach trennten sich ihre literarischen Wege. Während Dickens ab *Bleak House* einen poetischen Realismus anstrebte, der das Geschehen aus kurzer Distanz in symbolisch suggestiven Szenen erzählt, blieb Thackeray seinem weiten Panoramablick treu, mit dem er seine Figuren in einen historisch-gesellschaftlichen Kontext stellt.

Im Juli machte Dickens mit seiner Familie zunächst wieder in Broadstairs Urlaub, wechselte dann aber nach Bonchurch auf der Isle of Wight, wo auch John Leech mit seiner Familie den Sommer verbrachte. Von hier aus kümmerte er sich regelmäßig um das philanthropische Unternehmen von Urania Cottage. Außerdem konsultierte er dessen Sponsorin Miss Burdett-Coutts wegen der Schulbildung seines ältesten Sohnes; denn die großherzige Dame hatte ihm angeboten, Charleys Aufnahme in die Eliteschule von Eton zu finanzieren. In Bonchurch blieb Dickens bis Ende September und kehrte am 1. Oktober noch einmal nach Broadstairs zurück. Hier dachte er weiter über die Herausgabe einer eigenen Wochenzeitschrift nach, wofür er in mehreren Briefen Forsters Rat einholte.

Nach der Rückkehr nach London bot sich Dickens am 12. November wieder einmal Gelegenheit, den Kitzel von Abscheu und Faszination zu erleben, den ihm öffentliche Hinrichtungen bereiteten. Um 8 Uhr früh sollten Frederick Manning und seine Schweizer Frau Maria, die gemeinsam den jungen Liebhaber der Frau ermordet hatten, vor dem Gefängnis in Horsemonger Lane gehängt werden, wofür Dickens zusammen mit Forster, Leech und zwei weiteren Freunden Logenplätze auf dem Dach eines gegenüberliegenden Hauses mietete, die er mit seinen Begleitern um Mitternacht bezog, um das makabre Schauspiel nicht zu verpassen.

Ende November reiste er mit seiner Frau nach Rockingham Castle zu seinem ersten Besuch bei den Watsons, die er in Lausanne kennengelernt hatte. Hier genoss er die warmherzige Geselligkeit der Gastgeber und vor allem das kongeniale Schauspielertalent von Mrs. Watsons Nichte Mary Boyle. Mit der zwei Jahre älteren Frau, einer zierlichen Person von lebhaftem Temperament, führte er Szenen aus Sheridans berühmter Komödie *The School For Scandal (Die Lästerschule)* auf und unterhielt mit ihr einen ironisch-witzigen Flirt. Er beschrieb sie als die beste Schauspielerin, die er kannte, blieb mit ihr bis zuletzt befreundet und akzeptierte sie von nun an bei seinen Theaterprojekten als einzige den professionellen Schauspielerinnen ebenbürtige Amateurin.

Gegen Jahresende sah sich Dickens mit zwei Gerüchten konfrontiert, die geeignet waren, seinem Ruf zu schaden. Ein früherer Freund, Thomas Powell, der bei der Firma John Chapman & Co. Geld unterschlagen und sich nach Amerika abgesetzt hatte, schrieb dort das Buch *The Living Authors of England (Englands lebende Autoren)*, worin er ein hämisches Bild von Dickens zeichnete und behauptete, Dickens habe die Figur von Mr. Dombey nach dem Vorbild von Thomas Chapman, dem Seniorpartner der Firma, gezeichnet. Das war Dickens besonders peinlich, weil er Chapman Dank dafür schuldete, dass er seinem Bruder Augustus eine Stellung verschafft hatte. So unternahm er publizistische Schritte, um den Verdacht öffentlich zurückzuweisen. Ein anderer Verdacht war nicht so gegenstandslos; denn die negative Figur der Miss Mowcher in *David Copperfield* hatte Dickens offensichtlich nach dem Vorbild der zwergenhaften Chiropraktikerin Mrs. Seymour Hill aus seiner unmittelbaren Nachbarschaft modelliert. Hier löste er das Problem dadurch, dass er die Figur gegen Ende des Buches ins Positive wendete.

Inzwischen war Dickens mit seinen Verlegern Bradbury & Evans übereingekommen, dass unter seiner Leitung ab 1850 ein literarisches Wochenmagazin mit dem Namen *Household Words* erscheinen sollte. Dafür suchte er umgehend nach Mitarbeitern und Beiträgern. Als stellvertretenden Herausgeber gewann er den befreundeten William Henry Wills, der bereits bei seinem kurzlebigen Engagement für die *Daily News* sein Sekretär war. Zu den gewichtigeren Autoren, die er anwarb, zählte Elizabeth Gaskell, die sich erst nach einigem Zieren bereitfand und Dickens auch später noch, trotz ihrer zahlreichen Beiträge, des öfteren diplomatisches Fingerspitzengefühl abverlangte.

Am 30. März 1850 erschien, gleichzeitig mit der laufenden Fortsetzung von *David Copperfield*, die erste Nummer der neuen Zeitschrift, die gegen massive Konkurrenz antreten musste. Die meistgelesenen Wochenzeitschriften waren zu der Zeit *Chamber's Edinburgh Journal* und, auf noch niedrigerem Niveau, *Reynolds' Miscellany*. Beide richteten sich an weniger gebildete untere Leserschichten, während Dickens jene breite Mittelschicht erreichen wollte, die nicht nur populäre Unterhaltung, sondern zugleich eine gewisse literarische Qualität erwartete. Da seine Zeitschrift teurer war als die Konkurrenz, musste er auf die Zugkraft seines Namens und auf die Qualität der Beiträge vertrauen. Er nahm die Herausforderung an und investierte, neben der Arbeit am laufenden Roman, seine ganze Kraft in die Zeitschrift. So schrieb er allein in der Zeit von April bis Juni dreizehn Artikel dafür.

Mit Elizabeth Gaskell, deren Erzählung *Lizzie Leigh* in der ersten Nummer zu erscheinen begann, hatte er bereits eine angesehene sozialkritische Autorin. Von schärferem Kaliber war Harriet Martineau, an deren Mitarbeit er sehr interessiert war. Sie hatte sich durch ihr bereits früher erwähntes Buch über die amerikanische Wirtschaft und Gesellschaft einen Namen gemacht und focht auch im eigenen Land eine scharfe Klinge gegen soziale Missstände aller Art. Dabei erwies sie sich

Bulwer-Lyttons Schloss Knebworth.

aber als so eigensinnig, dass Dickens schon bald unter ihrer Starrköpfigkeit zu leiden begann, bis es 1854 zum Bruch mit ihr kam.

Im April verbrachte Dickens mit seiner Frau einige Tage auf Schloss Knebworth, dem Landsitz Bulwer-Lyttons. Den prominenten Autor hatte Dickens bereits Ende der 1830er Jahre kennengelernt, aber erst jetzt wurde aus der Bekanntschaft eine engere Freundschaft. Der Schlossherr hatte Dickens eingeladen, um mit ihm die Gründung einer *Guild of Literature and Art* zu besprechen, deren Ziel es sein sollte, mittellosen Künstlern, Autoren und Gelehrten aus finanziellen Notlagen zu helfen.

Nach der Rückkehr nach London widmete sich Dickens weiter der parallelen Arbeit an Roman und Zeitschrift. Als ihm im Sommer alles über den Kopf zu wachsen drohte, flüchtete er kurzerhand mit Maclise für neun Tage in das glutheiße Paris, wobei ihn die Hitze nicht davon abhielt, abermals der Morgue einen Besuch abzustatten und seiner Frau darüber zu berichten. Nach der Rückkehr folgte der alljährliche Urlaub in Broadstairs, den Catherine unterbrechen musste, um am 16. August zu Hause ihr neuntes Kind, die Tochter Dora Annie, zur Welt zu bringen. Weshalb Dickens das Kind nach der vom Tode gezeichneten Dora in *David Copperfield* benannte, die er dort schon einen Monat später sterben ließ, bleibt ein Rätsel. Was mag in ihm vorgegangen sein, als acht Monate später auch seine Tochter starb?

Schon kurz nach der Geburt der Tochter ging es zurück nach Broadstairs. Am 23. Oktober, dem Vorabend der Rückkehr in das Londoner Heim, war das letzte Kapitel des Romans fertig. In einem Vorwort deutete Dickens in verhüllter Form an, dass er darin ein Stück seines eigenen Lebens erzählt habe. Doch dass Davids Erniedrigung in Murdstones Weinhandlung sein eigenes Trauma beschreibt, hat wohl keiner seiner Leser geahnt. Auch nach Abschluss dieses Romans musste er die innere Leere mit einer Theateraufführung füllen. Am 14. November reiste er zu Bulwer-Lytton, um in dessen Schloss *Every Man in His Humour* aufzuführen, was er wenig später bei den Watsons auf Rockingham Castle wiederholte. Auch seine Frau war dafür als Schauspielerin vorgesehen. Doch ein verstauchter Knöchel verhinderte ihre Teilnahme.

David Copperfield

Es ist paradox, dass ausgerechnet der Roman, der sich in seinem Grundcharakter von Dickens' übrigen Werken deutlich abhebt, von der weltweiten Dickens-Gemeinde am höchsten geschätzt und als besonders typisch für ihn angesehen wird. Die Berechtigung dazu gibt Dickens selber, der den Roman mehrfach als seinen besten und liebsten bezeichnet hat. Gewiss finden sich auch hier typische Beispiele für seinen Humor und für seinen Hang zum Makabren; doch im Unterschied zu den anderen Romanen fehlt das komplexe mehrsträngige Handlungsgewebe, und das detektivische Moment spielt darin eine untergeordnete Rolle. Dass Dickens in seinem Helden ein Stück von sich selber offenbart, wird schon durch die umgestellten Initialen des eigenen Namens nahegelegt. Über eine kurze Strecke enthält das Buch sogar fast wortgetreue Passagen aus jenem autobiographischen Fragment, aus dem am Anfang dieser Biographie zitiert wurde. Wie sehr sich Dickens dabei selbst nach so langer Zeit noch scheute, das traumatische Erlebnis in seiner ganzen Härte zu schildern, ist daran abzulesen, dass er aus der Schuhwichsfabrik eine Weinhandlung macht, in der David Etikette auf Flaschen kleben muss. Das lässt seine Arbeit als nicht ganz so erniedrigend erscheinen. Auch dass er in Mr. Micawber seinen Vater als einen gutmütigen, lebensuntüchtigen Traumtänzer porträtiert, während er in ihm in Wirklichkeit einen verantwortungslosen Egoisten sah, entschärft die traumatische Erinnerung.

Alles in allem passt der Roman eher in die Tradition des europäischen Realismus als zu den übrigen Werken des Autors. Anders als deren Helden wird David nicht in ein «ererbtes» Schicksalsnetz hineingeboren, sondern betritt die Welt wie Tom Jones als eine *tabula rasa*, die anfangs mit dunklen Farben beschrieben wird, sich dann aber, nachdem David das gefängnishafte Haus seines Stiefvaters Murdstone hinter sich gelassen hat, zunehmend aufhellt. Während es bei den anderen Helden um die Emanzipation von einem aus der Vergangenheit auf sie einwirkenden Kausalgeflecht geht, entwickelt sich David in die Zukunft hinein, indem er seine Persönlichkeit und seine künstlerische

Kreativität entfaltet. Insofern ist das Buch ein typischer Entwicklungsroman. Man könnte sogar von einem Bildungsroman sprechen, wenn Davids Werdegang als Schriftsteller am Schluss nicht so beiläufig erwähnt würde. Trotzdem geht es auch hier um die Auseinandersetzung mit der Vergangenheit, da David sein Leben im Rückblick erzählt.

Im Mittelpunkt der Handlung stehen nacheinander Davids erste Liebe zu Little Em'ly, seine Freundschaft zu Steerforth, dem faszinierenden, aber innerlich haltlosen Abenteurer, seine unbedachte Ehe mit der unreifen Kindfrau Dora, die schließlich stirbt, und danach seine Werbung um Agnes, den sanften «Engel im Haus», die er zuerst nur wie eine Schwester liebte und verehrte. Reduziert man den Roman auf das nackte Handlungsgerüst, bleiben typische Beziehungsprobleme. Doch auf diesem Felde waren Dickens die realistischeren Zeitgenossen wie Thackeray und Anthony Trollope überlegen. Ihm fehlte die Fähigkeit, die komplexe Mechanik der menschlichen Psyche auch unter dem Grauschleier des Alltags freizulegen. Deshalb erinnern sich die Leser des Romans weniger an Davids Beziehung zu Dora und Agnes als vielmehr an skurrile und makabre Figuren wie den Lebenskünstler Micawber oder den kaltherzigen Murdstone, an die warmherzige Peggotty und ihren wortkargen Verehrer Barkis, an den schleimigen Kriecher Uriah Heep und seine feuchtkalten Hände, und nicht zuletzt an Davids Tante Betsey Trotwood und ihren geistig behinderten Hausgenossen Mr. Dick, den sie wie eine intellektuelle Autorität behandelt. Die hier genannten Figuren repräsentieren jene Dickens-Welt, die man von seinen Romanen gewohnt ist, nur dass sie sich in diesem Fall von der realistisch erzählten Entwicklung des Helden stärker abheben als in den übrigen Werken.

Lässt man den Roman aber aus größerer Distanz vor dem geistigen Auge Revue passieren, wird man rasch merken, dass er trotz seiner Andersartigkeit eine Reihe typischer Dickens-Motive enthält. So gibt es auch hier als Gegenpol zu dem gefängnishaften Haus, in dem David mit seiner Mutter bei dem Stiefvater wohnen muss, die Sphäre des Wassers in Gestalt der Nordsee, in der Steerforth ertrinkt. Später wiederholt sich dieser Bildkomplex noch einmal in einer Weise, die stark an *Oliver Twist* erinnert. Wie dort das Geheimnis um Olivers Mutter vor einem Hintergrund gelüftet wird, in dem Gefängnis- und Wasserbilder in einer Engführung an der nächtlichen Themse zusammenkommen, so wird auch in *David Copperfield* das Auffinden von Little Em'ly, dem gefallenen Mädchen, von einer solchen Bildsequenz begleitet. Sie beginnt mit dem düsteren Haus von Mrs. Steerforth, in dem versierte Dickensleser die Vorform von Miss Havishams Satis House in *Große Erwartungen* erkennen werden. Sie setzt sich fort mit der nächtlichen Themse, an deren Ufer David die Prostituierte Martha trifft, um von ihr den Aufenthalt Little Em'lys zu erfahren. Und sie führt zurück zu dem heruntergekommenen Haus, in dem Em'ly schließlich gefunden wird.

Aus der Distanz wird man auch erkennen, dass diese Bildkonfiguration von einer analogen Charaktertypologie der Figuren begleitet wird. Da sind auf der einen Seite die kalten, in sich erstarrten Menschen wie Murdstone, Mrs. Steerforth und Rosa Dartle, die den gefängnishaften Häusern zugeordnet sind, und auf der anderen die haltlos Treibenden wie Steerforth, Em'ly und Martha, deren symbolischer Hintergrund das Wasser ist. Selbst ein detektivisches Moment dringt am Schluss in die Handlung ein, als Uriah Heep eine Intrige spinnt, um den gutwilligen, aber willensschwachen Rechtsanwalt Wickfield zu erpressen, damit er ihm seine Tochter Agnes zur Frau gibt. Dieses Komplott wird von Micawber aufgedeckt, so dass sich zuletzt alles zum Guten wendet. Em'ly und Martha emigrieren nach Australien, David heiratet nach dem Tode Doras die sanfte Agnes; und die moralischen Extreme der inneren Erstarrung und der Haltlosigkeit sind durch den Tod ihrer Repräsentanten Murdstone und Steerforth überwunden.

Der psychologisch interessanteste Charakter ist zweifellos Steerforth, dessen Faszination sich weder David noch die Frauen entziehen können. Seine literarische Ahnenreihe ist leicht nachzuzeichnen. Er ist das, was die Literaturwissenschaft einen «byronischen Helden» nennt, weil Byron den Typus nicht nur in seinen Werken populär machte, sondern ihn selber als lebenslange Rolle spielte. Aber auch Byron stand in einer noch älteren Tradition, die in die Schauerromane, die so genannten *Gothic novels*, zurückreicht. Letzten Endes lässt sich die Ahnenreihe bis auf Miltons Luzifer zurückverfolgen. Damit ist aber schon die Richtung bezeichnet, in der sich der Typus von dort aus entwickelte. Aus dem Empörer gegen Gott wurde im Schauerroman ein satanischer Bösewicht und danach bei Byron ein Zyniker, der sich in weltschmerzlicher Pose gefiel und sich die Aura eines vom Kainsmal Gezeichneten gab. Byrons Heldentypus fand in ganz Europa Nachahmer. Vor allem in Russland sahen Dichter wie Puschkin und Lermontow in Byron einen Geistesverwandten. Deshalb stieß Dickens Figur dort bei Lesern, die zehn Jahre zuvor Lermontows *Ein Held unserer Zeit* gelesen hatten, auf besonders großes Interesse. Steerforth ist ein byronischer Held, der sowohl die Züge des Satanischen als auch die Aura des Aristokratischen verloren hat und nur noch ein innerlich haltloser, dies aber mit Zynismus überspielender und deshalb charismatisch wirkender bürgerlicher Mann ist. Immerhin hat er noch das Kraftvolle eines Abenteurers, während die nächsten in der Typenreihe melancholische Schwächlinge oder Selbstbewusstsein vortäuschende Dandys sind. Ein solcher geschwächter Nachfahr Steerforths ist Eugene Wrayburn in Dickens' letztem vollendeten Roman. Die gleiche typologische Entwicklung lässt sich in der gesamten europäischen Literatur des 19. Jahrhunderts beobachten.

Da David sich von Steerforth innerlich auch dann nicht distanzieren kann, als er dessen skrupelloses Handeln erkennen muss, entsteht der Eindruck, als habe sich Dickens in dem Freundespaar ein doppeltes *alter ego* geschaffen. Psychologisch ist diese Vermutung nicht abwegig; denn Davids eher passive Entwicklung konnte für Dickens nicht jenes Machtstreben ausdrücken, mit dem er selber sein Leben lang die Erinnerung an seine Ohnmacht in der Schuhwichsfabrik kompensierte. Da wird es ihm nicht schwergefallen sein, sich in den herrischen Steerforth wie in ein heimliches Idol einzufühlen, in einen Mann, der seine Mitmenschen allein durch seine Persönlichkeit so faszinieren konnte, wie er selber es durch seine Erzählkunst, später auch als Schauspieler und zuletzt als Rezitator eigener Texte vermochte. In seinen Romanen blieb Steerforth aber die einzige Figur, in der man eine solche positive Identifikation mit kraftvoller Männlichkeit spürt. Alle übrigen Helden, zumal in den späteren Romanen, sind Leidende, was vermuten lässt, dass Dickens in ihnen sein latentes Selbstmitleid ausagiert.

David Copperfield, um es noch einmal zu betonen, kommt von allen Dickens-Romanen dem Mainstream des europäischen Realismus am nächsten. Die danach folgenden Werke wirken nicht mehr wie realistische Fiktionen, sondern wie Prosagedichte, deren Kompositionsprinzip an musikalische Werke erinnert. Schon der nächste wird wie eine Oper mit einer symbolischen Ouvertüre eröffnet.

Tavistock House

1851 bis 1853

Das Jahr 1851 begann mit der nachgeholten Theateraufführung in Rockingham Castle, die ursprünglich vor den Aufführungen in Schloss Knebworth stattfinden sollte, aber auf Bitten des Hausherrn verschoben worden war. Zu diesem Zweck reiste Dickens am 7. Januar mit seiner Frau zu den Watsons, wo die drei Farcen am 15. Januar aufgeführt wurden. In einer von ihnen durfte auch Catherine mitspielen. Es war das Stück *Used Up!* des irischen Dramatikers Boucicault, in dem sie die Rolle der Lady Maria Clutterbuck übernahm. Diesen Namen wählte sie als Pseudonym, als sie Ende des Jahres ihr erstes und einziges Buch publizierte, das den Titel trug: *What Shall We Have For Dinner? Satisfactorily answered by numerous bills of fare for from two to eighteen persons (Was sollen wir auf den Tisch bringen? Zufriedenstellende Antworten in Form von Speiseplänen für zwei bis 18 Personen)*. Das bescheidene Autorenglück dürfte für die von regelmäßigen Schwangerschaften erschöpfte und von einem ruhelosen Ehemann mitgerissene Frau kaum ein Trost für das gewesen sein, was sie während des Jahres 1851 durchmachen musste.

Im Februar wurde ihre erst sechs Monate alte Tochter Dora schwer krank. Das hielt ihren Mann nicht davon ab, mit Leech und einem anderen Freund einen fünftägigen Urlaub in Paris zu machen. Nach seiner Rückkehr hatte Catherine einen Nervenzusammenbruch. Schon in früheren Jahren hatte sie wiederholt über Druck- und Schwindelgefühle im Kopf geklagt. Jetzt wurden ihre nervösen Beschwerden so heftig, dass Dickens sie zur Badekur nach Malvern brachte. Dort besuchte er sie zweimal wöchentlich und zeigte sich sehr besorgt um sie. Er mietete sogar eine Wohnung am Ort und plante, einige der Kinder zur Mutter zu schicken.

Während er in London an seiner Zeitschrift arbeitete, für die er in

Fortsetzungen das auf drei Jahre angelegte Unternehmen *A Child's History of England (Eine Geschichte Englands für Kinder)* zu schreiben begonnen hatte, und während er gleichzeitig nach einem neuen Haus suchte, weil der Pachtvertrag für Devonshire Terrace auslief, traf ihn neues Unglück. Am 25. März hatte sein Vater eine so heftige Blasenkolik, dass die Ärzte keine andere Möglichkeit sahen, als eine Operation ohne Anästhesie bei ihm vorzunehmen. Dickens beschrieb die blutige Prozedur in einem Brief mit Worten, die den Leser noch heute erschauern lassen. Er spricht darin von einem «Schlachthaus» und spart nicht mit Anerkennung für die heroische Tapferkeit, mit der sein Vater die Qualen ertrug. Doch die Heilung blieb aus und der Vater starb am 31. März. An seinem Totenbett stiegen – jenseits des Grolls, den er damals in der Schuhwichsfabrik gegen ihn empfunden hatte, und jenseits des Ärgers, den ihm seine erschlichenen Kredite später bereiteten – ältere und freundlichere Erinnerungen in ihm auf. In einem Brief an Forster beschreibt er, wie in seiner frühen Kindheit der Vater Tag und Nacht am Krankenbett seines Sohnes gewacht habe.

Zwei Wochen später traf Dickens der nächste Schlag. Am 14. April starb die kleine Dora. Die traurige Botschaft wurde ihm von Forster und Lemon unmittelbar nach einem Dinner des *General Theatrical Fund* überbracht, wo Dickens eine um Spenden werbende Rede gehalten hatte. Er brachte es nicht übers Herz, seiner Frau das ganze Unglück mitzuteilen, und schickte statt dessen Forster mit einem Brief zu ihr, in dem er so schreibt, als lebe das Kind noch, sei aber so krank, dass er keine Hoffnung mehr habe. Catherine brach daraufhin ihre Kur sofort ab und kehrte nach London zurück, wo sie die traurige Wahrheit erfahren musste. Zum Glück hatte sich ihr nervlicher Zustand soweit stabilisiert, dass sie wieder ihren Alltagspflichten nachkommen konnte. Am 18. April wurde Dora beerdigt, und eine Woche später war Dickens wieder voll eingespannt.

Jetzt musste er die Premiere von Bulwer-Lyttons Komödie *Not so Bad As We Seem (Nicht so schlecht, wie wir erscheinen)* vorbereiten, die in Anwesenheit von Königin Viktoria und Prinzgemahl Albert in Devonshire House, der Stadtresidenz des Herzogs von Devonshire, stattfinden sollte. Die ursprünglich für den 1. Mai angekündigte *Royal Gala Performance* war auf Dickens' Bitte wegen der Todesfälle auf den 16. Mai verschoben worden. Gleich nach der Beerdigung seiner Tochter stürzte er sich in

Tavistock House, wo Dickens von November 1851 bis September 1860 wohnte. Zeitgenössischer Stich.

die Vorbereitung der Aufführung, überwachte den Aufbau der Bühne und schrieb zusammen mit Lemon sogar noch die Farce *Mr. Nightingale's Diary*, die sich als zugkräftige Lachnummer erwies, als sie am 27. Mai im Anschluss an die zweite Aufführung von Bulwer-Lyttons Komödie aufgeführt wurde. Die Galavorstellung war ein voller Erfolg. Die Königin zahlte selber für ihr Ticket 50 Pfund und legte noch 150 Pfund für den Künstlerfonds drauf, der insgesamt 2500 Pfund einnahm. Bei der Vorbereitung der Theateraufführung hatte Dickens zum ersten Mal den jungen Schriftsteller Wilkie Collins kennengelernt, der in dem Stück eine kleine Rolle übernahm. Dickens betrachtete den zwölf Jahre jüngeren Kollegen, der zu der Zeit erst einen wenig erfolgreichen historischen Roman vorzuweisen hatte, zunächst als einen literarischen Ziehsohn und nahm ihm gegenüber die gönnerhafte Rolle des Protektors ein. Fünf Jahre später sollte daraus eine immer enger werdende Freundschaft hervorgehen.

Nach dem Festessen, mit dem die Galavorstellung zu Ende ging, begab sich Dickens nach Broadstairs, wo die Familie bereits auf ihn wartete. Es wurde sein letzter Sommerurlaub dort; denn inzwischen war er so populär, dass er im Süden Englands kaum noch einen Urlaubsort finden konnte, wo er vor seinen Fans sicher war. Deshalb flüchtete er von da an meist in Urlaubsorte jenseits des Kanals. Von Broadstairs aus kümmerte er sich gewissenhaft um seine Zeitschrift und schrieb mit wachsendem Vergnügen an den zunächst als Pflichtübung empfundenen Beiträgen zur Geschichte Englands.

Sein Hauptproblem war aber die Suche nach einem neuen Heim. Der Zufall wollte es, dass sein alter Freund Frank Stone aus Tavistock House in Bloomsbury in das Nachbarhaus umzog, so dass Dickens die noch für 45 Jahre geltende Pacht für das freiwerdende Haus übernehmen konnte. Am 25. Juli erwarb er den Pachtvertrag für 1542 Pfund. Das neue Domizil war ein großes Stadthaus mit 18 Zimmern, darunter ein Schulraum, den Dickens schon bald für private Theateraufführungen nutzte. Er ließ das Haus aufwändig herrichten und den Bedürfnissen seiner Familie anpassen, wobei er sich auf den Sachverstand seines Schwagers Henry Austin verließ, der ein gelernter Architekt mit künstlerischem Talent war. Während Catherine in Broadstairs an ihrem Kochbuch schrieb, pendelte Dickens zwischen London und dem Urlaubsort hin und her, um die Zeitschrift und die Herrichtung des neuen Heims aus nächster Nähe zu überwachen.

Daneben gingen ihm aber schon Pläne für einen neuen Roman durch den Kopf. Die ersten Andeutungen dazu hatte er bereits am 21. Februar in einem Brief an Mary Boyle gemacht. Doch die beiden Todesfälle und die Haussuche hatten das Projekt so weit in den Hintergrund gedrängt, dass erst am 17. August in einem Brief an Miss Burdett-Coutts ein weiterer Hinweis auftaucht. Am 7. Oktober schrieb er an Austin, dass ihm der neue Roman im Kopf «herumwirble» und dass er es «dringend nötig habe mit dem Schreiben zu beginnen». Doch vorher musste er noch mit seiner Truppe eine Reihe von Theateraufführungen außerhalb Londons zum Wohle der Künstlergilde absolvieren. Am 10. November brach er deshalb zu einer viertägigen Tour nach Bath und Bristol auf, während seine Frau, die im siebenten Monat schwanger war, den Umzug ins neue Haus organisierte. Nach seiner Rückkehr schrieb er an Miss Burdett-Coutts: «Die Ordnung ist wieder hergestellt.»

Am 21. November 1851 gab Dickens seinem Verleger den Auftrag, den neuen Roman für den folgenden März anzukündigen. Als Titel hatte sich bei ihm nach zahlreichen längeren Varianten der kurze Name *Bleak House* herauskristallisiert. Dass es darin um das Kanzleigericht gehen sollte, stand offenbar von Anfang an fest; denn bereits im Dezember des Vorjahres hatte er sich von seinem Freund Wills Unterlagen über Prozesse an diesem Gericht besorgen lassen. Der neue Roman sollte nicht nur sein längster werden, er wich auch so sehr von der linearen Struktur der Vorgänger ab, dass er von Dickens ein Höchstmaß an konzentrierter Vorarbeit erforderte. Das erklärt die ungewöhnliche Sesshaftigkeit, die er sich bis zum Erscheinen des ersten Heftes auferlegte. Bereits am 7. Dezember meldete er seinem Verleger, dass die Nummer so gut wie fertig sei. Danach reichte seine Zeit noch, um die Weihnachtsausgabe seiner Zeitschrift vorzubereiten, zu der er einen Artikel unter dem Titel *What Christmas Is, as we Grow Older (Was Weihnachten bedeutet, wenn wir älter werden)* beisteuerte.

Dann folgten weitere Theateraufführungen, die letzte des Jahres am 23. Dezember, während er die nächsten bereits für den Februar plante. Gemessen an dem enormen Aufwand und der Zahl der Beteiligten erscheint der Ertrag dieses Wohltätigkeitsunternehmens eher bescheiden. Im ersten Jahr wurden nur 3615 Pfund eingenommen. Der Gilde ging es vor allem um die Einführung eines obligatorischen Sozialversicherungssystems für Künstler. Doch dabei fand sie wenig Unterstützung bei den erfolgreicheren Autoren. Auch rechtliche Vorschriften standen den Aktivitäten der Gilde entgegen. Dennoch kämpfte Dickens bis zu seinem Tode für das Unternehmen. Immerhin konnte die Gilde später einige Erfolge verbuchen, darunter 1865 den Bau von Gilde-Häusern in Stevenage, die als Altersheime für mittellose Künstler gedacht waren.

Das Jahr 1852 begann für Dickens so arbeitsreich, wie das alte endete. Er hatte sich seit längerem ein rigides Arbeitskorsett angelegt. Die Stunden von 10 bis 14 Uhr verbrachte er am Schreibtisch, der Dienstag war für Urania Cottage reserviert, am Mittwochnachmittag und am Donnerstag arbeitete er für *Household Words*. Aus dieser Routine wurde er aber immer wieder durch seine Theaterunternehmungen herausgerissen. So standen allein für 1852 drei weitere Tourneen durch Mittel- und Nordengland ins Haus. Die erste führte im Februar nach Manchester und Liverpool. In Briefen an Forster und Bulwer-Lytton berichtet er von glänzenden Erfolgen.

Wenig später folgte ein persönlicher Triumph. Am 28. Februar erschien die erste Nummer von *Bleak House*, von der schon in den ersten drei Tagen 25 000 Exemplare verkauft wurden. Das Echo der Kritiker war äußerst positiv, so dass die Auflage auf über 35 000 stieg. Der geschäftstüchtige Dichter fand sogar eine weitere Einnahmequelle, indem er mit dem amerikanischen Verlag Harper & Brothers einen Vertrag über die Vorablieferung der Druckfahnen gegen ein Honorar von 360 Pfund pro Lieferung abschloss, was ihm ein zusätzliches Honorar von 2860 Pfund einbrachte. Dafür lohnte es sich schon, den eigenen Schwur, mit dem amerikanischen Buchmarkt nichts mehr zu tun haben zu wollen, zu brechen. Doch die Alternative wäre gewesen, dass amerikanische Verleger das Buch dann einfach etwas später raubkopiert hätten, da es noch immer kein Copyright-Abkommen gab.

Zwei Wochen nach dem Beginn des neuen Romans wurde im Hause Dickens am 13. März das zehnte und letzte Kind, der Sohn Edward Bulwer-Lytton, geboren. In einem Brief an Miss Burdett-Coutts war Dickens taktlos genug zu schreiben, dass er auf diesen weiteren Nachwuchs gern verzichtet hätte. Schon vorher hatte er gelegentlich in ironischen Bemerkungen angedeutet, dass er die Neuankömmlinge in seiner Familie als wachsende Last empfand, so als hätte er selber an ihrem Entstehen keinerlei Anteil. Trotzdem brachte er dem neuen Nachwuchs die gleiche Liebe entgegen wie den älteren Kindern, wenngleich er für sie nur wenig Zeit übrig hatte. Der Jüngste wurde sogar sein besonderer Liebling. Für ihn fand er den skurrilen Kosenamen Plorn, dessen Langform in Briefen als Plornishmaroontigoonter oder als Plornishghenter erscheint.

Bis zum Sommer arbeitete Dickens konzentriert an dem Roman. Dann folgte im Mai eine Theatertour nach Shrewsbury und Birmingham. Eine weitere Tournee ging nach Nottingham, Derby, Newcastle, Sunderland und Sheffield und endete Anfang September mit Abschiedsvorstellungen in Manchester und Liverpool. In einem Brief schrieb Dickens, er habe «ein feuriges Kreuz durch Englands Norden» gezogen. Für die eigene Familie hatte er währenddessen ab Juli für drei

Monate ein Ferienquartier in Dover gemietet. Wenn er selber dort anwesend war, galt nur die tägliche Arbeitszeit bis zwei Uhr nachmittags als tabu, danach nahm er an der familiären Geselligkeit teil, deren Motor er meist selber war.

Die zweite Jahreshälfte brachte weitere für Dickens schmerzliche Todesfälle. Im August starb Graf Alfred D'Orsay, der Namensgeber seines vierten Sohnes, und im September folgte der Tod Catherine Macreadys, der Frau seines Freundes. Im Oktober genehmigte er sich dann noch einmal einen richtigen Urlaub, indem er mit seiner Frau und der Schwägerin Georgina zum ersten Mal nach Boulogne ging, um zu sehen, ob er sich dort in Zukunft ungestörter würde entspannen können.

Nach der Rückkehr sah er sich zu einem literarischen Streit mit George Henry Lewes herausgefordert, mit dem er bis dahin freundschaftlich verkehrt und der an einigen seiner Theaterunternehmungen teilgenommen hatte. Dickens hatte in der Novembernummer von *Bleak House* die makabre Figur des Mr. Krook durch *spontaneous combustion* explodieren lassen. Die drastische Symbolik ist offensichtlich: Krook, der im Roman den Spitznamen Lord Chancellor trägt und damit die Verkörperung des in sich verfaulten Systems des Kanzleigerichts darstellt, verbrennt von innen her nach übermäßigem Alkoholgenuss und verteilt sich in Form schwarzer Rußflocken an den Wänden seiner Behausung. Hätte sich Dickens darauf beschränkt, dies als Allegorie zu deklarieren, hätte ihm niemand einen Vorwurf gemacht. Aber zu der Zeit kursierte die pseudowissenschaftliche Behauptung, dass Trunksüchtige auf solche Weise durch innerliche Spontanverbrennung umkommen könnten. Lewes warf Dickens in einem Artikel vor, er trage zur Verbreitung solchen Aberglaubens bei, worauf sich Dickens auf die These versteifte, dass das Phänomen wissenschaftlich erwiesen sei.

Weiteren Ärger handelte er sich mit der Figur des Harold Skimpole ein, der in seinem Roman als ein verantwortungsscheuer und bestechlicher Luftikus auftritt. Alle Insider wussten, dass das Vorbild dafür jener Leigh Hunt war, für den Dickens noch zwei Jahre vorher eine Benefizveranstaltung organisiert hatte. Wie schon bei Miss Mowcher sah sich Dickens vor der peinlichen Aufgabe, den taktlosen Fauxpas irgendwie wegzuerklären. Mit diesen Misshelligkeiten ging das Jahr 1852 zu Ende. Dass es für ihn mit einem Guthaben von 3264 Pfund ausklang, erfuhr er erst drei Monate später, als seine Verleger ihm die Jahresabrechnung zuschickten. Das neue Buch hatte sich als Goldgrube erwiesen.

Das Jahr 1853 begann für Dickens mit einer Ehrung: Am 6. Januar zeichnete ihn eine städtische Gesellschaft zur Förderung der Schönen Künste in Birmingham als «nationalen Autor» aus und überreichte ihm ein vergoldetes Silbertablett und einen Diamantring. Kurz darauf verließ sein Sohn Charley das Internat von Eton und wurde zum Erlernen der deutschen Sprache als Praktikant nach Leipzig zum Verleger Tauchnitz geschickt, mit dem Dickens in freundschaftlichem Geschäftsverkehr stand. Tauchnitz kaufte von Dickens regelmäßig Vorabdruckfahnen zum Festpreis von 50 Pfund und verbreitete die Romane in der Originalfassung in Deutschland und auf dem Kontinent. Eine weitere Ehrung erfuhr Dickens am 2. Mai, als er zu einem Bankett im Mansion House, der offiziellen Residenz des Lord Mayor von London, eingeladen und mit einem großen Toast gefeiert wurde. Dort saß er mit Harriet Beecher Stowe, der Autorin von *Onkel Toms Hütte*, an einem Tisch. Deren Buch war 1851 und 1852 in Fortsetzungen erschienen und hatte allein in England bis Ende 1852 eine Auflage von anderthalb Millionen erreicht. Dass Dickens diesen Bestseller im Vergleich mit seinen eigenen Werken als eher kunstlos empfand, liegt auf der Hand; doch er lobte das moralische Engagement der Autorin.

Anfang Juni plagten ihn wieder einmal schmerzhafte Nierenprobleme und er äußerte Forster gegenüber, dass er sich überarbeitet und erschöpft fühle. Deshalb zog er sich mit der Familie nach Boulogne zurück, um in Ruhe an den letzten Folgen von *Bleak House* arbeiten zu können. Hier besuchten ihn im August Forster, Lemon, Wills und die Verleger Bradbury & Evans, um den Abschluss des Romans zu feiern. Danach verbrachte er noch einige Zeit damit, die Geschäfte von *Household Words* auf Kurs zu bringen und sich um Urania Cottage zu kümmern. Dann aber brauchte er wie immer eine Füllung der entstandenen Leere in seinem Innern.

Diesmal sollte es keine Theateraufführung, sondern eine Reise sein. Er konnte seine jungen Freunde Wilkie Collins und Augustus Egg dazu bewegen, ihn nach Italien zu begleiten, wohin die drei am 10. Oktober aufbrachen. Einem Brief an Miss Burdett-Coutts ist zu entnehmen, dass er auf dem Weg durch die Schweiz nach Anregungen für den nächsten Roman suchte. Einen Schweizer Roman schrieb er danach zwar nicht, doch im übernächsten, *Little Dorrit*, klingen in einem zentralen Teil die aufgefrischten Erinnerungen an die alpine Welt in Gestalt suggestiver Landschaftsbilder nach. In Lausanne besuchte er Haldimands Blindenasyl, danach ging es weiter nach Genua, wo er alte Bekannte aus der Zeit seines ersten Italienaufenthalts besuchte, darunter das Ehepaar de la Rue; und weiter ging es mit dem Schiff nach Neapel. Auf dem Schiff traf er den liberalen Politiker Sir James Emerson Tennent, der ihn bei seiner zweiten Besteigung des Vesuvs begleitete. Der Reisegruppe schloss sich auch Sir Austen Henry Layard an, den Dickens zwei Jahre später bei der Gründung der *Administrative Reform Association* unterstützen sollte. Aus Neapel berichtete er in einem launigen Brief an Forster, wie er durch die labyrinthische Stadt irrte, um das Haus des britischen Gesandten zu finden. Der skurrile Franzose, der ihm zuletzt mit kryptischen Worten den Weg dorthin weist, wirkt wie aus einem Dickens-Roman. Zurück nach England ging es über Rom, Florenz und Venedig mit einem Zwischenstopp im geliebten Paris, wo Dickens am 10. Dezember ankam und seinen aus Leipzig kommenden Sohn Charley traf, der mit der Reisegruppe nach London zurückkehrte. Mitte Dezember war die Familie wieder vereint.

In Dickens' Briefen aus Italien an seine Frau tauchte noch einmal das Problem auf, das damals in Genua Catherines Eifersucht ausgelöst hatte. Nach dem Wiedersehen mit Mrs. de la Rue lag ihm offenbar sehr daran, die freundschaftliche Beziehung wieder aufleben zu lassen. Deshalb bat er seine Frau, dem Objekt ihrer damaligen Eifersucht einen versöhnlichen Brief zu schreiben, was Catherine als Zumutung empfunden haben muss. In einem etwas späteren Brief machte er ihr obendrein den taktlosen Vorwurf, dass ihr Sohn Charley die mangelnde Tatkraft – er nennt es *lassitude* – von ihr geerbt habe. Hier spürt man, dass der Ehefrieden in Gefahr war.

Gleich nach seiner Ankunft in London musste Dickens feststellen, dass sich die Absatzzahlen seiner Zeitschrift gegenüber dem Vorjahreszeitraum halbiert hatten. Das verlangte von ihm sofortigen Einsatz und erhöhte den Druck, umgehend mit einem neuen Roman zu beginnen. Außerdem hatte er zugesagt, für das *Birmingham and Midland Institute*, das als technische Bildungseinrichtung für Erwachsene im Jahr darauf seine Gründungs-Charta erhalten sollte, zwischen Weihnachten und Neujahr eine Reihe von Benefizlesungen aus seinen Weihnachtsbüchern zu geben. So reiste er mit Frau und Schwägerin nach Birmingham, wo bereits die erste Lesung ein voller Erfolg wurde. Die dritte, die für ein Arbeiterpublikum gedacht war und dafür die Eintrittspreise gesenkt hatte, zog ein Auditorium von über 2000 Zuhörern an. Zwischen den Lesungen unternahm Dickens am 28. Dezember mit dem Zug einen Tagesausflug nach Wolverhampton, wo sich ihm das Bild einer verschneiten Industriestadt bot. Das kalte Wetter, die seit dem Sommer andauernden Arbeitskämpfe und der unmittelbare Eindruck der verschandelten Natur trugen sicher dazu bei, dass er den nächsten Roman in diesem Milieu spielen ließ. Dessen Keimzelle spürt man bereits in der kurzen Skizze, die Dickens schon drei Wochen später am 21. Januar unter dem Titel *Fire and Snow* in *Household Words* publizierte. Dort beschreibt er die Bahnfahrt durch die verschneite Industrielandschaft zunächst wie den Eintritt in eine Märchenwelt, um dann fortzufahren:

> Und weiter gehts über das Hochmoor, wo die metallisch rasselnden Schlangen, die sich gewöhnlich über den Kohleschächten winden, unter dem weißen Schnee die Feiertage verschlafen; doch die schwergewichtigen Ungeheuer, die Hochöfen, dürfen sich keine Erholung gönnen, sie sind wach und röhren wie immer. Jetzt ein rußiges Dorf; dann ein Schlot, danach wieder eine der schlafenden Schlangen, die aussieht, als ob sie in dem Moment betäubt wurde, in dem sie Schutz suchen wollte in dem kleinen Maschinenhaus am Eingang des Schachts. Jetzt ein Teich, auf dem dunkle Flecken Schlitten fahren oder Schlittschuh laufen; dann ein Trupp ähnlicher Flecken, die sich, halb versunken, mit Schneebällen bewerfen; danach ein kalter weißer Altar aus Schnee, auf dem ein Feuer lodert; dahinter ein ödes kahles Gelände von Abraum und Fels, weich überschneit und umgeben von einer mürrischen Stadt aus Schloten. Nicht gerade angenehm der Gedanke, dieses Gelände ohne Führer durchqueren zu müssen und womöglich verschlungen zu werden von einem längst verlassenen und vergessenen Schacht. Auch nicht angenehm der Gedanke, dass in diesem unterminierten Land ein halbes Dutzend Brückenbögen mit einem Eisenbahnzug darauf plötzlich in den Tiefen des Kohlewaldes verschwinden könnte.

Die Strukturmerkmale, die sich in den vorangegangenen Romanen bereits mit zunehmender Deutlichkeit abzeichneten, finden in *Bleak House* zum ersten Mal die einheitliche Form, die für Dickens' spätere Werke charakteristisch ist. In diesem ungewöhnlich umfangreichen Roman kommt zum zentralen Erbschaftsmotiv und der Polarität von Gefängnis- und Wassersymbolen die Grundform des Detektivromans hinzu, wobei jetzt sogar ein echter Detektiv auftritt. Während die früheren Romane entweder mit der Vorstellung der Hauptfigur, mit einem Erzählerprolog oder mit einem Zooming-in auf den Schauplatz beginnen, setzt *Bleakhaus* mit einer symbolischen Ouvertüre ein, in der die zentralen Spannungspole, symbolisiert durch das Kanzleigericht auf der einen und den Nebel auf der anderen Seite, wie zwei musikalische Themen vorgestellt werden.

Den beiden Symbolbereichen sind zwei Erzählstränge zugeordnet, die sich in gewissem Sinne komplementär zueinander verhalten. Ihre Problemträger sind Lady Dedlock und Richard Carstone. Beide Charaktere haben sich mit einer «ererbten» Vergangenheit auseinanderzusetzen. Bei Lady Dedlock ist es die eigene verdrängte Vergangenheit, die ihr in Gestalt ihrer unehelichen Tochter entgegentritt; bei Carstone ist es eine materielle Erbschaft, über die seit dreißig Jahren vor dem Kanzleigericht gestritten wird. Während Lady Dedlock vor ihrer «Erbschaft» zu fliehen versucht, setzt Carstone umgekehrt alles daran, in den Besitz der seinen zu kommen. Beide laufen damit Gefahr, ihre Autonomie zu verlieren. Carstone tappt in dem Nebel herum, der in der Ouvertüre den Kanzleigerichtshof umgibt, und er versucht wie Kafkas Landvermesser im *Schloss* zu den Verantwortlichen für seinen Erbschaftsprozess vorzudringen. Lady Dedlock wiederum lebt in einem kalten gefängnishaften Schloss, während draußen unablässig der Regen auf die Terrasse tropft und wie das Schicksal bei ihr anklopft.

Dickens flicht aus den beiden gegenläufigen Handlungssträngen einen äußerst komplexen und dennoch in sich schlüssigen Plot. Anders als in *Oliver Twist*, wo die Entdeckung des Geheimnisses am Schluss des

Romans wie die Auflösung eines erst nachträglich erfundenen Handlungsknotens wirkt, lässt er hier die Fäden sich von Anfang an ineinander verschlingen, wobei immer neue Figuren in das Gewebe einbezogen werden. Dabei ist die Zuordnung der Charaktere zur zentralen Thematik klar zu erkennen. Sir Leicester Dedlock und seine zwanzig Jahre jüngere bildschöne, aber verbitterte und in ihren Gefühlen erkaltete Ehefrau repäsentieren die seelische Erstarrung, so wie ihr steinernes Schloss Härte und Kälte ausstrahlt. Richard Carstone leidet demgegenüber an seiner inneren Haltlosigkeit, die ihn der Versuchung seiner Erbschaftserwartung erliegen lässt. In der Mitte zwischen den Extremen und immun gegen ihre Gefahren stehen Esther Summerson, die uneheliche Tochter der Lady, und John Jarndyce, der vom Erbschaftgericht eingesetzte Vormund Richard Carstones, der sich aus dem Erbschaftstreit Jarndyce gegen Jarndyce gänzlich heraushält und das im Zentrum der Jarndyce-Erbschaft stehende Bleak House, das eigentlich ihm zusteht, nur treuhänderisch verwaltet.

Wie in einer musikalischen Komposition oder einer filmischen Bildsequenz bricht Dickens die beiden gegensätzlichen Symbolbereiche in kleinere Splitter auf und flicht sie in das Romangeschehen ein, so dass der Leser am jeweiligen Hintergrund ablesen kann, was im Innern der Charaktere vorgeht. Der Roman endet damit, dass Richard Carstone, bildlich gesprochen, an den Mauern des Kanzleigerichts zerbricht und stirbt, während die Lady am Grabe ihres früheren Liebhabers in nächtlichem Schneematsch ihr Ende findet. Carstone erlebt zwar noch, dass der Prozess nach dreißig Jahren endlich entschieden wird, doch die Kosten haben die Erbschaft vollständig aufgezehrt. Esther Summerson und John Jarndyce, die nach beiden Seiten ihre innere Freiheit bewahrten und sich für den goldenen Mittelweg entschieden, sollten eigentlich auf Grund eines aus Dankbarkeit gegebenen Eheversprechens ein Paar werden. Doch Jarndyce übertrifft auf eine sehr viktorianische Weise seine musterhafte Güte noch dadurch, dass er Esther, deren Liebe zu dem jungen Doktor Woodcourt er erkannte, an diesen freigibt.

Das bisher Ausgeführte lässt an einen Roman denken, bei dem die Pickwick-Seite der Dickensschen Fantasie gänzlich ausgeblendet ist. Das gilt aber nur für die düstere Grundstimmung. Zwar ist der blaue Himmel, der sich über die Pickwick-Welt spannte, dem Londoner

Nebel und dem Regen in Lincolnshire gewichen, doch in diese trübe Welt – *bleak*, etymologisch identisch mit ‹bleich›, bedeutet ‹öde, trübe, freudlos› – sind zahlreiche skurrile, groteske und makabre Figuren eingebettet, die den Stempel ihres Schöpfers tragen. Da ist vor allem Krook, dessen Name – *crook* bedeutet ‹Krücke› und ‹Gauner› – wie auch sein Spitzname *Lord Chancellor* bereits anzeigt, wofür er steht. Er wird als ein «kleiner, verwitterter, wie ein Kadaver» aussehender Alkoholiker beschrieben, dessen Trödelladen neben wertlosem Ramsch auch Dokumente aller Art enthält und damit ein Abbild des Kanzleigerichtshofs ist. Als er am Schluss, wie bereits erwähnt, nach übermäßigem Alkoholgenuss durch «spontane innere Verbrennung» buchstäblich explodiert und sich in Form von fettigen Rußflocken im Raum verteilt, ist dies ein drastisches Gleichnis für das, was in Dickens' Augen dem realen Kanzleigericht bevorsteht.

Eine andere Figur, die sich in die Erinnerung des Lesers einbrennt, ist der Rechtsanwalt Tulkinghorn. Gekleidet in stumpfes Schwarz – die Glanzlosigkeit wird ausdrücklich betont – geistert er wie ein Zombie durch den Roman und verkörpert als wandelnder Aktenschrank die Lebensferne eines erstarrten Rechtssystems, das er zum eigenen Vorteil mit gutem Gewinn vertritt. Auch ihn ereilt, wie Krook, ein gewaltsamer Tod. Er wird von einer Frau, die ihm bei seinen dunklen Geschäften half und von ihm nicht den erwarteten Lohn bekam, ermordet. Zum weiteren Personal gehört der Polizeidetektiv Bucket, der zuerst von Tulkinghorn auf die Spur von Lady Dedlocks Geheimnis angesetzt wurde und danach dessen Ermordung aufklärt.

Neben diesen düsteren Figuren wimmelt der Roman von komischen Typen wie z. B. Mrs. Jellyby, die sich mehr um die Erziehung der Afrikaner in Borrioboola-Gha als um die eigene Familie kümmert. Weitere Zielscheiben von Dickens' Satire sind der ölige Sektenprediger Mr. Chadband, in dessen Gestalt er die religiöse Heuchelei attackiert, und *The Right Honourable* William Buffy, M. P., der die Inkompetenz der Cuffys, Duffys und Fuffys im Parlament verkörpert. Sir Leicester Dedlock, der lange Zeit als Repräsentant des verkrusteten Systems erscheint, gewinnt zuletzt eine fast tragische Statur, als er seinen verletzten Stolz überwindet, seiner Frau vergibt und sie nur noch retten will.

Für diesen Roman hatte sich Dickens einen so komplexen, figurenreichen Plot ausgedacht, dass er es für nötig hielt, den Stoff durch einen erzähltechnischen Kunstgriff zu bändigen, indem er einen Teil des Geschehens von Esther Summerson in der Ich-Form erzählen lässt. Das macht den labyrinthischen Handlungsverlauf zwar übersichtlicher, hat aber den Nachteil, dass die moralischen Einstellungen Esthers gegenüber den anderen Figuren ein übermäßiges Gewicht erhalten. Von Nachteil ist dies besonders deshalb, weil Esther viktorianische Wertnormen in so reiner Form vertritt, dass sie aus heutiger Sicht fast wie deren Karikatur wirkt. Sie ist unermüdlich selbstlos im Einsatz für das Wohl anderer und muss am Schluss, als sie ihr Eheversprechen gegenüber Jarndyce pflichtbewusst einlösen will, von diesem zu ihrem Glück förmlich gezwungen werden. Als Tochter der bildschönen Lady Dedlock glich sie ihrer Mutter anfangs so sehr, dass Fremde die Ähnlichkeit sofort erkannten. Doch dann wird sie durch die Pocken ihrer Schönheit beraubt, was im Roman wie ein moralischer Gewinn dargestellt wird. So ist sie – wie Agnes Wickfield in *David Copperfield* und all die anderen engelhaften Frauen, deren Schlichtheit (*plainness*) über die Schönheit triumphiert – ein stereotyper «Engel im Haus», wie ihn Coventry Patmore in seiner an früherer Stelle erwähnten Reihe von Gedichtbänden unter dem Titel *The Angel in the House* propagierte. Der erste Band dieser Reihe erschien ein Jahr nach der letzten Folge von *Bleak House*.

All dies zeigt, wie nahe Dickens am Zeitgeist war. Während er mit der einen Hälfte seines Herzen aus dem Zentrum der viktorianischen Wertnormen sprach, zog er mit der anderen gegen die Verkrustung des politischen und sozialen Systems zu Felde. Man ist versucht sich auszumalen, inwieweit *Bleak House* ein noch besserer Roman geworden wäre, wenn der eine Teil nicht von Esther, sondern von ihrer unglücklichen Mutter erzählt worden wäre. Doch das wären die Bekenntnisse einer ledigen Mutter geworden, die das Publikum wohl weniger positiv aufgenommen hätte. Auf jeden Fall markiert der Roman einen Punkt in Dickens' Schaffen, an dem seine naturwüchsige Erzählfreude vollends in kontrollierte Erzählkunst übergeht. Dass er den Roman seinen «Mitstreitern für die Gilde zur Förderung von Literatur und Kunst» widmete, scheint die Entschiedenheit seines Kunstanspruchs noch zu unterstreichen.

Schreiben in Zeiten von Krieg und Cholera

1854

Am 28. Dezember 1853 schloss Dickens mit seinen Verlegern einen Vertrag über einen Roman «im Umfang von fünf monatlichen Lieferungen von *Bleak House*», der in wöchentlichen Fortsetzungen in *Household Words* erscheinen und den Absatz der Zeitschrift wieder auf die frühere Höhe bringen sollte. Als Honorar wurden ihm zusätzlich zu seinen bisherigen Einkünften aus der Zeitschrift 1000 Pfund zugesagt. Eine reizvolle Aufgabe war es nicht, da wöchentliche Fortsetzungen ein zeitlich enges Korsett darstellten. Doch es gab zu der Zeitschrift keine Alternative.

Ehe sich Dickens an die Arbeit machte, half er aber erst einmal seinen Kindern bei der Vorbereitung einer Theateraufführung am Dreikönigstag. Ursprünglich hatten die Kinder an eine Scharade gedacht, doch Dickens fand so etwas langweilig und brachte sie dazu, Henry Fieldings Farce *Tom Thumb* (*Däumling*) einzustudieren. Die Titelrolle bekam passenderweise der vierjährige Sohn Henry Fielding, der sie mit Bravour gespielt haben soll. Auch für die übrigen Familienmitglieder und für den Freund Mark Lemon mit seinen Kindern gab es Rollen. Dickens selber spielte einen Geist, was ihm Gelegenheit bot, sein komödiantisches Talent zu entfalten. Thackeray, der sich unter den Gästen befand, fiel dabei vor Lachen vom Stuhl.

Nach diesem Zwischenspiel machte sich Dickens an den neuen Roman, für den er erst einmal einen Titel brauchte. Am 20. Januar schickte er Forster eine Liste mit vierzehn Vorschlägen, darunter *Hard Times*, den beide für zugkräftig hielten und der für ihn selber das Potential einer Initialzündung hatte. Für einen Charakter mit Namen Gradgrind hatte er sich schon vorher entschieden: mit dessen Vorstellung sollte der Roman beginnen. Am 23. Januar teilte er Miss Burdett-Coutts mit, dass er die erste Seite geschrieben habe. Gradgrind war von Anfang an als Repräsentant eines verfehlten Erziehungssystems gedacht, gegen das Dickens schweres Geschütz auffuhr. Schon der Name deutet die Zielrichtung an. *Grind* bedeutet ‹schleifen› und ‹mahlen›, *grad* verweist auf *grading,* d. h. auf ‹messen›, ‹zensieren›. Gradgrind sollte demnach ein Erziehungssystem vertreten, das nur exakte, wissenschaftlich messbare Kenntnisse in die kindlichen Gehirne einschleift und damit die Fantasie der Kinder zu trockenem Staub zermahlt. Dass sich zu diesem Thema ein zweites, das der Verhältnisse in den Industriestädten, gesellen würde, war zu erwarten; denn das industrielle Milieu hatte er erst wenige Wochen zuvor bei seinem Besuch in Birmingham aus nächster Nähe zu sehen bekommen. Zur Auffrischung seiner Eindrücke unternahm er am 28. Januar eine Kurzreise nach Preston, wo er Zeuge eines Streiks wurde, der sich dort schon seit dem vorangegangenen Sommer zusammengebraut hatte.

Für das, was Dickens mit Ingrimm bekämpfte, hatten sich seit längerem die Begriffe ‹politische Ökonomie› und ‹politische Wissenschaft› herausgebildet. Während ihn die inhumanen Arbeitsbedingungen in den Fabriken *moralisch* empörten, waren ihm ökonomische Theorien, die gesellschaftliches Handeln nach Gesichtspunkten der Effizienz zu quantifizieren versuchten, *kulturell* zuwider. Er sah darin wie Marx eine Entfremdung des Menschen, nur mit dem Unterschied, dass er nicht wie Marx bereit war, das System gegen sich selbst zu kehren und die politische Ökonomie als ein Instrument zur Humanisierung der Gesellschaft einzusetzen. Was er als Mittel gegen die Entfremdung forderte, war nicht die Veränderung der Produktionsverhältnisse durch Vergesellschaftung der Produktionsmittel, sondern die Vermenschlichung der sozialen Beziehungen durch Herzensgüte und mitmenschliche Wärme. Das aber konnte seiner Meinung nach nicht aus dem kalten Verstand und aus wissenschaftlichem Kalkül kommen, sondern nur aus der natürlichen Kreativität der menschlichen Fantasie. Dies wurde die Stoßrichtung seines Romans. Im Verlauf der Erzählung fügte er den beiden Hauptthemen ein drittes hinzu, nämlich einen Angriff auf das englische Scheidungsrecht, um das damals heftig gestritten wurde. Am Beispiel der Figur des Stephen Blackpool zeigte er das Elend eines Mannes, der ohne die Möglichkeit einer gesetzlichen Trennung an eine trunksüchtige Frau gekettet bleibt.

Hard Times erschien in zwanzig wöchentlichen Fortsetzungen vom 1. April bis zum 12. August. Noch vor der letzten Folge kam am 7. August die Buchausgabe in einem Band heraus, die ein zusätzliches Honorar von 500 Pfund einbrachte. Um die Ernsthaftigkeit seines sozialkritischen Anliegens nicht zu beeinträchtigen, verzichtete Dickens auf Illustrationen, die die Leser möglicherweise an das humoristische Gespann Boz und Phiz erinnert hätten.

Bis Ende Mai hatte Dickens seine ganze Kraft dem Roman gewidmet und war der Publikation immer vier Wochen voraus. Die wenigen gesellschaftlichen Verpflichtungen, die er in dieser Zeit einging, beschränkten sich auf Dinge wie den Vorsitz bei einem Festessen des Garrick-Clubs zu Ehren Shakespeares an dessen Geburtstag am 22. April. Am 18. Juni brach er dann wie schon im Vorjahr mit der Familie zum Sommerurlaub nach Boulogne auf, wo er bis Oktober blieb. Von hier aus schrieb er nach dem Abschluss des Romans für seine Zeitschrift eine Reihe scharfer Artikel gegen die konservative Regierung Lord Aberdeens, der er Unfähigkeit, Korruption und Verschwendung auf allen Gebieten vorwarf. Bereits 1853 war England an der Seite Frankreichs in eine Allianz mit der Türkei gegen Russland eingetreten, um dessen Expansion auf dem Balkan zu stoppen. Daraus entwickelte sich der Krimkrieg, der auf der Seite der Alliierten so schlecht geführt wurde, dass er nach kurzem Anfangserfolg bei der Belagerung von Sebastopol am 25. Oktober 1854 zu der verlustreichen Schlacht von Balaklava führte. Das war der Anlass für Tennysons berühmtes Gedicht *The Charge of the Light Brigade*, das am 9. Dezember erschien und das geflügelte Wort *some one had blundered* (auf Neudeutsch «jemand hat Mist gebaut») in Umlauf setzte. Bis zum Friedensschluss von Paris im März 1856 forderte der Krieg das Leben von 45 000 britischen Soldaten.

Obwohl Dickens militärischem Engagement außerhalb der englischen Grenzen meist kritisch gegenüberstand, war er in diesem Fall Patriot und fand anerkennende Worte für die Tapferkeit der englischen und französischen Soldaten, die auf der russischen Halbinsel verbluteten. Gleichzeitig machte er sich aber auch mit bitterer Ironie über die Kriegsberichterstattung lustig und über seine eigene Bereitschaft, jede Meldung blind zu glauben, *until I become a mere driveller, a moonstruck, babbling, staring, credulous, imbecile, greedy, gaping, wooden-headed, addle-brained, wool-gathering, dreary, vacant, obstinate civilian.* Dieser schier unübersetzbare Schluss seines Briefes vom 13. Oktober an den Freund Frank Stone charakterisiert sehr gut seinen zwischen Wut, Verwirrung und Galgenhumor schwankenden Seelenzustand angesichts der politischen Lage.

Noch vor den blutigen Ereignissen auf der Krim war im August 1854 eine andere Katastrophe über London hereingebrochen, eine Cholera-Epidemie, die rund 10 000 Menschenleben forderte. Dickens war erzürnt, als er in Boulogne erfuhr, dass seine Zeitschrift keinen Artikel dazu geplant hatte. Da er sich immer wieder zu Fragen der öffentlichen Hygiene geäußert hatte, bestand er darauf, dass in die schon fertige Ausgabe der Zeitschrift ein Artikel aus seiner Feder aufgenommen wurde, in dem er betonte, wie oft er selber schon auf die bösen Folgen schlechter Hygienebedingungen hingewiesen habe. Die Epidemie flaute zum Glück schnell wieder ab. In einem Brief an Wilkie Collins schrieb er am 26. September aus Boulogne, dass auch seine Tochter Mary an der «englischen Cholera» erkrankt sei, doch die rasche Genesung lässt vermuten, dass es wohl ein gewöhnlicher Darminfekt war.

Zurück in London galt sein vordringliches Interesse der Weihnachtsausgabe seiner Zeitschrift. Dafür schrieb er zusammen mit anderen Autoren die Rahmenerzählung *The Seven Poor Travellers (Die sieben armen Reisenden)*, in der sieben Reisende einander Geschichten erzählen, von denen die letzte, die von Dickens geschriebene, offenbar aus gegebenem Anlass im Napoleonischen Krieg spielt. Die Weihnachtsnummer war ein großer Erfolg und erreichte eine Auflage von 80 000.

Zwischen dem 19. und 28. Dezember gab Dickens in Reading, Sherborne und Bradford Lesungen seines *Christmas Carol* für gemeinnützige Zwecke. Danach stürzte er sich in die Vorbereitung einer Theateraufführung am Dreikönigstag in seinem Haus. Das Stück, das er dafür ausgewählt hatte, war eine der *Fairy Extravaganzas* von J. R. Planché (1796–1880) mit dem Titel *Fortunio and his Seven Gifted Servants (Fortunio und seine sieben begabten Diener)*. An der Aufführung nahm außer Dickens, Mark Lemon und den Kindern der beiden auch Wilkie Collins teil. Das Publikum, darunter der als Ehrengast geladene Autor des Stückes, war begeistert.

Obwohl auch dieser Roman Dickens' Handschrift erkennen lässt, hebt er sich doch so sehr von seinen übrigen Werken ab, dass er neben ihnen wie ein Fremdkörper wirkt. Schon die Tatsache, dass er nur ein Drittel des Umfangs von *Bleakhaus* hat, ist ungewöhnlich. Ebenso ungewöhnlich ist das völlige Fehlen des Humors, der selbst noch in so düsteren Werken wie *Dombey and Son* zu spüren war. Am ungewöhnlichsten ist aber, dass Dickens hier sein charakteristisches Verfahren der symbolischen Vertiefung des Erzählten umkehrt. Wo in *Bleakhaus* die fiktive Realität durch bildhafte Verdichtung jene Allgemeingültigkeit erhält, die das dichterische Symbol auszeichnet, spürt man in *Hard Times*, dass das Dargestellte gleichnishaft auf aktuelle Wirklichkeit verweisen soll. Das gibt dem Roman einen durchgängig allegorischen Zug. Hier bleibt es nicht dem Leser überlassen, das Erzählte in Bedeutung zu übersetzen, vielmehr versucht der Autor seinerseits, eine These in Erzählung umzusetzen. Mit dieser These, anstelle einer symbolischen Ouvertüre, beginnt der Roman.

«Was wir brauchen, sind Fakten», lautet der erste Satz, gesprochen von Thomas Gradgrind vor den Schülern der von ihm gegründeten Modellschule. Gradgrind verkörpert einen rigorosen Utilitarismus, der alles Geistige auf die Kenntnis von Fakten und alles Handeln auf den erzielten Nutzen reduziert. Die Auswirkungen dieser Philosophie zeigt Dickens in der ‹Koksstadt› Coketown, die mit ihren Kohlegruben die umgebende Natur so unterminiert hat, dass überall tödliche Fallgruben lauern, in die zuletzt der positive Held des Romans, der Arbeiter Stephen Blackpool, stürzt und damit zum Opfer der entfremdeten Welt der Industrie wird. Sein negativer Gegenpol ist der kapitalistische Ausbeuter Bounderby, der damit renommiert, dass er sich als Selfmademan ganz allein aus ärmlichsten Verhältnissen hochgearbeitet habe. Ihm zur Seite steht als sein ideologisches Sprachrohr Thomas Gradgrind, der mit seiner Schule die Ideen des Utilitarismus verbreiten will und der seine ideologischen Vorbilder in den Namen seiner jüngeren Söhne zum Ausdruck bringt, die er Adam Smith und Malthus taufte.

Dickens geht es nicht um Kritik an der Ausbeutung der Arbeiter und an den unmenschlichen Arbeitsbedingungen. Gegenstand seiner Anklage ist vielmehr der drohende Tod dessen, was seiner Meinung nach das Leben menschlich und damit lebenswert macht, nämlich der kreativen Fantasie, die im Roman allegorisch durch einen Zirkus repräsentiert wird. Für ihn ist der Arbeitskampf der Gewerkschaften Ausdruck des gleichen fantasiefeindlichen Denkens wie das Gewinnstreben der Kapitalisten. Deshalb zeigt er in Stephen Blackpool einen Arbeiter, der sich der Teilnahme am Streik verweigert. Da dieser damit aber eher als Vertreter des konservativen Establishments empfunden worden wäre, lässt Dickens ihn noch an eine trunksüchtige Ehefrau gekettet sein, von der er sich wegen der verkrusteten Rechtsordnung nicht scheiden lassen kann.

Stephen Blackpool empfindet sich als hilflos Treibender in einem System, das er wiederholt als *muddle* (Wirrwarr) bezeichnet. Dieses *muddle* ist für ihn das, was für Richard Carstone in *Bleak House* der Jarndyce-Prozess war. Auf der Suche nach Halt stürzt er zuletzt in einen stillgelegten Bergwerksschacht, von dessen Grund aus er den Polarstern sieht. Da klärt sich in seinem Kopf der ‹Wirrwar›, er findet zu sich selber und stirbt in Frieden. Das ist eines der Regenerationserlebnisse, die in Dickens' Romanen gewöhnlich im Wasser, in einem Sumpf oder im Nebel stattfinden. Dass es dabei nicht um Kritik an den Arbeitsbedingungen geht, ist an einem bezeichnenden Detail abzulesen. Im Originalmanuskript hieß es, dass Stephens kleine Schwester starb, als ihr von einer Maschine ein Arm abgerissen wurde. Dieses Detail, das noch in den Korrekturfahnen stand, hat Dickens aus der Endfassung getilgt; denn nach solch einer Erfahrung hätte Stephen zum Rebellen werden müssen. So aber ist er ein leidender Märtyrer, der an den Mauern eines verkrusteten Gesellschaftssystems zerbricht.

Der allegorischen Eindeutigkeit zum Trotz scheint in dem Roman dennoch das symbolische Grundmuster durch. Coketown trägt alle Züge des Gefängniskomplexes, während die umgebende Natur mit den lauernden Öffnungen der stillgelegten Schächte dem Wasserbereich entspricht. Selbst die Erbschaftsthematik klingt an; denn nicht nur Stephen wird durch das Auftauchen seiner verschollen geglaubten Frau von der Vergangenheit eingeholt, auch sein Gegenspieler Bounderby wird mit etwas Verdrängtem konfrontiert, als in Coketown eine mysteriöse alte Frau erscheint: Es ist seine Mutter, der er seinen Aufstieg zu verdanken hat und die er, um seinen Mythos als Selfmademan aufrechtzuerhalten, gern verleugnet hätte.

Außer Stephen Blackpool gibt es in dem Roman noch eine zweite Hauptfigur, die das Problem der Entfremdung leidend verkörpert. Es ist Gradgrinds Tochter Louisa, in der die Erziehung nach den Grundsätzen ihres Vaters Fantasie, Gefühl und Liebesfähigkeit abgetötet hat. Sie ist im Gefängnis von Coketown innerlich erstarrt und willigt trotzig in die lieblose Ehe mit dem 30 Jahre älteren Bounderby ein. Erst als James Harthouse, ein gut aussehender jüngerer Mann, um sie wirbt und mit ihr durchbrennen will, wird sie sich ihrer Situation voll bewusst. Sie verlässt ihren Mann, doch ohne Harthouse zu folgen, wobei ihre Flucht aus dem Gefängnis symbolisch von unwetterartigem Regen begleitet wird. In einem Ausblick in die Zukunft erfährt der Leser, dass ihr zwar das Glück einer erfüllten Ehe versagt bleibt, doch sie schließt Freundschaft mit Sissy Jupes, der Tochter eines Zirkusclowns, und sie kümmert sich liebevoll um deren Kinder. Auch Gradgrind selber sprengt sein Gefängnis. Als er erkennt, dass seine Erziehungsprinzipien bei Louisa und seinem kriminellen Sohn zum Fiasko geführt haben, will er sich fortan nicht mehr von «Fakten», sondern von «Glaube, Hoffnung und Liebe» leiten lassen.

Es kann kaum verwundern, dass *Hard Times* von allen Dickens-Romanen der umstrittenste ist. Wer Dickens' sozialkritisches Pathos teilte, musste darin ein Buch sehen, das ernster zu nehmen war als die humorvolleren Werke. So sah Thomas Carlyle, dem der Roman gewidmet ist, darin naturgemäß eine Bestätigung seiner eigenen radikalen Gesellschaftskritik. Demgegenüber empfand der liberale Historiker und Politiker Thomas Babington Macaulay das Buch als «dumpfen Sozialismus» (*sullen socialism*). F. R. Leavis, der in der Mitte des vorigen Jahrhunderts als Wortführer einer neuen Richtung in der Literaturkritik auftrat und von der Literatur in erster Linie Seriosität verlangte, wollte Dickens anfangs gar nicht in *The Great Tradition* (so der Titel seines Buches über die «große Tradition» des englischen Romans) aufnehmen. Erst in einem Nachtrag entschloss er sich, wenigstens *Hard Times* diesen hohen Rang zuzuerkennen. Die Mehrzahl der Dickens-Kritiker sieht den Roman aber doch im Schatten jener Werke, die eine subtilere Symbolik aufweisen und außerdem auch noch das Markenzeichen des Dickensschen Humors tragen.

Obwohl der Roman einen konkreteren Realitätsbezug hat als die übrigen, deren skurril-groteske Welt oft Züge des Märchenhaften trägt, dürfte er für heutige Leser weniger interessant sein, da die damals aktuellen Probleme inzwischen ihre Brisanz verloren haben. Dickens' Klage über die Entfremdung in der Industriegesellschaft ist zwar immer noch zutreffend, doch dass er die Wurzel des Übels im Utilitarismus sieht, nimmt seiner Diagnose die Schärfe. Vielleicht wäre seine Kritik differenzierter ausgefallen, wenn der große Liberale John Stuart Mill, der den Utilitarismus-Begriff bereits 1823 in Umlauf gesetzt hatte, seinen programmatischen Aufsatz *Utilitarianism* von 1861 schon acht Jahre früher publiziert hätte, so dass Dickens ihn vor Beginn der Arbeit am Roman hätte lesen können. Dort hätte er vieles gefunden, was sich mit seinen eigenen Vorstellungen deckte und was nichts mit Gradgrinds Philosophie gemein hatte.

Um seine These so schlüssig wie möglich zu exemplifizieren, hat Dickens sie allzu schematisch dargestellt, so dass manches, was in den größeren Romanen in kontrapunktischen Handlungssträngen und suggestiven Bildmotiven erscheint, hier nur angedeutet wird. So gehört beispielsweise James Harthouse dem schon mehrfach erwähnten Typ der zwischen Zynismus und Dandytum schwankenden Menschen an, die von Dickens als Treibende beschrieben werden. Als solcher wird er dem Symbolbereich des Wassers zugeordnet, wenn es mit Bezug auf ihn heißt, dass es «die treibenden Eisberge» seien, «die sich von jeder Strömung davontragen lassen und so zu Schiffbrüchen führen».

Bei aller Thesenhaftigkeit hat der Roman dennoch poetische Substanz. Wenn man sich erinnert, dass Kafka seinen ersten Romanversuch *Der Verschollene*, dessen Fragment posthum zunächst unter dem Titel *Amerika* publiziert wurde, in seinem Tagebuch als «glatte Dickensnachahmung» bezeichnete, macht das umgekehrt aus Dickens einen Vorläufer Kafkas. Die Utopie des «Naturtheaters von Oklahoma», die Kafka in seinem Fragment der Welt des Kommerzes und der Industrie gegenüberstellt, hat dort die gleiche Bedeutung wie der Zirkus in *Harte Zeiten*. Das sollte den Leser zögern lassen, «Slearys Pferdezirkus» als Sozialromantik abzutun. Übrigens hat Kafkas Held Dickens' Vornamen Karl und den Nachnamen Rossmann, also ‹Pferdemann›.

Midlife-Krise

1855 bis Juli 1857

Spätestens nach der Geburt des zehnten Kindes muss eine Krise in Dickens' Ehe eingetreten sein. Dass keine weiteren Kinder geboren wurden, während vorher zehn Schwangerschaften und zwei Fehlgeburten in kurzen Abständen aufeinander folgten, deutet auf ein Ende des Liebeslebens hin. Es wurde bereits erwähnt, dass sich Dickens in Briefen und Äußerungen gegenüber Freunden ironisch über die Fruchtbarkeit seiner Frau beklagte, als hätte er selber mit ihren Schwangerschaften nichts zu tun. Bei Edwards Geburt war Dickens selber erst 40, seine Frau 38 Jahre alt, beide also in den besten Jahren. Auf einem Porträt von Daniel Maclise aus dem Jahr 1847 erscheint die damals 32-Jährige als attraktive junge Frau, während sie fünf bis sieben Jahre später (die Datierung ist nicht gesichert) auf einer Daguerreotypie bereits eine gealterte Matrone ist. In einem Brief aus dem Jahr 1853, der 1990 in einem Antiquariatskatalog entdeckt wurde, beschreibt der Zeitgenosse William Moy Thomas sie ungalant als eine «stattliche fette Lady mit üppigen Armen so dick wie die Oberschenkel eines Rettungsschwimmers und so rotgesichtig wie eine Rindfleischwurst». Auch Dickens selber erwähnte in dieser Zeit Freunden gegenüber wiederholt ihre zunehmende Körperfülle.

Warum hatte die attraktive Frau sich bis Ende Dreißig so verändert? Dass das Leben an der Seite dieses Mannes für keine Frau ein reines Vergnügen sein konnte, ist offensichtlich; erst recht nicht für Catherine, die mit ihrem passiven Naturell dem Tempo ihres Mannes nur schwer folgen konnte. Es gibt keine Zeugnisse, aus denen hervorgeht, dass sie sich als bloße Gebärmaschine missbraucht fühlte. Und da auch sie aus bescheidenen Verhältnissen kam, wird sie den sozialen Status, den ihr Mann ihr verschaffte, sicher geschätzt haben. Die Nervenkrise

Georgina Hogarth (um 1850). Zeichnung von Augustus Egg.

nach der Geburt Doras legt aber die Vermutung nahe, dass sie, nachdem sie jahrelang das hektische Leben pflichtbewusst mitgemacht hatte, in einen Zustand körperlicher und seelischer Erschöpfung geraten war, der durch das Bewusstsein von Unterlegenheit noch verschärft wurde, so dass sie sich resigniert aufgab.

Es gibt kaum Zeugnisse, aus denen sich die allmähliche Entfremdung der Ehepartner rekonstruieren ließe. An früherer Stelle wurde gesagt, dass Dickens seiner Frau schon vor der Eheschließung klar zu verstehen gab, was er von ihr erwartete, nämlich dass sie seine Autorität anerkennen und ihm ein behagliches Heim bereiten solle. An den hausfraulichen Fähigkeiten scheint es von Anfang an gemangelt zu haben. Doch da Dickens schon früh genug Geld verdiente, um mehrere Bedienstete in seinem Haushalt anstellen zu können, blieben für seine Frau außer der Kindererziehung nicht allzu viele Pflichten. Seit 1842 lebte außerdem ihre 12 Jahre jüngere Schwester Georgina in ihrem Haushalt, die mit der Zeit in die Rolle einer kompetenten Haushälterin hineinwuchs. Anders als die früh verstorbene Mary war Georgina für Dickens offenbar ein unerotischer «Engel im Haus», von dem er aber uneingeschränkte Bewunderung und aufopferungsvollen

Catherine Dickens (1852–1855). Daguerreotypie von John Jabez Edwin Mayall.

Dienst empfing. Beides wird er von der Mutter seiner zehn Kinder nicht in so engelhafter Form bekommen haben.

Catherine mag die Hilfe der Schwester anfangs als Entlastung empfunden haben. Es ist aber gut vorstellbar, dass es sie zunehmend gekränkt hat, die Wertschätzung ihres Mannes für die Schwester ständig vor Augen zu haben und nicht die wirkliche Herrin in ihrem Haus zu sein. Vielleicht war das Kochbuch, das sie nach der Geburt ihres neunten Kindes schrieb, ein schwacher Versuch, sich gegen den übermächtigen Gatten mit einer Leistung zu behaupten, die nicht wie ihre Kinder als bloße Selbstverständlichkeit angesehen wurde.

Auch in Dickens' Situation kann man sich hineinversetzen. Als er Catherine heiratete, waren sie beide sozial gesehen fast gleichauf. Dann wurde er der literarische Superstar, während sie die Hausfrau und Mutter seiner Kinder blieb. Zu dieser wachsenden Kluft kam hinzu, dass sein Hunger nach Anerkennung, mit dem er das Ohnmachtsgefühl seines Kindheitstraumas kompensierte, von einer Mutter von zehn Kindern kaum zu stillen war. Lässt man die Frauen in seinen Romanen Revue passieren, so ist nicht zu übersehen, dass er eine Schwäche für Kindfrauen und sanfte, fürsorgliche Engel hatte. Starke Frauen zeigt er entweder als kalte, trotzige Schönheiten oder als geschlechtslose Wesen, die sich wie Männer verhalten. Auch in seinem realen Umfeld zogen ihn nur Kindfrauen an, während er mit gleichaltrigen zuweilen ostentative Flirts unterhielt, sie im Grunde aber wie Neutren behandelte.

Was auch immer im Einzelnen geschehen sein mag, beide Ehepartner waren auf ihre Weise frustriert. Catherine fühlte sich vielleicht in ihrer Rolle als Hausfrau und Mutter nicht genügend geschätzt, und Dickens fand in ihr nicht mehr die Kindfrau, die er geheiratet hatte. Hinzu kam jetzt noch, dass Dickens auch von seinem Erstgeborenen in seinen Erwartungen enttäuscht wurde, wofür er, wie bereits erwähnt, seiner Frau die Schuld gab. Weitere Enttäuschungen durch seine Söhne sollten folgen. Alles deutet daraufhin, dass er in den 1850er Jahren in eine Midlife-Krise geriet.

Typisch dafür ist die Veränderung in seinem Freundeskreis. Während er in seinen Anfangsjahren die Freundschaft und Gunst älterer Künstler und Literaten wie Landor, Carlyle, Macready und Francis Jeffrey suchte, zu denen er wie zu Vaterfiguren aufschaute, begann er jetzt, jüngere Freunde um sich zu scharen, denen er nun seinerseits als Vorbild, Lehrmeister und Vaterfigur gegenübertrat, während er gleichzeitig versuchte, mit ihrer Jugendlichkeit Schritt zu halten.

Der erste und bald schon engste dieser jungen Freunde war der zwölf Jahre jüngere Wilkie Collins, der ihn auf seiner zweiten Italienreise begleitet hatte. Mit ihm unternahm er am 11. Februar 1855 erneut eine Spritztour, diesmal nach Paris, wo der Karneval die Aussicht auf Ausschweifungen bot, die er sich in London nicht leisten konnte, ohne seine Reputation als moralische Autorität zu gefährden. Collins führte das Leben eines Bohemiens. Wegen einer chronischen Arthritis hatte er schon früh mit dem regelmäßigen Konsum von Opium begonnen und kannte sich infolgedessen im Milieu der Opiumhöhlen und Bordelle bestens aus. Er führte auch später kein bürgerliches Leben, heiratete nie, lebte zeitweilig mit einer Witwe und deren Tochter zusammen und hatte mit einer anderen drei uneheliche Kinder. Für Dickens war er in dessen Midlife-Krise das Gegengewicht zu John Forster, der immer mehr den Habitus eines sittenstrengen saturierten Bürgers kultivierte.

Wilkie Collins (1850). Porträt von Sir John Everett Millais.

In Paris scheinen sich die Rollen der beiden umgekehrt zu haben: der literarische Zögling wurde jetzt zum Cicerone, der den bewunderten Meister in die Welt des Lasters einführte. Diese Welt war Dickens auch vorher nicht unbekannt, aber er scheint sie erst in diesen Krisenjahren ausgiebiger genossen zu haben. In welchem Umfang er das tat, ist strittig. Manche Anspielungen in seinen Briefen klingen eher nach Maulheldentum. Seine moralischen Wertvorstellungen wurden durch solche Abenteuer jedenfalls nicht erschüttert, doch die Kenntnis der Nachtseite der Gesellschaft bestärkte ihn in seiner Toleranz gegenüber Gefallenen, insbesondere gegenüber gefallenen Frauen. Vor allem aber verschafften ihm die Ausflüge in die Halbwelt visuelle Eindrücke des Milieus, die er danach in seinen Romanen verarbeitete.

Am Tage vor der Abreise nach Paris wurden seine erotischen Gefühle noch auf andere Weise aufgestört, als ihn ein Brief seiner Jugendliebe erreichte. Maria Beadnell, die mit Henry Louis Winter, dem Manager eines Sägewerks, verheiratet war, schrieb, vermutlich aus Eitelkeit, ihrem inzwischen berühmten Verehrer von vor 22 Jahren, dass sie ihn gern wiedersehen würde. Der Brief ist nicht erhalten, doch seine Wirkung lässt sich daran ablesen, dass Dickens ihr innerhalb von zwei Wochen vier längere Briefe zurückschrieb. Der erste beginnt noch mit *My Dear Mrs. Winter* und endet mit *Faithfully your friend*; doch schon im dritten geht er zur Anrede *My dear Maria* und zur Grußformel *Ever your affectionate friend* über. Beim Lesen dieser Briefe spürt man, wie die alten Liebesgefühle in ihm von neuem lebendig werden. Gegen ihren Vorschlag, sich mit ihm in der Stadt zu treffen, wendet er ein, dass sie dabei gesehen werden könnten. In Frageform schlägt er vor, dass sie zu ihm ins Haus kommen und dabei zuerst nach seiner Frau fragen solle, fügt aber hinzu, dass seine Frau zur vorgeschlagenen Zeit höchstwahrscheinlich nicht im Haus sein werde. Das klingt wie die Einladung zu einem Abenteuer.

In Paris kaufte er ihr ein Geschenk, und nach seiner Rückkehr schickte er, um der Wiederbegegnung einen unverdächtigen Anstrich zu geben, seine Frau zum Ehepaar Winter, um eine Einladung an beide zu überbringen. In den Briefen, die dem Wiedersehen vorausgehen, spürt man, wie er einerseits um die Wahrung seines guten Rufs bedacht ist und andererseits mit Frühlingsgefühlen dem Treffen entgegensieht, das am 25. Februar stattfinden sollte. Das erotische Flair von Paris wird seine Gefühle in dieser Hinsicht noch bestärkt haben. Doch seine Erwartungen wurden bitter enttäuscht. Aus der koketten jungen Frau, die ihm einst den Kopf verdrehte, war eine redselige Matrone geworden. Für Dickens' Frau mag diese Enttäuschung ein Trost gewesen sein, doch für ihn selber war es ein weiterer Schatten, der sich auf sein Leben legte und ihm bewusst machte, dass die besten Jahre hinter ihm lagen.

Der einzige Mensch, den er in dieser Zeit in sein Herz schauen ließ, war Forster. Der beschreibt später in seiner Biographie die Jahre nach *David Copperfield* als eine Zeit, in der Dickens immer ruheloser wurde, von Ablenkung zu Ablenkung hetzte und in wachsendem Maß das Gefühl hatte, das wahre Glück seines Lebens verpasst zu haben. Da von den über tausend Briefen, aus denen Forster oft ohne Angabe des

Datums zitiert, nur 55 erhalten sind, lässt sich anhand der Zitate keine genaue Chronologie der Krise des Dichters erstellen. Die folgenden Briefstellen lassen aber spüren, wie es in Dickens' Innerem aussah. So schrieb er bereits Ende September 1854 (vermutlich am 29.) aus seinem Urlaubsort Boulogne an Forster:

> Ich male mir aus, wie ich ein halbes Jahr oder länger an den unerreichbarsten Orten verbringe, um dort ein neues Buch zu beginnen. Mir geht die Idee durch den Kopf, in einem Schweizer Konvent oberhalb der Schneegrenze zu leben. [...] *Ruhelosigkeit* wirst Du es nennen. Was immer es sein mag, es treibt mich an, und ich kann nichts dagegen tun. [...] Wenn ich einmal neun oder zehn Wochen pausiert habe, ist mir, als sei es ein Jahr gewesen, selbst wenn ich vorher die seltsamsten nervösen Beschwerden hatte. Wenn ich dann nicht schnell und weit marschieren kann, ist mir, als würde ich explodieren und verenden.

Vier Monate später, am 3. Februar 1855, schrieb er an Forster:

> Ich bin in einer durch und durch verwirrten Verfassung – Stäubchen von neuen Büchern sind in der schmutzigen Luft, Trübsal aus älteren Quellen bedrängt mich. Wie kommt es, dass, wie beim armen David, immer dann, wenn ich in schlechte Laune verfalle, in mir das Gefühl aufsteigt, das *eine* Glück meines Lebens verpasst zu haben, den *einen* Freund und Partner nie gefunden zu haben?

Im Jahr darauf findet sich in dem Brief vom 13. April 1856 an Forster ein Bekenntnis, das durch die Erinnerung an seinen Freund Macready ausgelöst wurde, der sich in eine Art Einsiedelei zurückgezogen hatte:

> Es erfüllt mich mit Mitleid, wenn ich an ihn denke, dort an seinem einsamen Wohnsitz in Sherborne. Was mich betrifft, so hatte ich stets das Gefühl, so Gott will, einmal in den Sielen zu sterben, aber ich habe dieses Gefühl nie so stark, wie wenn ich ihn sehe oder an ihn denke. Wie sonderbar ist es, niemals zur Ruhe zu kommen, niemals zufrieden zu sein, und immer nach etwas zu suchen, was nie erreicht wird, und immer Plots und Pläne im Kopf zu haben, sich

immer zu kümmern und zu sorgen, und doch wie klar, dass es so sein muss, und dass man von einer unsichtbaren Macht vorangetrieben wird, bis die Reise zu Ende ist. Es ist besser weiterzumachen und sich aufzureiben, als aufzuhören und sich aufzugeben. Was Ruhe betrifft – es gibt Menschen, in deren Leben es so etwas nicht gibt. Das Ebengesagte klingt wie eine kleine Predigt. Aber es geht mir in diesen Tagen so oft durch den Kopf, dass es einmal heraus muss. Die alten Tage – die alten Tage! Werde ich jemals, so frage ich mich, die Gemütsverfassung wiedergewinnen, wie ich sie früher hatte? Vielleicht etwas davon, aber niemals ganz, so wie es war. Ich finde, dass sich das Skelett in meinem häuslichen Schrank zu einem ziemlich großen auswächst.

Im Jahr darauf wird er das Skelett aus seinem häuslichen Schrank gänzlich herauslassen, wobei der Türöffner die Begegnung mit einer 18-jährigen Schauspielerin war, in die er sich im August 1857 verliebte. Schon wenige Tage später, vermutlich am 3. September, schrieb er an Forster:

Die arme Catherine und ich sind nicht für einander geschaffen; und daran lässt sich nichts ändern. Es ist nicht nur, dass sie mich unzufrieden und unglücklich macht, ich mache das Gleiche bei ihr – und sogar noch viel mehr. Sie ist genauso, wie Du sie kennst, liebenswürdig und entgegenkommend; aber für den Bund, der uns verbindet, passen wir denkbar schlecht zusammen. Weiß Gott, sie wäre tausendmal glücklicher, wenn sie einen anderen Mann geheiratet hätte, und die Vermeidung dieses Schicksals wäre gleichermaßen gut für uns beide gewesen. Es schneidet mir oft ins Herz, wenn ich daran denke, wie jammerschade es um ihretwillen ist, dass ich ihr jemals über den Weg lief. Ich weiß, wie leid es ihr täte, wenn ich morgen krank oder hinfällig würde, und wie sehr es mich selbst bekümmert, dass wir einander verloren haben. Doch die gleiche Unverträglichkeit wäre im Moment meiner Genesung von neuem da.

Doch bevor es zu der folgenschweren Begegnung mit seiner neuen Liebe kam, ging es für Dickens erst einmal darum, ein neues Romanprojekt in Angriff zu nehmen. Schon am 6. Februar 1855 hatte er an Miss Burdett-Coutts wie vorher bereits an Forster geschrieben: «Stäubchen neuer Geschichten schwirren vor meinen Augen in der schmutzigen Luft umher.» In einem Brief an Collins heißt es etwas später, dass er Unmengen von Papier mit Plänen und Notizen fülle, und im Mai meldete er Forster schließlich: «Um mich herum beginnt die Geschichte zu sprießen.» Ende Mai teilte er dem Verlag mit, dass er den neuen Roman für November 1855 ankündigen solle. Dass die Lebenskrise zugleich eine Schaffenskrise war, zeigt sich daran, dass er sich mit diesem Roman besonders schwer tat. Zunächst hatte er vor, darin über einen Menschen zu schreiben, der alle seine Versäumnisse und Verfehlungen auf die Vorsehung schiebt, ein Fehlverhalten, das er auch an der gesamten Gesellschaft aufzeigen wollte. Der Titel sollte deshalb lauten: *Nobody's Fault (Niemandes Schuld)*. Erst spät wechselte er von der Betonung gesellschaftlicher Missstände hin zum positiven Aspekt moralischer Güte, deren ideale Verkörperung eine junge Frau von engelhafter Opferbereitschaft ist — die Titelheldin von *Little Dorrit.*

Bevor Dickens mit der Arbeit an dem neuen Roman beginnen konnte, verlangten aber die politischen Verhältnisse den Einsatz seiner Feder. Das katastrophale Missmanagement des Krimkriegs hatte zum Sturz der Koalitionsregierung unter Lord Aberdeen geführt, in der der von Dickens geschätzte Liberale Lord Russell ein Ministeramt innehatte. Russell war von 1846 bis 1852 selber Premierminister gewesen und hatte schon damals seinen Rivalen Palmerston als Außenminister im Kabinett, der jetzt die Nachfolge Aberdeens antrat. Dickens hielt diesen von Fall zu Fall mit den Whigs kooperierenden selbstherrlichen Konservativen für einen wetterwendischen Opportunisten und schrieb scharfe Artikel gegen ihn. Die Radikalen meinten, dass mit dem populären Imperialisten der Bock zum Gärtner gemacht worden sei, weshalb der Parlamentarier Layard, mit dem Dickens zwei Jahre zuvor den Vesuv bestiegen hatte, am 5. Mai 1855 die *Administrative Reform Association* gründete. Dickens trat dieser «Gesellschaft für eine Verwaltungsreform» bei und unterstützte ihre Ziele mit kritischen Artikeln in seiner Zeitschrift. Im Zentrum der Kritik stand die Inkompetenz der gesamten herrschenden Klasse. Diese Zielscheibe erscheint wenig später in seinem Roman als *Circumlocution Office*, d. h. ‹Weitschweifigkeitsamt›. Eine konkrete Einrichtung, um deren Reform sich Dickens unmittelbar kümmerte, war der *Royal Literary Fund*, der 1790 zur Unterstützung verdienstvoller Autoren gegründet worden war. Dickens gehörte dem zuständigen Komitee seit Jahren an, war aber mit der Art, wie der Fonds verwaltet wurde, immer unzufriedener geworden, weshalb er jetzt eine interne Opposition aufbaute, um die Institution auf den Kurs seiner *Guild of Literature and Art* zu bringen.

Die politischen Scharmützel hatten seine innere Unruhe so sehr angestachelt, dass er, statt Urlaub zu machen, erst einmal ein Ventil brauchte, um sich abzureagieren. Das konnte nur eine Theateraufführung sein. Zu der Zeit hatte Collins, mit Rat und Tat von Dickens unterstützt, aus einer früher publizierten Geschichte das Theaterstück *The Lighthouse* (*Der Leuchtturm)* gemacht, für das sich Dickens sogleich begeisterte und eine Aufführung im Schulsaal seines Hauses vorbereitete. Das interessierte Publikum wurde mit Anzeigen in dieses «kleinste Theater der Welt!/TAVISTOCK HOUSE/gepachtet und gemanaged von Mr. Crummles» eingeladen, wobei Dickens seinen eigenen Namen hinter dem des komischen Theaterdirektors Crummles aus *Nicholas Nickleby* versteckte. Die drei aufeinanderfolgenden Aufführungen am 16., 18. und 19. Juni 1855 waren ein großer Erfolg. Selbst der kritische Carlyle war von Dickens schauspielerischer Leistung angetan.

Eine Woche später hielt Dickens eine flammende Rede vor der *Administrative Reform Association*, führte am 10. Juli das Theaterstück noch einmal für einen wohltätigen Zweck in einem Privathaus in Kensington auf, fühlte sich dann endlich urlaubsreif und reiste mit seiner Familie in das Seebad Folkestone. Zur Ruhe kam er auch hier nicht; denn inzwischen hatte die Regierung wieder einmal einen Gesetzentwurf zur Einschränkung des öffentlichen Lebens an Sonntagen eingebracht, was zu Protesten geführt hatte und den Autor von *Sunday Under Three Heads* auf den Plan rief. Für Dickens war der Sonntag eine Gelegenheit für familiäre Aktivitäten aller Art, weshalb er in deren Einschränkung einen Angriff auf Freiheitsrechte der Unterschicht sah. Den sauertöpfischen Puritanismus, den er dahinter spürte, nahm er wenig später im dritten Kapitel von *Little Dorrit* aufs Korn, wo er die Tristesse eines solchen Sonntags beschreibt. Zu seiner Erleichterung ging das Gesetz schließlich doch nicht durchs Parlament.

Nach dem Sommerurlaub ging er mit seiner Familie im September für sechs Monate nach Paris, wo seine Töchter den letzten gesellschaftlichen Schliff bekommen sollten, um für den Heiratsmarkt gerüstet zu sein. Auch für ihn selber war die Anregung durch die französische Metropole fernab von den unmittelbaren Pflichten zu Hause wichtig, was allerdings bedeutete, dass er zur Erledigung dringender Geschäfte immer wieder nach London reisen musste. In Frankreich war er inzwischen fast so bekannt wie im eigenen Land. Er genoss es, als prominenter Gast zu Soireen eingeladen und hofiert zu werden. Im Haus der berühmten Schauspielerin Pauline Viardot wurde er mit George Sand bekanntgemacht; und von dem angesehenen deutsch-französischen Maler Ary Scheffer ließ er sich porträtieren. Daneben tat er auch in Paris das, was ihm in London zur Gewohnheit geworden war: Er durchstreifte die Stadt in langen Wanderungen, immer auf der Suche nach Anblicken, die ihn durch etwas Sensationelles oder Makabres stimulieren würden, am liebsten in Begleitung von Collins, der ihn öfters besuchte.

Gegen Ende des Jahres erreichte ihn in Paris die Erfolgsmeldung, dass vom ersten, am 30. November erschienenen Fortsetzungsheft von *Little Dorrit* bis Weihnachten schon 30 000 Exemplare verkauft worden waren. Da er drei Fortsetzungen fertig hatte, war ihm vorher noch Zeit geblieben, für seine Zeitschrift wieder eine Weihnachtsnummer vorzubereiten, die diesmal den Titel *The Holly-Tree Inn* trug. Diese eingeschobene Arbeit verkürzte seinen Vorsprung von drei auf zwei Lieferungen, was ihm aber bei seiner extrem disziplinierten Arbeitsroutine immer noch genug Zeit ließ, sich aus der Ferne um seine Zeitschrift und um den Fortgang von Urania Cottage zu kümmern. Das Weihnachtsfest wurde diesmal nicht im eigenen Haus, sondern in Paris gefeiert.

Ein wichtiges Datum im neuen Jahr 1856 war der 14. März. An diesem Tag erwarb Dickens für 1790 Pfund Gad's Hill Place, das Haus zwischen Gravesend und Rochester in der Grafschaft Kent, das er als Kind bewundert hatte und von dem sein Vater ihm gesagt hatte, wenn er sich anstrenge, könne er eines Tages vielleicht selber darin wohnen. Zwar wurde es erst ab 1860 sein ständiger Wohnsitz, doch der Erwerb des stattlichen Anwesens muss für ihn die endgültige Bestätigung dafür gewesen sein, dass nun auch er, der Junge aus einfachen Verhältnissen, formell zur Klasse der Grundbesitzer, der Landed Gentry, gehörte. Voller Stolz bezeichnete er sich als den *Inimitable Kentish Freeholder.* Außerdem schmeichelte ihm die Tatsache, dass der Ort bereits als Wohnsitz einer Figur in Shakespeares *Heinrich IV., Teil 1,* erwähnt wird. Dort plante ein gewisser Gadshill zusammen mit Falstaff den Überfall auf Pilger, die unterwegs nach Canterbury waren. Beim Erwerb des Anwesens muss Dickens sich ähnlich gefühlt haben wie Shakespeare, der Stückeschreiber und Schauspieler, der in den Augen der besseren Gesellschaft nur ein Gaukler war, als er in seinem Geburtsort Stratford ein stattliches Haus erwarb, um dort seinen Lebensabend zu verbringen.

Mitte Mai 1856 ging die Familie von Paris zurück nach London, blieb hier aber nur kurz, um schon am 7. Juni wieder zum Badeurlaub nach Boulogne aufzubrechen. Die Auflage des Romans war inzwischen auf 35 000 gestiegen. Dickens hatte weiterhin einen Vorsprung von zwei Fortsetzungen und fühlte sich offenbar nicht ausgelastet. Schon in Paris hatte er mit Collins an einem gemeinsamen Theaterstück zu arbeiten begonnen. Als Collins ihn am 16. August in Boulogne besuchte, war das Stück bereits weit gediehen und hatte inzwischen den Titel *The Frozen Deep (Die gefrorene Tiefe)* erhalten. Dickens war von dem Gemeinschaftswerk so angetan, dass er sogleich beschloss, es in seinem Haus zur Aufführung zu bringen. Als Ende August in Boulogne eine Diphtherie-Epidemie ausbrach, kehrte die Familie vorzeitig nach London zurück, wo Dickens alsbald mit den Vorbereitungen für die Aufführung begann. Die Arbeit an dem Stück hatte seine Freundschaft mit Collins so weit vertieft, dass er ihm jetzt eine feste Stelle an seiner Zeitschrift gab, wo sich der junge Mitarbeiter schon wenig später verdient machte; denn die Weihnachtsnummer für das Jahr 1856 stammt zu einem großen Teil von ihm. Dickens hatte dafür eine Rahmenerzählung konzipiert, in der sich Schiffbrüchige in einem Boot gegenseitig Geschichten erzählen sollten. Der Titel der Nummer lautete: *The Wreck of the Golden Mary* (*Der Schiffbruch der* Golden Mary).

Währenddessen ging die Vorbereitung der Theateraufführung zügig voran. Dickens wollte daraus ein einzigartiges Ereignis machen und nahm zu diesem Zweck in Tavistock House aufwändige Umbauten vor, ließ eine Gasbeleuchtung installieren und dehnte die Probenzeit auf drei Monate aus. Die Premiere war für den 6. Januar 1857 vorgesehen, der in Dickens' Familie als Geburtstag des ältesten Sohnes schon immer gefeiert wurde. Für ihn selber aber hatte dieser Tag wohl auch wegen der literarischen Assoziation einen besonderen Reiz; denn für die «zwölfte Nacht» nach Weihnachten hatte einst Shakespeare seine Komödie *Twelfth Night* geschrieben, die man in Deutschland, wo es diese Tradition am Dreikönigstag nicht gibt, unter dem Titel *Was ihr wollt* kennt. Die Aufführung wurde ein sensationeller Erfolg, und die zum Abschluss gespielte Farce *Animal Magnetism* bot Dickens wieder einmal Gelegenheit, sein komödiantisches Talent voll auszuspielen.

Das Jahr 1857 brachte neben der Arbeit am letzten Drittel von *Little Dorrit* eine Reihe weiterer politischer Scharmützel, die Dickens in seiner Zeitschrift ausfocht. Inzwischen war seine Enttäuschung über die englische Politik so tief geworden, dass er den Glauben an die parlamentarische Demokratie gänzlich verlor. In einem Brief an den Grafen Carlisle, der unter Russell ein Regierungsamt innehatte, bezeichnet er sich selber als a *grievous radical* (ein verbitterter Radikaler).

Am 8. Mai schloss Dickens die letzte Nummer von *Little Dorrit* ab, die im Juni herauskam. Der Verkauf war bis zuletzt so gut, dass ihm jede Nummer rund 600 Pfund einbrachte. Nun stand er wieder vor dem Problem, die postnatale Leere in sich auszufüllen. Eine Gelegenheit dazu bot sich, als sein alter Freund Douglas Jerrold unerwartet im Alter von 54 Jahren starb und eine Witwe mit drei Söhnen zurückließ. Obwohl Jerrolds Familie klar zum Ausdruck gebracht hatte, dass sie nicht auf Unterstützung angewiesen sei, setzte Dickens unverzüglich alles in Bewegung, um für die Hinterbliebenen einen Fonds zusammenzubringen. Zu diesem Zweck gab er am 30. Juni in St. Martin's Hall vor tausend Zuhörern eine Wohltätigkeitslesung von *A Christmas Carol*. Des weiteren organisierte er eine Subskriptionsaufführung von *The Frozen Deep* in der *Gallery of Illustrations* in der Regent Street.

Eine Einladung der Königin, das Stück im Buckingham Palace aufzuführen, lehnte er jedoch diplomatisch ab, da er unsicher «über den Status seiner Töchter bei Hofe» sei. Die Königin ihrerseits nahm Dickens' Gegeneinladung an und besuchte eine Sondervorstellung des Stücks am 4. Juli in der Gallery. So kulminierte Dickens' Karriere mit einem äußerst erfolgreichen Roman und einer Theatervorstellung vor der Königin, während sich an seinem privaten Himmel düstere Wolken zusammenzogen und der Blitz nicht mehr lange auf sich warten ließ.

Den düsteren Himmel konnte auch die Gesellschaft des dänischen Märchenerzählers Hans Christian Andersen nicht aufhellen. Dieser frühe Bewunderer von Dickens hatte seinen englischen Kollegen schon bei seinem ersten Besuch auf der Insel 1847 kennengelernt. Als Dickens dann von ihm einen Brief mit der Ankündigung eines zweiten Besuchs erhielt, lud er ihn am 3. April großzügig ein, auf seinem neuerworbenen Landsitz Gad's Hill sein Gast zu sein. Dabei war von «einer Woche oder vierzehn Tagen» die Rede. Doch am Ende wurde es ein Aufenthalt von fünf Wochen, was Dickens' Töchter, die den Gast bei Laune halten mussten, zunehmend als Belastung empfanden. Als der berühmte Mann endlich das Haus verließ, steckte Dickens hinter den Spiegel des Gästezimmers eine Karte mit der Aufschrift: «Hans Christian Andersen schlief in diesem Zimmer fünf Wochen lang, die der Familie wie eine Ewigkeit erschienen.»

So sehr Dickens in Andersens Werken eine Seelenverwandschaft spürte, so wenig konnte er sich mit dem Manne selber anfreunden, der auf seine Mitmenschen linkisch, eitel und voll von weinerlichem Selbstmitleid wirkte. Zudem sprach er kaum Englisch, so dass der *bony bore*, der ‹knochige Langweiler›, wie ihn Dickens' Tochter Katey bezeichnete, von der ganzen Familie als Störfaktor empfunden wurde. Zu einer weiteren Abkühlung des Verhältnisses zwischen den beiden Autoren kam es drei Jahre später. Andersen hatte nach seiner Heimkehr für eine Kopenhagener Zeitung eine Artikelserie über seinen Besuch bei Dickens geschrieben, aus der *Bentley's Miscellany* 1860 nach Dickens' Trennung von seiner Frau Auszüge publizierte, in denen Catherine über die Maßen gelobt wurde. Zunächst aber scheint die Abreise des sieben Jahre älteren verknöcherten Dänen in Dickens bloß ein Aufatmen und eine Sehnsucht nach jüngerer und attraktiverer Gesellschaft bewirkt zu haben, die er mit der Wiederaufnahme seines Theaterprojekts befriedigen wollte.

Klein-Dorrit

Mit diesem Roman nimmt Dickens die Form wieder auf, die er in *Bleak House* zum ersten Mal konsequent entwickelt hatte. Wie dort beginnt er auch hier mit einer symbolischen Ouvertüre, in der die zentralen Themen und Motive angekündigt werden. Sprachlich bedient er sich dabei eines stilistischen Mittels, das er vorher bereits hin und wieder eingesetzt hatte, hier aber, und später noch öfters, zum Extrem treibt. Es ist die Wiederholung eines bestimmten Wortes, mit dem ein atmosphärisches Bild immer stärker intensiviert und symbolisch aufgeladen wird. In diesem Fall ist es das Wort *stare*, ‹starren›. Die Ouvertüre beschwört ein Bild von gleißender Mittagshitze, die auf der Stadt Marseille und dem Mittelmeer liegt. Die Häuser, die Straßen, die Landschaft und selbst das Wasser: alles scheint vor grellem Licht zu «starren». Dann folgt als Gegenbild die Beschreibung eines Gefängnisses, in dem zwei Häftlinge ein langes, kryptisches Gespräch führen. Am Schluss des Kapitels kehrt das Motiv wieder, wenn gesagt wird, dass es sich ausgestarrt habe. Die Sonne geht unter, und der letzte Satz endet mit den Worten: «... und ein so tiefes Schweigen lag über dem Wasser, dass es kaum etwas flüsterte von der Zeit, zu der es seine Toten herausgeben wird». Damit meldet sich auch hier das ominöse Erbschaftsmotiv.

Was – metaphorisch gesprochen – unter dem gleißenden Meeresspiegel liegt, wird im Verlauf des Romans ans Licht geholt und erweist sich als ein dichtes Netz, in das fast alle auftretenden Figuren direkt oder indirekt verstrickt sind. Einer der beiden Gefängnisinsassen, der Mörder Rigaud (alias Blandois, alias Lagnier) wird dabei als Manipulator fungieren, der sich Kenntnis der verborgenen Geheimnisse verschafft, um sie durch Erpressung zu Geld zu machen. Sein Gegenspieler auf der positiven Seite ist der im zweiten Kapitel eingeführte Arthur Clennam, der wie ein Detektiv versucht, das verborgene Geflecht freizulegen, das wie ein Krankheitsherd sein Leben vergiftet hat. Nach 20 Jahren geschäftlicher Tätigkeit in China kehrt er über Marseille zurück nach London, wo in einem düsteren, gefängnisartigen Haus seine gelähmte Mutter haust. Später wird sich herausstellen, dass er gar nicht ihr Sohn ist, sondern von seinem Vater außerehelich gezeugt wurde. Seine vermeintliche Mutter rächte sich an ihm für den Betrug, indem sie ihn mit äußerster Kälte aufzog, während seine natürliche Mutter in Wahnsinn verfiel und starb.

Der Onkel seines Vaters, der dessen lieblose Ehe um des Geldes willen arrangiert hatte, hinterließ aus schlechtem Gewissen ein Testament, in welchem er der jüngsten Tochter oder Nichte des Mannes, der sich um die Wahnsinnige bis zu ihrem Tod gekümmert hatte, ein Legat von 1000 Pfund hinterließ. Dieser barmherzige Mann war Frederick Dorrit, dessen Bruder William seit über 20 Jahren im Marshalsea-Gefängnis in Schuldhaft sitzt. Williams Tochter Amy, die im Gefängnis geboren wurde und von allen nur Klein-Dorrit genannt wird, ist ohne ihr Wissen die Begünstigte des Testaments, das von Mrs. Clennam unterschlagen wurde und erst durch ihren Sohn Arthur aufgedeckt wird. Da auch Arthur im Haus seiner vermeintlichen Mutter wie in einem Gefängnis aufwuchs, repräsentieren er und Klein-Dorrit zwei um ein Gefängnis kreisende Handlungsstränge, die durch die Erbschaft verbunden sind. Dickens entwickelt die beiden Stränge so, dass sie sich immer mehr ineinander verschlingen, wobei er eine Fülle weiterer Figuren mit entsprechenden Nebenhandlungen in das labyrinthische Gewebe einflicht.

Die eindrucksvollste Figur ist Amys Vater, der von den Gefängnisinsassen respektvoll «Vater des Marshalsea-Gefängnisses» genannt wird. In ihm hat Dickens die Schuldhaft seines Vaters ins Mythische überhöht, indem er aus dessen drei Monaten eine Haftzeit von über zwanzig Jahren macht. Der alte Dorrit ist ein lebensuntüchtiger Egoist, der seine Mitmenschen ausnutzt und sich für etwas Besseres hält, gleichzeitig aber etwas von der tragischen Aura eines König Lear an sich hat. Zahlreiche weitere Personen treten als Repräsentanten bestimmter Themen auf. Da ist der betrügerische Finanzspekulant Merdle, dessen Bankrott zuletzt dazu führt, dass Arthur Clennam und Little Dorrit ihr ganzes Geld verlieren. Sein positives Gegenbild ist der ehrliche Erfinder und Unternehmer Doyce, an dessen Firma Arthur beteiligt ist. Daneben gibt es den dandyhaften Zyniker und Glücksritter Henry Gowan, in dem der Leser unschwer eine Familienähnlichkeit mit Steerforth erkennen wird. Ihm steht als anderes Extrem die von ihm betrogene, hasserfüllte und in sich erstarrte Miss Wade gegenüber, die der von Steerforth verschmähten Rosa Dartle ähnelt.

Wenn in den beiden Haupthandlungen ein Gefängnis im Zentrum steht, wo bleibt dann das Gegenbild des Wassers, das in der Ouvertüre eingeführt wird? Wer mit Dickens' bildhaftem Denken vertraut ist, wird es im dritten Handlungsstrang entdecken, der um das *Circumlocution Office,* das «Weitschweifigkeitsamt», kreist. Dickens hat hier in satirischer Absicht das Bild einer Behörde entworfen, deren einziger Zweck darin besteht, sich selbst zu verwalten. Doch das Amt ist mehr als bloße Satire. Die Sippe, die es kontrolliert, heißt Barnacle. *Barnacles* sind Entenmuscheln, die sich am Rumpf eines Schiffes festsetzen und seine Fahrt behindern. Damit erscheint das Amt als ein unproduktives, im Wasser treibendes Schiff und evoziert somit die gleiche Sphäre wie in *Bleak House* der im Nebel treibende Kanzleigerichtshof.

Arthur Clennam und Amy Dorrit sind dic beiden positiven Protagonisten, die sich auf der einen Seite gegen das Gefängnis und auf der anderen gegen das haltlose Treiben der Barnacle-Welt behaupten. Am Schluss des Romans, als die letzten Fasern des «ererbten» Geflechts ans Licht gezogen werden und die «Erbsünde» der Clennam-Familie aufgedeckt wird, springt Mrs. Clennam aus ihrem Rollstuhl, den sie seit fünfzehn Jahren nicht mehr verlassen hat, und stürzt auf die Straße, während hinter ihr das gruftartige Haus zusammenstürzt und Blandois, der in erpresserischer Absicht das Geheimnis des Testaments offenbarte, unter sich begräbt. Der Roman endet mit der Verbindung von Arthur und Amy, die beide ihre Gefängnisse gesprengt und sich von ihrer Erbschaft emanzipiert haben, wenngleich sie ihr ganzes Geld verloren haben. Dass Dickens in seinen Romanen so oft den Verlust des Vermögens als ethischen Gewinn darstellt, ist ein Zugeständnis an die viktorianische Moral, die er selber so verinnerlicht hat, dass er sie guten Gewissens propagieren konnte, obwohl er gleichzeitig in seinem bürgerlichen Leben ohne schlechtes Gewissen ein rigoroses Gewinnstreben praktizierte.

Während der Roman beim Publikum ein großer Erfolg war, reagierte die Kritik beim ersten Erscheinen eher kühl bis negativ. In einer der führenden Zeitschriften wurde er sogar als der bis dahin schlechteste des Autors bezeichnet. Aus damaliger Sicht sind beide Urteile verständlich. Leser, die eine spannende Handlung mit moralischer Botschaft erwarteten, kamen mit der tugendhaften Titelheldin auf ihre Kosten, während Kritiker, die ein realistisches Bild sozialer Verhältnisse und eine glaubhafte Psychologie verlangten, enttäuscht sein mussten. Das viktorianische Publikum erwartete von Literatur eine therapeutische Einstellung zur Wirklichkeit. Die lieferte Dickens mit seinem positiven Heldenpaar. Doch anspruchsvollere Leser lud der von Selbstzweifeln geplagte, zwischen Schwäche und verzweifelter Willensanstrengung hin und her schwankende Arthur nicht zur Identifikation ein. Auch die unerschütterliche Demut, mit der Little Dorrit ihre Rolle als Aschenputtel ausfüllt, befriedigte nur die sentimentale Sehnsucht des Bürgertums nach vorbildlicher Moral. Die einzige uneingeschränkt positive Figur ist der tatkräftige und warmherzige Erfinder Doyce, der es Arthur verzeiht, dass er das Betriebsvermögen des gemeinsamen Unternehmens durch eine Fehlspekulation verspielte.

Eine andere Figur, die der Leser in Erinnerung behält, weil sie durch ihre Vitalität aus einer von Lemuren dominierten Welt hervorsticht, ist ironischerweise Flora Finching, die Dickens ursprünglich als Lachnummer geplant hatte. In dieser geschwätzigen, von Selbstzweifeln unbeleckten und von Torheit überquellenden Jugendliebe Arthurs, die dieser nach 20 Jahren als Witwe wiedersieht, hat sich Dickens die eigene Desillusionierung durch die Wiederbegegnung mit Maria Beadnell von der Seele geschrieben. Doch was als Satire geplant war, wurde eine komische Figur, in der Dickens' Humor, der ansonsten in diesem Roman weitgehend fehlt, voll zum Zuge kommt.

Erst in neuerer Zeit setzte sich die Erkenntnis durch, dass gerade das, was die zeitgenössische Kritik als Mangel beklagte, den Wert dieses Romans ausmacht. Hätte Dickens bloß eine realistische Kritik seiner Gesellschaft geliefert, würde man sich für den Roman heute nicht mehr interessieren. Tatsächlich entwirft er aber ein Bild von zeitloser Gültigkeit, wenn er zeigt, wie seine Helden sich gegen eine Welt totaler Entfremdung behaupten müssen. Von der Ouvertüre bis zum Schluss laufen Handlungen ab, in denen Menschen unablässig von anderen verfolgt, beobachtet und manipuliert werden. Wie in *Bleak House* der Kanzleigerichtshof, so tragen hier das Weitschweifigkeitsamt und das Schuldgefängnis Züge, die eher an Kafka als an viktorianische Bürgerlichkeit denken lassen.

Ellen Ternan

August 1857 bis Ende 1859

Für den 21. und 22. August 1857 hatte Dickens zwei Benefizvorstellungen von *The Frozen Deep* zugunsten der Jerrold-Familie in Manchester geplant. Da die Aufführungen in einem großen Theater stattfinden sollten und damit den Charakter von kommerzieller Unterhaltung haben würden, suchte er nach professionellen Schauspielerinnen für die weiblichen Rollen. Er fand sie in der verwitweten Schauspielerin Frances Eleonor Ternan und ihren Töchtern. Frances hatte 1834 den irischen Schauspieler Thomas Ternan geheiratet, mit dem sie nach Amerika ging, aber schon nach zwei Jahren zurückkehrte. Ihr Mann betrieb danach eine Zeitlang ein Theater in Newcastle, und ab 1842 schlug sich das Ehepaar mit Gelegenheitsengagements durch. 1846 starb Thomas in einem Heim an Paralyse infolge von Syphilis. Das Ehepaar hatte drei Töchter und einen Sohn, der in früher Kindheit starb.

Nach dem Tode ihres Mannes machte sich Mrs. Ternan einen Namen als Darstellerin in Shakespeare-Rollen, und auch ihre beiden älteren Töchter, Fanny und Maria, gingen früh zur Bühne und galten zeitweilig als Kinderstars. Vor allem Fanny beeindruckte durch Tanz und Gesang. Im Sommer 1857 hatte nur Fanny ein Engagement, so dass Mrs. Ternan und Tochter Maria erfreut zugriffen, als Dickens ihnen Rollen in seinem Stück anbot. Auch für die jüngste Tochter Ellen, die erst kurz vorher mit einem kleinen Auftritt am Haymarket-Theater ihr Londoner Debüt gegeben hatte, war eine Nebenrolle vorgesehen.

Anfangs scheint sich Dickens für beide Töchter gleichermaßen interessiert zu haben, doch schon bald entfachte die Jüngste in ihm einen Gefühlssturm, wie er ihn seit seiner Verliebtheit in Maria Beadnell nicht mehr erlebt hatte. Nachdem die drei Frauen ihre Rollen zu seiner Zufriedenheit in Manchester gespielt hatten und zu ihrem nächsten

Ellen Ternan mit ihren Schwestern. Daguerreotypie.

Engagement nach Doncaster weitergezogen waren, wo die alljährlichen Pferderennen ein großes Publikum anzulocken pflegten, reiste er ihnen in Begleitung von Collins nach. Schon vorher hatte er den Plan gefasst, zusammen mit Collins einen fiktiven Reisebericht zweier Handwerksburschen über eine Fußwanderung durch den Norden Englands zu schreiben. Der Bericht sollte im Oktober in fünf Teilen in *Household Words* unter dem Titel *The Lazy Tour of Two Idle Apprentices (Die faule Tour von zwei müßigen Handwerksburschen)* erscheinen. Darin figuriert Dickens als Francis Goodchild und Collins als Thomas Idle. Mit Anspielung auf William Hogarths Bilderserie *Industry and Idleness (Fleiß und Faulheit)* sollten die beiden zwei gegensätzliche Formen von Müßiggang illustrieren: den unproduktiven durch Thomas Idle, und den kreativen durch Francis Goodchild. Dickens ließ die Wanderung der beiden in Doncaster zur Zeit der Pferderennen enden, was ihm

Ellen Ternan (1857). Daguerreotypie.

einen Vorwand bot, der jungen Schauspielerin dorthin nachzureisen. Ob Ellen seine Gefühle erwiderte oder sich nur durch die Werbung des berühmten Autors geschmeichelt fühlte, lässt sich nicht sagen, da es keine Zeugnisse von ihrer Seite gibt.

Nach der ersten Verliebtheit ging alles Weitere sehr schnell. Dickens war schon immer ein Mann schneller Entschlüsse gewesen, aber noch nie hatte er eine schwerwiegende Entscheidung so schnell getroffen wie die, sich von seiner Frau zu trennen. Schon die Tatsache, dass er von seiner Rundreise zwar Briefe an seine Schwägerin, aber keinen einzigen an seine Frau schrieb, musste für sie ein Signal drohenden Unheils gewesen sein. Zum offenen Bruch kam es Anfang Oktober in ihrem Londoner Stadthaus. Es muss dort zu einem so heftigen Streit gekommen sein, dass Dickens wutschnaubend das Haus um 2 Uhr morgens verließ und die 30 Meilen bis zu seinem Landsitz Gad's Hill zu

Fuß zurücklegte. Unmittelbar danach schrieb er an Anne Cornelius, seine Haushälterin in Tavistock House, dass sie seinen Ankleideraum als Schlafzimmer für ihn herrichten solle. Der Auszug aus dem ehelichen Schlafgemach war der erste Schritt zur Trennung.

Eine Woche später stellte er seiner Frau den letzten Scheck für die Haushaltskasse aus, während er zur gleichen Zeit dem Manager des Haymarket-Theaters einen Scheck übersandte, um damit ein Engagement für Miss Ternan zu erwirken. In einem Begleitbrief bringt er sein Interesse an der jungen Schauspielerin unverhüllt zum Ausdruck. Von da an schrieb er Briefe an Freunde, auf deren Sympathie er zählen konnte, und setzte sie – zunächst noch andeutend und in Ironie verpackt, dann immer direkter und mit zunehmender Ungerechtigkeit gegenüber seiner Frau – von seiner ehelichen Misere in Kenntnis. Es mutet wie eine makabre Koinzidenz an, dass er in dieser Phase die in den fiktiven Reisebericht eingelegte Geschichte *The Bride's Chamber (Die Kammer der Braut)* schrieb, in der ein Mann seine wesentlich jüngere Braut, die er als Vormund zu totaler Abhängigkeit erzogen hatte, ihres Geldes wegen durch seelische Grausamkeit tötet, indem er ihr zu sterben befiehlt. Später tötet er sogar noch einen jungen Mann, der sich in das Mädchen verliebt hat und den Sadisten des Mordes beschuldigt. Nach Jahren bringt ein Blitzschlag die vergrabene Leiche mit dem Messer im Kopf ans Tageslicht, und der Täter wird daraufhin für den Doppelmord zur Rechenschaft gezogen. Dass das Opfer des Sadisten Ellen heißt, gibt Rätsel auf.

Die Liebe zu Nelly, wie Ellen Ternan von Dickens genannt wurde, zeigt unübersehbare Spuren in seinem Werk. Bis dahin gab es in seinen fiktionalen wie in seinen privaten Äußerungen zwei charakteristische Tendenzen, die sich als Selbstmitleid und Selbsterhöhung bezeichnen lassen, wobei die erste Tendenz wesentlich stärker zum Ausdruck kam als die zweite. Das Selbstmitleid, das seine Wurzel in der Leidenszeit in der Schuhwichsfabrik hat, erscheint objektiviert in leidenden Kindergestalten wie Oliver Twist, Smikes in *Nicholas Nickleby*, Little Nell, Barnaby Rudge, Paul Dombey und dem Straßenjungen Jo in *Bleak House*. Die andere Tendenz ist nur latent zu spüren, was verständlich ist, da Dickens schon früh die «Spitze des Baums» – wie Thackeray es nannte – erklommen hatte. Sie äußert sich unter anderem darin, dass das Dick Whittington-Motiv in seinen Werken gelegentlich anklingt und in *Dombey und Sohn* explizit mit Bezug auf Walter Gay genannt wird. Whittington war ein legendärer Bürgermeister Londons aus dem frühen 15. Jahrhundert, der es aus einfachsten Verhältnissen zu hohen Ehren gebracht hatte. Selbstmitleid und Selbsterhöhung sind Tendenzen, die vor allem bei Jugendlichen beobachtet werden, wie man aus der jugendpsychologischen Forschung weiß. Das erklärt, weshalb sich unter Dickens' Romangestalten kaum solche befinden, die den Eindruck von Reife vermitteln. Seine älteren Charaktere sind teils trotzig verhärtete, teils haltlos treibende oder aber kauzige Sonderlinge, aber sie wirken nicht wie reife Erwachsene.

Mit dem Theaterstück *The Frozen Deep* tritt ein neues Motiv, das des heroischen Selbstopfers, in Dickens' Werk ein. In dem Stück nehmen zwei Männer, von denen der eine dem andern die Geliebte abspenstig gemacht hat, an einer Polarexpedition teil, auf der der glücklichere Bewerber umzukommen droht; doch sein Rivale opfert sich für ihn aus Liebe zu dessen Frau. Dickens hatte bei der Aufführung die Rolle des edelmütigen Helden Wardour, der auf der Bühne in den Armen der von Nelly gespielten unerreichbaren Geliebten stirbt. In diesem Selbstopfer verschmelzen Selbstmitleid und Selbsterhöhung zu einer melodramatischen Selbstidealisierung, wie sie danach in Dickens' Werken mehrfach wiederkehrt.

Die erste Version des neuen Motivs findet sich bereits in der Geschichte *The Perils of Certain English Prisoners* (*Die Fährnisse einiger englischer Gefangener*), die Dickens zusammen mit Collins für die Weihnachtsnummer 1857 von *Household Words* schrieb. Darin erzählt Gill Davis, ein einfacher Seemann, die Geschichte der Selbstbefreiung einer Gruppe von Engländern, die auf einer Silberinsel von Piraten überfallen und in Geiselhaft genommen wurden. Davis, der am Gelingen der Flucht wesentlichen Anteil hat, liebt die für ihn unerreichbare Marion Maryon, die sich unter den Gefangenen befindet, und er bleibt ein ergebener Gefolgsmann seines Kapitäns Carton, der Marion schließlich heiratet.

In einem Brief vom 7. Dezember 1857 an Mrs. Watson nimmt Dickens Bezug auf die Geschichte und schreibt:

> Ich habe darin versucht den vornehmsten englischen Eigenschaften, wie sie sich in Indien gezeigt haben, ein Denkmal zu setzen, ohne die

> Szene dorthin zu verlegen oder eine vulgäre Bezugnahme auf tatsächliche Ereignisse und Kalamitäten erkennen zu lassen. Ich glaube, dass es eine bemerkenswerte Produktion ist und einen großen Wirbel entfachen wird.

Gleich darauf lässt er in den Brief ein persönliches Bekenntnis einfließen:

> [Der Abschluss der Geschichte] lässt mich zurück – so wie meine Kunst es immer tut – als die ruheloseste Kreatur auf Erden. Ich bin die moderne Verkörperung der alten Zauberer, die von ihren Vertrauten in Stücke gerissen werden. Ich kann Ruhe nicht ertragen und finde Befriedigung nur in der Erschöpfung. Wirklichkeit und Ideale vergleichen sich stets vor meinen Augen, und ich mag die Wirklichkeit nicht, außer wenn sie unerreichbar ist – *dann* mag ich sie mehr als alles. Ich wünschte, ich wäre in den Tagen von Ungeheuern geboren, als Schlösser von Drachen bewacht wurden. Ich wünschte, ein solches Ungeheuer mit sieben Köpfen (ohne eine Spur von Hirn darin) hätte eine Prinzessin, die ich anbete – Sie ahnen nicht, wie innig ich sie liebe! – in seine Burg auf dem Gipfel einer hohen Bergkette entführt und sie dort mit ihrem Haar festgebunden. Nichts würde mir jetzt mehr gefallen, als ihr mit dem Schwert in der Hand nachzuklettern und sie entweder zu gewinnen oder getötet zu werden. Hier haben Sie die Zustandsbeschreibung eines Geistes aus dem Jahr 1857.

Selten äußerte sich der zweite Frühling eines verliebten Mittvierzigers so direkt als Rückfall in pubertäre Gefühle wie hier. Das Motiv des Selbstopfers für eine unerreichbare Geliebte wird schon in Dickens' nächstem Roman im Zentrum stehen. Da in seinem wirklichen Leben die Geliebte aber gar nicht unerreichbar war, sondern von ihm erobert wurde, wirkt das stellvertretende Selbstopfer seines Helden wie eine herbeifantasierte moralische Entlastung, so wie vorher die leidenden Kinder in seinen Werken den Eindruck weckten, als müsse er seine erfolgreiche Karriere mit der Erinnerung an das Leid seiner Kindheit vor sich selbst rechtfertigen. Schon in seinem nächsten Roman, *Eine Geschichte zweier Städte*, wird aus dem resignativen Verzicht des Gill Davis ein tödliches Selbstopfer, wobei der Name Carton jetzt einem Helden gegeben ist, der sich der geliebten Frau nicht würdig glaubt und sich ihretwegen opfert, um ihren Ehemann zu retten.

Dickens' Aktivitäten wurden von dieser Zeit an immer hektischer, als müsste er damit die eigenen Schuldgefühle unterdrücken. In der Heftigkeit seiner Reaktion verlor er oft jedes Augenmaß. So reagierte er auf den Sepoy-Aufstand in Indien, an dessen Niederschlagung sein Sohn Walter beteiligt war, mit hasserfüllten Kommentaren über die rebellierenden Eingeborenen. Zur anderen, altruistischen Seite schlug sein Pendel ebenso extrem aus, indem er vor vollen Häusern in Coventry, Edinburg und anderen Städten Wohltätigkeitslesungen hielt. Weihnachtsfestlichkeiten, wie sie bis dahin in seinem Hause üblich waren, scheint es in diesem Winter nicht gegeben zu haben. Ein Romanprojekt, das wie ein Anker auf sein ruheloses Lebensschiff hätte wirken können, gab es ebenfalls noch nicht. So nahm er jede sich bietende Gelegenheit für öffentliche Auftritte wahr. Am 9. Februar 1858 hielt er eine Rede auf einem Benefizdinner für das *Hospital for Sick Children* und eine weitere am 15. April. Doch solche Wohltätigkeitsveranstaltungen waren zu selten, um ihn von den häuslichen Spannungen abzulenken. Deshalb entschloss er sich, nach Beratung mit Forster, seine publikumswirksamen Lesungen als Quelle für eigene Einnahmen zu nutzen und gab am 29. April die erste kommerzielle Lesung in London, der dort bis zum 22. Juli sechzehn weitere folgten.

Inzwischen hatte sich die häusliche Situation weiter zugespitzt. Über die Details dieser Entwicklung kursiert in der biographischen Literatur manches, was erst ein halbes Jahrhundert nach Dickens' Tod von seiner Tochter Katey der Biographin Gladys Storey berichtet wurde. Das kann auf Grund von Gedächtnistrübungen falsch oder dem Wunsch entsprungen sein, das Bild des Vaters den Erwartungen eines modernen Publikums anzupassen. Jedenfalls wird seitdem das Gerücht kolportiert, Dickens habe eine Halskette an Ellen Ternan geschickt, die durch ein Missverständnis auf Seiten des Juweliers an seine Frau geliefert wurde, worauf diese ihm eine Eifersuchtsszene machte. Tatsache ist, dass seine Ehekrise von immer mehr Menschen in seinem Bekanntenkreis wahrgenommen wurde und dass bereits Gerüchte über ein außereheliches Liebesverhältnis kursierten. Das zwang ihn zum Handeln.

Am 7. Mai scheint es zwischen Forster, der Dickens, und Mark

Lemon, der Catherine vertrat, zum Entwurf eines Trennungsvertrags gekommen zu sein. Zwei Tage später schrieb Dickens einen Brief an Miss Burdett-Coutts, in dem er zwar mit einem halbherzigen Eingeständnis eigener Schuld beginnt, dann aber Dinge behauptet, die offensichtlich unwahr sind. So schreibt er, dass Catherine nie ein emotionales Verhältnis zu ihren Kindern gefunden habe und dass ihre Töchter in ihrer Nähe «zu Stein erstarrten». Er deutet sogar an, dass sie zeitweilig Anzeichen von Geistesverwirrung gezeigt habe. Im Laufe des Mai kam es nach langwierigen Verhandlungen zu einer Trennungsvereinbarung, der Catherine notgedrungen zustimmen musste; denn nach dem damaligen Familien- und Eherecht hatte Dickens das Gesetz auf seiner Seite. Er war der alleinige Eigentümer des gesamten familiären Besitzes und schuldete seiner Frau nur den Unterhalt. In dem Vertrag, den die Parteien am 26. Mai unterzeichneten, wurde vereinbart, dass Catherine zusammen mit ihrem ältesten Sohn ein von Dickens gemietetes Haus in London beziehen sollte, wo sie von ihm einen jährlichen Unterhalt von 600 Pfund erhalten würde. Die anderen Kinder sollten bei ihm bleiben und von Georgina versorgt werden. Dickens verbot ihnen danach zwar nicht den Kontakt mit der Mutter, doch er legte einen Bannfluch auf alle, die mit seiner Schwiegermutter verkehrten.

Um die zunehmenden Gerüchte über ein ehebrecherisches Verhältnis einzudämmen, gab Dickens am 29. Mai dem Manager seiner Lesetour, Arthur Smith, ein Schreiben mit seiner Darstellung des häuslichen Geschehens und mit der Anweisung, davon gegebenfalls Gebrauch zu machen. In diesem Schriftstück behauptet er, dass seine Frau die Trennung selber gewünscht habe, dass Forster ihn schließlich überzeugt habe einzuwilligen und dass er die finanzielle Seite großzügig geregelt habe. Zum Schluss teilt er einen scharfen Hieb gegen «boshafte Personen» aus, die Gerüchte über eine Beziehung zwischen ihm und «einer jungen Dame» in die Welt gesetzt hätten, die jeder Grundlage entbehrten. Mit den boshaften Personen waren Catherines Mutter und ihre jüngste Tochter Helen gemeint, die Catherine beistanden, während ihre Schwester Georgina zu Dickens hielt. Anscheinend hatte Mrs. Hogarth Dickens' Beziehung zu Ellen Ternan publik gemacht.

Verschärft wurde der familiäre Skandal dadurch, dass Georgina in Dickens' Haushalt blieb und dort an seinen Kindern Mutterstelle vertrat.

Das gab Anlass, eine sexuelle Beziehung zwischen Schwager und Schwägerin zu vermuten, was damals als Blutschande strafrechtlich geahndet werden konnte. Das Schreiben, das Dickens Arthur Smith gegeben hatte, wurde am 16. August in der *New York Tribune* veröffentlicht und gegen Dickens' Willen von mehreren britischen Zeitungen nachgedruckt, was ihn erzürnte und zu weiteren Erklärungen zwang. Vorher hatte er bereits am 12. Juni in *Household Words* eine persönliche Erklärung abgegeben, in der er in gravitätisch verklausulierter Form «einige häusliche Probleme» (*some domestic troubles of mine*) ansprach, zugleich aber betonte, dass alles auf höchst ehrenwerte Weise geregelt worden sei, dass er um Respekt für seine Privatsphäre bitte und dass alle Gerüchte über die Beteiligung einer dritten Person «absolut falsch, monströs und grausam» seien.

Dickens' Freunde reagierten unterschiedlich. Einige hielten zu ihm und brachen den Verkehr mit Catherine ab. Andere wie Forster hielten auch weiterhin Kontakt mit ihr. Thackeray, der selber in den letzten 23 Jahren seines Lebens aufopferungsvoll für seine geisteskranke Frau sorgte und sich an sie auch dann noch gebunden fühlte, als er sie in ein Pflegeheim geben musste, fand Dickens' Verhalten skandalös und sah darin eine Rufschädigung der schreibenden Zunft. Zwischen ihm und Dickens kam es wenig später aus anderem Anlass zum Bruch. Dickens' junger Freund Edmund Yates hatte in dem Klatschmagazin *Town Talk* unfreundlich über Thackeray und dessen Auftritte im Garrick-Club geschrieben, was zur Folge hatte, das Yates aus dem Club ausgeschlossen wurde. Dickens solidarisierte sich mit dem Freund, trat ebenfalls aus und brach den Kontakt zu Thackeray ab. Erst fünf Jahre später kam es kurz vor Thackerays Tod zu einer Versöhnung. Einen anderen, viel engeren Freund verlor Dickens in Mark Lemon, dem Herausgeber von *Punch*. Als er von diesem verlangte, seine persönliche Erklärung zu den *domestic troubles* in *Punch* zu drucken, weigerte sich Lemon; und auch Dickens' Verleger Evans, der Miteigentümer der Zeitschrift, legte sich quer. Das führte zu einer doppelten Trennung. Der Bruch mit Lemon wurde erst 1867 am Totenbett Clarkson Stanfields gekittet, doch für den Bruch mit dem Verleger sah der erzürnte und nachtragende Dickens keine Heilungschance und beschloss, die Zusammenarbeit mit ihm zu beenden.

Über die weitere Entwicklung von Dickens' Beziehung zu seiner jungen Geliebten waren nur die engsten Freunde und Verwandten informiert. Die Nachwelt erfuhr davon – nach ersten Andeutungen in Thomas Wrights Dickens-Biographie von 1934 – ausführlicher erst durch das 1939 erschienene Buch der oben erwähnten Gladys Storey. In zeitgenössischen Quellen wurde Nelly nur einmal zusammen mit Dickens öffentlich wahrgenommen, als sie 1865 mit ihm und ihrer Mutter von einem Aufenthalt in Paris zurückkehrte und alle drei in ein Eisenbahnunglück verwickelt wurden. Andere Zeugnisse lassen sich indirekt erschließen. Da Nellys volljährige Schwester Fanny 1859 einen langfristigen Pachtvertrag für ein großes Haus in Houghton Place abschloss und den Vertrag ein Jahr später an die dann volljährig und damit geschäftsfähig gewordene jüngere Schwester weitergab, muss man annehmen, dass Dickens dies finanziert hat; denn zwei so wenig bekannte Schauspielerinnen hätten sich das sonst nicht leisten können. 1866, nach dem Eisenbahnunglück, bezog Nelly ein Cottage in Slough, dessen Miete von einem gewissen Mr. Tringham bezahlt wurde. Auch für das stattliche Haus Windsor Lodge in Peckham, in das Nelly 1867 umzog, zahlte ‹Mr. Tringham›. Hinter diesen Transaktionen steckte zweifellos Dickens, dessen häufige Besuche in Slough und Peckham bezeugt sind. In Briefen an seinen Geschäftspartner William Henry Wills, der in die Affäre eingeweiht war, taucht regelmäßig der Vermerk auf: «ein Brief an meinen Liebling liegt bei». Wills war offensichtlich der Postillon d'Amour in dieser Angelegenheit.

Ihren letzten Bühnenauftritt hatte Nelly am 10. August 1859. Danach war sie nur noch die von Dickens ausgehaltene Geliebte. Doch ob sie das auch im landläufigen Sinne war, ist eines der Rätsel der Dickensforschung. Dickens selber hat es selbst gegenüber engsten Freunden immer entrüstet bestritten. Dass seine Bekundungen einer «ehrenhaften» platonischen Beziehung möglicherweise der Wahrheit entsprechen, ist nicht ganz auszuschließen. Da seine Ehefrau in kurzen Abständen schwanger geworden war, spricht das Ausbleiben von außerehelichem Nachwuchs für seine Behauptung. Allerdings erwähnt seine Tochter fünfzig Jahre später ein Kind, das bald nach der Geburt gestorben sei. Das könnte aber auch der Absicht entsprungen sein, den Vater so erscheinen zu lassen, wie man sich in den 1920er Jahren einen Künstler vorstellte. Ein Eintrag eines Kindes von Nelly in ein Geburtsregister konnte jedenfalls bisher nicht gefunden werden. Als sie nach Dickens Tod

1876 einen jungen Geistlichen heiratete, hatte sie von diesem zwei Kinder.

Das gewichtigste, zugleich aber auch am schwersten zu beweisende Argument für eine asexuelle Beziehung ist Dickens' tiefe Sehnsucht nach Unschuld. Darin stand er in seiner Zeit nicht allein, wie an früherer Stelle bereits ausgeführt wurde. Zwanzig Jahre lang trauerte er um die mit siebzehn Jahren verstorbene Schwägerin Mary und trug bis zu seinem Tod ihren Ring am Finger. Fünf Jahre nach ihrem Tod fand er Ersatz für sie in ihrer fünfzehnjährigen Schwester Georgina, die er zwar nicht auf die gleiche schwärmerische Weise verehrte, aber doch für ein Muster an Tugend hielt; und weitere zwei Jahre darauf verliebte er sich platonisch in die neunzehnjährige Pianistin Christiana Weller. Jetzt, dreizehn Jahre später, hatte er in der achtzehnjährigen Schauspielerin wieder eine Kindfrau gefunden, die seinem Ideal von weiblicher Unschuld entsprach. Bei einem Mann, der in seinen Romanen vor äußerster Sentimentalität nicht zurückschreckte, wenn es um die Darstellung kindlicher Unschuld ging, ist denkbar, dass er sich hier wie in einem Glashaus eine Blume hielt, die für ihn ein Ideal verkörperte, das durch Sexualität entwertet worden wäre. In dem oben erwähnten Brief an Arthur Smith, der gegen seinen Willen veröffentlicht wurde und seitdem in der Dickens-Literatur als *violated letter* (missbrauchter Brief) zitiert wird, spricht Dickens in kryptischer Andeutung von Nelly, als er sich gegen die Unterstellung einer illegitimen Beziehung zu einer «jungen Dame» verwehrt: «Es gibt auf dieser Erde kein tugendhafteres und fleckenloseres Geschöpf als diese junge Dame. Ich weiß, dass sie unschuldig und rein ist und so gut wie meine eigenen teuren Töchter.»

Unmittelbar nach der Trennung von seiner Frau zog sich Dickens nicht in ein romantisches Liebesnest mit seiner Geliebten zurück. Im Gegenteil, seine außerhäuslichen Aktivitäten nahmen jetzt erst richtig Fahrt auf. Am 2. August brach er zu einer Lesetour durch das ganze Land auf, die mit 85 Vorstellungen bis zum 13. November dauerte. In Briefen von unterwegs an Collins spricht er zwar davon, dass er sich nach der Ruhe am heimischen Schreibtisch sehne, dennoch zog er das mit Arthur Smith vereinbarte Pensum durch. Nach dem Ende der Tour war er entschlossen, nur noch die Weihnachtsnummer für *Household Words* vorzubereiten und dann die Zeitschrift aufzugeben. Das Ende der Zusammenarbeit mit Bradbury & Evans wurde auf den Abschluss des 19. Bandes der Zeitschrift, d. h. auf den 28. Mai 1859, terminiert. Sein letzter eigener Beitrag erschien am 1. Januar unter dem Titel *New Year's Day (Neujahrstag)*. Darin beschreibt er in gewohnt launigem Dickens-Ton persönliche Erinnerungen an frühere Neujahrstage, wobei er jede Erwähnung seiner Ehe strikt vermeidet.

Als neuer Partner stand Chapman & Hall, Dickens' früherer Verlag, schon bereit, um den verlorenen Sohn wieder aufzunehmen. Hier hatten sich inzwischen die Besitzverhältnisse geändert. Nachdem Hall bereits 1847 gestorben und Edward Chapmans Neffe Fredric eingestiegen war, hatte dieser die Leitung übernommen und aus dem Verlag ein publizistisches Großunternehmen gemacht. Dickens brauchte das Verlagshaus als Distributionsunternehmen, wollte aber für sich größtmögliche Freiheit behalten. So kaufte er jetzt von Bradbury & Evans das Copyright von *Household Words* einschließlich aller Restauflagen zurück, verkaufte alles an Chapman & Hall und vereinbarte mit ihnen die Herausgabe einer neuen Zeitschrift unter dem Namen *All the Year Round*, die Dickens ganz in eigener Regie produzieren und nur vom Verlag vertreiben lassen wollte. Erleichtert wurde diese Transaktion dadurch, dass die beiden Verlage schon vorher zusammenarbeiten mussten, da sie das Copyright für unterschiedliche Werke von Dickens hielten, die sie gemeinsam in der laufenden *Library Edition* des Gesamtwerks herausgaben. Zwei Jahre später wird Dickens auch die Rechte an seinen Romanen und alle Restauflagen von Bradbury & Evans zurückkaufen und das Ganze an seinen neuen Verlag veräußern, der von da an sein gesamtes Werk betreute, das in der *Cheap Edition* mit Nummern zu anderthalb Pennies Auflagen von 300 000 erreichte.

Die neue Zeitschrift wollte Dickens mit einem Fortsetzungsroman aus eigener Feder beginnen. Somit war sein dringendstes Problem, einen geeigneten Stoff und vor allem einen Titel zu finden. Am 11. März 1859 entschied er sich für *A Tale of Two Cities* (*Eine Geschichte zweier Städte*). Der Roman sollte nach *Barnaby Rudge* sein zweiter im historischen Genre werden und zur Zeit der Französischen Revolution spielen. Der geschichtliche Kontext dafür war ihm seit langem vertraut; denn Carlyles *History of the French Revolution* gehörte erklärtermaßen zu seinen Lieblingsbüchern. Mit der ihm eigenen Neigung zur Übertreibung behauptete er, es 500mal gelesen zu haben. Die weitere Planung des Unternehmens geschah mit der gewohnten Schnelligkeit.

Hatte er noch am 21. Februar geklagt, dass er nicht wisse, wie er den Roman beginnen solle, so waren im März bereits die Würfel gefallen, und am 30. April erschien die Startnummer von *All the Year Round* mit der ersten von insgesamt 31 Fortsetzungen des neuen Romans.

Nach *Hard Times* war er nun erneut in das Korsett von wöchentlichen Fortsetzungen eingeschnürt. Das sorgte dafür, dass auch dieser Roman kürzer und im Handlungsaufbau straffer organisiert ausfiel als die monatlich erschienenen. Um das Maximum an Publikumsnachfrage herauszukitzeln, entschied er sich, die wöchentlichen Fortsetzungen an jedem Monatsende noch einmal als Monatsnummer herauszubringen. Parallel zur heimischen Publikation erschien der Roman in Amerika in *Harper's Weekly* in der Zeit vom 7. Mai bis zum 3. Dezember 1859. Dickens' neue Zeitschrift mit dem Roman als Zugpferd stellte rasch die Auflage ihrer Vorgängerin in den Schatten. Von der ersten Nummer wurden 120 000 Stück verkauft. Auch wenn die Auflage danach auf 100 000 zurückging, war der Erfolg sensationell. Selbst die monatlichen Nachdrucke erreichten Rekordauflagen von 35 000.

Die Reaktion der Kritiker war gemischt. Carlyle äußerte sich begeistert, was nicht verwundern konnte. Das andere Extrem war die Kritik von James Fitzjames Stephen, der das Buch als ein «Gericht aus Hundepastete und geschmorter Katze» bezeichnete, wobei die beiden Zutaten in der Zubereitung nicht zu unterscheiden seien. Dass ein Teil des Publikums enttäuscht reagierte, ist verständlich, da dem Buch alle typischen Züge eines Dickens-Romans fehlen. Es gibt darin so gut wie keinen Humor; und Figuren, die er anderswo als groteske Sonderlinge auftreten ließ, werden hier zu allegorischen Bedeutungsträgern. Auf der anderen Seite zeigt aber der Verkaufserfolg, dass das Publikum in dem Roman eine neue Seriosität sah, die die anspruchsvolleren Leser bei Dickens bis dahin vielfach vermisst hatten.

Während Dickens noch an dem Roman schrieb, ging ihm bereits ein neues Projekt durch den Kopf. Der amerikanische Journalist Thomas Coke Evans, der bereits den Verkauf der Druckfahnen in die USA einfädelte, hatte ihm zugleich den Vorschlag gemacht, eine Lesetour durch die USA zu organisieren, die ihm 10 000 Pfund einbringen sollte. Dickens spielte eine Weile mit dem Gedanken, gab ihn dann aber «aus privaten Gründen» auf, was sich sicher auf Nelly bezog. Nachdem er lange Zeit ein Ressentiment gegen den amerikanischen Buchmarkt

Dickens (1859). Porträt von William P. Frith.

gehabt hatte, fand er nun doch immer mehr Gelegenheiten, ihn für sich zu erschließen. So akzeptierte er am 29. März das Angebot Robert Bonners, des Eigentümers des *New York Ledger*, für diesen eine Kurzgeschichte gegen ein Honorar von 1000 Pfund zu schreiben. Dickens lieferte daraufhin die Kriminalgschichte *Hunted Down*, die er in kürzester Zeit nebenher schrieb. Sie erschien vom 20. bis 27. August in Fortsetzungen in der New Yorker Zeitschrift und ein Jahr später noch einmal in *All the Year Round*. Selten hat Dickens mit so wenig Aufwand soviel Geld verdient. Trotzdem gönnte er sich in diesem Jahr nur eine Woche Urlaub in Broadstairs.

Im Oktober schloss er die letzte Fortsetzung von *A Tale of Two Cities* ab, die am 26. November erschien. Anders als bei früheren Romanen feierte er die Geburt dieses Werkes nicht mit einem großen Dinner, sondern füllte das postnatale Loch gleich mit einer weiteren Tour von 14 Lesungen, die ihn zwischen dem 10. und 27. Oktober durch die Provinz führte. Im Dezember folgten drei weitere Lesungen in London. Daneben bereitete er für seine Zeitschrift eine Weihnachtsnummer vor. Unter dem Titel *The Haunted House* (*Das Spukhaus*) sollte darin eine Gruppe von Menschen, die die Weihnachtstage in einem Spukhaus verbringen, anschließend erzählen, welche Geistererscheinung sie in der Nacht hatten. Dickens selber schrieb dafür die Geschichte *The Ghost in Master B's Room* (*Der Geist im Zimmer des Hausherrn*).

Auffällig ist, dass sich Dickens' politischer Furor jetzt deutlich abgekühlt hatte. Möglicherweise scheute er davor zurück, sich zu exponieren, um niemandem Gelegenheit zu geben, sein Privatleben ans Licht zu zerren. Schon die Wahl eines historischen Stoffes für den ersten Roman nach Beginn seiner Affäre mutet wie die Flucht in eine Welt an, die mit der Gegenwart nichts zu tun hat. Zudem erzählt er darin ein privates Drama, das in ein allgemeines, mythisch überhöhtes historisches Geschehen eingebettet ist. Neben *Little Dorrit* wirkt der Roman, der eines der einschneidendsten Ereignisse der europäischen Geschichte der Neuzeit zum Gegenstand hat, merkwürdig apolitisch. Man gewinnt den Eindruck, dass Dickens sich darin wie in *David Copperfield* in zwei Helden aufspaltet, doch jetzt nicht in das unschuldig leidende Kind und den dominanten Verführer, sondern in einen, der schuldlos für etwas Vergangenes zur Rechenschaft gezogen wird, und einen, der sich aus Liebe zu einer unerreichbaren Frau für deren Ehemann opfert. Das zweite war das Thema von *The Frozen Deep*, dem Stück, das ihn mit Ellen Ternan zusammengebracht hatte. Es bleibt müßige Spekulation, klingt aber plausibel, wenn man Cartons Opfertod in Dickens' Seelenhaushalt als sühnende Entlastung von den eigenen Schuldgefühlen deutet.

Das wohl bekannteste Lebenszeugnis aus dem Jahr 1859 ist das große Dickens-Porträt, das William Powell Frith schuf. Frith hatte schon 1842 mit einem Gemälde, das die Figur der Dolly Varden aus *Barnaby Rudge* darstellt, Dickens' Aufmerksamkeit geweckt, worauf dieser den Maler bat, weitere Szenen aus dem Roman und aus *Nicholas Nickleby* für ihn zu malen. Daraus entwickelte sich mit der Zeit eine freundschaftliche Beziehung mit gegenseitigen Einladungen beider Familien. Den Auftrag zu dem Porträt hatte John Forster schon 1854 erteilt. Doch dann ließ sich Dickens einen Schnurrbart wachsen, was Forster für eine vorübergehende Marotte hielt. Deshalb bat er Frith zu warten, bis wieder mehr Gesicht zum Malen sichtbar sei. Daraus wurde nichts. Im Gegenteil, aus dem Schnurrbart wurde der lange Bart, den Dickens bis zuletzt trug. Mit diesem Bart sieht man ihn auf seinem Stuhl im Arbeitszimmer von Tavistock House, vor sich auf dem Schreibtisch die ersten Seiten von *A Tale of Two Cities*. Dickens äußerte sich über das Bild ironisch reserviert und meinte, er sehe darauf so aus, «als bekomme er gerade die Nachricht, dass das unversicherte Haus seines Nachbarn und Todfeindes in Flammen stehe».

Die Entstehung des Bildes war natürlich überschattet von der ehelichen Misere im Hause Dickens. In seiner eigenen Autobiographie geht Frith dezent über die Affäre hinweg, doch aus den Memoiren seiner Tochter Cissy erfährt man, wie heftig die «gute Gesellschaft» darauf reagierte. Sie erzählt dort, wie sie eines Abends mit ihrer Mutter und Mrs. Dickens in einer Theaterloge saß, als in der gegenüberliegenden Loge Dickens mit einigen Freunden erschien, worauf Catherine in Tränen ausbrach. Nachdem Mrs. Frith sie nach Hause begleitet hatte, hörte ihre Tochter, wie sie zum Vater sagte: «Mir war, als dürfte ich sie nicht allein lassen: dieser Mann ist ein Scheusal (*that man is a brute*).» Der Vater zuckte darauf nur mit den Schultern und schwieg. Doch danach wurde Dickens nicht mehr in Friths Haus eingeladen. Cissy hingegen berichtet von einem späteren Besuch mit ihrem Vater bei Dickens in Gad's Hill.

Das Porträt zeigt Dickens nicht so wach und lebendig wie das zwanzig Jahre früher entstandene von Maclise; und die von Zeitgenossen immer wieder bemerkte Magie seines Blickes kommt darin noch weniger zum Ausdruck. Umso deutlicher zeigt es den Habitus des lässigen Landedelmannes, den Dickens mit den Jahren immer mehr kulivierte. Besonders in seiner Kleidung trieb er dabei einen solchen Aufwand, dass manche Zeitgenossen, die den Dresscode der oberen Mittelklasse von Geburt an kannten, dies als geschmacklos empfanden und darin das typische Gehabe eines Neureichen sahen. So sehr Dickens selber Snobismus hasste, so wenig fand er dabei, sich mit auffälligem Pomp zu kleiden, üppige Samtjacken zu tragen und sich mit einer schweren goldenen Uhrkette zu schmücken. Besonders Amerikaner empfanden dies als *overdressed*.

Dies ist nach *Barnaby Rudge* Dickens' zweiter historischer Roman. Dass es in beiden Werken um die Rebellion gegen ein Gefängnis geht, zeigt an, wie zentral das Motiv für sein Denken war. Die Stoffquelle für den historischen Teil war im Wesentlichen Thomas Carlyles Buch über die Französische Revolution. Tatsächlich spielt deren historischer Ablauf in dem Roman aber kaum eine Rolle. Sie erscheint wie die Gordon Riots in *Barnaby Rudge* im Hintergrund als eine gewaltige gegen das Gefängnis anbrandende Woge, während im Vordergrund eine Handlung abläuft, in der die Hauptfigur Charles Darnay von einer ‹ererbten› Schuld verfolgt wird, in die er schuldlos verstrickt ist. Damit ist von Anfang an die Trias der drei Symbolbereiche etabliert. Dass der Held die Namensinitialen seines Autors hat, lässt zudem auf eine persönliche Weltsicht schließen. Der Titel des ersten der drei Bücher des Romans, *Recalled to Life (Ins Leben zurückgerufen)*, fügt der thematischen Struktur ein weiteres typisches Element hinzu, das Motiv der Wiedergeburt, das Dickens in seinen späten Romanen immer wieder als moralisches Regenerationserlebnis darstellt. Hier durchzieht es die Handlung in mehreren Strängen und wird zudem ironisch durch die Gestalt Jerry Crunchers kontrapunktiert, der zur illegalen Zunft der *resurrection men*, der ‹Auferstehungsmänner›, gehört; so nannte man gewerbsmäßige Leichenräuber, die Gräber öffneten, um die Leichen an Anatomen zu verkaufen.

Der Roman beginnt mit einer Ouvertüre, die – anders als in den früheren Werken – kein intensives Einzelbild, sondern ein Breitwandpanorama der politischen und sozialen Verhältnisse in England und Frankreich entwirft. Die Handlung setzt im Jahr 1775 ein, dem Jahr, in dem die amerikanische Rebellion gegen die englische Herrschaft begann. Auf dieses Ereignis wird im Verlauf des Romans noch einmal mit einer beiläufigen Erwähnung George Washingtons Bezug genommen. Die Ouvertüre selber beginnt mit dem Satz:

> Es waren die besten Zeiten, es waren die schlimmsten Zeiten, es war das Zeitalter der Weisheit, es war das Zeitalter der Torheit, es war die Epoche des Glaubens, es war die Epoche des Unglaubens, es war die Zeit des Lichts, es war die Zeit der Finsternis, es war der Frühling der Hoffnung, es war der Winter der Verzweiflung, wir hatten alles vor uns, wir hatten nichts vor uns, wir gingen direkt in den Himmel, wir gingen alle direkt den anderen Weg: kurzum, die Epoche glich unserer Gegenwart so sehr, dass einige der lautstärksten Autoritäten darauf bestanden, im Guten wie im Bösen nur in Superlativen darüber zu reden.

Die zur Zeit der Revolution spielende Handlung setzt erst im dritten Buch ein. Bis dahin wird erzählt, wie der Neffe und voraussichtliche Erbe des skrupellosen französischen Aristokraten St. Evrémonde sich von seiner Familie lossagte und unter dem Namen Charles Darnay in London ein Leben als einfacher Bürger begann. In einer Parallelhandlung wird Dr. Manette, der 18 Jahre lang in der Bastille gefangen saß, nach London gebracht, wo er, nachdem seine englische Frau dort gestorben ist, seine Tochter Lucie wiederfindet. Manette hat in seiner Zelle ein Dokument vergraben, in dem er die Verbrechen von Darnays Onkel enthüllt, deren Zeuge und Opfer er wurde. Diese ‹Erbschaft› schlummert dort wie eine Zeitbombe, die langsam, doch unaufhaltsam weitertickt. Als Darnay in London Manettes Tochter kennenlernt und heiratet, offenbart er am Vorabend der Hochzeit dem künftigen Schwiegervater seine Identität, worauf dieser blass vor Schrecken wird.

Doch erst Jahre später geht die Mine hoch, als 1792 ein gewisser Gabelle in Paris angeklagt wird, den Darnay, nachdem er seinen ermordeten Onkels beerbt hatte, mit der Wiedergutmachung von dessen Verbrechen beauftragt hatte. Ohne Wissen seiner Familie reist Darnay nach Paris, um Gabelle zu entlasten. Dabei wird er selber auf Grund des in der Bastille gefundenen Dokuments angeklagt und zum Tod durch die Guillotine verurteilt. Gerettet wird er in letzter Minute durch den zweiten und eigentlichen Helden des Romans, Sydney Carton, der Darnay ähnlich sieht und sich aus Liebe zu Lucie für ihn opfert, indem er ihn mit einer Droge betäubt, mit ihm die Kleider tauscht und an seiner Stelle den Gang zur Guillotine antritt. An diesem Höhepunkt der melodramatischen Handlung kommen die getrennten Erzählstränge zusammen, die Dickens von Anfang an aufeinander zulaufen lässt.

Carton ist ein willensschwacher, von Selbsthass gelähmter Mann, dessen guter Kern erst durch seine Liebe zu Lucie freigelegt wird. Da er sich für wertlos hielt, machte er keinen Versuch, um sie zu werben, schwört ihr aber, alles für sie tun, wenn sie einmal Hilfe brauche. Als Partner des Anwalts Stryver dient er diesem wie ein «Schakal» dem «Löwen». Durch seine Ähnlichkeit mit Darnay hatte er diesen schon in London davor bewahrt, als französischer Spion zum Tode verurteilt zu werden. Die Szene, in der sein Entschluss zum Opfertod fällt, wird von der dreimaligen Wiederholung des Bibelzitats «Ich bin die Auferstehung und das Leben» und vom Bild der Seine begleitet. Für ihn, der von Anfang an als Treibender eingeführt wurde, ist der Symbolbereich des Wassers das Medium für eine moralische Wiedergeburt. Dagegen fand Darnays Onkel, der moralisch verhärtete Aristokrat, ohne ein solches Regenerationserlebnis einen gewaltsamen Tod von der Hand eines Rächers, während sein Schloss niedergebrannt wurde.

So typisch für Dickens die Symbolik des Romans ist, so untypisch ist das völlige Fehlen von Humor. Von gelegentlichen Wendungen ins Makabre abgesehen rollt das Geschehen mit gleichbleibender Düsternis vor den Augen des Lesers ab. Wie in *Harte Zeiten* ist alles auf den thematischen Kern konzentriert, der in diesem Fall in der Erbschaftsbewältigung besteht. Das lässt auch hier die Symbolik zur Allegorie hin tendieren. Wenn z. B. die unablässig strickende Madame Defarge die Namen von Schuldigen nach einem geheimen Code in ihr Gewebe strickt, dann erscheint sie sowohl als personifizierte Rachsucht wie auch als Norne, die die Lebensfäden anderer Menschen in Händen hält.

Allegorisch auf eine geradezu aufdringliche Weise wirken Szenen wie die, in der das Blutbad der Revolution lange vor deren Ausbruch bereits im fünften Kapitel des Romans durch ein zerbrochenes Weinfass und das Bild der von Rotwein überschwemmten Straße vorausgedeutet wird. Auch die Namensgebung hat etwas Allegorisches, wenn beispielsweise der französische Verwalter, dessen Hilferuf das verhängnisvolle Geschehen ins Rollen bringt, Gabelle heißt, was das französische Wort für jene Salzsteuer ist, die die Wut des Volkes erregte und ein wesentlicher Anstoß zur Revolution war. Besonders raffiniert ist die

Namensgebung bei Darnays aristokratischer Familie, die St. Evrémonde heißt, was eine Zusammenziehung aus *Everyman* und *Toutlemonde* ist, dem englischen und dem französischen Wort für ‹Jedermann›. Damit verklammert Dickens die Geschichte beider Nationen, weist der Aristokratie die Hauptschuld an der Revolution zu und zeigt durch die Hinzufügung von St. für ‹Sankt› auch noch die Mitschuld der Kirche an. Ganz zum Schluss, als die rachsüchtige Madame Defarge auch noch Darnays Frau und ihre kleine Tochter bedroht, lässt Dickens deren Kindermädchen Miss Pross als Repräsentantin englischer Freiheitsliebe und Rechtschaffenheit einschreiten, indem sie die Rächerin, die in das Apartement eindringt, aus dem Lucie mit ihrer Tochter bereits geflohen ist, hinhält, um Zeit zu gewinnen. Dabei kommt es zu einem Handgemenge, bei dem das wackere Kindermädchen mit dem Ruf «Ich bin eine Britin!» ihre Gegnerin niederringt, die sich dabei unfreiwillig erschießt. Danach verschließt Miss Pross das Haus, geht zur Brücke und wirft den Schlüssel in die Seine. Das wirkt wie ein symbolischer Akt, der das zwischen Gefängnis, Wasser und Erbschaft entfaltete Problem endgültig löst und buchstäblich abschließt.

Die zwischen Symbolik und Allegorie schwankende Bildersprache gibt diesem Roman etwas Gekünsteltes. Umso erstaunlicher ist, dass er trotzdem lange Zeit Dickens' meistgelesener war. Die nächstliegende Erklärung dafür ist, dass er sowohl die Erwartungen der sensationshungrigen Leser der unteren Mittelschicht als auch das Verlangen nach Ernsthaftigkeit und ethischen Werten auf Seiten der Gebildeten befriedigte. Kaum ein anderes Motiv hat im viktorianischen Publikum mehr moralische Befriedigung ausgelöst als das Selbstopfer. Die Literatur der Epoche ist voll von Menschen, die zugunsten eines anderen auf einen geliebten Menschen verzichten und im äußersten Fall sogar für ihn ihr Leben opfern. Das erklärt auch den großen Erfolg von *The Frozen Deep*, wo dies im Zentrum stand. Das vorige Kapitel schloss mit der Vermutung, dass Dickens sich in Darnay und Carton ein doppeltes *alter ego* geschaffen habe, ähnlich wie in *David Copperfield*, nur klarer akzentuiert. Charles Darnay, der anfangs als der moralisch Starke auftritt, gerät in eine Situation äußerster Ohnmacht, während Sydney Carton, der als psychischer Schwächling beginnt, zuletzt das moralisch machtvolle Selbstopfer vollbringt. In ihm sahen die Viktorianer einen der edelsten Helden der gesamten Romanliteratur.

Gad's Hill Place

Anfang 1860 bis August 1861

Auf Dickens' *Geschichte zweier Städte* folgte in seiner Zeitschrift der äußerst spannende Detektivroman *The Woman in White* (*Die Frau in Weiß)* seines Freundes Wilkie Collins. Damit hatte er selber eine kreative Atempause. Die Zeitschrift florierte und übertraf die Auflage ihrer Vorgängerin bei weitem, was zu einem nicht geringen Teil das Verdienst von W. H. Wills war, der zwar nur 25 Prozent der Anteile hielt, aber als Geschäftsführer vor Ort den Vertrieb organisierte. Wills hatte noch vor Erscheinen der ersten Nummer 300 000 Reklamezettel verteilen lassen, was ihr einen Absatz von 125 000 Exemplaren bescherte. Dickens selber hielt 75 Prozent der Betriebsanteile und war alleiniger Eigentümer des Namens und des Goodwills der Zeitschrift, die ihm ein laufendes Einkommen von durchschnittlich 2750 Pfund im Jahr einbrachte. So kam er 1859 zusammen mit den Erträgen aus seinen Romanen auf ca. 10 000 Pfund.

Allerdings standen den stattlichen Einnahmen auch erhebliche Ausgaben gegenüber. Er selber hatte neben seinem Landsitz Gad's Hill Place weiterhin das große Stadthaus, zahlte seiner Frau 600 Pfund im Jahr, finanzierte das Haus und sicher auch den Lebensunterhalt seiner Geliebten, zahlte für seine senile Mutter Haus und Pflegepersonal und musste für weitere Verwandte sorgen. Als 1860 sein jüngerer Bruder Alfred Lamert starb und eine mittellose Witwe mit fünf Kindern hinterließ, war es für ihn selbstverständlich, für den Unterhalt der Familie aufzukommen. Die gleiche Pflicht hatte ihm schon vorher sein jüngster Bruder Augustus aufgeladen, der 1857 seine erblindete Frau verlassen und sich mit einer anderen nach Chicago abgesetzt hatte. Als Augustus dort 1866 völlig verarmt starb, übernahm Dickens auch noch die Sorge für dessen amerikanische Familie. Nicht besser erging es ihm mit sei-

Gad's Hill Place. Aus The Illustrated London News, *18. Juni 1870.*

nem Bruder Frederick, der zeitweilig bei ihm gewohnt hatte. Fred war ein lebensuntüchtiger Mann, der den Namen seines prominenten Bruders mehrfach missbrauchte, um sich Kredit zu erschleichen. Auch diesen Bruder ließ Dickens trotz scharfer Ermahnungen nicht im Stich.

Weitere finanzielle Belastungen sah er durch seine Kinder auf sich zukommen. Charley, der zunächst ein Jahr bei seiner Mutter wohnte, ging 1860 nach Hongkong, um im Teegeschäft sein Glück zu versuchen. Da Dickens das geringe Durchsetzungsvermögen seines Ältesten kannte, wird er sich schon jetzt um ihn Sorgen gemacht haben, die sich 1868 mit Charleys Bankrott als berechtigt erweisen sollten. Sein zweiter Sohn Walter Landor, der 1857 als Soldat im Dienst der East India Company nach Indien gegangen war, hatte sich dort inzwischen bei der Niederschlagung des Sepoy-Aufstandes ausgezeichnet, starb aber schon 1863. Auch Sohn Frank, der unter Stottern und mancherlei psychischen Störungen litt, gab Anlass zur Sorge, obwohl einige seiner Geschwister ihn für den cleversten hielten. Die anderen Söhne befanden sich noch in der schulischen Ausbildung.

Als seine zweite Tochter Katey am 17. Juli 1860 Wilkie Collins' Bruder Charles heiratete, war auch das für Dickens kein Grund zur Freude, da er ihre Wahl missbilligte. Ihr Bräutigam, mit dem Dickens nicht recht warm wurde, war elf Jahre älter als sie und von labiler Gesundheit. Von Beruf war er Maler und verkehrte im Kreis der Präraffaeliten, betätigte sich aber auch als Journalist. Kateys Hochzeit war das erste große Familienfest in Gad's Hill, allerdings ohne die Brautmutter, was einen weiteren Schatten auf die Familie warf, auf der bereits der Zwang zur Verheimlichung der außerehelichen Affäre des Vaters lastete. Aber wenn Dickens gegenüber Katey nach deren eigener Aussage ein schlechtes Gewissen zeigte, dann nur, weil er spürte, dass sie seinetwegen das Elternhaus verließ. Weitergehende Schuldgefühle erstickte er mit uneinsichtiger Selbstgerechtigkeit. Er redete sich ein und versuchte seine Freunde davon zu überzeugen, dass seine Ehe von Anfang an ein Fehler gewesen war, dass er die Trennung in beiderseitigem Einvernehmen geregelt habe und dass sein Verhältnis zu der jungen Schauspielerin absolut ehrenhaft sei. Die Unmoral sah er auf seiten seiner Schwiegermutter und deren Familie, die ihn verleumdeten, weshalb er sie mit einer Art Bannfluch belegte und den Kontakt zu allen abbrach, die sich auf ihre Seite schlugen oder auch nur den sozialen Verkehr mit ihnen fortsetzten, eine Drohung, die auch für seine Kinder galt. Während Mamie, die älteste Tochter, sich dem Vater vollständig unterwarf und ihm zuliebe jeden Kontakt zur Mutter unterließ, besuchte Katey sie gelegentlich und bewahrte sich auch sonst mehr Unabhängigkeit gegenüber dem Vater.

Um den Bruch mit seinem früheren Leben vollständig zu machen, entschloss sich Dickens, Tavistock House aufzugeben. Da er bei Aufenthalten in London immer in den Geschäftsräumen seiner Zeitschrift unterkommen konnte, war er auf das Stadthaus nicht länger angewiesen; und wenn er mit seinen Töchtern die Wintersaison in der Stadt verbringen wollte, war es günstiger, für diese Zeit ein Haus zu mieten. So verkaufte er am 4. September 1860 den noch für 36 Jahre geltenden Pachtvertrag und besiegelte den Schnitt, der ihn von den Erinnerungen an das gesellige Leben in diesem Haus trennte, mit einem noch radikaleren: Wenig später verbrannte er im Garten von Gad's Hill alle Briefe, die sich bei ihm angesammelt hatten. In diesem Autodafé wird deutlich, wie sehr die Last der Vergangenheit, die in seinen Romanen so obsessiv als Erbschaftssymbolik erscheint, ein Problem seiner eigenen Psyche war.

Dickens und Charles Fechter. Unveröffentlichte Karikatur von Alfred Bryan.

Die Schar seiner alten Freunde hatte sich inzwischen weiter gelichtet. Douglas Jerrold war bereits 1857 gestorben; Leigh Hunt und Frank Stone starben 1859. Mit Thackeray hatte er gebrochen, und auch der treue Hablot K. Browne, der einst als Phiz wie ein siamesischer Zwilling von Boz angesehen wurde, war bei ihm in Ungnade gefallen. Browne hatte eine Stelle bei *Once a Week* angenommen, einem Magazin, das Bradbury & Evans gehörte, von denen sich Dickens im Streit getrennt hatte. Da er von seinen Freunden erwartete, dass sie seine Gegner auch als die ihren ansahen, ließ er die Beziehung zu Phiz einschlafen. So blieb *A Tale of Two Cities* der letzte von Browne illustrierte Roman. Dagegen nahm Dickens' Freundschaft zu Macready eher zu; denn der hatte in den zurückliegenden Jahren nacheinander seine Frau, seine Schwester und sechs Kinder durch Schwindsucht verloren und danach mit 67 eine erst 23 Jahre alte Frau geheiratet, was im Freundeskreis mit Süffisanz kommentiert

Das Chalet aus der Schweiz. Zeitgenössischer Stich.

wurde. Dickens aber – aus begreiflichen Gründen – verteidigte den Freund und freute sich mit ihm, als dem ungleichen Paar 1862 ein Sohn geboren wurde.

Während die Zahl der alten Freunde abnahm, wuchs die der jüngeren. Zu Wilkie Collins und Edmund Yates, die Dickens schon länger kannte, kam der Ire Percy Fitzgerald, den er 1858 auf seiner Lesetour in Dublin kennengelernt hatte. Als sich 1860 der deutsche Schauspieler Karl Fechter in London niederließ, mit dem Dickens schon in Paris Freundschaft geschlossen hatte, gehörte auch er zu den gern gesehenen Gästen in Gad's Hill. Fechter machte dem bewunderten Dichter 1865 ein ungewöhnliches Geschenk, nämlich ein in 94 Teile zerlegtes Schweizer Chalet, das Dickens auf seinem Grundstück aufbauen ließ und das er gern als Rückzugsort für ungestörtes Arbeiten nutzte. Es war der Dank dafür, dass er den Schauspieler 1863 bei der Übernahme des Lyceum-Theaters finanziell unterstützt hatte. Da zwischen dem Wohnhaus und dem Chalet eine Straße durch das Grundstück führte, ließ Dickens später einen Tunnel graben, um sich jederzeit ungestört in seine Eremitage zurückziehen zu können.

Mehr als eine kurze Sommerpause gönnte sich Dickens im Jahr 1860 in seiner ländlichen Idylle nicht. Die letzte Folge von Collins' *Frau in Weiß* war erschienen, und nun verlangte die Zeitschrift nach einem ebenso attraktiven neuen Roman. Schon lange vorher hatte er bei Mary Ann Evans vorgefühlt, die unter dem Pseudonym George Eliot schrieb und nach ihrem Erstling *Scenes From Clerical Life* (*Szenen aus dem Pfarrhaus)* mit *Adam Bede* (1859) einen allgemein hochgeschätzten Roman vorgelegt hatte. Doch sie konnte sich für eine Publikation in Fortsetzungen nicht erwärmen. Auch von Elizabeth Gaskell bekam er eine Absage. Ihr kritischer Realismus wäre nach Collins' spannendem Kriminalroman beim Publikum wohl auch nicht gut angekommen. Dickens' Technik der szenischen Präsentation eignete sich für die Publikation in Fortsetzungen geradezu ideal, ebenso die detektivische Handlungsstruktur, die Collins in noch reinerer Form nutzte, doch die Gesellschaftsromane von George Eliot und Mrs. Gaskell hätten das Interesse der Zeitschriftenleser wohl bald erlahmen lassen.

Zur Überbrückung ließ Dickens erst einmal *A Day's Ride: A Life's Romance* von Charles Lever erscheinen. Doch diese Erzählung zog die Auflage so sehr nach unten, dass er nun selber in den Ring steigen musste. Ursprünglich hatte er an einen neuen Roman in monatlichen Fortsetzungen gedacht, was er als die angenehmste Publikationsform empfand. Im August ließ er sich dafür mögliche Stoffe durch den Kopf gehen und Mitte September glaubte er den geeigneten gefunden zu haben. Doch als er das Fiasko der sinkenden Verkaufszahlen seiner Zeitschrift sah, war er genötigt, das neue Romanprojekt auf wöchentliche Fortsetzungen umzustellen. Er schaffte auch das und hatte bereits Ende Oktober die ersten vier Fortsetzungen fertig, so dass der Roman ab 1. Dezember erscheinen konnte. Das war außerordentlich wichtig; denn nur wenn das Publikum rechtzeitig zurückgeholt wurde, war auch für die obligate Weihnachtsnummer ein hoher Absatz gesichert. Die erzwungene Eile hatte auch ihr Gutes: *Great Expectations (Große Erwartungen)*, so der Titel des neuen Werkes, wurde Dickens' kompaktester Roman und gilt deshalb in den Augen vieler Kritiker als sein Meisterwerk.

Um für Beiträge zur Weihnachtsnummer nach Motiven mit Lokalkolorit zu suchen, unternahm er am 1. November mit Wilkie Collins eine fünftägige Reise durch Devon und Cornwall. Danach wimmelte er alle sozialen Verpflichtungen ab und konzentrierte sich ganz darauf, die Zeitschrift wieder auf Kurs zu bringen. Bei der Weihnachtsnummer überließ er die Hauptarbeit dem jungen Freund, während er selber sich daran machte, 17 Beiträge zu *All the Year Round* unter dem Titel *The Uncommercial Traveller (Der Reisende ohne Geschäft)* zusammenzufassen und am 15. Dezember bei Chapman & Hall als Buch herauszubringen. Den gerade begonnenen Roman konnte er wie *A Tale of Two Cities* an *Harper's Weekly* nach Amerika verkaufen, wobei das Honorar mit 1250 Pfund diesmal noch höher ausfiel. Inzwischen war der Absatz seiner Zeitschrift zum früheren Niveau zurückgekehrt. Damit hatte er wieder Spielraum für öffentliche Lesungen. Im März und April 1861 gab er zunächst sechs in London. Doch für die zweite Jahreshälfte, nach Abschluss des Romans, plante er bereits eine Tour mit 46 Lesungen in der Provinz.

Nachdem er im Frühjahr mehrfach über gesundheitliche Probleme geklagt hatte, gestattete er sich im Mai drei Erholungstage an der Küste von Dover, wo er sich in langen Wanderungen ausarbeitete. Dann ging es zurück an den Schreibtisch, und am 11. Juni war der letzte Satz des Romans zu Papier gebracht. Vier Tage später nahm er seine Töchter Mamie und Katey mit zu einem kurzen Besuch bei Bulwer-Lytton. Der Baron hatte zu Dickens' großer Freude zugesagt, unter dem Titel *A Strange Story (Eine seltsame Geschichte)* den Anschlussroman für die Zeitschrift zu schreiben, für den ihm Dickens das ungewöhnlich hohe Honorar von 1500 Pfund anbot. Nachdem am 3. August die letzte Fortsetzung von *Große Erwartungen* erschienen war, gelang es dem Nachfolger sogar, die Auflage der Zeitschrift um weitere anderthalb Tausend zu steigern. In Bulwer-Lyttons Roman geht es um übernatürliche Geschehnisse, die selbst Dickens als *weird* empfand, was soviel wie ‹unheimlich mit einem Stich ins Überdrehte› bedeutet.

Mit der stetigen Ausweitung des Lesepublikums hatte sich auch der Geschmack der Mehrheit verändert. Jetzt gewannen spannende Handlungen und sensationelle Kolportagen immer mehr an Bedeutung. Während die nach dem Londoner Strafgefängnis benannten *Newgate novels* der 1830er Jahre, zu denen Bulwer-Lyttons frühe Romane *Paul Clifford* (1830) und *Eugene Aram* (1834) gehörten, einen klaren Realitätsbezug mit sozialkritischer Stoßrichtung hatten, trat jetzt mehr und mehr das Sensationelle in den Vordergrund, weshalb man diesen ab

1860 aufkommenden Romantyp als *novel of sensation* bezeichnet. Bald danach sollten Abenteuerromane wie die von Rider Haggard und Detektivgeschichten wie die von Arthur Conan Doyle den Markt überschwemmen. Manche dieser Autoren erreichten Auflagenzahlen, die die von Dickens weit in den Schatten stellten. So wurden beispielsweise von dem 1861 erschienenen Roman *East Lynne* der Autorin Mrs. Henry Wood (1814–1887) bis 1900 2,5 Millionen Exemplare verkauft. Es zeugt von Dickens' künstlerischem Rang, dass er die Konkurrenz mit den Autoren solcher Sensationsromane aufnahm, ohne dabei der Tendenz zum Trivialen nachzugeben.

Es ist nicht leicht, sich vorzustellen, wie es Dickens gelang, einerseits seine Aktivitäten als Autor, Herausgeber seiner Zeitschrift und Rezitator eigener Werke im Licht der Öffentlichkeit zu betreiben, während er gleichzeitig bestrebt sein musste, sein Liebesverhältnis geheim zu halten. Denn anders als sein Freund Wilkie Collins, der als notorischer Bohemien ungestraft mit Maitressen uneheliche Kinder zeugen konnte, galt er selber als moralische Autorität, der man solche Fehltritte nicht verziehen hätte. Die akribische Spurensuche seiner Biographen hat zwar genügend Hinweise auf Besuche bei seiner Geliebten ergeben, doch die dokumentierten Zeiten seiner Präsenz in der Öffentlichkeit zeigen so enge Lücken, dass unromantische Leser sich fragen werden, wie jemand für so seltene Genüsse von Liebesglück so hohe Risiken eines Skandals in Kauf nehmen konnte.

Dies ist nach *David Copperfield* der zweite Roman, den Dickens vom Helden in der Ich-Form erzählen lässt. Deshalb liegt es nahe, auch hier einen autobiographischen Bezug zu vermuten. Doch mehr als die schwierige Kindheit der Helden haben die beiden Romane nicht gemein. In kompositorischer Hinsicht sind sie sogar einander entgegengesetzt. David Copperfield erzählt sein Leben in traditioneller Manier als linear voranschreitende Entwicklung und beginnt mit seiner Geburt. In *Great Expectations* beginnt Philip Pirrip, der sich als Kleinkind Pip nannte und diesen Namen beibehielt, seine Erzählung auf dem Friedhof, auf dem seine Eltern begraben sind. Das ist die rückwärtsgewandte Blickrichtung, die seit *Bleak House* in allen Romanen des Dichters die voranschreitende Erzählung begleitet, woraus sich das Grundmuster des Detektivromans ergibt.

Der Roman setzt in typisch Dickensscher Manier mit einer meisterhaft komponierten Ouvertüre ein, die die zentrale Thematik symbolisch vorwegnimmt. Wieder geht es um das Spannungsfeld zwischen Gefängnis, Wasser und Erbschaft. Der Friedhof liegt in einer öden Marschlandschaft am Ufer der Themse. Im Wasser liegen die Rümpfe ausgemusterter Schiffe, die *hulks*, die dort zu Gefängnissen umfunktioniert wurden. Aus einem dieser *hulks* ist ein Sträfling entflohen, der Pip auf dem Friedhof plötzlich gegenübertritt, ihn bedroht und durch Einschüchterung zwingt, ihm von zu Hause Nahrung und eine Feile zu bringen, damit er sich von seinem Fußeisen befreien kann. Pip gehorcht und knüpft damit ahnungslos den ersten Faden eines Schicksalsnetzes, das ohne sein Wissen auf ihn einwirkt, bis es plötzlich in der Mitte des Romans in sein Leben einbricht und ihn vor die Aufgabe stellt, sich von dieser Fremdbestimmung zu emanzipieren. Der Handlungsverlauf ist in groben Zügen folgender:

Pip wächst nach dem Tode seiner Eltern bei seiner sehr viel älteren Schwester und ihrem Mann, dem Hufschmied Joe Gargery, auf. Während die Schwester ihn lieblos behandelt, findet er bei Joe warmherzige Zuwendung. Ein Jahr nach der Begegnung mit dem Sträfling wird er von Miss Havisham nach Satis House eingeladen, um ihrer Pflegetochter Estella Gesellschaft zu leisten. Das äußerlich herrschaftliche Haus ist eine makabre Gruft; denn Miss Havisham hat es, samt Kuchen und Brautkleid, so konserviert, wie es am Tage ihrer geplanten Hochzeit aussah, zu der ihr Bräutigam nicht erschien. Jetzt lebt sie dort verbittert mit der bildschönen, aber gefühlskalten Estella, die Pip als Inbegriff einer Welt erscheint, zu der nur ein Gentleman, aber nicht der Pflegesohn eines Hufschmieds Zutritt hat. Als er später bei Joe in die Lehre geht, taucht unerwartet ein Rechtsanwalt auf, der ihm «große Erwartungen» eröffnet, ihn mit Geld versorgt und nach London mitnimmt. Pip glaubt, dass Miss Havisham ihn als zukünftigen Ehemann für Estella erwählt hat und aus ihm erst einmal einen Gentleman machen will. Er ist blind für die Liebe Biddys, die – ein Waisenkind wie er selber – als Hilfslehrerin in der Dorfschule arbeitet. Obwohl er sie gern hat, sieht er in ihr keine standesgemäße Partnerin.

Nach Jahren des Müßiggangs in der Metropole taucht plötzlich der Sträfling wieder auf, und Pip erfährt, dass nicht Miss Havisham, sondern dieser Mann sein heimlicher Wohltäter war. Magwitch, so sein Name, war, nachdem er trotz Pips Hilfeleistung wieder eingefangen worden war, nach Australien deportiert worden, wo er es als Schafzüchter zu beträchtlichem Reichtum gebracht hatte. Von dort ist er illegal nach England zurückgekehrt, weil er sich in den Kopf gesetzt hatte, mit seinem Reichtum den Jungen, der ihm damals geholfen hatte, in die gute Gesellschaft zu lancieren, aus der er als Verbrecher für immer ausgeschlossen war. Pip erlebt diese Enthüllung als bitteres Ende seines Traums von einem Leben als Gentleman. Erst allmählich befreit er sich von seinem Dünkel, erkennt seine moralische Verpflichtung gegenüber Magwitch und versucht ihn außer Landes zu bringen, da ihm im Falle einer Festnahme die Todesstrafe droht.

Der Roman endet mit einem dramatischen Finale, bei dem auch in Magwitchs Leben eine schicksalhafte Vergangenheit einbricht: Damals, als Pip ihm die Feile brachte und er hätte flüchten können, kam es zwischen ihm und Compeyson, einem anderen entflohenen Sträfling, zu einem Kampf, bei dem sie beide von der Polizei festgenommen wurden. So wie Magwitch als unsichtbarer Schatten Pip begleitete, so begleitete Compeyson den Sträfling Magwitch. Als schließlich das verborgene Schicksalsgewebe ans Licht kommt, erfährt der Leser, dass

Compeyson der Mann war, der einst Miss Havisham sitzen ließ, dass Magwitch von diesem, seinem einstigen Komplizen, verraten wurde und dass Estella Magwitchs Tochter ist.

Pips Versuch, Magwitch in einem Boot auf ein auslaufendes Schiff zu bringen, wird durch ein Polizeiboot vereitelt, in dem sich Compeyson als Polizeispitzel befindet. Es kommt zwischen den beiden Sträflingen zu einem Kampf im Wasser der Themse, bei dem Magwitch Compeyson ertränkt, während er selber so schwer verletzt wird, dass er noch vor Vollstreckung der drohenden Todesstrafe im Gefängnis stirbt. Auch Pip wird schwerkrank. Seine physische Genesung ist zugleich die moralische Rückkehr zu seinem besseren Selbst. Seine «großen Erwartungen» haben sich als Illusion erwiesen; das Vermögen, das er in Aussicht hatte, ist verloren. Da besinnt er sich auf Biddy, doch als er sich aufmacht, um sie um ihre Hand zu bitten, trifft er sie am Tag ihrer Hochzeit mit Joe, dem sie den Haushalt führte, nachdem seine Frau Opfer eines Verbrechens geworden war.

In der ursprünglichen Fassung lässt Dickens Pip für acht Jahre nach Ägypten gehen, wo er in einem Handelsunternehmen tätig ist. Nach seiner Rückkehr trifft er Estella, die nach einer unglücklichen ersten Ehe jetzt mit einem Landarzt verheiratet ist. Dickens Freund Bulwer-Lytton fand diesen Schluss unbefriedigend und riet zu einem positiveren Ende. Daraufhin ließ Dickens seinen Helden nach elf Jahren aus Ägypten zurückkehren und vor den Ruinen von Satis House mit der verwitweten Estella zusammentreffen. Pips Schlusssatz lautet: «Ich sah keinen Schatten einer erneuten Trennung von ihr.»

Wer nur diese Inhaltsangabe liest, ohne das Werk zu kennen, wird einen typischen Kolportageroman vermuten, bei dem ohne Rücksicht auf realistische Glaubwürdigkeit alles mit allem verknüpft ist. Doch an den Symbolen und Bildern lässt sich Pips innere Entwicklung ablesen. Wieder geht es um die Emanzipation von der Fremdbestimmung durch eine erwartete Erbschaft und um die Selbstbewahrung gegen die doppelte Gefahr der inneren Erstarrung einerseits, verkörpert durch das gefängnishafte Satis House, und der inneren Haltlosigkeit andererseits, symbolisiert durch das Wasser. Dabei setzt Dickens die Symbole nicht einfach schematisch ein, sondern gibt ihnen eine schillernde Ambivalenz. So wie das Wasser neben der Gefahr des Versinkens auch eine Sphäre der Wiedergeburt ist, so wird dem Gefängnis von Satis House das gemütliche Heim von Wemmick, dem guten Geist in der Londoner Gefängniswelt, gegenübergestellt, der sein Haus als Wemmicks ‹Burg› *(castle)* bezeichnet. Gewiss zollt Dickens auch hier der viktorianischen Scheinheiligkeit Tribut, wenn er den Verlust von Reichtum als moralischen Gewinn darstellt, doch in wesentlichen Punkten löst er sich von den Klischees, denen er in *David Copperfield* noch gefolgt war. So lässt er Pip nicht – wie David bei Agnes – seinen Frieden bei Biddy finden. Während David noch mit spürbarem Stolz von seinem Aufstieg in die bessere Gesellschaft erzählt, erfährt Pip das Ideal des Gentleman als große Illusion, was zugleich eine Kritik an diesem Ideal impliziert. Denn als Gentleman im soziologischen Sinn galt damals jeder, der seinen Lebensunterhalt nicht durch Arbeit verdienen musste. Dem stellt Dickens den Gentleman des Herzens entgegen, in den sich Pip verwandelt hat.

Obwohl Pips Erzählung sehr viel kürzer ausfällt als Davids, ist sie dank der Symbolik dichter und facettenreicher. Psychologisch wirkt der Roman zwar noch immer etwas krude, wenn man ihn mit den Werken großer Realisten wie Tolstoi, Flaubert oder in England George Eliot vergleicht, doch sobald man ihn als Wort-Oper liest, wird man seiner musikalischen Komposition Bewunderung zollen müssen. Besonders eindrucksvoll ist die Schlusssequenz, in der die zentralen Symbole in einer Engführung zusammengefasst werden. Da gleiten die Fliehenden themseabwärts der erhofften Freiheit entgegen, während am Ufer baufällige Häuser, in denen man das Echo der Schuhwichsfabrik spürt, im Wasser zu versinken scheinen; und in der Tasche von Magwitch befindet sich das Sinnbild von Pips Erbschaft, nämlich eine Geldbörse, die danach von der Polizei konfisziert wird. An musikalische Ausdrucksmittel erinnert auch die einhämmernde Wiederholung von bedeutungsvollen Wörtern. So kehrt in der Fluchtsequenz auf engstem Raum siebenmal das Wort *mud*, ‹Schlamm›, wieder. Wer das Buch als solch eine kunstvolle Entfaltung symbolischer Themenkomplexe liest, wird ihm das Fehlen realistischer Glaubwürdigkeit kaum vorwerfen.

Nachlassende Kreativität

September 1861 bis Ende 1865

Auch nach dem Abschluss seines dreizehnten Romans füllte Dickens die postnatale Leere mit gesteigerter Aktivität. Ab 28. Oktober 1861 war eine weitere Tournee mit insgesamt 46 Lesungen in England und Schottland geplant. Da er inzwischen den Ehrgeiz entwickelt hatte, bei seinen öffentlichen Auftritten Texte nicht bloß vorzutragen, sondern sie in perfekt inszenierten Vorstellungen zu präsentieren, wurde die Vorbereitung dazu immer aufwändiger. Aus Romankapiteln und neuen Zwischentexten formte er durchgehende Handlungsabläufe, die sich dramatisch darstellen ließen. Danach probte er die Lesungen tagtäglich zwei bis drei Stunden lang, bis jede Geste und jeder Tonfall zur größtmöglichen Wirkung gebracht war.

Mitten in diesen Vorbereitungen erreichte ihn die Nachricht, dass sein Agent Arthur Smith, der die Tourneen bis dahin kompetent organisiert hatte, unheilbar erkrankt war. Smith starb noch vor Beginn der Tour am 1. Oktober. Am Tag nach seiner Beerdigung kam eine zweite Todesnachricht. Dickens' Schwager Henry Austin, den er sehr schätzte und dessen Rat als Architekt er oft eingeholt hatte, war überraschend gestorben. Beide Verluste schmerzten ihn sehr und den von Smith empfand er nach eigener Aussage so, als hätte man ihm den rechten Arm abgetrennt. Einen eher notdürftigen Ersatz fand er in Thomas Headland, mit dem er das Leseprogramm durchzog, wobei er im November zehn freie Tage einkalkulierte, um die unverzichtbare Weihnachtsnummer seiner Zeitschrift vorzubereiten. Weniger schmerzhaft als die Todesfälle, aber doch eine Verletzung seines rachsüchtigen Stolzes war im November die Nachricht, dass sein Sohn Charley die Tochter des Seniorpartners seines früheren Verlagshauses Bradbury & Evans heiraten wolle. Da er Evans nicht verzeihen konnte, seinerzeit für seine Frau Partei ergriffen zu haben, weigerte er sich, an der Hochzeitsfeier teilzunehmen.

Weihnachten 1861 verbrachte Dickens wieder mit der Familie, doch gleich danach setzte er die unterbrochene Lesetour fort. Sie war wie erwartet ein Triumphzug durch das Land und damit auch finanziell ein großer Erfolg. Ebenso erfolgreich war die Weihnachtsnummer der Zeitschrift mit der Rahmenerzählung *Tom Tiddler's Ground*, für die er wegen des Zeitdrucks nur zwei Beiträge hatte schreiben können. Nach der letzten Lesung in der Provinz plante er bereits elf wöchentliche Lesungen von März bis Juni in London, die wie gewohnt in der riesigen St. Martin's Hall mit ihren über 2000 Plätzen stattfinden sollten, was entsprechenden Gewinn bringen würde. Die Begeisterung seiner Zuhörer schien in ihm den Hunger nach Applaus immer weiter anzustacheln. Als ihn im Juni eine Einladung nach Australien erreichte, wo er für ein Gesamthonorar von 10 000 Pfund lesen sollte, spielte er zunächst mit dem Gedanken, das verlockende Angebot anzunehmen; doch die lange Reise, die Trennung von Nelly und wohl auch seine inzwischen zunehmenden Gesundheitsprobleme bewogen ihn schließlich es abzulehnen.

In der zweiten Jahreshälfte reiste er mehrmals nach Paris und dachte intensiver über einen neuen Roman nach. Den Titel dafür hatte er Forster bereits im vorangegangenen Jahr genannt, doch nun im Herbst 1862 tat er sich schwer damit anzufangen. Statt dessen machte er sich erst einmal an die fällige Weihnachtsnummer, für die er eine zündende Idee hatte. In *Somebody's Luggage (Jemandes Gepäck)* sollte der Kellner und Zimmerdiener eines kleinen Hotels erzählen, wie in einem der Zimmer unter einem Bett ein Koffer entdeckt wird, der dort sechs Jahre gelegen hat. Der Kellner öffnet ihn und findet darin ein Bündel mit Manuskripten, die er einer Zeitschrift verkauft. Als die Druckfahnen bereits fertig sind, kehrt der Autor der Geschichten zurück und ist über die Publikation so erfreut, dass er dem Kellner zum Dank 20 Pfund in die Hand drückt. In der Rolle dieses zungenfertigen Dieners spielte Dickens wieder einmal seine unnachahmliche Sprachkomik aus. Niemand konnte Menschen aus dem Volke vom Schlage eines Sam Weller so authentisch und zugleich so witzig reden lassen wie er. Gleichzeitig bot sich hier die Möglichkeit, auf selbstironische Weise die Leiden und

Freuden eines verkannten Autors zum Ausdruck zu bringen. Der Käufer der gefundenen Manuskripte ist – ohne Namensnennung, doch unmissverständlich kenntlich gemacht – der Herausgeber von *All the Year Round*, also Charles Dickens.

Nachdem er seinen Beitrag zur Weihnachtsnummer in London abgeliefert hatte, reiste Dickens am 16. Oktober zurück nach Frankreich, wo er sich drei Tage später mit Georgina und Tochter Mamie in Boulogne traf. Er hatte Georgina, die im Frühjahr ernsthaft erkrankt war und danach weiter unter gesundheitlichen Problemen litt, dorthin geschickt, weil er meinte, ein Aufenthalt an der See täte ihr gut. Er selber nutzte den Frankreichaufenthalt zu einer kleinen Besichtigungstour und ging danach mit den beiden Frauen für längere Zeit nach Paris. Weihnachten 1862 verbrachten sie wieder in Gad's Hill, danach kehrten sie nach Paris zurück, wo Dickens drei triumphale Lesungen zu Wohltätigkeitszwecken in der englischen Botschaft gab. Im Februar 1863 kehrte er nach London zurück, um von März bis Juni im Wochenabstand 13 Lesungen abzuhalten. Danach widmete er sich intensiver seiner Zeitschrift, für die er bis Oktober weitere zwölf Beiträge seiner inzwischen schon populären Serie *The Uncommercial Traveller* schrieb. Das tat er zum Teil in Frankreich, wohin er am 18. August reiste.

Am 8. September 1863 bot er dem Verlag Chapman & Hall seinen nächsten Roman mit dem Titel *Our Mutual Friend (Unser gemeinsamer Freund)* zur Veröffentlichung in Fortsetzungen an. Der Vertrag, der am 21. November unterzeichnet wurde, war für ihn außerordentlich günstig, was anzeigt, welche Machtposition er als Autor inzwischen erlangt hatte. Der Verlag erwarb von ihm für 6000 Pfund das Copyright für die Publikation der Fortsetzungen und verpflichtete sich, ihm die Hälfte des Reingewinns der Nummern zu zahlen. Das Copyright für die Buchpublikation blieb beim Autor. Als einzige Sicherungsklausel für den Verlag wurde vereinbart, dass der Vertrag hinfällig würde, sollte der Roman nicht vor Ende 1864 zu erscheinen beginnen, und dass eine Kompensation fällig würde, sollte der Autor vor Fertigstellung sterben. Damit hatte Dickens Planungssicherheit für über ein Jahr, ohne dabei unter Zeitdruck zu geraten.

Die Reihe der nun häufiger werdenden Todesfälle setzte sich am 13. September mit dem Tod seiner Mutter fort, der in ihm einerseits alte Kindheitserinnerungen aufrührte, andererseits aber auch Erleichterung bedeutete; denn die Sorge um die senile Frau hatte ihn Zeit, Geld und Nervenkraft gekostet. Für die Weihnachtsnummer 1863 hatte er eine noch bessere Idee als für die vorangegangene. *Mrs. Lirriper's Lodgings* (*Mrs. Lirripers Fremdenpension*) gilt bei Kennern als ein Juwel unter Dickens' kürzeren Geschichten. Darin lässt er aus der Titelfigur, die seiner unsterblichen Mrs. Gamp nicht unähnlich ist, die Lebenserinnerungen aus 38 Jahren als Pensionswirtin wie einen Bewusstseinsstrom hervorsprudeln.

Am 6. Oktober wurde Dickens früh morgens durch ein Erdbeben geweckt, das ihn so hin und her schüttelte, als «habe ein riesiges Tier zusammengekauert unter seinem Bett gelegen und würde sich nun schütteln und strecken». Dickens schickte sogleich einen Bericht über dieses seltene Ereignis an die *Times* und zog sich damit in der Redaktion von *Punch* spöttische Kommentare über seine Wichtigtuerei zu. Der Rest des Jahres verlief zunächst ereignislos. Am 3. Dezember erschien die Weihnachtsnummer und war sogleich ein Erfolg. Angeblich wurden 300 000 Exemplare verkauft. Dann erreichte ihn die Nachricht, dass am 24. Dezember Thackeray gestorben war. In seine aufrichtige Trauer mischte sich die Erleichterung darüber, dass er diesem Manne bei einer zufälligen Begegnung kurz vorher die Hand geschüttelt hatte, was von beiden als Geste der Versöhnung empfunden worden war. Wesentlich schmerzlicher war für ihn der Tod seines Sohnes Walter, der am Silvestertag in Kalkutta im Alter von 22 Jahren an einer Tropenkrankeit starb. Doch die Nachricht erreichte ihn wegen des langen Postwegs erst am 7. Februar, seinem 52. Geburtstag.

Das Jahr 1864 war dem neuen Roman gewidmet. Schon Ende Januar hatte Dickens die ersten beiden Monatsfolgen fertig. Mit der Publikation wollte er aber erst beginnen, wenn fünf Folgen bereit lagen. Die erste Unterbrechung kam, als er gebeten wurde, für Thackerays Magazin *The Cornhill* einen würdigenden Nachruf auf seinen Rivalen zu schreiben. Dickens kam der Bitte nach und versuchte dabei so fair wie möglich zu sein, konnte es sich aber nicht verkneifen darauf hinzuweisen, dass der Verstorbene mit seiner durchgängigen Ironie die Ernsthaftigkeit von Literatur in Frage gestellt habe, was für den Status der Kunst nicht gut sei. Das wirkt so, als wollte er es Thackeray heimzahlen, dass dieser offensichtlich seine, Dickens', moralische Seriosität in Frage stellte; denn Thackeray hatte den Kontakt zu Dickens' Frau weiter aufrechterhalten und in privaten Äußerungen nicht mit missbilligenden Urteilen über das Verhalten seines Rivalen gespart.

Seinen letzten Roman *Große Erwartungen* hatte Dickens ohne Illustrationen gelassen. Erst ein Jahr nach dem Erscheinen der ersten Buchausgabe hatte er für den Nachdruck in der *Library Edition* bei seinem jungen Freund Marcus Stone acht Illustrationen dafür in Auftrag gegeben. *Unser gemeinsamer Freund* sollte nun wieder wie die früheren von Anfang an mit Illustrationen erscheinen, und auch hier hatte er Stone darum gebeten. Dessen Zeichnungen unterscheiden sich erheblich von Brownes, der zuvor als der Dickens-Illustrator schlechthin galt. Obwohl auch Browne bei den späteren Werken den skurrilen Stil der frühen Werke zugunsten eines realistischeren aufgab, behielt er doch die Technik der überwiegend kleinfigurigen Darstellung bei. Stone konnte sich damit nicht anfreunden und zeichnete großfigurige Szenen, was realistischer wirkte.

Im März 1864 starteten Chapman & Hall eine aufwändige Werbung für den neuen Roman, dessen erste Folge am 30. April herauskam. Die Anfangsauflage von 40 000 lag über der von *Little Dorrit*, dem letzten Roman, der in monatlichen Folgen erschienen war. Dass 30 000 Exemplare bereits in den ersten drei Tagen verkauft wurden, zeigt an, dass die Werbekampagne gefruchtet hatte. Da Dickens einen Vorsprung von vier Folgen hatte, konnte er es sich leisten, im Mai den Vorsitz eines Sponsorentreffens für die Gründung von zwei Schulen für Schauspielerkinder zu übernehmen. Den zur gleichen Zeit laufenden Bemühungen um ein Denkmal für Shakespeare zur Feier von dessen 300. Geburtstag stand er jedoch ablehnend gegenüber. Von Monumenten hielt er nichts. Dichter sollten seiner Meinung nach nur durch die Lektüre ihrer Werke und die Aufführung ihrer Stücke geehrt werden.

Im Juni hatte Dickens auf einmal Mühe, die nötige Inspiration für die nächsten Folgen des Romans zu finden. Sein Vorsprung begann zu schrumpfen. Außerdem gingen die Verkaufszahlen nach unten. Den ganzen heißen August hindurch sah er den Vorsprung weiter schmelzen. Hinzu kamen gesundheitliche Probleme. Schon in den Jahren zuvor hatte er gespürt, dass sein Körper nicht mehr der hektischen Aktivität seines Geistes folgen konnte. Jetzt setzte bei ihm ein Leiden ein, das ihn von nun an immer häufiger heimsuchen sollte. Es war eine Lähmung des linken Fußes, die mit heftigen Schmerzen verbunden war. Er selber schob es auf Erfrierungen, die er sich bei langen Wanderungen im Schnee zugezogen hatte. Wahrscheinlich war es aber Rheuma. Oft schwoll der Fuß so an, dass er in keinen Schuh passte. Nervöse Beschwerden mit Krämpfen traten auch an anderen Körperteilen auf. Da er sich über Hypochondrie stets lustig gemacht hatte, neigte er dazu, die Symptome zu unterdrücken und mit zusammengebissenen Zähnen mehr Vitalität vorzutäuschen, als sein Körper hergab.

Im Oktober 1864 stand die nächste Weihnachtsnummer ins Haus. Da der Quell seiner Fantasie nicht mehr so unerschöpflich sprudelte wie früher, fiel ihm jetzt nichts weiter ein, als noch einmal auf die populäre Mrs. Lirriper zurückzugreifen, und so schrieb er mit spürbarer Lustlosigkeit *Mrs Lirriper's Legacy (Mrs. Lirripers Vermächtnis).* Kaum hatte er diese Pflichtarbeit hinter sich, erreichte ihn die Nachricht, dass am 29. Oktober sein alter Freund John Leech nach kurzer Krankheit gestorben war. Zu Leech hatten er selber und seine ganze Familie ein herzliches Verhältnis. Deshalb traf ihn dieser Verlust eines weiteren engen Freundes besonders tief. Danach suchte er wiederholt Entspannung, wo er sie nach eigener Aussage am besten fand: in Frankreich; denn jedes Mal, wenn er von dort zurückkomme, fühle er sich «so frisch wie ein Gänseblümchen». Mittlerweile war die Auflage des laufenden Romans auf 28 000 gesunken, was aber durch eine neue Goldader kompensiert wurde, die Chapman & Hall mit dem Beginn der *People's Edition* von Dickens' Werken getroffen hatten. Diese Ausgabe war bewusst für Bahnreisende gedacht und deshalb handlich und billig. Jeder Band kostete einen Shilling, wobei die umfangreicheren Romane auf zwei Bände verteilt wurden.

Dickens war selber seit langem regelmäßiger Bahnfahrer, was ihm am 9. Juni 1865 beinahe zum Verhängnis geworden wäre. An diesem Tage saß er zusammen mit Nelly und ihrer Mutter auf der Rückreise von Paris im Zug von Folkestone nach London, als dieser bei Staplehurst aus den Gleisen sprang. Gleisarbeiter, die die Strecke auf einer Brücke reparieren sollten, hatten vorübergehend ein Gleis entfernt und keinen Zug erwartet, weil der Vorarbeiter den Fahrplan mit dem des nächsten Tages verwechselt hatte. Der Zug zerbrach in zwei Teile,

«Das Eisenbahnunglück von Staplehurst». In der Zeitung The Penny Illustrated Paper *vom 14. Juni 1865.*

wobei die Lokomotive mit dem Tender und dem ersten Wagen der ersten Klasse auf der Brücke hängen blieb, während der Rest in den Fluss Beult stürzte. Dickens hatte das große Glück, in dem Wagen zu sitzen, dessen Kupplung nicht gerissen war. Doch der Wagen hing über dem Abgrund und drohte abzustürzen. Selber unverletzt, kletterte er durch ein Fenster nach draußen, ließ sich von einem Bahnbediensteten die Schlüssel für die Tür des Abteils geben und half der nur leicht verletzten Nelly und ihrer Mutter heraus. Danach legte er tatkräftig mit Hand an, um weitere Passagiere aus den Waggons zu befreien, die in den Fluss gestürzt waren. Am Ende zählte man zehn Tote und zahlreiche Verletzte. Abgesehen von dem traumatischen Schock sah sich Dickens durch den Unfall in einer kompromittierenden Situation. Zum ersten Mal musste er ernsthaft fürchten, dass sein Verhältnis zu der jungen Schauspielerin an die Öffentlichkeit dringen könnte. Deshalb war er sicher unter denen, die sich gegen die namentliche Erwähnung der Betroffenen in der *Times* wandten, mit dem Argument, dass dadurch die Angehörigen nur unnötig beunruhigt würden.

Dickens liest seinen Töchtern in Gad's Hill Place vor. Fotografie.

Nach dem Unglück hatte Dickens zunächst eine begreifliche Scheu vor Bahnfahrten, und so verbrachte er die nächsten drei Monate in Gad's Hill, wo er sich – mit Vorliebe in dem kleinen Chalet – ganz auf den laufenden Roman konzentrierte. Der ging ihm trotzdem nicht so von der Hand, wie er es früher gewohnt war, und sein Vorsprung schrumpfte auf eine einzige Lieferung. Ihm passierte sogar – nach eigener Aussage zum ersten Mal seit den *Pickwick Papers* –, dass eine Fortsetzung um zweieinhalb Seiten zu kurz ausfiel. Am 2. September hatte er endlich die als Doppelnummer geplante letzte Lieferung mit einem «Postscriptum anstelle eines Vorworts» abgeschlossen. Die Nummer erschien am 31. Oktober. Obwohl die Verkaufszahlen von Lieferung zu Lieferung nach unten gegangen waren, brachte ihm das Buch dank der raffinierten Vertragskonstruktion 12 000 Pfund ein, während Chapman & Hall Verlust machten. Kaum war das Manuskript der letzten Nummer unterwegs zum Drucker, machte sich Dickens wieder auf den Weg nach Frankreich. Diesmal ging es über Boulogne weiter nach Paris, wo er sich frei fühlte und dennoch die Luft einer Metropole atmen durfte, ohne sich dabei wie zu Hause über Schmutz und soziale Probleme aufregen zu müssen.

Aber schon am 17. November war er wieder in London, um sich um die Weihnachtsnummer seiner Zeitschrift zu kümmern, für die er bereits einen Stoff hatte, der typisch Dickenssche Züge trug. In *Doctor Marigold's Prescriptions (Doktor Marigolds Verschreibungen)* erzählt er die rührende Geschichte eines in einem Wagen umherziehenden Straßenhändlers, der auf den Namen Doktor getauft wurde, weil ein freundlicher Arzt ihn kostenlos ans Licht der Welt befördert hatte. Als dem armen Mann Frau, Tochter und Hund weggestorben waren, nahm er ein taubstummes Mädchen zu sich und ließ sie in einer Spezialschule Lesen und Schreiben lernen. Da er mit ihr nicht reden konnte, schrieb er für sie eine Sammlung von Geschichten unter dem Titel *Doktor Marigolds Verschreibungen*. Später verlässt ihn das Mädchen, kehrt aber nach einiger Zeit mit einem taubstummen Ehemann zurück und präsentiert ihrem Pflegevater eine hübsche kleine Tochter, die sprechen kann. Das war wieder die vertraute Dickens-Mischung aus Humor, Sentimentalität und moralischer Botschaft.

Trotz nachlassender Kreativität klang das Jahr 1865 für ihn mit einem großen Erfolg aus; denn die am 7. Dezember erschienene Weihnachtsnummer erreichte nach Forsters Angaben bereits in der ersten Woche eine Auflage von 250 000. Wieder einmal hatte der «Unnachahmliche» diesem Namen Ehre gemacht. Das dürfte ihn darüber hinweggetröstet haben, dass die Kritiken zu *Unser gemeinsamer Freund* sehr gemischt ausfielen. Der junge Henry Adams, Enkel und Urenkel zweier berühmter Präsidenten der USA, hielt den Roman sogar für Dickens' schlechtesten. Es gab aber auch Stimmen, die dem Buch im Vergleich mit den früheren Werken größeren Reichtum und mehr Ernsthaftigkeit attestierten. Die hohe dichterische Qualität dieses letzten vollendeten Romans wurde aber erst im 20. Jahrhundert erkannt, als man in den spannend erzählten und mit skurrilem Humor gewürzten Geschichten die tieferen Bedeutungsebenen erkannte. Seitdem wird der Roman von vielen Kritikern zu Dickens' reifsten Werken gezählt, und manche haben ihn in die Nähe von T. S. Eliots Gedicht *The Waste Land* gerückt, worin zum Ausdruck kommt, dass man inzwischen begonnen hat, Dickens' Romane als große Prosagedichte zu lesen. Der Beginn dieses Romans ist ein gutes Beispiel für die poetische Sogwirkung, die Dickens bereits mit der «Ouvertüre» erzielt:

> In diesen unseren Zeiten – einer exakten Jahreszahl bedarf es nicht – glitt ein Boot von schmutzigem, heruntergekommenem Aussehen mit zwei Gestalten darin die Themse hinab, von der eisernen Southwark Bridge zur steinernen London Bridge, während ein Herbstabend zur Neige ging.
>
> Die Gestalten in dem Boot waren die eines kräftigen Mannes mit struppigem grauem Haar und sonnengebräuntem Gesicht und die eines dunkelhaarigen Mädchens von neunzehn oder zwanzig Jahren, ihm hinreichend ähnlich, um sie als seine Tochter kenntlich zu machen. Das rudernde Mädchen zog die Riemen leicht durchs Wasser; der Mann hielt die Hände mit den schlaffen Ruderseilen locker in den Hosenbund gehakt, während er mit scharfem Blick umher sah. Er hatte weder Netz noch Haken noch Leine, konnte also kein Fischer sein. Sein Boot hatte weder ein Sitzkissen noch einen Namen noch eine andere Ausstattung als einen rostigen Bootshaken und ein aufgerolltes Seil, er konnte also kein Fährmann sein; sein Boot war zu klein und zerbrechlich, um Lasten zu befördern, so konnte er kein Hafenleichter oder Flussschiffer sein; es gab keinen Anhaltspunkt für das, wonach er Ausschau hielt, doch er suchte nach etwas mit einem äußerst gespannten, forschenden Blick. Die Flut, die vor einer Stunde gewechselt hatte, strömte flussab, sein Blick folgte jedem Wirbel und jeder Stromschnelle, während das Boot sich leicht gegen die Strömung bewegte oder sich treiben ließ, je nach dem, was er seiner Tochter mit einer Kopfbewegung befahl. Sie achtete auf sein Gesicht so aufmerksam wie auf den Fluss. Doch in der Intensität ihres Blickes lag etwas von Furcht oder Abscheu. Dem Grund des Flusses verwandter als der Oberläche, da das Boot von Schlick und Schleim überzogen war und von Nässe triefte, schienen die beiden Gestalten offensichtlich etwa zu tun, was sie oft taten, und etwas zu suchen, wonach sie oft suchten.

Unser gemeinsamer Freund

Dickens' letzter vollendeter Roman ist sein dunkelster, obgleich die Düsternis durch groteske Figuren und durch Gesellschaftssatire stärker aufgelockert wird als z. B. in *Dombey und Sohn* oder *Harte Zeiten.* Mit Blick auf das symbolische Bildgeflecht ist er zugleich aber eines der dichtesten seiner Werke, was die Inhaltsangabe schon ahnen lässt:

John Harmon, die Zentralfigur des Romans, kehrt aus dem Ausland nach London zurück, um sein Erbe anzutreten. Sein kaltherziger, geiziger Vater hat mit dem Einsammeln und Verwerten von Müll ein Vermögen angehäuft, das er seinem Sohn testamentarisch unter der Bedingung hinterlässt, dass er Bella Wilfer, eine ihm völlig fremde Frau, heiratet. Die Erinnerung an seine unglückliche Kindheit und der Groll gegenüber der testamentarischen Fremdbestimmung stürzen Harmon in einen inneren Zwiespalt. Deshalb lässt er sich von George Radfoot, einem ihm sehr ähnlich sehenden Mitreisenden, dazu überreden, dass dieser mit ihm die Kleider tauscht, um an seiner Stelle Bella Wilfer erst einmal zu prüfen. Doch Radfoot plant, Harmon zu beseitigen, um in den Besitz seiner Erbschaft zu kommen. Der Mordversuch in einer Spelunke am Ufer der Themse endet damit, dass Radfoot selber von den angeheuerten Komplizen ermordet und zusammen mit dem durch eine Droge betäubten Harmon in den Fluss geworfen wird, wo dieser ein dramatisches Regenerationserlebnis hat, das ihn zu sich selbst zurückfinden lässt.

Diese Ausgangssituation, die erst in der Mitte des Romans erzählt wird, setzt eine vielgliedrige Handlungskette in Gang, bei der nahezu alle Beteiligten entweder einen anderen belauern und manipulieren oder von ihm belauert und manipuliert werden. Harmon selber mietet sich als John Rokesmith bei den Wilfers ein, um die ihm zugedachte Bella zu beobachten. Der an dem Mordversuch auf ungeklärte Weise beteiligte Riderhood – eine «Wasserratte», die das Suchen nach Wasserleichen zum Beruf gemacht hat – belauert den Konkurrenten Gaffer Hexam, der das «Glück» hatte, Radfoots Leiche aus dem Wasser zu ziehen. Eugene Wrayburn, der Kompagnon des mit der Harmonerbschaft und der Aufklärung des vermeintlichen Harmonmordes betrauten Anwalts Lightwood, lernt dabei Gaffer Hexams Tochter Lizzie kennen, in die er sich verliebt. Da er eine Ehe mit ihr aus Standesgründen für unmöglich hält, sie aber nicht aufgeben will, sucht er immer wieder ihre Nähe. Headstone, der Lehrers von Hexams Sohn Charlie, liebt Lizzie ebenfalls und entwickelt eifersüchtigen Hass auf den Rivalen. Als zuletzt der Entschluss in ihm reift, Wrayburn zu beseitigen, tut er das in der Verkleidung Riderhoods, um den Verdacht auf diesen zu lenken. Der wiederum wird zufällig Zeuge des Manövers, ahnt das Motiv und setzt Headstone unter Druck, was zu einem Zweikampf im Wasser führt, bei dem beide ertrinken. Zuvor hatte Wrayburn Headstones Mordanschlag mit knapper Not überlebt, weil Lizzie ihn rechtzeitig aus dem Wasser retten konnte.

Die hier skizzierte Handlungskette von Verfolgern und Verfolgten ist nur das grobe Gerüst, in das weitere Fälle ähnlicher Art eingewoben sind. So wird in einer satirisch erzählten Nebenhandlung das Milieu der Podsnaps und Veneerings vorgeführt, wo jeder jeden beobachtet und nach dem eigenen Vorteil trachtet. Im Handlungszentrum dieses Milieus stehen die Eheleute Lammles, die sich gegenseitig in die Falle gelockt haben, weil jeder beim anderen ein Vermögen vermutet hatte. Selbst die lautersten und gütigsten Menschen des Romans, die beiden Boffins, sind an dem Spiel beteiligt. So beobachtet Mrs. Boffin den bei ihrem Mann als Sekretär angestellten Rokesmith eines Abends heimlich und erkennt in ihm John Harmon, den sie in seiner Kindheit mütterlich umsorgt hatte. Von da an wird dieser Teil der Handlung als Komödie weitergeführt: Nun führt Boffin vor der zwischen ihrem Wunsch nach Reichtum und ihrer natürlichen Anständigkeit hin und her schwankenden Bella, die zu der Zeit bei den Boffins lebt, das Schauspiel eines Geizhalses auf, das seine Wirkung auf die flatterhafte, aber im Kern gute junge Frau nicht verfehlt.

Zahlreiche weitere Figuren sind an dem Spiel beteiligt. Selbst die skurrile Gestalt des einbeinigen Silas Wegg wird zum Belauerer. Ehe er Boffin persönlich kennenlernt, steht er bereits wie ein Privatdetektiv vor dem Haus des verstorbenen alten Harmon, in das die Boffins eingezogen sind, und behält es ständig im Blick. Später beobachtet er Boffin bei merkwürdigen Handlungen in den riesigen Müllbergen und entdeckt dort ein, wie er meint, von Boffin unterschlagenes Testament, mit dem er diesen erpressen will. Tatsächlich wäre aber Boffin der rechtmäßige Universalerbe, hätte er nicht das letzte und damit gültige Testament zugunsten von John Harmon unterdrückt. Am Ende lösen sich die beiden Stränge der Haupthandlung – der dunkle mit Wrayburn und Lizzie, der hellere mit John Harmon und Bella – wie in einer Komödie in sprichwörtlichem Wohlgefallen auf, und auch die Nebenhandlungen werden so zusammengeführt, dass keine losen Enden übrig bleiben.

Wer einen solchen Handlungsabriss liest, ohne Dickens' Erzählkunst zu kennen, wird hier nur Lesefutter vermuten, wie es seit Beginn der kommerziellen Erzählliteratur tausendfach auf den Markt geworfen wurde. Die Vermutung ist nicht ganz falsch; denn in der Tat bietet Dickens seine ganze Kunst auf, um seine Leser mit Spannung und Humor zu unterhalten. Das war von Anfang an das Geheimnis seines Erfolgs, und er hat darin nie etwas gesehen, wofür er sich hätte schämen müssen. Dazu hatte er auch keinen Anlass; denn die kunstvoll geknüpften Plots seiner Romane erschöpften sich nie im bloß Sensationellen. Sie sind vielmehr – wie bereits hinreichend gezeigt – ein Grundgewebe, in das symbolische Bilder wie in einen Teppich eingeknüpft sind.

Wer die bisherigen Hinweise auf die Symbolik in den Romanen als Überinterpretation empfand, wird sie in *Our Mutual Friend* nicht mehr übersehen können. Gefängnishafte Häuser, das Wasser und das Erbschaftsmotiv, hier in Gestalt der ominösen Testamente, werden so offensichtlich miteinander verknüpft, dass an der symbolischen Absicht kein Zweifel mehr bestehen kann. Wie in den früheren Werken verweisen die drei Bildkomplexe auf drei typische Charakterstrukturen, die im Personal des Romans zum Ausdruck gebracht werden: hartherzige Erstarrung beim alten Harmon und bei Headstone, innere Haltlosigkeit bei Wrayburn und die Mittelposition, die John Harmon repräsentiert, der sich von der Fremdbestimmung durch seine Erbschaft emanzipiert. Dabei sind die Themse und das von Müllhalden umgebene Haus des alten Harmon, das bezeichnenderweise als Harmony Jail eingeführt wird, die beiden Pole, um die herum sich die übrigen Bilder wie Eisenspäne am Magneten gruppieren.

Der Roman beginnt mit einer Ouvertüre, deren Anfang bereits zitiert wurde. Darin wird die Themse als eine Sphäre des haltlosen

Dahintreibens mit der Gefahr des Versinkens eingeführt. In dieser ersten Szene holt Gaffer Hexam eine Leiche aus dem Wasser, die – wie der Leser später erfährt – die des Verbrechers Radfoot ist. Noch später erfährt man, dass John Harmon nach dem Mordversuch im Wasser eine Art Wiedergeburt erlebt hat. Der Ort, an dem das Verbrechen geschah, ist durch eine Engführung der Gefängnis- und Wassersymbolik bestimmt, wie sie auch in den früheren Romanen auftauchte: ein dunkles, heruntergekommenes Haus, das unmittelbar an die Themse grenzt. So sah bereits das Gebäude auf Jacob's Island in *Oliver Twist* aus, wo Sikes sich durch einen Sprung aus dem Fenster unfreiwillig erhängt. Die Ähnlichkeit mit der Schuhwichsfabrik ist hier noch auffälliger als in den früheren Werken.

Doch in Dickens' Fantasie hat sich mit den beiden Polen keine eindeutige Zuordnung von Freiheit und Unfreiheit verfestigt. Vielmehr zeichnen sich die Bilder durch eine charakteristische Ambivalenz aus. So sind die gefängnishaften Häuser in den Romanen zwar stets symbolischer Ausdruck von lebensfeindlicher Erstarrung; ihnen stehen aber burgartige Wohnhäuser – wie z. B. Wemmicks *Castle* in *Große Erwartungen* – gegenüber, die das genaue Gegenteil, nämlich Geborgenheit und Schutz vor der Außenwelt, repräsentieren. In *Unser gemeinsamer Freund* springt die Ambivalenz besonders ins Auge; denn hier steht auf dem Gelände von Harmony Jail das gemütliche Wohnhaus der Boffins, das von seinen Bewohnern liebevoll als Boffins *bower*, d. h. ‹Laube›, bezeichnet wird.

Die gleiche Ambivalenz zeigt sich beim Gegenbild, dem Wasser. Hier ist die Themse einerseits eine Sphäre, in der Menschen sterben und versinken; sie ist aber auch der symbolische Raum von zwei Regenerationserlebnissen. So findet John Harmon im Wasser zu sich selbst zurück und wird dadurch aus der Welt des Gefängnisses befreit. Auf der anderen Seite wird Wrayburn, der haltlos durchs Leben treibende, zwischen Zynismus und Selbstmitleid hin und her schwankende dandyhafte Spötter, nach Headstones Mordanschlag durch Lizzie aus dem Wasser gerettet und findet danach inneren Halt und moralische Festigkeit. Beiden Regenerationserlebnissen steht der Tod durch Ertrinken gegenüber, der den Verbrecher Radfoot und den halsstarrigen Headstone ereilt.

Es ist bezeichnend für Dickens' Denken in symbolischen Zuordnungen, dass Radfoot als ehemaliger Seemann eingeführt wird, also der Sphäre des *drifting* angehört, während Headstone schon durch seinen Namen als ein in sich verhärteter Mensch charakterisiert ist. Bei Riderhood, der mit Headstone den für beide tödlichen Kampf im Wasser austrägt, ist die Bildverknüpfung noch bezeichnender. Eingeführt wird er als ein *waterman*, der wie Treibholz auf der Themse hin und her gleitet. Als solcher wird er von einem Dampfer gerammt und danach mit knapper Not vor dem Ertrinken gerettet. Dabei wird seine Rückkehr ins Leben ausdrücklich als ausbleibende Wiedergeburt beschrieben. Dann wechselt er symbolisch in die andere Sphäre, was durch seine Tätigkeit als Schleusenwärter zum Ausdruck gebracht wird. Das englische Wort *lock* für Schleuse, das ‹Schloss› bedeutet, ordnet dieses Bild eindeutig der Gefängnisseite zu. Zwischen den Symbolbereichen des Gefängnisses und des Wassers steht das Erbschaftssymbol, das unübersehbar durch die riesigen Müllhalden repräsentiert wird, die die Erscheinungswelt des Romans physisch und die symbolische Komposition thematisch beherrschen. Wie sehr es Dickens darum ging, das Handlungsmotiv einer testamentarischen Zwangsverfügung zum Symbol zu überhöhen, ist daran abzulesen, dass er den an sich schon offensichtlichen Zusammenhang zwischen den Müllhalden und dem Testament noch dadurch unterstreicht, dass er die Halden als Versteck für die verschiedenen Fassungen des Testaments in die Handlung einbezieht.

An dieser Stelle soll zusammenfassend noch einmal das durchgängige Thema von Dickens' Romanen betrachtet werden. Anders als bei seinem bewunderten Vorgänger Henry Fielding, dessen Helden als *tabula rasa* in die Welt eintreten, sind seine eigenen Hauptfiguren von Anfang an in ein ererbtes Schicksalsnetz verstrickt, von dem sie sich durch einen Emanzipationsakt befreien müssen. Das ist noch nicht die Heteronomie der Lebenslüge, die Ibsens großes Thema ist, aber es ist eine Fremdbestimmung, die als Problem thematisiert wird. Dadurch gewinnen Dickens' Romane, die in typisch viktorianischem Gewand daherkommen, eine Modernität, die man ihnen lange Zeit nicht zugestehen wollte und die bis heute nicht das Klischee vom Viktorianer verdrängen konnte.

Es gibt eine Stelle in *Unser gemeinsamer Freund*, bei der wohl jeder Leser an Ibsen denken wird. Es ist die Szene, in der die moralische

Wiedergeburt Bella Wilfers vorgeführt wird. Nachdem Bella, die von ihrer Mutter stets zu einer Geldheirat gedrängt wurde, durch Boffins Komödie zu sich selbst zurückgefunden hat, heiratet sie heimlich aus Liebe den, wie sie glaubt, mittellosen John Rokesmith, in dem ihre Mutter einen Bettler (*mendicant*) sieht. Bevor sie erfährt, dass ihr Bräutigam dank Boffins Großmut der Erbe des Harmon-Vermögens ist, kommt es in dem Kapitel *The Mendicant's Bride*, «Die Braut des Bettlers», zu einer komödienhaften Szene, in der sich Bella ihrer geldgierigen Mutter und ihrer ebenso materialistischen Schwester Lavinia als eine moralisch wiedergeborene Frau zeigt, die sich von ihren «großen Erwartungen» emanzipiert hat. Ohne ihrer Familie einen Vorwurf zu machen, bekennt sie sich zu ihrem Ehemann und zu dem bescheidenen, aber glücklichen Leben, das sie an seiner Seite führen wird. Sie beschreibt ihr kleines Haus als das bezaubernste «Puppenhaus», fügt dann aber, an ihren Mann gerichtet, hinzu: «Ich möchte etwas viel Würdigeres sein als eine Puppe im Puppenhaus.» Fünfzehn Jahre nach Erscheinen des Romans kam Ibsens Stück *Nora. Ein Puppenheim* heraus, dessen Heldin anfangs eine genauso kapriziöse Frau wie Bella Wilfer ist. Doch Nora ist bereits das Opfer ihrer Selbstaufgabe an das «Puppenheim», aus dem sie sich durch einen schmerzhaften Emanzipationsakt befreien muss, während Bella mit Hilfe gütiger Menschen schmerzfrei zu ihrem besseren Ich geführt wird und zur Belohnung dafür erfährt, dass sie tatsächlich einen reichen Ehemann hat. Das schränkt den Vergleich mit Ibsen erheblich ein. Man muss aber bedenken, dass für Dickens die Emanzipation der Frau kein Thema war, wohingegen die seiner männlichen Helden im Zentrum seiner Romane steht.

Ibsen wählte für sein großes Thema die Form des analytischen Dramas, bei der es um die Aufklärung und Bewältigung eines problematischen Geschehens geht, das vor dem Beginn der Handlung liegt. Dickens entwickelte für den gleichen Zweck eine Romanform, der das Schema des Detektivromans zugrundeliegt. Wenn man sich daran erinnert, dass schon wenig später die Psychoanalyse aufkam, deren Frühform er selber mit seinen mesmeristischen Versuchen praktizierte, dann wird man erkennen, dass Dickens hier in einer großen Kulturbewegung des späten 19. Jahrhunderts steht. Diese unterscheidet sich von dem progressiven Entwicklungsdenken des aufgeklärten 18. Jahrhunderts dadurch, dass nun die Aufklärung regressiv erfolgt, wobei das Ziel nicht mehr die Persönlichkeitsbildung durch sukzessive Weltaufnahme, sondern die Emanzipation der Person von der Fremdbestimmung durch die Welt ist.

Allerdings darf das Bild des «modernen» Dickens nicht darüber hinwegtäuschen, dass daneben der Viktorianer existiert. Wer Dickens nur als den Vorläufer Ibsens vorstellt, setzt sich dem berechtigten Vorwurf aus, alles das auszublenden, was für die weltweite Dickensgemeinde das Unnachahmliche seiner Kunst und für seine Kritiker seine unübersehbaren Mängel ausmacht. Unübersehbar ist in *Unser gemeinsamer Freund*, wie in den früheren Romanen, die Neigung zu moralisierender Sentimentalität und verklärender Idylle. Was Dickens im Brustton sozialkritischer Entrüstung über die vor dem Armenhaus fliehende Betty Higden schreibt, ist für den modernen Leser ebenso schwer erträglich wie die Heile-Welt-Idylle, in die die Liebe zwischen John Harmon und Bella Wilfer einmündet.

Gemildert wird die Peinlichkeit dieser Mängel durch seinen Humor, in dem sich menschliche Wärme, skurriler Witz und makabrer Sarkasmus zu jener Mischung verbinden, die sein Markenzeichen war. In keinem anderen seiner Werke hat er die ganze Skala seines Humors so virtuos ausgespielt wie in diesem letzten. Der Roman ist eingebettet in einen Erzählfluss, der zwischen witzig-ironischer Gesellschaftssatire und rabenschwarzer Groteske hin und her changiert. Kein anderer Erzähler konnte Handlungshöhepunkte mit solch atmosphärischer Intensität aufladen wie Dickens, und niemand außer Shakespeare konnte ohne Stilbruch von blutigem Ernst in ein sogenanntes *comic relief* überwechseln.

Noch im allerletzten Kapitel gelingt es Dickens, die süßliche Idylle, in der die Haupthandlung endet, mit der Rückkehr zum Veneering-Milieu einzusäuern. Unter dem Titel «Die Stimme der Gesellschaft» werden noch einmal die Repräsentanten der guten Gesellschaft und ihre Schranzen zusammengeführt, um über den Skandalfall der Mesalliance zwischen Eugene und Lizzie zu Gericht zu sitzen. Hier hält Dickens' Satire genau die Mitte zwischen moralischer Entrüstung und mitfühlender Sentimentalität. Als Lichtblick unter lauter Lemuren erweist sich unverhofft Mr. Twemlow, ein verarmter, lebensuntüchtiger und etwas vertrottelter Aristokrat, der zuvor bei allen Treffen der Veneerings anwesend war. Er ist der einzige, der Verständnis für Wrayburn ausdrückt, was ihn bei aller Lächerlichkeit ein wenig als «Gentleman des Herzens» erscheinen lässt. In *Große Erwartungen* war es ein Sträfling, der aus Pip einen Gentleman machen wollte und zuletzt einen des Herzens werden ließ. Jetzt ist es ein verarmter Aristokrat, der dieses Ideal zum Ausdruck bringt.

Darin kommt ein weiteres Mal Dickens' desillusionierte Vorstellung von der guten Gesellschaft zum Ausdruck. Tief im Innern blieb er der *underdog*, der sich gefühlsmäßig den Mühseligen und Beladenen näher fühlte als den Gutsituierten. Es zeigt sich darin aber auch der tiefe Riss, der durch seine Persönlichkeit ging; denn sein lebenslanges Streben ging danach, in die Schicht der Gentlemen aufzusteigen. Während er selber Reichtum anhäufte, stellte er in seinen Romanen, vor allem in *Große Erwartungen*, gerade den Verlust eines Vermögens als einen moralischen Sieg und damit als das Erstrebenswerte dar. Da wirkt der Schluss von *Unser gemeinsamer Freund* wie ein Versuch, den inneren Zwiespalt zu überbrücken; denn hier erringen John Harmon und Bella Wilfer zuerst den moralischen Sieg durch den Verzicht auf die Erbschaft und bekommen diese anschließend vom gütigen Boffin als Geschenk zurück. Boffin, der einfache Mann aus dem Volke, ist gewissermaßen der Katalysator, der aus dem schmutzigen Reichtum des alten Harmon, verkörpert durch die Müllberge, ein moralisch verdientes Vermögen macht. Ebendas war das viktorianische Kriterium des idealtypischen Gentleman: er soll seinen Wohlstand, ohne dafür hart gearbeitet zu haben, moralisch verdienen.

Lesetourneen und Amerikapläne

1866 und 1867

Nach Abschluss des letzten Romans und der Weihnachtsgeschichte stürzte sich Dickens nicht, wie so oft in früheren Jahren, in eine Theateraufführung, sondern begnügte sich damit, seinem Freund Fechter bei der Dramatisierung von Scotts Roman *Die Braut von Lammermoor* behilflich zu sein. Statt ins Rampenlicht zu drängen, zog er sich jetzt in einen verschwiegenen Schlupfwinkel zurück. In dem kleinen Städtchen Slough nördlich von London mietete er ein Cottage für sich und wenig später in einer Nachbarstraße ein zweites für Nelly und ihre Mutter, für das er die Miete abwechselnd unter den Namen Charles Tringham und Charles Turnam bezahlte. Der verschlafene Ort eignete sich wegen seiner guten Eisenbahnanbindung bestens für ein Liebesnest, das sich von London schnell erreichen ließ und dennoch die Gewähr bot, keinem Bekannten über den Weg zu laufen. Schon im Oktober des Vorjahres hatte Nelly ihr Stadthaus Houghton Place vermietet und eine kleinere Wohnung in der Nachbarschaft bezogen. Die Mieteinnahmen sicherten ihr ein Grundeinkommen neben dem, was ihr Dickens zukommen ließ. In Slough wohnte sie mit ihrer Mutter nur ein Jahr, dann bezog sie das stattlichere Haus Windsor Lodge in Peckham, für das Dickens unter den gleichen Pseudonymen die Pacht zahlte. Angesichts des Aufwands, den er für seine Geliebte trieb, verwundert die Kürze seiner Besuche bei ihr. Das «Liebesnest» wirkt eher wie das Nest für ein Lieblingskind.

Schon im Januar 1866 trug er sich erneut mit dem Gedanken an eine weitere Lesetournee. In einem Brief an seinen alten Freund Charles Kent bekennt er freimütig, dass ihn die damit verbundene Mühe zwar abschrecke, doch dass ihn das Geld locke. Im März 1866 schloss er

Dickens, All the Year Round. *Undatierte Karikatur unter dem Pseudonym SEM.*

einen Vertrag über dreißig Lesungen in London und in der Provinz, wofür ihm 1500 Pfund garantiert wurden. Sein Vertragspartner war die Firma Chappell & Co., die vor allem Konzertveranstaltungen betreute. George Dolby, der im Auftrag der Firma die Lesetour organisieren sollte, war Dickens auf Anhieb sympathisch und blieb deshalb bis zu seinem Tode sein Manager. Dickens betrieb die Vorbereitung mit gewohnter Professionalität, so dass die erste Lesung am 10. April der erwartete Erfolg wurde. Die anschließende Tour dauerte neun Wochen und führte ihn zunächst über Liverpool, Manchester, Glasgow und Edinburg zurück nach London, danach in einer zweiten Runde nach Clifton und Birmingham und in einer dritten nach Aberdeen, Glasgow und Edinburg. Nach jeder Runde ging es zurück nach London. Nach einem kurzen Abstecher nach Portsmouth folgten drei abschließende Lesungen in London, wo die Tour am 12. Juni zu Ende ging. Danach blieb Dickens für einige Monate sesshaft und nahm in Gad's Hill die unterbrochenen sozialen Kontakte wieder auf.

Aus seinen Briefen geht hervor, dass er trotz seiner stattlichen Einkünfte immer wieder an die finanziellen Verpflichtungen dachte, denen er gerecht werden musste. Zwei seiner Söhne, Henry und Edward, lebten noch ohne eigenes Einkommen in seinem Haus. Charley, sein Ältester, hatte ihm zwar inzwischen vier Enkelkinder beschert, doch sein Teehandel lief schlecht, so dass Dickens auch hier wachsende Ausgaben auf sich zukommen sah. Das macht verständlich, dass er das nächste Angebot von Chappell & Co. bereitwillig annahm, das ihm für 42 Lesungen ein Honorar von 2500 Pfund in Aussicht stellte. Die Tour sollte im Januar 1867 beginnen und ihn diesmal bis nach Irland führen.

Doch vorher musste wie in jedem Jahr die Weihnachtsnummer seiner Zeitschrift fertiggestellt werden; denn auch dieses Geschäft wollte er sich nicht entgehen lassen. Während er noch nach einem geeigneten Stoff dafür suchte, half er ein weiteres Mal seinem Freund Fechter bei der Aufführung eines Stückes, das Dion Boucicault nach Elizabeth Gaskells Roman *Mary Barton* unter dem Titel *The Long Strike* geschrieben hatte. Anfang Oktober schrieb Dickens an Wills, dass er noch immer kein Thema für die Weihnachtsnummer habe. Dann kam ihm endlich die zündende Idee, und in wenigen Tagen schrieb er die ersten Stücke der Nummer, die er am 3. November in *All the Year Round* unter dem Titel *Mugby Junction* ankündigte. Sie erschien am 10. Dezember und enthielt insgesamt acht Geschichten, die um den Eisenbahnknotenpunkt von Mugby kreisen. Vier davon schrieb Dickens selber. Die ersten drei sind von geringerer Qualität, doch die vierte mit dem Titel *The Signalman* liest sich wie eine klassische Kurzgeschichte. Darin wird mit großer atmosphärischer Dichte erzählt, wie ein Stellwärter, der mit seiner Signallampe Züge einweist, zweimal nacheinander eine nächtliche Erscheinung hat, auf die ein tragischer Unfall folgt. Bei der dritten Erscheinung ist er selber das Opfer. Das entsprach dem Handlungsschema der ereignisbetonten *plot story*, die Edgar Allan Poe theoretisch begründet hatte. Finanziell war die Weihnachtsnummer ein noch größerer Erfolg als die des Vorjahrs. Bis zum 27. Dezember waren bereits 250 000 Exemplare verkauft.

Das Weihnachtsfest 1866 beging Dickens in Gad's Hill mit einer großen Party. Damit klang für ihn ein vergleichsweise ereignisloses Jahr aus. Zu den weniger erfreulichen Ereignissen zählte der bereits früher erwähnte Tod seines Bruders Augustus in Chicago, dessen Hinterbliebene Dickens danach unterstützte. Mit tieferem Schmerz scheint ihn aber der Tod seines Hundes Sultan erfüllt zu haben, den er erschießen lassen musste, nachdem er ein kleines Mädchen angefallen hatte. Ein weiteres familiäres Unglück war das Nervenfieber seiner Tochter Katey, um deren Ehe mit dem kränklichen Bruder von Wilkie Collins es nicht zum besten stand, was vermutlich die Ursache der nervösen Zustände war.

Das nun folgende Jahr 1867 ist das bestdokumentierte in Dickens' Leben; denn es ist das einzige, für das ein vollständiges Tagebuch aus seiner Feder erhalten blieb. Während er alle früheren Tagebücher mit Ausnahme der wenig ergiebigen von 1838 bis 1841 später vernichtete, hatte er das für das Jahr 1867 auf seiner Amerika-Reise in New York verloren. Dort wurde es gefunden und landete in der New York Public Library. Besagtes Jahr begann mit einer kräftezehrenden Lesetour, die vom 15. Januar bis Mitte Mai dauerte und Dickens in fast alle größeren Städte Englands und Schottlands führte. Vom 15. bis 22. März war er sogar in Irland, obwohl man ihn davor gewarnt hatte, da just in diesem Jahr die irische Widerstandsbewegung der Fenian Society einen Aufstand gegen die englische Herrschaft begonnen hatte, der aber rasch unterdrückt wurde.

Als Dickens am 25. April eine Lesung in Preston hielt und sich danach zur nächsten nach Blackburn aufmachte, beschloss er, die kurze Entfernung von zwölf Meilen in Begleitung seines Managers Dolby zu Fuß zurückzulegen. Dabei kam er an Hoghton Tower vorbei, dem zur Ruine verfallenen Stammsitz der Hoghton-Familie, auf dessen Grund und Boden jüngere Gebäude standen, die an lokale Bauern verpachtet waren. Dickens durchstreifte die Ruine und fand hier Bildmotive, die unmittelbar Eingang in eine Erzählung fanden, die er kurz nach seiner Rückkehr in wenigen Tagen niederschrieb.

Die Erzählung trägt den Titel *George Silverman's Explanation (George Silvermans Erklärung)* und nimmt eine Sonderstellung in Dickens' Werk ein. Man merkt ihr an, dass er sich bereits mit dem Gedanken an einen neuen Roman trug, dann aber doch nicht die Energie dafür aufbrachte, so dass eine Geschichte entstand, die sich wie das Skelett eines Romans liest. Wie in *Große Erwartungen* schreibt ein Ich-Erzähler die Geschichte seines Lebens auf. Die szenische Eröffnung ähnelt den Ouvertüren der großen Romane, während danach gewissermaßen das Fleisch vom Skelett abfällt und nur noch die Handlung zu Ende erzählt wird.

Die Geschichte beginnt mit Silvermans Bericht, wie er bei völlig verarmten Eltern ohne jegliche Liebe und Fürsorge in einem erbärmlichen Kellerloch in Preston aufwuchs. Als beide Elternteile an einem Fieber starben, wurde er von einem selbstgerechten Sektenprediger zu einem Bauern neben der Ruine von Hoghton Tower gebracht, wo er ängstlich und kontaktscheu aufwuchs. Aus Andeutungen geht hervor, dass Silverman von dem Sektenführer durch Unterschlagung eines Testaments um sein großväterliches Erbe betrogen wurde. Doch er selber ging dem nicht nach, da ihm alle eingeredet hatten, dass er ein «weltlicher» Sünder sei. Schon seine Mutter hatte ihn immer wieder als «weltlichen kleinen Teufel» bezeichnet und auch der Sektenprediger hatte ihn zu der Überzeugung gebracht, dass er jede eigennützige Regung in sich unterdrücken müsse.

Das führte schließlich dazu, dass Silverman, nachdem er die Schule besucht und mit Hilfe eines Stipendiums in Cambridge Theologie studiert hatte, wegen seiner von allen gerühmten Selbstlosigkeit eine kärglich besoldete Pfarrstelle annahm, über deren Vergabe die arrogante, kaltherzige Aristokratin Lady Fareway verfügen konnte. In Wirklichkeit wollte die Lady aber nur einen billigen Gehilfen haben, der ihr bei der Verwaltung ihrer Güter zur Hand gehen und ihrer Tochter Adeline geistige Bildung vermitteln sollte. Silverman verliebte sich in das Mädchen, doch selbst als Adeline seine Liebe erwiderte, unterdrückte er seine Gefühle und förderte statt dessen ihre Verbindung mit einem anderen Privatschüler, einem sympathischen, aber nicht sehr wohlhabenden jungen Mann aus guter Familie. Als die beiden jungen Leute sich von ihrem Privatlehrer heimlich trauen ließen, übernahm der es, Adelines Mutter davon in Kenntnis zu setzen. Diese tobte über die nicht standesgemäße Eheschließung und warf Silverman vor, er habe sich von der Tochter, die über eigenes Vermögen verfügte, bestechen lassen. Silverman, der aus übertriebener Selbstlosigkeit auf sein eigenes Liebesglück verzichtete, musste wegen angeblichen Eigennutzes seine Pfarrstelle aufgeben und mit beschädigter Reputation ein kärgliches Dasein fristen, das ihm nur durch Unterstützung seitens des jungen Paares ein wenig erträglicher gemacht wurde.

Da Silvermans Leben in einem Kellerloch beginnt, in dessen Beschreibung unverkennbar Dickens' Erinnerung an die Schuhwichsfabrik nachklingt, drängt sich die Vermutung auf, dass er hier seinen eigenen geschäftstüchtigen Eigennutz zu rechtfertigen sucht. Zwei andere Aspekte der Geschichte sind ebenfalls charakteristisch. Zum einen kommt in der Beschreibung der Ruine von Hoghton Tower seine Aversion gegenüber historischer Nostalgie und romantischer Mittelalterverehrung zum Ausdruck, zum anderen zeigt er in der Figur des Sektenpredigers und seines Anhangs seine ganze Verachtung für heuchlerische Frömmelei. Dieser Mr. Hawkyard hat nicht einmal den komischen Reiz, den der ölige Mr. Pecksniff in *Martin Chuzzlewit* und die anderen Frömmler in seinen Werken noch hatten. Am typischsten muss aber einem Kenner von Dickens' Werken die Symbolik der Geschichte erscheinen: Die Bildfolge, die die Handlung begleitet, beginnt mit Silvermans Gefangenschaft in dem Kellerloch, geht über in das Bild der Ruine und endet am Meer, wo in Silverman der Entschluss reift, die Liebe des jungen Paars, das heißt Adelines Emanzipation von der Dominanz der Mutter, zu unterstützen. Selbst das Erbschaftsmotiv klingt an, auch wenn es nicht in Handlung umgesetzt wird.

Als Dickens die Geschichte schrieb, hatte er für sie bereits einen Abnehmer in Amerika. Benjamin Wood, der Herausgeber der *New York Daily News*, hatte ihn um einen Beitrag gebeten, der den Umfang der acht Jahre zuvor im *New York Ledger* erschienenen Erzählung *Hunted Down* haben und ebenfalls mit 1000 Pfund honoriert werden sollte. Etwa um die gleiche Zeit bemühte sich auch der Verlag Ticknor & Fields aus Boston darum, für sein Jugendmagazin *Our Young Folk* eine Geschichte des berühmten Briten zu bekommen. Dickens war dazu schnell bereit, da er James Fields, den Seniorpartner des Verlags, seit langem kannte und ihm freundschaftlich verbunden war. Fields hatte den Dichter bereits während dessen erster Amerikareise kennengelernt und ihn später 1859 in Gad's Hill besucht. Außerdem hatte sein Verlag trotz fehlender Copyright-Verpflichtung ein stattliches Honorar für die Herausgabe der *Diamond Edition* von Dickens' Werken überwiesen.

So schrieb Dickens nun auch für das Jugendmagazin einen Beitrag. Unter dem Titel *A Holiday Romance (Eine Ferienromanze)* lässt er vier Kinder, zwei Jungen und zwei Mädchen im Alter von acht bis zehn Jahren, je eine Geschichte erzählen. Als Spezialist für leidende Kinder in Romanen begab er sich hier auf ein ungewohntes Feld: Jetzt musste er munteren Kindern die Erzählerrolle zuweisen, wobei eines der Mädchen in der vierten Erzählung sogar die Rollen umkehrt; denn darin geht es um eine Utopie, in der die Kinder die Herrschaft haben und die Erwachsenen von ihnen wie Kinder behandelt werden. Die Erzählung hat einen gewissen Reiz, doch in den Kanon der Weltliteratur für Kinder ist sie nicht eingegangen. Dies verwundert nicht, wenn man sich daran erinnert, dass ein Jahr zuvor Lewis Carroll (alias Charles Lutwidge Dodgson) seine unsterbliche *Alice im Wunderland* herausgebracht hatte. Diesem Mathematikprofessor war es auf geniale Weise gelungen, die naive Logik des kindlichen Denkens gegen die der Erwachsenen auszuspielen, ohne dass man dabei das Gefühl hat, dass ein Erwachsener von oben herab mit Kindern spielt. Bei Dickens imitieren Kinder Erwachsene, was der Erzählung etwas Parodistisches gibt.

Der Verlag Ticknor & Fields wollte sich nicht damit begnügen, Dickens in Amerika zu publizieren; er versuchte darüber hinaus den Dichter für eine Lesetour durch die USA zu gewinnen. Mit dem Gedanken daran hatte Dickens bereits Ende 1858 gespielt, doch damals wollte er sich nicht für so lange Zeit von Nelly trennen. Dann brach 1861 der amerikanische Bürgerkrieg aus, der eine Lesereise unmöglich machte. Jetzt aber war der Krieg vorbei und der einstige Groll der Amerikaner über Dickens' *Notizen aus Amerika* vergessen. Das alles machte es Dickens leicht, das Angebot von 10 000 Pfund Voraushonorar für eine Lesetour anzunehmen. Kaum war diese Entscheidung gefallen, reiste Dolby, Dickens' treuer Manager, Anfang August über den Atlantik, um die Route zu planen und die näheren Konditionen auszuhandeln. Im Gepäck hatte er *George Silverman's Explanation* für Benjamin Wood, der die Geschichte bestellt hatte. Doch der verhielt sich so undiplomatisch, dass Dolby auf Dickens' Weisung hin das Werk zum vereinbarten Honorar von 1000 Pfund an Fields übergab, der es in drei Teilen in *The Atlantic Monthly* herausbrachte. In England erschien die Geschichte, ebenfalls in drei Fortsetzungen, im Februar 1867 in Dickens' Zeitschrift *All the Year Round*.

Während Dolby noch in Amerika das Terrain sondierte, war Dickens bereits damit beschäftigt, mögliche Steine des Anstoßes aus dem Wege zu räumen. So mäßigte er bei der Vorbereitung der Neuausgabe seiner Werke im Rahmen der *Charles Dickens Edition* seine Amerika-Kritik in

Dickens überquert den Kanal. Französische Karikatur (1868).

Martin Chuzzlewit und *American Notes*. Damit war der Boden für einen ungetrübten Siegeszug durch die USA bereitet. Nach Dolbys Rückkehr machte er sich mit gewohnter Effizienz an die Vorbereitung der Tour, zu der er am 9. November aufbrechen sollte. Vorher musste er aber noch die Weihnachtsnummer seiner Zeitschrift unter Dach und Fach bringen, auf die er trotz des Zeitdrucks nicht verzichten wollte. Diesmal wurde ihm ein Teil der Arbeit von Wilkie Collins abgenommen, mit dem zusammen er die Geschichte *No Thoroughfare (Sackgasse)* schrieb. Obwohl sie nur zum Teil von Dickens stammt und schon deshalb nicht zu seinen Hauptwerken gezählt werden kann, sind ihre Motive so charakteristisch für sein Denken, dass auch sie ein eigenes Werkkapitel verdient.

Sackgasse (mit Wilkie Collins)

Diese Erzählung liest sich wie das Drehbuch zu einem Kriminalfilm. Auch Dickens' große Romane haben etwas Filmisches; denn sie bestehen aus aufeinanderfolgenden, atmosphärisch aufgeladenen Szenen, die aus kurzer Distanz erzählt werden. Doch in diesem Fall wird der Filmcharakter noch dadurch verstärkt, dass die Geschichte wie ein Drama in vier Akte gegliedert ist und anfangs sogar im Präsens erzählt wird, bevor sie ins epische Präteritum übergeht.

Dem ersten Akt geht ein ausdrücklich als «Ouvertüre» bezeichneter Vorspann voraus, der aus zwei Szenen besteht. In der ersten, datiert auf das Jahr 1835, wird gezeigt, wie eine Dame eine Pflegerin des Findelhauses anspricht und sie nach dem Namen eines Kindes fragt, das dort an einem bestimmten Tag abgegeben wurde. Die Antwort ist: «Walter Wilding». In der zweiten Szene, datiert auf 1847, sieht der Leser im Speisesaal des Findelhauses eine Dame, die eine Bedienstete bittet, ihr durch ein Handzeichen zu zeigen, wer von den am Tisch sitzenden Findelkindern Walter Wilding ist. Danach folgt die eigentliche Handlung.

Die Dame, die in den beiden Szenen auftrat, ist die Mutter des Kindes, das im Waisenhaus den Namen Walter Wilding erhielt. Als sie später eine beträchtliche Erbschaft macht, holt sie das Kind dieses Namens zurück und macht aus ihm den Eigentümer einer Weinhandlung. Doch dann erfährt Walter von der Pflegerin, von der seine Mutter einst seinen Namen erfahren hatte und die sich jetzt bei ihm als Haushälterin bewirbt, dass er gar nicht der richtige Walter Wilding ist. Der wurde kurz nach seiner Einlieferung unter einem anderen Namen von einem Schweizer Ehepaar adoptiert, worauf das Findelhaus den freiwerdenden Namen an ein anderes eingeliefertes Baby übertrug. Walter macht es sich nun zur Aufgabe, den wahren Erben seines Besitzes ausfindig zu machen und ihm die Firma zu übergeben.

Im Fortgang der Handlung stirbt Walter schon bald und die Firma wird von seinem Partner George Vendale weitergeführt. Der verliebt sich in die noch minderjährige Schweizerin Marguerite, die unter der

Vormundschaft ihres Onkels Jules Obenreizer steht, der in London einen Schweizer Weinexporteur vertritt. Obenreizer ist zunächst gegen eine Verbindung, willigt dann aber doch ein. Kurz darauf kommen im Kontor der Weinhandlung Zweifel an der Abrechnung einer größeren Weinlieferung aus der Schweiz auf, und Vendale macht sich in Begleitung Obenreizers auf den Weg in die Schweiz und weiter nach Mailand, dem zweiten Sitz der Firma, um den Fall zu klären. Die Abrechnungsbelege, die Vendale bei sich trägt, würden beweisen, das Obenreizer Geld unterschlagen hat, weshalb dieser zunächst versucht, die Dokumente in seinen Besitz zu bringen. Als ihm dies nicht gelingt, stößt er Vendale bei der Überquerung des Simplonpasses während eines Schneesturms von einem Bergpfad in die Tiefe. Doch Vendale wird gerettet, weil Marguerite in Begleitung eines Angestellten der Weinhandlung dem Geliebten gefolgt ist.

Am Ende kommt es zu einer Aufklärungsszene, die an Agatha Christie erinnert. Vendales Anwalt macht Obenreizer das Angebot, die Anklage wegen Mordversuchs und Unterschlagung fallen zu lassen, wenn dieser auf alle vormundschaftlichen Rechte gegenüber Marguerite verzichtet. Obenreizer willigt ein und präsentiert als Dank Dokumente, die beweisen, dass Vendale selber der wahre Sohn der unglücklichen Mutter und damit ihr rechtmäßiger Erbe ist. Just als Vendale und Marguerite in der Kirche von Brieg in der Schweiz heiraten, wird auf einer Bahre der von einer Lawine getötete Obenreizer vorbeigetragen. Taktvolle Menschen sorgen dafür, dass eine Begegnung des Hochzeitszugs mit den Leichenträgern vermieden wird. Damit wird die von unwahrscheinlichen Koinzidenzen strotzende Handlung durch ein ebenso unglaubwürdiges Dénouement beendet.

Die Geschichte enthält typische Motive, die in Dickens' Romanen oft wiederkehren. Da ist zunächst einmal das Erbschaftsmotiv, das hier noch zusätzlich um die Vertauschung der Identitäten angereichert ist. Aber auch das kennt man bereits aus *Unser gemeinsamer Freund*. Im selben Roman gibt es die Szene, in der Lizzie Hexam ihren schwerverletzten Geliebten Wrayburn rettet, als dieser von seinem Rivalen Headstone mit Mordabsicht niedergeschlagen wurde. Das ähnelt Vendales Rettung durch Marguerite. Auch bei weiteren Figuren der Geschichte wird man Familienähnlichkeiten mit Charakteren aus den Romanen finden. Was der Geschichte aber weitgehend fehlt, ist die symbolische Tiefenstruktur. Hier wird Vendale nur aus dem Schnee gerettet, ohne dass dies wie bei Wrayburn ein Regenerationserlebnis bedeutet. Auch für Walter Wilding ist die Erlösung aus dem Waisenhaus keine Sprengung eines Gefängnisses. Stattdessen bietet die Erzählung eine Handlung, deren allzu bewusste Zuspitzung auf sensationelle Höhepunkte trivial anmutet, da sich dahinter keine psychische Entwicklung erkennen lässt.

Aus Dickens' Feder stammen nur die Ouvertüre und der dritte Akt. Wilkie Collins schrieb den zweiten; am ersten und vierten arbeiteten beide gemeinsam. Der Gesamteindruck ist eher der eines Werkes von Collins. Trotzdem wirkt die Erzählung unter Dickens Werken nicht wie ein Fremdkörper. Im Gegenteil, sie zeigt das nackte stoffliche Skelett, das in den Romanen mit poetischem Fleisch umgeben und zu dauerhaftem Leben erweckt wird. Im Kanon der Dickensschen Werke wird man sie deshalb nicht vermissen. Sie ist aber besonders geeignet, um zu veranschaulichen, was Dickens in seinen Romanen aus krudem Material machte, und sie zeigt zugleich, was aus den Romanen geworden wäre, wenn er sie nach Art dieser Erzählung geschrieben hätte.

Gerade wegen der Reduzierung auf das Handlungsskelett lässt die Erzählung besonders scharf das hervortreten, was im Vorwort dieses Buches mit einem Zitat aus Forsters Biographie als Dickens' «Lieblingstheorie» bezeichnet wurde, nämlich seine Vorstellung von der «Kleinheit der Welt», die ihn «auf Koinzidenzen, Ähnlichkeiten und Überraschungen im Leben» besonders gern zu sprechen kommen ließ. In keinem seiner Romane gibt es auf so engem Raum so viele unwahrscheinliche Koinzidenzen wie in dieser Erzählung. Ist es schon unglaubhaft, dass sich ausgerechnet jene Pflegerin aus dem Findelhaus bei Wilding bewirbt, mit der seine Mutter vor Jahrzehnten ein einziges Mal für Minuten zusammentraf, so ist noch unwahrscheinlicher, dass dann auch noch der richtige Sohn zufällig Teilhaber des falschen wird und dass ausgerechnet ein betrügerischer Handelspartner der Firma die entsprechenden Dokumente entdeckt und sich aneignet.

Nun taucht aber Dickens' «Lieblingstheorie» wörtlich in der Erzählung auf, und zwar in einem für Dickens' Weltsicht bezeichnenden Kontext. Nachdem Obenreizer schon vorher wiederholt auf die «Kleinheit der Welt» zu sprechen kam, erinnert sich Vendale an diese Formel just in dem Moment, als er mit seinem Begleiter in der Schweiz ein

Gespräch führt, das typischerweise am Ufer des Rheins stattfindet, wo das Rauschen des Wasserfalls in ihm Kindheitserinnerungen weckt. Noch viel typischer ist die Szenerie, mit der der erste Akt einsetzt. Hier wird das in einer «Sackgasse» – daher der doppelsinnige Titel – liegende Weinhaus Wilding & Co. als ein unmittelbar an die Themse angrenzendes Gebäude beschrieben. In der Beschreibung des Areals und in dem Namen Break-Neck-Stairs wird jeder Dickenskenner ein Echo der Schuhwichsfabrik von Hungerford Stairs spüren, deren Beschreibung in nur geringfügig veränderter Form in *David Copperfield* in Gestalt von Murdstone & Grinby's Lagerhaus wiederkehrte. Nachdem Dickens dort aus der Schuhwichsfabrik eine Weinhandlung gemacht hatte, wirkt Wildings Haus jetzt wie eine Wiederaufnahme des Motivs, wobei das Gefängnishafte nun ganz durch die Erbschaftsproblematik ersetzt ist.

Die Erzählung kam am 12. Dezember als Weihnachtsnummer von *All the Year Round* heraus und hatte enormen Erfolg. Schon vorher hatte Collins, zeitweilig beraten von Charles Fechter, eine dramatisierte Fassung erstellt, die am 26. Dezember im Adelphi-Theater uraufgeführt wurde und dort 151 Wiederholungen erlebte. Auch in Paris war das Stück erfolgreich und fand, sonderbarerweise in einer Übersetzung der französischen Fassung, auch den Weg nach New York. Danach verschwand es aus den Spielplänen. Dass das Interesse an Handlungen mit unwahrscheinlichen Zufällen nachließ, ist verständlich; denn die neue Form des Detektivromans, die auf dem Prinzip der logischen Analyse eines Kriminalfalls beruht, funktioniert genau andersherum. Die Kunst des Detektivs besteht gerade darin, im Nichtzusammenhängenden den entscheidenden Zusammenhang zu entdecken. Seine Leistung wird wertlos, wenn ihm unwahrscheinliche Koinzidenzen dabei in die Hände spielen. In Dickens' obsessivem Denkschema geht es aber nicht um bloße Aufklärung eines verborgenen Zusammenhangs, sondern um Emanzipation von Fremdbestimmung. Deshalb waren für ihn solche Koinzidenzen Schicksalsfäden, in die die Menschen ahnungslos verstrickt sind, so wie er selber bis zuletzt die Fäden spürte, die ihn an sein eigenes Kindheitstrauma in der Schuhwichsfabrik fesselten.

Lesetour in Amerika

November 1867 bis April 1868

Am 2. November 1867 gaben Freunde und Verehrer dem Dichter ein Abschiedsessen im Bankettsaal des Londoner Freimaurerhauses in Anwesenheit von 450 geladenen Gästen. Forster hatte vergeblich versucht, dem Freund die strapaziöse Reise auszureden. Nicht einmal die Trennung von Nelly hielt ihn davon ab. Allerdings hatte er bis zuletzt nach einem Vorwand gesucht sie mitzunehmen. Da sie einen Cousin nördlich von Boston hatte, wäre ein Verwandtenbesuch ein unverfänglicher Grund für ihre Reise in die USA gewesen, natürlich auf einem anderen Schiff, um jeden Anlass für einen Skandal zu vermeiden. Doch Dolby, der vorausgereist war, um Dickens' Empfang vorzubereiten, konnte den Cousin offensichtlich nicht ausfindig machen, so dass er das für diesen Fall vereinbarte kryptische «No» telegrafierte. Damit stand fest, dass Dickens am 9. November allein auf der *Cuba* von Liverpool abreisen würde, d. h. nicht ganz allein: denn mit ihm reiste sein dreiköpfiges Team, bestehend aus seinem persönlichen Diener Scott, dem Faktotum Kelly, über dessen ständiges Kränkeln sich Dickens mehrfach beklagte, und dem für die Gasbeleuchtung bei den Lesungen zuständigen *gasman* George Lowndes. Am 19. November trafen sie in Boston ein, wo sie von Dolby und dem Verleger Fields in das Luxushotel Parker House eskortiert wurden. Dickens hatte 12 Ruhetage zur Erholung von der stürmischen Überfahrt eingeplant, doch sein unruhiger Geist trieb ihn schon am ersten Tag an, sich über den Stand des Vorverkaufs der Tickets zu informieren.

Zwei Tage später gab ihm Fields in seinem Haus einen großen Empfang. Es folgten weitere Treffen mit Honoratioren der Stadt. Dazu zählte vor allem Longfellow, mit dem er seit seinem ersten Besuch

«Der Britische Löwe in Amerika». Karikatur aus der Zeitschrift The Daily Joker *(1867).*

freundschaftlich korrespondierte. Longfellow hatte 1861 durch einen tragischen Unfall seine Frau verloren, als deren Kleider beim Hantieren mit Wachskerzen Feuer fingen, worauf sie am Tag darauf an den Brandwunden starb. Er selber hatte sich beim Versuch zu löschen eigene Brandwunden im Gesicht zugezogen, die er seitdem mit einen Bart verdeckte. Man darf davon ausgehen, dass ein Mensch mit Dickens' visueller Vorstellungskraft beim Anblick des so veränderten Freundes das Bild der brennenden Frau vor dem inneren Auge hatte, zumal er kurz vorher in seinem Roman *Große Erwartungen* Miss Havisham das gleiche Schicksal hatte erleiden lassen. Nach einem Besuch in Longfellows Haus schrieb er einen Brief an seine Schwägerin, in dem er «den Schatten dieser schrecklichen Geschichte» nur beiläufig erwähnt und statt dessen ausführlich über den Vorverkauf der Tickets, über Empfänge und über die Vorbeugung gegen Seekrankheit berichtet. Aus diesem und ähnlichen Briefen spricht wieder eine sonderbare Gefühlskälte, dazu eine Gleichgültigkeit gegenüber den Werken dichtender Zeitgenossen, wie sie schon aus Anlass seiner Briefe aus Paris erwähnt wurde.

Auch den anderen großen Repräsentanten der amerikanischen Literatur, den Dichterphilosophen Ralph Waldo Emerson, traf Dickens wieder, den er 1848 in London bei einem Dinner mit Carlyle und Forster zum letzten Mal gesehen hatte. Emerson, der Dickens' Kunst schon vorher sehr reserviert gegenüberstand und wenig Verständnis für sie aufbrachte, kommentierte die Wiederbegegnung gegenüber Mrs. Fields mit folgenden Worten: «Er ist zu sehr Künstler, um noch eine Faser von Natur in sich zu haben. Er erschreckt mich!» Verständlich wird dieses Urteil, wenn man bedenkt, dass Emerson in seinem ersten Buch mit dem Titel *Nature* (1836) eine mystisch-metaphysische Vorstellung von Natur entwickelt hatte, die ganz und gar nicht zu Dickens' geschäftsmäßig agilem Naturell passte. In Boston und Umgebung unternahm Dickens lange Wanderungen, um Erinnerungen an seinen ersten Besuch aufzufrischen. Von den Veränderungen der inzwischen stark gewachsenen Stadt war er, trotz einiger Einschränkungen, im Ganzen sehr angetan. Besonders gefiel ihm der klare Himmel, durch den sich Boston wohltuend von englischen Industriestädten wie Leeds und Preston unterschied. Am 2. Dezember gab er schließlich seine erste Lesung, die den erwarteten Erfolg hatte und finanziell seinen Erwartungen mehr als entsprach.

Die ersten sechs Wochen verbrachte er mit Lesungen in Boston und New York. Danach ging es weiter über Baltimore und Philadelphia nach Washington, wo er von Präsident Andrew Johnson, dem zu der Zeit gerade ein Impeachment drohte, ins Weiße Haus eingeladen wurde. Es folgten weitere Lesungen in den Neuenglandstaaten und zum Schluss noch einmal sechs Abschiedslesungen in Boston. Überall fand er ausverkaufte Säle mit bis zu 5000 Zuhörern. Das bedeutete in einer Zeit, als es noch keine Mikrophone gab, eine derartige Beanspruchung seiner Stimme, dass er sich schon bald eine schwere Erkältung zuzog, die ihn zunehmend schwächte und ihm das Lesen zur Qual machte. Trotz seiner Beschwerden fand er aber noch Zeit für einen witzigen Text aus Anlass eines Wanderwettstreits, den Dolby, Fields und dessen Partner Osgood speziell zu seiner Aufmunterung über eine Distanz von 13 Meilen austragen wollten. Da Dickens alles, was er anfing, immer zur äußersten Perfektion trieb, sorgte er auch jetzt dafür, dass der als Scherz geplante Wettkampf zu einem öffentlichen Ereignis wurde, das in der lokalen Presse für den 29. Februar angekündigt wurde. Das Wettwandern fand in Boston bei schneidender Kälte in Schnee und Eis statt und endete mit dem Sieg Osgoods, der mit einer halben Meile Vorsprung ins Ziel kam.

Nicht nur die Halsentzündung machte Dickens in der zweiten Hälfte der Tournee zu schaffen, auch die Lähmung seines linken Fußes hatte sich so verschlimmert, dass ihm das Gehen immer beschwerlicher wurde. Dennoch zog er die Lesungen mit eisernem Willen durch. Mitte März leistete er sich sogar einen zweitägigen Abstecher zu den Niagarafällen, die ihn wieder genauso beeindruckten wie beim ersten Mal. Zwei Wochen vor seiner Abreise beschrieb er am 7. April in einem Brief an seine Tochter Mamie die Diät, mit der er sich funktionsfähig hielt: «Um sieben Uhr morgens im Bett ein Becher frische Sahne mit einem Esslöffel Rum, um zwölf ein Sherry-Cocktail mit einem Keks. Um drei Uhr zur Dinnerzeit ein halber Liter Champagner. Fünf vor acht ein geschlagenes Ei und ein Glas Sherry, dazwischen die stärkste Rinderbrühe, sie sich kochen lässt, heiß getrunken. Viertel nach zehn Suppe und irgendein Drink, nach dem mir der Sinn steht. Ich nehme nicht mehr als ein halbes Pfund fester Nahrung zu mir.»

In den Briefen an Forster finden sich exakte Angaben zu den Profiten der einzelnen Lesungen, so dass man den Eindruck gewinnt, als habe sich Dickens wie ein Spieler am Roulettetisch in einen Rausch des Geldscheffelns hineingesteigert. Vor manchen Lesungen wirkte er so erschöpft, dass Dolby und die anderen Freunde seinen unmittelbaren Zusammenbruch befürchteten und ihn wie einen angeschlagenen Boxer aus dem Ring nehmen wollten. Doch Minuten später, nachdem er eben noch kaum sprechen konnte, war er auf dem Podium wieder in Topform. Obwohl er zuletzt nur noch von Lesung zu Lesung zu taumeln schien, fand er dazwischen immer noch Zeit, lange Briefe an Forster, seine Schwägerin und seine Töchter und an seine Freunde Macready und Charles Fechter zu schreiben. Als die Tour endlich zu Ende war, wurde ihm zu Ehren am 18. April in New York ein großes Abschiedsbankett gegeben.

Dann trat er am 22. April völlig erschöpft die Heimreise auf der *Russia* an. Der Reinertrag der Tournee hätte sich auf 38 000 Pfund belaufen;

Dickens in seinen Figuren. Amerikanische Karikatur.

doch da Dickens dem Umtauschkurs des Dollars nicht traute, zog er es vor, sich in Gold auszahlen zu lassen. Damit reduzierte sich der Gewinn auf rund 20 000 Pfund. Um ein Haar hätte sein Manager und Finanzverwalter Dolby davon sogar noch Steuern abführen müssen; denn obwohl Dickens vorher Steuerfreiheit zugesichert worden war, wollte die Behörde in New York den ausreisenden Dolby wegen Steuerhinterziehung festnehmen. Mit Glück und Geschick konnte der sich zusammen mit Dickens und dessen Team auf das Schiff retten.

Unter den amerikanischen Zeitzeugen, die Dickens als Vortragskünstler erlebt und darüber berichtet haben, ist Mark Twain der interessanteste. Er war bei der Lesung am 31. Dezember in New York anwesend und schrieb darüber in einem Brief an die Zeitschrift *Alta California.* Vom größten amerikanischen Humoristen hätte man eine positive Würdigung seines britischen Kollegen erwartet. Doch das Bild, das er in seiner gewohnt launigen Art zeichnet, ist das eines gravitätisch das Podium besteigenden alten Herrn, der mit heiserer, recht monotoner Stimme vorträgt und dabei das Pathos seiner Texte ohne innere Beteiligung inszeniert. Hier zeigt sich, dass der amerikanische Humor sich bereits deutlich vom britischen getrennt hatte. Wo der britische einen distanzierenden Filter einschaltet, liebt der amerikanische es direkter und herzhafter. Mark Twain hat Dickens nicht persönlich kennengelernt, äußerte sich später aber durchaus lobend über ihn und ließ sich unter anderem von dessen Manager Dolby seine eigenen Lesetouren organisieren. Dolby seinerseits, der nach einem verschwenderischen Leben 1900 völlig verarmt starb, bezeichnete die Organisation von Dickens' Lesetouren als «das hellste Kapitel» seines Lebens.

Tod in den Sielen

Mai 1868 bis Juni 1870

Als sich Dickens auf dem Schiff nach England befand, hatte er neun arbeitsfreie Tage vor sich, um sich von den Strapazen der Lesetournee zu erholen. Seinem Körper tat die Ruhe gut, und die Erkältung schwand noch während der Überfahrt. Doch für seinen Geist gab es keine Ruhepause; denn vor ihm lag bereits die nächste Lesetour, die er mit Chappell & Co. vereinbart hatte. Sie war zwar als Abschiedstour geplant, sollte jedoch aus hundert Lesungen innerhalb von sechs Monaten bestehen, was schon von der physischen Belastung her eine Tortur bedeutete. Doch das Honorar von 8000 Pfund war zu verlockend, um sich gesundheitliche Schonung aufzuerlegen. Noch auf dem Schiff überlegte er, wie er sein Leseprogramm um einen weiteren Höhepunkt bereichern konnte, und fasste dafür die Mordszene aus *Oliver Twist* ins Auge, deren Rezitation für ihn später zu einem Selbstmordprogramm werden sollte; denn dabei verausgabte er sich physisch und psychisch bis an den Rand des Zusammenbruchs.

Die Vorbereitung der Abschiedstournee war nicht das einzige, was ihm auf der Seele lastete; auch die nächste Weihnachtsnummer stand ins Haus. Zwar war dafür nach der Landung am 1. Mai noch ein halbes Jahr Zeit, doch er spürte, dass der Quell seiner Fantasie nicht mehr so recht sprudeln wollte. Als er bis zum Juli noch immer keine zündende Idee hatte, bot er in Gad's Hill jedem aus seinem Familien- und Freundeskreis 100 Pfund für eine verwertbare Fabel.

Zur Arbeitsbelastung kam noch eine Reihe seelischer Belastungen hinzu. Sein langjähriger treuer Freund und Illustrator George Cattermole starb und ließ eine schlechtversorgte Witwe mit Kindern zurück. Dickens empfand tiefe Trauer um den Freund und machte sich sogleich daran, eine Wohltätigkeitsaktion für die Hinterbliebenen zu organisieren. Trennungsschmerz bereitete ihm auch die Abreise seines jüngsten Sohnes Edward, der als Siebzehnjähriger Anfang Oktober nach Australien aufbrach, um sich dort seinem Bruder Alfred anzuschließen. Der sensible Junge hatte in der Schule versagt und sich zu einem Sorgenkind entwickelt, zu dem der Vater aber ein besonderes emotionales Verhältnis hatte. Kein anderes Kind hat er in seinen Briefen so oft ausdrücklich grüßen lassen wie diesen Sohn, dem er den Kosenamen Plorn gegeben hatte. Noch mehr Sorge machte ihm sein ältester Sohn Charley, der mit seinem Papiermühlenunternehmen Bankrott gegangen war und 1000 Pfund Schulden angehäuft hatte, während er eine Frau und fünf Kinder zu versorgen hatte. Dickens blieb nichts anderes übrig, als ihn bei seiner Zeitschrift anzustellen. Auch um seine Tochter Katey sorgte er sich; denn deren Mann litt an Magenkrebs, was ihn zunehmend arbeitsunfähig machte.

Den ganzen Sommer über bereitete sich Dickens auf die Marathonlesetour vor. Daneben musste er weiteren Verpflichtungen nachkommen. So hatte er einige Zeit Henry Wadsworth Longfellow zu Gast, dem er die Erwiderung der Gastfreundschaft schuldete, die dieser ihm auf der Amerikareise gewährt hatte. Besonders lästig war eine Dankesschuld, zu der ihn sein alter Freund Chauncy Hare Townshend verpflichtet hatte. Der Pfarrer, den er einst als Anhänger des Mesmerismus kennen und schätzen gelernt und dem er später die Buchausgabe von *Great Expectations* gewidmet hatte, war während seiner Amerikatour gestorben und hatte ihm in seinem Testament 1000 Pfund vermacht, verbunden mit der Bitte, aus seinen hinterlassenen Aufzeichnungen zu religiösen Fragen ein Buch zu machen. Dickens nahm die lästige Pflicht auf sich und brachte das von ihm redigierte Buch 1869 unter dem Titel *Religious Opinions* heraus, während er es privat als *religious hiccoughs* (religiöse Schluckaufs) bezeichnete. Inmitten dieser Verpflichtungen, die ihn gleich nach seiner Rückkehr aus Amerika überhäuften, fand er trotzdem noch Zeit für eine Kurzreise nach Paris, wo Charles Fechter die französische Fassung von *No Thoroughfare* unter dem Titel *L'Abîme* (*Der Abgrund*) herausbrachte, auf die er noch in letzter Minute Einfluss nehmen wollte.

Als der Beginn der Lesetour näher rückte und Dickens noch immer keine Idee für die Weihnachtsnummer hatte, beschloss er, ganz auf sie zu verzichten. Stattdessen wollte er seine Zeitschrift ab dem 21. Jahresband hinsichtlich Größe, Drucktype und Papierqualität neu gestalten, um sie für Käufer noch attraktiver zu machen. Dann begann er am 6. Oktober in London mit den ersten Lesungen, denen innerhalb von drei Monaten 27 weitere in Manchester, Liverpool, Brighton, Edinburg und Glasgow folgten, mit zweimaliger Rückkehr nach London. Am 22. Dezember las er zum dritten Mal in der Hauptstadt. Forster und Wills hatten vergeblich versucht, ihn davon abzubringen, die Mordszene in sein Programm aufzunehmen. Doch Dickens setzte sich durch und las sie versuchsweise zum ersten Mal am 14. November vor einem kleinen, persönlich eingeladenen Publikum in der St. James Hall in London. Die Wirkung war sensationell; und da unter den Gästen auch Journalisten waren, sprach sich die Sensation schnell herum. Von nun an bot er seinem Publikum diese Szene als abschließenden Höhepunkt jeder Lesung und steigerte sich dabei so in die makabre Situation hinein, dass er auf manche Zuhörer den Eindruck machte, als sei er selber der Mörder. Nach jeder Lesung war er völlig erschöpft, in Schweiß gebadet und zitterte am ganzen Leibe.

Trotzdem fand er an freien Tagen zwischen den Lesungen noch Zeit, kurze Beiträge für seine Zeitschrift zu schreiben. 1860 hatte er die Serie von Skizzen unter dem Titel *The Uncommercial Traveller* gestartet, die er danach in stetig erweiterten Sammlungen als Buch in die Gesamtausgaben seiner Werke aufnahm. Jetzt begann er eine neue Serie unter dem Titel *New Uncommercial Samples*. Mit der Ankündigung dieser Serie und dem veränderten Layout der Zeitschrift tröstete er sein Publikum über die fehlende Weihnachtsnummer hinweg.

Nach einer kurzen Weihnachtspause setzte er am 5. Januar 1869 die Lesetour fort. Jetzt ging es nach Belfast und Dublin, dann wieder zurück nach England in die Städte des Südwestens und nach einem Zwischenstopp in London weiter nach Nottingham und Leicester. Um diese Zeit wurde sein altes Fußleiden so schlimm, dass er eine Lesung in London deswegen absagen musste. Kaum erholt machte er weiter und hetzte von Stadt zu Stadt. Dabei geriet er immer mehr in einen Zustand, in dem er auf dem Podium nur durch die Anspannung aufrechtgehalten wurde, während er in den Zeiten dazwischen wie ein gebrochener, hinkender alter Mann wirkte.

Am 10. März 1869 erreichte ihn die Nachricht vom Tode seines alten Freundes Sir James Emerson Tennent, dem er seinen letzten Roman gewidmet hatte. Dickens war tief erschüttert. Mit Tennent, einem liberalen Politiker und Kämpfer gegen die *Corn Laws*, hatte er 1853 den Vesuv bestiegen und danach eine enge Freundschaft unterhalten. Wie schon bei Cattermole traf ihn auch diese Todesnachricht besonders hart, da er die eigenen Kräfte schwinden fühlte und jeden Tod eines Freundes wie eine wegbrechende Stütze empfand. Was ihn aber immer wieder aufbaute, waren der Beifall des Publikums und öffentliche Ehrungen, die ihm wiederholt zuteil wurden. So gab ihm, einen Monat nach der Todesnachricht, die Stadt Liverpool ein großes Festbankett, auf dem er sich mit emphatischen Worten zur «Würde der Literatur» äußerte.

Kurz darauf wurde er ernsthaft krank. Blutende Hämorrhoiden, der angeschwollene Fuß und andauernde Schlaflosigkeit brachten ihn an den Rand des Zusammenbruchs. Auch der linke Arm und die Hand zeigten nun Lähmungserscheinungen. In Chester kamen Schwindelanfälle dazu. Zunächst setzte er die Tour mit Lesungen in Blackburn und Bolton fort. Doch dann kam sein Arzt Dr. Beard, dem er die Symptome in einem Brief beschrieben hatte, aus London nach Preston, Dickens' nächster Station. Er untersuchte ihn, verordnete ihm absolute Ruhe und verbot ihm jeden weiteren Auftritt. In Gad's Hill wurde dann ein zweiter Arzt, Dr. Watson, hinzugezogen, und die beiden gaben, wie bei einem König, in einem öffentlichen Bulletin bekannt, dass Dickens in den nächsten Monaten keine Lesungen mehr geben könne. Die Ruhe tat ihm gut und er erholte sich erstaunlich schnell. Zu seiner Aufheiterung trug auch das Ehepaar Fields aus Boston bei, das ihn auf seiner Tournee in den USA so vorbildlich umsorgt hatte und ihn jetzt am 11. Mai besuchte.

Die erzwungene Pause gab Dickens Zeit, nun auch wieder über einen neuen Roman nachzudenken. Am 18. Oktober schrieb er an Macready, dass er sich in den *preliminary agonies,* den «vorausgehenden Agonien», befinde, von denen der Beginn eines neuen Romans bei ihm regelmäßig begleitet wurde; und schon eine Woche später war die erste Nummer davon fertig. Bis Ende November war auch die zweite so weit. Dickens hatte von Anfang an einen kurzen, kompakten Roman nach Art von *Great Expectations* im Sinn. Er wusste, dass das Publikum nicht mehr wie früher nach breit ausgesponnenen Erzählungen verlangte, sondern nach spannenden Geschichten, wie Wilkie Collins sie schrieb. Deshalb wollte er den Roman auch nicht in wöchentlichen

Fortsetzungen in seiner Zeitschrift herausbringen, sondern in zwölf monatlichen Lieferungen, die von Chapman & Hall verlegt werden sollten. Das würde ihm Zeit geben, die einzelnen Nummern so zu gestalten, dass der Leser jedes Mal am Ende einer Folge im Zustand des *cliff-hanging* (an der Klippe hängend) gelassen würde; so nennt man auf Englisch die Spannungstechnik erfolgreicher Fortsetzungsromane. Es ist kaum zu übersehen, dass er sich mit *The Mystery of Edwin Drood (Das Geheimnis um Edwin Drood)*, so der Titel des neuen Werkes, ganz bewusst in Konkurrenz zu seinem jungen Freund Wilkie Collins begab, dem er jetzt zeigen wollte, wer von beiden der Meister war.

Ein Problem waren die Illustrationen. Dickens' Schwiegersohn Charles Collins, der dafür vorgesehen war, musste aus Gesundheitsgründen absagen. So fiel die Wahl auf den jungen Luke Fildes, der ihm von dem befreundeten Maler John Everett Millais empfohlen worden war. Bei keinem seiner Romane hat sich Dickens so sehr in geheimnisvolles Schweigen über die Handlung gehüllt wie bei diesem. Selbst Forster, von dem er sich sonst gern in Fragen der Handlungsführung beraten ließ, wurde im Dunkeln gelassen. Charles Collins hatte, bevor er den Auftrag zurückgab, nach Dickens' Angaben das Titelblatt entworfen, ohne zu wissen, was die von ihm gezeichneten Szenen bedeuten sollten. So ist dieser Umschlag der einzelnen Lieferungen bis heute das Ausgangsindiz für alle Hobbydetektive, die dem Geheimnis um Edwin Drood auf die Spur kommen wollen.

Dickens' gesundheitliche Probleme hielten die ganze Zeit über an. Als die Familie in Gad's Hill Weihnachten feierte, fühlte er sich zu schwach, um nach unten zu gehen und an den Spielen der Kinder teilzunehmen. Trotzdem entschloss er sich gegen den Rat seines Arztes, die unterbrochene Lesetournee ab 11. Januar wieder aufzunehmen und bis zum 15. März anfangs zweimal, dann einmal wöchentlich eine Lesung in London zu geben. Zu diesem Zweck mietete er ein Stadthaus in Hyde Park Place, um sich die ständigen An- und Abreisen von Gad's Hill zu ersparen. Außerdem war es für ihn von London aus leichter, schnell einmal mit dem Zug zu Nelly nach Peckham zu fahren. Am 9. März kam es zur ersten und zugleich letzten ganz persönlichen Begegnung des berühmten Dichters mit Königin Viktoria, als diese ihn im Buckingham-Palast empfing. Die Audienz war für Dickens eine schmerzhafte Ehre; denn aus Gründen der Etikette musste er die neun

Minuten trotz seines schmerzenden Fußes stehend vor der Königin verbringen. Danach gab er am 15. März seine letzte öffentliche Lesung.

Mit dem Roman war er bis dahin gut vorangekommen. Nachdem mit Chapman & Hall seit dem vorangegangenen Herbst alles abgesprochen war, hatte er am 2. Februar den Vertrag unterzeichnet. Das Original des Dokuments ist nicht erhalten, aber man weiß, dass Dickens bei einer Mindestauflage von 25 000 ein Honorar von 7500 Pfund garantiert wurde. Vorher hatte er bereits ein Angebot des amerikanischen Verlagshauses Harper & Brüder angenommen, die ihm 2000 Pfund für das Übersenden der Druckfahnen boten. Dabei hatte er allerdings vergessen, dass er dies bereits drei Jahre zuvor vertraglich Ticknor & Fields zugesichert hatte. Das führte zu längeren Misshelligkeiten, die zuletzt juristisch geklärt werden mussten. Am 31. März erschien dann wie geplant die erste Nummer des Romans. Er versprach ein großer Erfolg zu werden; denn sogleich waren 50 000 Exemplare verkauft. Die Kritik sah darin eine Rückkehr zu Dickens' früherem Stil und begrüßte den humoristischen Ton. Danach hatte Dickens trotz des langen Vorlaufs Mühe, seinen weiteren Zeitplan einzuhalten.

Am 25. April erreichte ihn die Nachricht vom Tode seines alten Freundes Maclise. Obwohl sich der einst so lebhafte Maler zuletzt ganz von seinen Freunden zurückgezogen hatte, war Dickens tief betroffen und hielt ihm eine rühmende Nachrede auf dem Gedenkbankett der Royal Academy. Früher hatte er sich durch solche öffentlichen Auftritte in seiner Prominenz bestätigt gefühlt. Jetzt wurden sie ihm lästig, und er sehnte sich danach, in ungestörter Ruhe zu Hause an seinem Roman arbeiten zu können. Dennoch genoss er die Ehre, Anfang Mai zum Frühstück bei Premierminister Gladstone eingeladen zu werden. Weitere Einladungen folgten, so bei Lord Stanhope, wo er mit seinem früheren Schriftstellerkollegen Disraeli zusammentraf, der jetzt als konservativer Politiker der große Gegenspieler Gladstones war. Die Teilnahme an einem Ball der Königin am 17. Mai, zu dem er mit seiner Tochter eingeladen war, musste er aber kurz vorher aus gesundheitlichen Gründen absagen. Auch für das Dinner des *General Theatrical Fund*, bei dem der Prince of Wales anwesend war, entschuldigte er sich. Doch als er kurz darauf zu einem Essen bei Lord Houghton in Anwesenheit des Königs von Belgien und des Prince of Wales eingeladen wurde, gab er dem Drängen von Freunden widerwillig nach.

Dickens bei seiner letzten Lesung. Zeitgenössischer Stich.

Am Tage seines letzten Treffens mit John Forster,dem 22. Mai, erreichte ihn eine weitere Todesnachricht. Mark Lemon war gestorben, mit dem ihn lange Zeit ein herzliches Verhältnis verbunden hatte. Doch als der Freund während der Trennungsaffäre ein faires Wort zugunsten von Catherine einlegte, war es zu einem lang anhaltenden Bruch gekommen, der erst fünf Jahre später am Totenbett des gemeinsamen Freundes Stanfield förmlich gekittet, aber nie wirklich geheilt worden war. Forster berichtet, dass er sich am Abend mit Dickens über die Todesfälle der letzten Jahre unterhalten habe, wobei dieser sagte: «Und keiner von ihnen älter als sechzig.» Als Forster erwiderte, dass es nicht gut sei, darüber zu reden, habe Dickens geantwortet: «Wir werden dennoch nicht weniger daran denken.» Zur Ahnung, dass auch er dem Tode näher rückte, kam noch die Sorge um seinen jüngsten Sohn, der sich in Australien nicht recht eingewöhnen konnte. Ein Lichtblick war dagegen sein Sohn Henry, der in Cambridge zum zweiten Mal ein Stipendium von 50 Pfund gewonnen hatte, was Dickens seinem Freund Forster voller Stolz mitteilte.

Dickens auf dem Totenbett. Zeichnung von Sir John Millais.

Dass sich sein Gesundheitszustand stetig verschlechterte, wurde inzwischen von allen in seiner näheren Umgebung bemerkt. Seine Töchter versuchten ihn von allen Anstrengungen abzuhalten. Am 4. Juni besuchte ihn Katey, die seinen Rat suchte, ob sie sich ernsthaft für die Schauspielerei entscheiden solle, um angesichts der Krankheit ihres Mannes ein eigenes Einkommen zu haben. Bei dieser Gelegenheit kam es zu einem langen, vertraulichen Gespräch zwischen den beiden. Danach begab er sich wieder in das Chalet, das er im Sommer als Arbeitsort bevorzugte. Dorthin ging er auch am frühen Nachmittag des 8. Juni, um das letzte Kapitel der sechsten Nummer des Romans abzuschließen. Am Abend dieses Tages erlitt er beim Dinner einen Schlaganfall und starb am darauf folgenden Morgen, ohne das Bewusstsein wiederzuerlangen. Sein Tod fiel auf den gleichen Tag, an dem er fünf Jahre zuvor unverletzt das Eisenbahnunglück überlebt hatte.

Als letzte Ruhestätte hatte sich Dickens ein einfaches Grab auf dem Friedhof der Kathedrale von Rochester gewünscht, wo das Domkapitel bereits eine Grabstelle für ihn bereithielt. Doch als der Dean of Westminster darauf drängte, den Dichter dort zu beerdigen, wo die

«Der leere Stuhl». Aquarell von Luke Fildes.

größten Künstler und Dichter der Nation lagen, nämlich in der Westminster-Abtei, konnte die Familie dies schlecht ablehnen. Dort wurde Dickens am 14. Juni im engsten Familienkreis – so hatte er es testamentarisch verfügt – zu Grabe getragen. Doch da Tausende von dem berühmtesten Autor seiner Zeit Abschied nehmen wollten, entschied der Dean, dass das Grab noch für zwei Tage geöffnet bleiben sollte, damit seine Verehrer sich mit einem letzten Gruß von ihm verabschieden konnten. Die Grabstelle befindet sich gegenüber der von Shakespeare, Chaucer und Dryden und in unmittelbarer Nähe zu der des großen Schauspielers David Garrick. Angemessener hätte der Ort seiner letzten Ruhe nicht sein können. Bei der Wahl des Begräbnisortes hatte man sich über Dickens' Wunsch hinweggesetzt; doch beim Text auf seinem Grabmal hielt man sich daran. Es sollte nur sein Name, ohne «Mr.» oder «Esq.», darauf stehen; und so liest man dort außer seinem Namen nur das Geburts- und Sterbedatum:

CHARLES DICKENS.
Geboren am 7. Februar 1812. Gestorben am 9. Juni 1870.

Sein Vater hatte sich noch bei der Geburtsanzeige des Sohnes als Esq. bezeichnet; der berühmte Sohn, der den Aufstieg in die Gentry tat-

«Der leere Stuhl» in der Zeitschrift Judy *vom 22. Juni 1870.*

sächlich geschafft hatte, wollte diese Klassenbezeichnung nicht mehr hinter seinem Namen haben.

Unmittelbar nach Dickens' Tod schuf Luke Fildes ein Aquarell, das den leeren Stuhl in Dickens' Arbeitszimmer zeigt. Das Bild, das im selben Jahr als Stich in der Weihnachtsausgabe der Zeitschrift *The Graphic* erschien, wurde bald zu einer Dickens-Ikone und ist seitdem ebenso oft reproduziert worden wie das später entstandene Aquarell *Dickens' Traum* von Robert William Buss, das den Dichter auf eben diesem Stuhl sitzend zeigt, umschwirrt von den bekanntesten Illustrationen aus seinen Romanen. Ebenso bekannt wurde eine andere Zeichnung, die bereits zwei Wochen nach Dickens' Tod in der satirischen Zeitschrift *Judy* erschienen war und die Motive der beiden zuvor genannten zusammenfassend vorwegnahm.

In seinem letzten Roman, von dem nur die Hälfte fertig wurde, bekennt sich Dickens offen zur Form des Detektivromans, die er seit *Oliver Twist* mit zunehmender Deutlichkeit seinen Plots unterlegte. Außer dem Detektivischen weist der Roman aber auch die übrigen typischen Elemente der früheren Werke auf. Der größere Teil der Handlung spielt im Schatten der Kathedrale von Cloisterham, die mit allen Attributen des Gefängnishaften beschrieben wird. Mit der Nennung der Kathedrale setzt die Ouvertüre ein, geht dann aber in das Bild einer Opiumhöhle über, die durch Hinweise auf das Hafenmilieu dem Wasserbereich zugeordnet ist. Im Wasser wird später nach dem Verschwinden Edwin Droods seine Uhr hinter dem Stauwehr des Flusses Weir gefunden.

Noch weniger zu übersehen ist das Erbschaftsmotiv, das von Anfang an im Zentrum der Handlung steht; denn der früh verwaiste Titelheld wuchs in dem Glauben auf, dass sein Vater und dessen bester Freund testamentarisch verfügt hätten, ihre Kinder miteinander zu verheiraten. Das mutet wie die Neuauflage des John Harmon/Bella Wilfer-Problems aus *Unser gemeinsamer Freund* an. Allerdings erfährt Edwin, nachdem er volljährig geworden ist, dass seine Ehe mit Rosa von den wohlmeinenden Eltern nur erhofft, aber nicht zur Bedingung der Erbschaft gemacht wurde. Trotzdem haben Edwin und Rosa das Gefühl, dass ihnen durch das Testament der Eltern die freie Entscheidung genommen worden war, was verhinderte, dass sie sich ohne diese Fremdbestimmung vielleicht wirklich ineinander verliebt hätten.

Begehrt wird Rosa von Edwins Onkel John Jasper, dem Chordirektor der Kathedrale. Obwohl Jasper nur wenig älter ist als sein Neffe, war er zu dessen Vormund bestimmt worden. Mit seinem Auftritt in der Opiumhöhle beginnt der Roman. Er ist ein von heftigen Leidenschaften zerrissener Charakter, der einerseits tiefe Zuneigung zu seinem Neffen bekundet, andererseits aber in ihm einen Rivalen sieht. Als Edwin am Weihnachtstag plötzlich verschwunden ist, richtet sich der Verdacht des Lesers deshalb sogleich auf Jasper, während dieser ihn auf

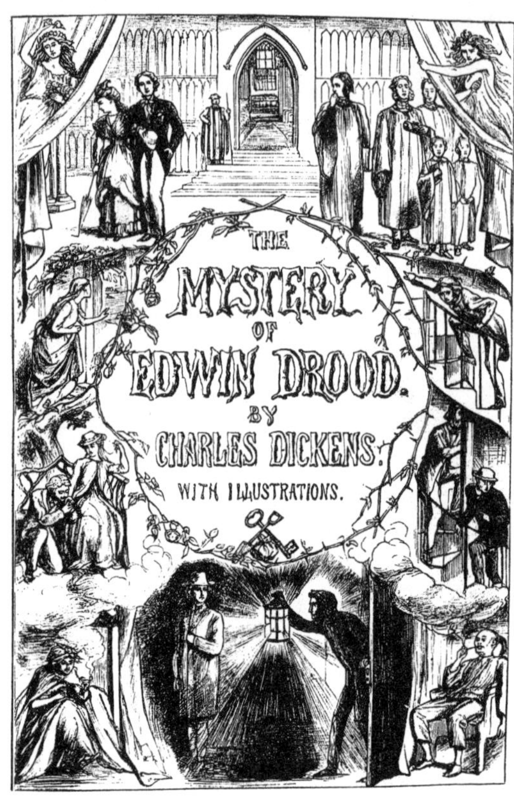

Umschlagbild von The Mystery of Edwin Drood.

Neville Landless lenkt, einen leidenschaftlichen jungen Mann, den Jasper vorher zu aggressiven Äußerungen gegenüber Edwin provoziert hatte. Auch hier fühlt man sich an den vorangegangenen Roman erinnert, wo Bradley Headstone, ein ähnlich harter, von unterdrückter Leidenschaft beherrschter Charakter wie Jasper, einen Mord aus Eifersucht begeht.

Was schon die Grundstruktur von *Unser gemeinsamer Freund* bestimmte, nämlich das Geflecht von sich gegenseitig belauernden und verfolgenden Personen, ist hier noch viel ausgeprägter. Noch vor Edwins Verschwinden wird Jasper von der mysteriösen Betreiberin der Opiumhöhle verfolgt. Beim ersten Mal verliert sie seine Spur, doch beim zweiten Mal dringt sie bis zu seiner Wohnung vor. Jasper seinerseits verfolgt Landless und versucht, ihm den Mord an Edwin anzuhängen. Später taucht in Cloisterham der geheimnisvolle Dick Datchery auf, der sich ständig an seinen weißen Haarschopf greift, als müsse er eine Perücke festhalten. Er wird von Anfang an als Detektivfigur eingeführt.

Von London aus verfolgt auch Rosas und Edwins Anwalt Grewgious das Geschehen in Cloisterham, und dem Leser wird der Verdacht nahegelegt, dass der Anwaltsgehilfe Bazzard unter der weißen Perücke Datcherys steckt; denn unmittelbar vor dessen Erscheinen in der Provinzstadt verschwand Bazzard aus der Londoner Kanzlei. Rosa, die vor Jasper zu ihrem Anwalt nach London flieht, wird von diesem in einem sicheren Haus einquartiert. Auch für Neville und seine Schwester Helena findet Grewgious eine Unterkunft. Eine weitere Figur in diesem Spiel ist der Kanoniker Crisparkle, der es sich zur Aufgabe macht, Nevilles Unschuld zu beweisen. Als er ein halbes Jahr nach Edwins Verschwinden Grewgious in London aufsucht, sehen die beiden vom Fenster aus Jasper im gegenüberliegenden Haus, der offenbar seinerseits auf der Spur von Neville ist. In der kleinen Provinzstadt Cloisterham scheint sogar jeder jeden zu beobachten.

Schon bald nach dem mutmaßlichen Mord wird klar, dass das Testament der Eltern von Edwin und Rosa nicht die einzige Erbschaft ist, um die es hier geht. Auch die Betreiberin der Opiumhöhle, die Jasper auf den Fersen ist, muss dafür ein Motiv haben, das in die Vergangenheit zurückreicht. Damit liegt hier die für Dickens charakteristische Vorstellung eines Schicksalsnetzes vor, dessen Wirkung nur durch Aufklärung entschärft werden kann. Für Dickens' «Lieblingstheorie» von der «Kleinheit der Welt» gibt es ebenfalls ein Beispiel: Als Crisparkle in London den ehemaligen Seemann Tartar trifft, der großzügig seine Wohnung als Zuflucht für Neville zur Verfügung gestellt hat, erkennt er in ihm einen jüngeren Mitschüler, der ihn einst vor dem Ertrinken gerettet und ihm anschließend das Schwimmen beigebracht hat. Dass Rosa vor Jasper in Sicherheit ist, wird in der für Dickens typischen Weise dadurch angezeigt, dass Tartar sie zu einer Bootsfahrt auf der Themse einlädt. Neville hingegen, der sich in seine Londoner Zuflucht wie in eine Höhle verkriecht, muss die innere Befreiung erst noch leisten.

Die Kernfrage, die sich nach der ersten Hälfte des Romans stellt, lautet: Ist Edwin wirklich tot? Dass Jasper versucht hat, ihn zu ermorden, scheint klar zu sein. Denn als er nach der Tat erfährt, dass Edwin und Rosa sich einvernehmlich getrennt hatten, fällt er in Ohnmacht, was vermuten lässt, dass ihm bewusst wurde, einen überflüssigen Mord begangen zu haben. Klar scheint ebenfalls zu sein, dass er den Mord auf Neville, den zweiten Rivalen um die Gunst Rosas, zu schieben versucht. Als Edwins Uhr hinter dem Stauwehr gefunden wird, gibt es für den Leser kaum einen Zweifel, dass das Indiz dort gefunden werden sollte. Weitere Indizien werden vorher eingeführt, die auf den Mordversuch hinweisen, so Jaspers langer Schal, mit dem Edwin vielleicht erwürgt wurde, und der Hinweis auf den Löschkalk, in dem sich selbst Knochen spurlos auflösen. Hier sollte – so scheint es – Rosas zurückgegebener Verlobungsring gefunden werden, den Edwin bei sich trug, von dem aber Jasper nichts wusste.

Ein Schlüssel zur Lösung des Geheimnisses wäre die Antwort auf die Frage: Wer ist Dick Datchery? Da er ganz offensichtlich eine Perücke trägt, muss er wohl jemand sein, der sonst in Cloisterham erkannt würde. Aber wer? Ist es womöglich Edwin selber, wie manche vermuten? Was berechtigt überhaupt zu einem Zweifel an Edwins Tod? Dafür gibt es durchaus erzähltechnische Gründe. Wenn er wirklich von Jasper ermordet wurde, gäbe es um ihn kein «Geheimnis» mehr. Es ginge dann nur noch darum, den Mörder zu überführen. Ein weiteres Argument ist, dass Dickens in keinem seiner Romane einen Helden unter solchen Umständen sterben lässt. Edwin hatte sich von seiner «Erbschaft» bereits freigemacht und damit die Emanzipationsleistung vollbracht, um die es in den Romanen immer wieder geht. Sein Tod wäre in Dickens' Werken das erste und einzige Beispiel einer krassen poetischen Ungerechtigkeit.

Ein drittes Argument ist der humorvolle Grundton, der in den sechs Nummern vorherrscht. Er erinnert so sehr an die frühen Romane, dass die Kritiker dies als Rückkehr zu den charakteristischen Qualitäten des «Unnachahmlichen» besonders positiv vermerkten. Ist vorstellbar, dass Dickens in humoristischem Ton eine spannende Geschichte erzählt, in der ein unschuldiger Mensch heimtückisch ermordet wird? Diejenigen Zeitgenossen, die mit Dickens den engsten Kontakt hatten, seine Kinder und John Forster, bezeugen einhellig, dass Edwin wirklich ermordet wurde. Demgegenüber glaubten die frühen Leser, die die Nuss zu knacken versuchten, überwiegend daran, dass Edwin den Mordversuch überlebte. Schon kurz nach dem Erscheinen des Fragments gab es Versuche, den Roman in dieser Richtung zu

Ende zu schreiben. Die Flut der Sekundärliteratur und der Fortsetzungsversuche ist bis heute nicht versiegt, ohne dass sich die Waage zur einen oder anderen Seite eindeutig gesenkt hat.

Betrachtet man den unvollendeten Roman gegen den Hintergrund der vorangegangenen und richtet man dabei das Augenmerk auf die Symbolik, wird man sich zu der Vermutung gedrängt sehen, dass Edwin auf irgendeine Weise überlebt haben muss. Anderenfalls wäre hier zum ersten und einzigen Mal in Dickens' Werken das typische Schema der Emanzipation von der Erbschaft bei gleichzeitiger Selbstbewahrung gegenüber dem Gefängnis und dem Wasser durchbrochen. In seinen späten Romanen hat Dickens mit einer fast penetranten Beharrlichkeit das Auferstehungsmotiv ins Spiel gebracht. Auch in diesem Roman nimmt er auf der vorletzten Seite, die er wenige Stunden vor seinem Tode niederschrieb, darauf Bezug. Er beschreibt dort einen strahlenden Morgen, der über den «Ruinen» von Cloisterham aufgeht und «die Auferstehung und das Leben predigt», wobei die beiden Substantive durch Großschreibung am Anfang noch besonderes Gewicht erhalten. Sollte das eine bewusst ausgelegte falsche Fährte sein?

Eine andere Spur wird durch die Herkunft des verwaisten Zwillingspaars Neville und Helena Landless ausgelegt, die bei einem brutalen Stiefvater in Ceylon aufwuchsen und als Menschen von exotischer Schönheit mit einem Schuss von zigeunerhafter Wildheit beschrieben werden. Dieser Hintergrund zusammen mit anderen Indizien im Roman hat Kritiker vermuten lassen, dass es um einen Ritualmord geht, wie ihn die indische Bruderschaft der Thugs im Dienst der Göttin Kali beging. Die Thugs hatten allein in den Jahren 1831 bis 1837 3266 Morde begangen, galten danach aber als ausgelöscht. Hätte Dickens tatsächlich dies im Sinn gehabt, wäre der Roman noch viel weiter von seinem übrigen Werk entfernt.

Ein anderer möglicher Schlüssel zum Fortgang der Handlung sind die Andeutungen, die auf eine Persönlichkeitsspaltung bei Jasper hinweisen. Als Opiumsüchtiger scheint er im Rausch ein anderer zu sein als in nüchternem Zustand. In diesem Fall wäre sein Charakterproblem die äußerste Zuspitzung von etwas, das in den früheren Romane schon öfter anklang. Gespaltene Persönlichkeiten waren schon Steerforth in *David Copperfield*, Sydney Carton in *Eine Geschichte zweier Städte* und in märchenhafter Form der Geizhals Scrooge im *Weihnachtslied.* Wenn

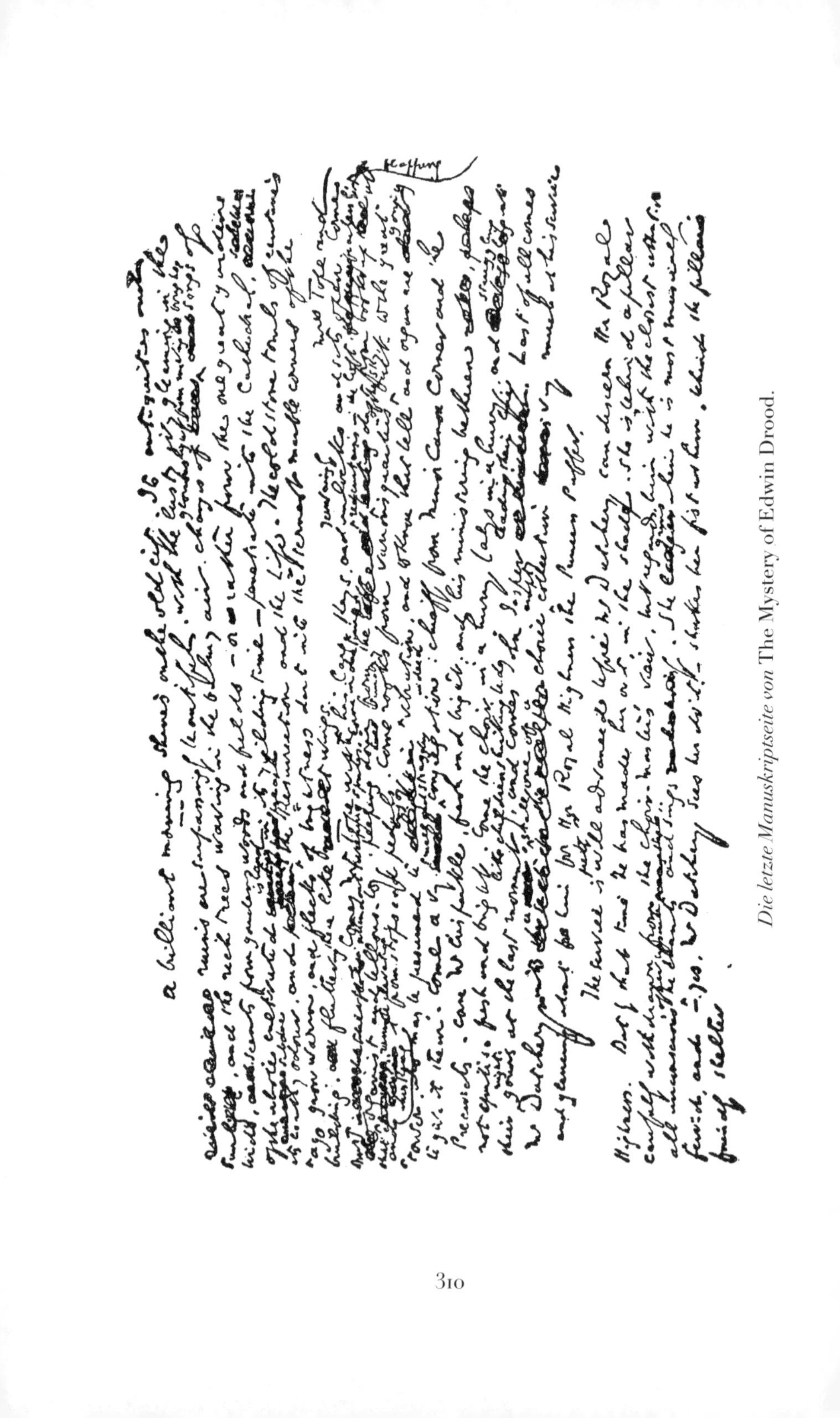

Die letzte Manuskriptseite von The Mystery of Edwin Drood.

Dickens vorhatte, in Jasper eine extreme Bewusstseinsspaltung zu zeigen, hatte er natürlich die Möglichkeit, Edwin Drood am Leben zu lassen. Denn es wäre durchaus glaubhaft, wenn Jasper sich im Rauschzustand den Mord entweder nur einbildet oder ihn nicht vollständig ausführt, danach aber überzeugt ist, ihn begangen zu haben.

In diesem Fall wäre er der psychologisch interessanteste aller Dickens-Charaktere. Er wäre dann gewissermaßen das düstere Gegenstück zu Sydney Carton, der sich für seinen glücklichen Rivalen und Doppelgänger opfert, während Jasper seinen Rivalen vernichten will, um seine Rolle zu übernehmen. Bei einer solchen Lösung hätte Dickens bei seinem Grundmuster bleiben können: Er hätte Edwin, der sich schon vorher von seiner «Erbschaft» gelöst hatte, am Leben lassen und den des Mordversuchs überführten Jasper nach reuevoller Einsicht in sein Verbrechen sterben lassen können, wobei auch Jasper ein moralisches Regenerationserlebnis hätte durchmachen können, ähnlich dem von Magwitch in *Große Erwartungen.* Für keinen Lösungsvorschlag gibt es zwingende Argumente. Gewiss ist nur, dass die Spekulationen um Droods Geheimnis nie aufhören werden.

Dickens' Testament

Am 22. Juli, sechs Wochen nach Dickens' Tod, veröffentlichte die *Times* sein Testament. Deutlicher hätte sich kaum zeigen lassen, dass dieser Autor vollständig zur öffentlichen Person geworden war. Das Dokument beginnt mit einer Verfügung, die bei allen Bewunderern und Verehrern außerhalb des engsten Kreises Irritation hervorrufen musste: Als erste, mit einem Legat von 1000 Pfund bedachte Person wird Ellen Lawless Ternan genannt, die Frau, die er zwölf Jahre lang mit allen Mitteln vor der Öffentlichkeit verborgen gehalten hatte. Es folgen Legate von jeweils 19 Pfund und 19 Shilling für seine Hausangestellten. Das nächste größere Vermächtnis sind 1000 Pfund für Tochter Mary, zuzüglich einer Jahresrente von 300 Pfund, solange sie unverheiratet ist. Seiner Schwägerin Georgina hinterlässt er 8000 Pfund sowie seine persönlichen Wertsachen und alle privaten Papiere. Seinem ältesten Sohn Charles vermacht er seine Bibliothek, alle Stiche und Drucke sowie einige persönliche Andenken. Außerdem gehen an die in England lebenden Söhne Charles und Henry 8000 Pfund, die sie investieren und die Zinsen der Mutter zu ihren Lebzeiten auszahlen sollen. John Forster hinterlässt er alle Manuskripte seiner Werke.

Für das Hauptvermögen setzte er Georgina und Forster als Treuhänder ein mit dem Auftrag, den Besitz nach Abzug aller Kosten und Lasten zu gleichen Teilen an die Kinder nach deren Volljährigkeit zu übergeben. Darüber hinaus werden Forster und Georgina als Vollstrecker für das gesamte Testament eingesetzt. In einem Kodizil, das dem Testament angefügt war, wird Sohn Charles zum Erben von Dickens' Anteil an der Zeitschrift *All the Year Round* bestimmt.

Das hinterlassene Gesamtvermögen belief sich auf rund 93 000 Pfund. Bedenkt man, dass das Jahreseinkommen eines damaligen Industriearbeiters zwischen 40 und 70 Pfund lag, so belief sich Dickens' hinterlassenes Vermögen auf das mehr als Tausendfache eines durchschnittlichen Jahreseinkommens, d. h. nach heutigem Geld auf einen zweistelligen Millionenbetrag.

John Forster.
Fotografie.

Angesichts von Dickens' unermüdlichem Einsatz für Wohltätigkeitsunternehmungen mag es verwundern, dass er keiner der Stiftungen, für die er gearbeitet hat, eine Spende zukommen ließ. Hier zeigt sich zuletzt noch einmal jener eigentümliche Zwiespalt von Besitz und Einsatz, der sein ganzes Leben beherrschte. Eigentumsrechte verteidigte er unnachgiebig bis ins Letzte, seine Arbeitskraft hingegen setzte er großzügig ein, wo immer sie für etwas oder jemanden erforderlich oder zumindest nützlich war. Das entsprach der traumatischen Erfahrung, die er als Kind gemacht hatte. Nicht genug Geld zu haben, war für ihn lebensbedrohendes Unheil. Sich nicht genug anzustrengen, war für ihn Versagen schlechthin, wie er es bei seinem Vater und seinen Brüdern erlebt und bei seinen Söhnen ständig befürchtet hatte. Was er aber auch nicht billigte, war, nur für Geld zu arbeiten. So wurden seine philanthropischen Aktivitäten für ihn zur Rechtfertigung seines materiellen Gewinnstrebens.

Georgina Hogarth (1873). Daguerreotypie.

Nachdem Georgina sich lange genug dem Verdacht ausgesetzt sah, ein Liebesverhältnis mit ihrem Schwager zu unterhalten, hatte sie nun die öffentliche Genugtuung, für ihren selbstlosen Einsatz im Haus des berühmten Dichters nicht nur materielle, sondern als Testamentsvollstreckerin auch ideelle Anerkennung zu bekommen.

Dass Ellen Ternan demgegenüber nur 1000 Pfund erhielt, bedeutet dennoch ein stattliches Legat; denn immerhin hatte ihr Dickens vorher ein Haus gekauft, mit dem sie Mieteinnahmen erzielte. Außerdem gibt es unter seinen Kontoauszügen zwischen Juni 1868 und Juni 1870 Überweisungen in Höhe von 565 Pfund an eine gewisse Miss Thomas, hinter der Ellen Ternan vermutet wird. Gerüchte über sein Verhältnis zu ihr müssen auch damals bereits kursiert haben. Doch Dickens hatte zu seinen Lebzeiten in der Öffentlichkeit einen so hohen moralischen Status erlangt, dass er für Schmutzkampagnen unantastbar war. Erst ein halbes Jahrhundert nach seinem Tode wurde seine Affäre publik. In den 20er Jahren des 20. Jahrhunderts konnte sie seinem Ruf nicht mehr schaden. Im Gegenteil, jetzt weckte sie neues Interesse an ihm und befreite ihn vom Mief viktorianischer Wohlanständigkeit.

In seinem Testament verfügte Dickens außerdem, dass ihm kein Denkmal gesetzt werden solle. Daran hat sich sein Heimatland gehalten. In der englischsprachigen Welt gibt es angeblich nur zwei Denkmäler. Das eine, das 1891 von Edwin Elwell in Bronze gegossen wurde, steht im Clark Park von Philadelphia in den USA, das andere stand im Centennial Park in Sydney, Australien. Dort wurde es 1988 von Vandalen beschädigt, worauf man es in ein Depot brachte.

Epilog

Anlässlich von Dickens' 100. Todestag wurde in der deutschen Presse zwar auf amerikanische Literaturkritiker verwiesen, die für den Viktorianer Modernität reklamierten und ihn in einem Atemzuge mit Kafka und Joyce nannten, doch das vorherrschende Bild blieb hierzulande weiterhin das des sozialkritischen Humoristen, dem die Patina eines Klassikers anhaftete. Es ist zu befürchten, dass der 200. Geburtstag im Zeitalter der Postmoderne noch weniger zu einer Neubewertung führt. 1970 konnte man Dickens noch als engagierten Autor lesen, was dem damaligen Anspruch an moderne Literatur entsprach. Doch heute werden postmodern geprägte Leser in ihm all das vermissen, was seitdem zu literarischen Wertkriterien geworden ist. Selbstreferentielles Changieren zwischen Fiktion und Wirklichkeit, formale Gebrochenheit, Respektlosigkeit gegenüber tradierten Normen und das pluralistische Spiel mit disparaten Lebens- und Weltentwürfen – all diese typischen Merkmale der Postmoderne sucht man bei ihm vergebens.

Dickens brachte das Kunststück fertig, der viktorianischen Gesellschaft ihre Mängel um die Ohren zu hauen und sich gleichzeitig mit ihr vollständig zu identifizieren. Wie kein anderer Autor seiner Zeit unterhielt er ein quasi-symbiotisches Verhältnis zu seinem Publikum. Das heißt nicht, dass er ihm nach dem Munde redete. Gewiss, er vermied es, das Schamgefühl prüder Leser zu verletzen, und er propagierte nur solche Werte, die allgemein anerkannt wurden, doch er tat dies nicht als zynischer Sykophant der breiten Mittelschicht, sondern weil er sich als deren Sprachrohr empfand. Dass er dabei die Heuchelei der Gesellschaft anklagen konnte, ohne selber heucheln zu müssen, lag daran, dass das viktorianische England durchaus nicht der monolithische Block aus Prüderie, Selbstgerechtigkeit, imperialistischem Machtstreben und kulturell verbrämtem Materialismus war, als der es in den Augen der Nachwelt oft erscheint. Das gesellschaftliche Bewusstsein der Epoche war tief gespalten. Es schwankte politisch zwischen Liberalismus und Imperialismus, sozial zwischen Verlangen nach Demokratie und Angst vor dem Pöbel, kulturell zwischen Modernität und Nostalgie, ökonomisch zwischen Industrialisierung und romantischer Gartenkultur und religiös zwischen Aufklärung und christlicher Tradition.

Alle diese Widersprüche kamen in Dickens zusammen. Er hielt sich bis zu seinem Tod für einen Radikalen auf der Seite der Liberalen, und doch stieß er, wie Briefzeugnisse belegen, ins imperialistische Horn, als sein eigener Sohn gegen aufständische Inder kämpfen musste. Er setzte sich unermüdlich für Reformen des Schulsystems, des Gefängniswesens und der Armenfürsorge ein, doch das größte Übel seiner Zeit, die brutale Unterdrückung der Iren durch die englische Herrschaft, ignorierte er nahezu ganz. Selbst als die 1845 ausgebrochene Kartoffelfäule in Irland eine Hungersnot auslöste, der Hunderttausende zum Opfer fielen und die Millionen zur Auswanderung zwang, rief das den großen Sozialreformer nicht auf den Plan. Zu tief war seine Ablehnung der katholischen Kirche verinnerlicht, als dass er sich für das Leid irischer Katholiken hätte erwärmen können. Ähnlich zwiespältig war seine Haltung gegenüber der Reform des Wahlrechts. Er unterstützte zwar die ersten beiden Reformgesetze, die das Wahlrecht der Männer ausweiteten, doch das der Frauen interessierte ihn nicht. Ökonomisch begrüßte er den industriellen Fortschritt, zeigte aber zugleich die Verwüstungen, die die Industrie anrichtete. Er geißelte die unmenschlichen Arbeitsbedingungen in den Fabriken, sah aber im Arbeitskampf der Gewerkschaften nur einen anderen Ausdruck des fantasiefeindlichen kapitalistischen Systems.

Als Aufsteiger aus einfachen Verhältnissen blieb er gefühlsmäßig auf der Seite der Unterschicht, doch ein ebenso starkes Gefühl trieb ihn an, sich mit der Gentry zu identifizieren. Bezeichnend dafür ist der Erwerb seines Landsitzes Gad's Hill, von dessen Besitz er bereits als Kind geträumt hatte. In seinen letzten Jahren führte er das Leben eines typischen englischen Landedelmanns, während er gleichzeitig seine Nähe zum gemeinen Volk betonte. In einer Rede, die er im September 1869 hielt, prägte er den vielzitierten Satz: «Mein Vertrauen in die Regierenden ist, aufs Ganze gesehen, unendlich klein (*infinitesimal*). Mein Vertrauen in das regierte Volk ist, aufs Ganze gesehen, unendlich groß (*illimitable*).»

Doch diese Worte kamen aus dem Munde eines Mannes, der ein tiefes Misstrauen gegenüber jeder aufgewiegelten Menge hegte, wie seine beiden historischen Romane erkennen lassen. In einem Brief, den er am 31. Januar 1852 an Macready schrieb, nimmt er zur Stempelsteuer Stellung. Wie bereits erwähnt, hatte man im 18. Jahrhundert aus Angst vor aufrührerischen Schriften eine Papiersteuer eingeführt, durch die legale Tageszeitungen für das einfache Volk unerschwinglich wurden. Die Steuer wurde später schrittweise gesenkt, aber erst 1855 abgeschafft. In seinem Brief sieht Dickens in der Abschaffung zwar einen Vorteil für seine eigene Zeitschrift, doch was Tageszeitungen betrifft, spricht er sich für die Beibehaltung der Steuer aus, da sie dem «übereilten, hastigen Publizieren schurkischer Zeitungen» entgegenwirke.

Besonders deutlich zeigt sich Dickens' viktorianisches Kompromisslertum auf religiösem Gebiet. Jedem seiner Söhne gab er, als sie sein Haus verließen, einen Brief mit väterlichen Ratschlägen und ein Neues Testament mit. In diesen Briefen ermahnt er sie, hart zu arbeiten, keine Schulden zu machen und regelmäßig in den Evangelien zu lesen. Er erinnert seine Söhne daran, dass er sie nie zu regelmäßigem Kirchgang oder zur Einhaltung religiöser Riten angehalten habe, aber er rät eindringlich dazu, sich an Christi Gebote zu halten und jeden Morgen und Abend zu beten, so wie er selber es stets getan habe. Dickens hat seine antiklerikale, auf den ethischen Kern reduzierte Vorstellung vom Christentum in seinen Romanen immer wieder indirekt und in seiner Nacherzählung des Neuen Testaments, die er für seine Kinder schrieb, auch direkt zum Ausdruck gebracht. Christentum bestand für ihn in der ethischen Botschaft der Bergpredigt und im Glauben an die Erlösung. Das entsprach in Grundzügen der Lehre der Unitarier, denen er zeitweilig nahestand, bevor er sich von ihnen wegen sektiererischer Tendenzen und zunehmender Frömmelei wieder abwandte. Zur unitarischen Lehre, die die Trinität ablehnte und in Jesus den exemplarischen Menschen sah, bekannten sich viele liberale Politiker und Intellektuelle jener Zeit.

Was hier über Dickens' Kompromisslertum gesagt wurde, legt einen Grauschleier auf die Strahlenkrone, die er sich in der Öffentlichkeit durch seine karitativen Aktivitäten erworben hatte. Das Grau wird noch stärker, wenn man sich daran erinnert, was über sein Testament gesagt wurde. Dass er unglaublich viel Zeit und Arbeitskraft, aber kaum jemals eigenes Geld für philanthropische Unternehmungen hergab, wurde schon von seinen Zeitgenossen mit Verwunderung bemerkt. Der hässlichste Fleck auf seinem Schild ist aber sein Verhalten der eigenen Frau gegenüber, die er nicht nur verließ, sondern förmlich verstieß, wobei er sich nach einer kurzen Phase eigener Schuldgefühle auf eine selbstgerechte Position versteifte, für die er dann auch noch von seinen Freunden Zustimmung einforderte. Das macht es schwer, für ihn die gleiche Verehrung zu empfinden, die zu seinen Lebzeiten seine Leser und schließlich die ganze Nation bekundeten.

Als öffentliche Person vereinte Dickens in sich ein Konzentrat all der Kompromisse, die den ideologischen Kern der viktorianischen Gesellschaft ausmachten und die deren latente Widersprüche im Gleichgewicht hielten. Schaut man aber hinter die Kulisse seines Lebens, findet man keinen Menschen im Gleichgewicht, sondern einen Gehetzten. Dickens war sein Leben lang auf der Flucht vor der traumatischen Erinnerung an den Moment seiner tiefsten Erniedrigung, als er als Kind in der Schuhwichsfabrik arbeiten musste und keine Aussicht auf höhere Bildung mehr zu haben schien. Selbst dann noch, als er Einkünfte erzielte, die den Honoraren heutiger Filmstars vergleichbar sind, äußerte sich bei ihm immer wieder die latente Angst, seinen finanziellen Verpflichtungen nicht mehr gerecht werden zu können.

Das Trauma erklärt, weshalb er in seinen Romanen mit obsessiver Beharrlichkeit immer wieder Helden zeigt, die von einer Vergangenheit verfolgt werden und diese als eine Fremdbestimmung erleben, von der sie sich emanzipieren müssen. Nähme man aus seinen Romanen das sentimentale Pathos und den skurrilen Humor heraus, so bliebe etwas übrig, was in der Tat viel eher an Kafka als an die viktorianischen Zeitgenossen erinnert. Vor allem in den späten Romanen ist Fremdbestimmung das zentrale Thema, so in *Bleak House*, wo Richard Carstone in das Labyrinth des Kanzleigerichtshofs einzudringen versucht wie Kafkas K. in das Schloss, oder in *Little Dorrit*, wo das *Circumlocution Office* an den gleichen Roman erinnert. In *Eine Geschichte zweier Städte* denkt man an Kafkas *Prozess*, wenn Charles Darnay für eine Schuld zur Verantwortung gezogen wird, von der er nichts weiß und mit der er nichts zu tun hatte. Selbst in *Harte Zeiten* findet sich für Slearys Pferdezirkus eine Parallele im «Naturtheater von Oklahoma» in Kafkas Erstling *Der Verschollene*, den dieser selbst als «glatte Dickensnachahmung» bezeichnete.

Auch der Vergleich mit dem anderen Repräsentanten der Moderne, den Edmund Wilson anführte, nämlich mit James Joyce, ist nicht an den Haaren herbeigezogen. Wie Joyce war Dickens ein Erbauer kunstvoller Labyrinthe. Joyce hatte sich sogar den antiken Labyrinthbauer Dädalus zum *alter ego* erkoren. In seinem ersten Roman *Portrait of the Artist as a Young Man* heißt der Held Stephen Dedalus. Wenn man sich an die griechische Sage erinnert, gewinnt diese Namensgebung ihren tieferen Sinn. Dädalus hatte einst für die kretische Königin Pasiphaë, die sich in einen Stier verliebte, eine Kuhattrappe bauen müssen, mit deren Hilfe sie sich dem Stier hingeben konnte. Frucht des widernatürlichen Aktes war der Minotaurus, dessen Wildheit sich nur dadurch bändigen ließ, dass er in das von Dädalus gebaute Labyrinth eingesperrt wurde. Irland war in den Augen von Joyce die Kuh, die von John Bull, dem englischen Stier, vergewaltigt wurde und danach eine anglo-irische Wechselbalgkultur hervorbrachte, die Joyce in seinem labyrinthischen Roman *Ulysses* einzufangen versuchte. Auch Dickens' Romane sind große Labyrinthe, in denen alles mit allem zusammenhängt. Doch anders als Joyce geht es ihm nicht darum, etwas einzufangen. Im Gegenteil, es geht darum, dass seine Helden sich aus dem verborgenen Labyrinth befreien müssen, indem sie es aufdecken.

Das Emanzipatorische dieser Befreiungsakte rückt Dickens wieder weg von Kafka und hin zu Ibsen, bei dem solche Akte im Zentrum stehen. Eine Nähe zu Kafka bleibt dennoch; denn während Ibsens Figuren ihre Emanzipationsleistung im Kontext einer verstehbaren sozialen Umgebung vollbringen oder daran scheitern, leben Dickens' Figuren in einer kaum durchschaubaren Welt. Auch wenn man ihm eine Tendenz zur Idylle vorwerfen kann, ist die Lösung in seinen Romanen alles andere als eine Flucht in einen windstillen Winkel. Erst die Aufdeckung und innere Bewältigung des ererbten Schicksalsnetzes erlaubt es seinen Helden, sich in den sicheren Hafen zurückzuziehen. Um diesen «modernen» Kern seines Werkes zu erkennen, muss man allerdings erst einmal über das hinwegsehen, was schon seine anspruchsvolleren Zeitgenossen an ihm tadelten, nämlich seine Sentimentalität und das Pathos, mit dem er an das Mitleid appelliert und moralische Botschaften verkündet. Das Ausblenden dieser störenden Elemente reicht aber noch nicht aus; man wird dann immer noch das vermissen, was ebenfalls schon von Zeitgenossen als fehlend beklagt wurde: eine differenzierte Psychologie. Nicht nur seinen komischen Figuren, deren flache Charakterzeichnung man gern verzeiht, weil sie gerade dadurch zu unsterblichen Sonderlingen werden, sondern auch den problematischen Charakteren fehlt ein tieferes Seelenleben, allerdings nur auf der Ebene der realistischen Wirklichkeitsdarstellung. Hinter oder unter dieser Ebene gibt es das, was Dickens' wahre Kunst ausmacht, nämlich eine die Handlung begleitende symbolische Bilderwelt, in der die Charakterprobleme als etwas Allgemeinmenschliches sichtbar werden.

Wenn man in Dickens' autobiographischem Fragment liest, wie er selbst noch auf der Höhe seines Ruhms von der Erinnerung an seine tiefste Erniedrigung in der Schuhwichsfabrik gequält wurde und sich dann wieder wie ein verlassenes Kind fühlte, liegt es nahe, in der baufälligen Fabrik an der Themse die Keimzelle jener obsessiv wiederkehrenden symbolischen Trias von Gefängnis, Wasser und Erbschaft zu sehen, wobei die Erbschaft eben in der unauslöschlichen Erinnerung bestand. Diese Fixierung auf das Kindheitstrauma gibt seiner Persönlichkeit einen Zug von Unreife, seinem Werk aber gab sie den Lebensnerv.

Wie Shakespeare aus dem gipfelreichen Massiv der elisabethanischen Dramatiker, so ragt Dickens aus dem ebenso gipfelreichen Massiv viktorianischer Romanautoren heraus. Dass er von allen der originellste war, wurde ihm bereits zu seinen Lebzeiten nahezu einhellig bescheinigt. Doch als größter galt er damit noch nicht. Bei Kritikern und Schriftstellerkollegen mischte sich in das Lob, von wenigen Ausnahmen abgesehen, fast immer der Tadel, dass er den hohen Kunstanspruch auf dem Altar der Popularität geopfert habe. Als sich um die Mitte des 19. Jahrhunderts, zum Teil unter dem Einfluss französischer und später auch russischer Vorbilder, immer mehr die Poetik des Realismus durchsetzte, wurde Dickens von der Kritik zuerst hinter Thackeray und später auch hinter George Eliot zurückgestuft.

Diese Tendenz hielt bis in die Mitte des 20. Jahrhunderts an. Zwar fand Dickens auch immer wieder glühende Bewunderer und Verehrer wie z. B. Gilbert Keith Chesterton, der unermüdlich Dickens' Lob verkündete, doch der Tenor der Kritik war eher der, dass Thackeray der größere Künstler und George Eliot die modernere Realistin sei. Davon ließen sich die Kritiker in der ersten Hälfte des 20. Jahrhunderts selbst dadurch nicht abbringen, dass den beiden Konkurrenten inzwischen bloß noch die Patina von Klassikern anhaftete, während Dickens' Werke ihre Frische bewahrt hatten.

Thackeray, den manche Kritiker auch heute noch für den bedeutenderen Autor halten, hat wenig Modernität zu bieten, es sei denn, man sieht in seiner ironisch-satirischen Darstellung der Gesellschaft eine darwinistische Welt, in der Charaktere wie Becky Sharp aus *Vanity Fair* ihren Kampf ums Dasein führen. Noch weniger Modernität findet sich bei George Eliot, die in ihren Romanen zu zeigen versucht, wie Menschen von der Gefahr der sozialen Entwurzelung bedroht sind, der sie nur durch Kommunikation und soziale Integration entgehen können. Das entspricht der viktorianischen Ideologie. Auch der dritte Rivale, Anthony Trollope, der oft unterschätzt wird, hat nichts Modernes. Mit seinen rund fünfzig Romanen, in denen er wie ein viktorianischer Balzac das soziale Panorama seiner Zeit aufrollte, spiegelte er seine Welt nur, ohne über sie hinauszugehen. Dickens hingegen zeigt Menschen, die in einer abweisenden, labyrinthischen Welt leben, in der sie sich nicht durch Integration, sondern nur durch Emanzipation behaupten können. Das entspricht weit eher dem Bild des existentiell geforderten Menschen, wie es die moderne Literatur zeigt.

Zu Dickens' 100. Todestag hätte man Thackeray, George Eliot und Trollope noch mit dem damals modischen Begriff «affirmativ» belegen können. Heute gelten die drei als ansehnliche englische Klassiker, aber kaum als solche der Weltliteratur, während Dickens unzweifelhaft dazu gehört. Er nimmt diesen Rang ein, weil er die bloße Affirmation der bestehenden Gesellschaft, die in seinem sozialreformatorischen Engagement eigentlich angelegt war, in seinen Romanen verweigert und statt dessen Menschen zeigt, die sich gegen eine integrationsfeindliche Welt behaupten müssen. Zwar predigt er das Ethos der Mitmenschlichkeit, doch er zeigt keine heile, nicht einmal eine heilbare Welt, sondern setzt seine Helden, vor allem in den späten Romanen, einer Gesellschaft aus, die durch ein gegenseitiges Verfolgen und Belauern gekennzeichnet ist. Darin liegt seine latente Modernität. Doch seine Größe als Dichter beruht vor allem auf seiner Fähigkeit, seine Sicht der *conditio humana* auf eine quasi-musikalische Weise in Bildsequenzen umzusetzen, an denen das abzulesen ist, was seine realistischeren Konkurrenten psychologisch zum Ausdruck bringen oder explizit aussagen.

Als 1872 der erste Band von Forsters Dickens-Biographie erschien, schrieb George Henry Lewes, der Lebensgefährte George Eliots, der zeitweilig mit Dickens freundschaftlich verkehrte, eine Rezension, in der er ein kritisches Urteil fällt, das sich als Vorurteil bis in die Mitte des 20. Jahrhunderts halten sollte. In diesem Aufsatz, der im Februar 1872 unter dem Titel *Dickens in Relation to Criticism* in der Zeitschrift *Fortnightly Review* erschien, attestiert er dem Erzähler zwar *imagination all compact*, «Einbildungskraft in Fülle», doch dieses Zitat stammt aus der Rede des Herzogs Theseus in Shakespeares *Sommernachtstraum*, die mit der Zeile beginnt: «Des Dichters Aug', in schönem Wahnsinn rollend ...» In Lewes' Augen war Dickens ein Dichter, der Fantasie im Übermaß hatte, dem aber etwas Wesentliches fehlte: «Dickens ist das einzigartige Beispiel eines Dichters, dessen Empfindungen niemals zu Ideen wurden.» Dieses Urteil wurde lange Zeit von vielen geteilt.

Im Vorwort des vorliegenden Buches wurde gesagt, dass Dickens nach Shakespeare und Dr. Johnson der dritte in der englischen Literatur sei, dessen Name für eine ganze Epoche stehe. Shakespeare und Dr. Johnson gelten als die meistzitierten englischen Autoren; denn bei ihnen wurden die «Empfindungen» zu «Ideen», denen sie – um es ebenfalls mit einem Zitat aus jener Rede im *Sommernachtstraum* zu sagen – ein «Haus zu wohnen drin und einen Namen» gaben. Von Dickens gibt es zwar ebenfalls unzählige Zitate, aber darunter sind keine Sentenzen, in denen sich eine tiefe Lebensweisheit sprachlich auskristallisiert hat. Vielmehr sind es Aussprüche, mit denen die Erinnerung an eine unvergessliche Figur oder eine atmosphärisch aufgeladene Szene herbeizitiert wird. Das Erfinden solcher Figuren und Szenen war es, was Dickens «unnachahmlich» machte. Doch seine wahre dichterische Größe gewinnt er erst durch die Einbettung seiner Geschöpfe in einen symbolischen Bilderfluss, der an Raffinesse zwar nicht an Joyce heranreicht, ihn aber an mythenbildender Kraft übertrifft. Das Fehlen zitierbarer «Ideen» hört dann auf ein Mangel zu sein, wenn man Dickens' Werke nicht ausschließlich als Sprachdichtungen, sondern als Wort-Opern und symbolische Bilderfolgen liest. Dann wird man darin ebensowenig nach Wortzitaten suchen wie in Rembrandts Bildern oder in Mozarts Musik. Der Vergleich mit Musik liegt schon deshalb nahe, weil er die besten seiner Romane wie große Opern mit einer symbolischen Ouvertüre beginnen lässt.

Dickens ist oft mit Shakespeare verglichen worden, doch meist mit abwertenden Einschränkungen, was aber auch dann noch Anerkennung bedeutete. So nannte beispielsweise der mit Thackeray, Carlyle und Tennyson befreundete anglo-irische Autor Edward Fitzgerald, der durch die Übersetzung von Omar Kayyams *Rubaiyat* berühmt wurde, Dickens einen «kleinen Shakespeare, einen Cockney-Shakespeare, wenn man so will». Darin liegt ein Körnchen Wahrheit. Denn wenn sich die beiden Dichter auch in ihrer produktiven Fantasie gleichen, unterscheiden sie sich doch darin, dass Shakespeare seine Figuren unparteiisch aus souveräner Distanz, doch zugleich mit tiefem Blick in ihr Inneres zeigt, während bei Dickens die parteiische Sicht aus der *underdog*-Perspektive vorherrscht. Das nimmt seinem Blick die Tiefe. Abgesehen von dieser Einschränkung hat er mit dem Elisabethaner aber das vermeintlich Naturwüchsige gemein, das es den Kritikern im 17. und frühen 18. Jahrhundert schwer machte, sich mit Shakespeares Regellosigkeit abzufinden, selbst wenn sie ihn bewunderten. Allerdings war das, was Goethe und seine Zeitgenossen an dem Elisabethaner als «Natur, nichts als Natur» empfanden, in Wirklichkeit durchaus kein spontaner Erguss von Genie, sondern handwerklich vollendete, wirkungsbewusste Kunst. Das gilt auch für Dickens.

Obgleich der Humor das ist, womit Dickens seine Leser von Anfang an gewann und immer noch gewinnt, haben Kritiker darin oft einen Mangel an Ernst und Tiefe gesehen. Auch hier genügt ein Blick auf Shakespeare, um den Vorwurf zu entkräften. Wie in dessen Stücken ist auch in Dickens' Romanen der Humor nicht Selbstzweck, sondern das Gegengewicht zum Ernst des Lebens, und wie bei Shakespeare gibt es bei ihm Figuren, über die man lacht, solche, mit denen man lacht, und solche, bei denen einem das Lachen vergeht. Doch während bei dem Elisabethaner am Ende der tragischen oder komischen Auflösung der Probleme das Leben auf einer unheroischen gesellschaftlichen Ebene weitergeht, setzt es sich bei dem Viktorianer in der zur Idylle tendierenden Privatsphäre fort. Das reflektiert die Tatsache, dass sich im elisabethanischen England die Macht gerade erst vom Hochadel zugunsten der Gentry zu verlagern begann, während unter Viktoria die untere Mittelschicht aufstieg, die in Dickens ihr Sprachrohr fand. Shakespeares Stücke enden allesamt mit der Wiederherstellung der sozialen Ordnung, nachdem die Störer der Ordnung gestürzt wurden. Für das elisabethanische Publikum bedeutete dieser Sturz kathartische Befriedigung. Dickens' Romane enden damit, dass seine Helden sich von einer Fremdbestimmung befreien und sich auf sich selbst zurückziehen. Bei

«Dickens' Traum».
Unvollendetes Aquarell von Robert William Buss (1875).

ihm erscheint die gesellschaftliche und politische Sphäre als ein undurchschaubares, labyrinthisches System totaler Entfremdung.

Das ist ganz und gar nicht viktorianisch; denn um ihn herum verlangte das englische Bürgertums das Gegenteil, nämlich Teilhabe an der Macht, weshalb hier der Rückzug ins Biedermeierliche weit weniger stark ausgeprägt war als in Deutschland. Er dagegen zeigt eine Welt, in der sich die kleinen Leute dem gesellschaftlichen System hilflos ausgeliefert sehen. Dies Gefühl der Entfremdung ist seitdem immer mehr zum Lebensgefühl der Moderne geworden. Shakespeares Blick umfasste den sozialen Kosmos vom König bis hinunter zum Totengräber und ebenso den moralischen Kosmos von vernunftgeleitetem Handeln bis hin zu blinder Leidenschaft. Neben ihm erscheint der «Cockney-Shakespeare», der aus der Perspektive der kleinen Leute spricht und dessen Moralvorstellungen sich in dem engen Spektrum zwischen Selbstsucht und Selbstlosigkeit bewegen, als ein kleineres Licht am literarischen Firmament, doch an Leuchtkraft steht er dem größten Stern der englischen Literatur nicht nach.

ANHANG

Dickens' Familie

Die Eltern

Der Vater JOHN DICKENS (1785/6–1851) entfaltete, nachdem er das Schuldgefängnis überstanden hatte und 1825 in den Ruhestand versetzt worden war, als Journalist durchaus Initiative; trotzdem kam er 1834 erneut wegen Schulden in Arrest und musste von seinem Sohn ausgelöst werden. Von 1845 bis zu seinem Tode arbeitete er als Koordinator der Zeitungsreporter für die *Daily News.* Dem Vater verdankte Dickens zum einen die Orientierung an der Kultur der Gentry, zum andern das negative Beispiel, aus dem er die Lehre zog, dass nur hartes gewinnbringendes Arbeiten den sozialen Absturz verhindern kann.

Die Mutter ELIZABETH (geb. Barrow; 1789–1863) überlebte ihren Mann um 12 Jahre. Ihre letzten Jahre verbrachte sie in der Obhut einer verwitweten Schwiegertochter in einem Haus, das ihr Sohn für sie gemietet hatte. Von seiner Mutter hatte Dickens offensichtlich den scharfen Blick für komische Eigenheiten von Menschen und die Fähigkeit, sie schauspielerisch nachzuahmen.

Die Geschwister

Von Dickens' sieben Geschwistern überlebte ihn nur die Schwester LAETITIA (1816–1874). Zwei seiner Geschwister starben bereits als Kleinkinder. Die ältere Schwester FRANCES ELIZABETH, genannt Fanny (1810–1848), zu der er das engste Verhältnis hatte, starb mit 38 Jahren an Tuberkulose. ALFRED (1822–1860), der ein tüchtiger Ingenieur wurde, starb im gleichen Alter. Die Brüder FREDERICK, genannt Fred (1820–1868) und AUGUSTUS (1827–1866) waren lebensuntüchtige Männer, denen Dickens immer wieder finanziell unter die Arme greifen musste.

Die Ehefrau

CATHERINE, gen. Kate (geb. Hogarth; 1815–1879), hielt 21 Jahre an der Seite ihres ruhelosen Mannes durch, obwohl sie selber von eher passivem Temperament war. Zwischen 1836 und 1852 gebar sie ihm zehn Kinder. Hinzu kamen mindestens zwei Fehlgeburten. Dass sie danach ohne eigene Schuld regelrecht verstoßen wurde und nur wenig Kontakt zu ihren Kindern mit Ausnahme des ältesten Sohnes hatte, war ein schweres Schicksal, das zur Frustration einer gescheiterten Ehe hinzukam. Bis zuletzt beteuerte sie ihre Liebe zu ihm und ihre eheliche Treue, an der niemand gezweifelt hatte. Einige Freunde wie Millais und Thackeray hielten bis zuletzt Kontakt mit ihr. Dickens' letzter Brief an sie scheint der gewesen zu sein, in dem er ihr den Tod ihres Sohnes Walter mitteilt. Sie starb am 21. November 1879 an Krebs.

Die Schwägerinnen

MARY HOGARTH (1819–1837), die noch vor ihrem 18. Geburtstag starb, war schon zu ihren Lebzeiten Dickens' Idol weiblicher Unschuld. Ihren Tod hatte er nie verwunden. Bis zu seinem eigenen trug er ihren Ring am Finger. Er dachte immer wieder an sie und ließ sie in manchen seiner Romanfiguren literarisch auferstehen.

GEORGINA HOGARTH (1827–1917) blieb nach Dickens' Trennung von Catherine in seinem Haus und führte seinen Haushalt. Sie verzichtete auf ein eigenes Leben und gab sich ganz dem Dienst an seinem Genie hin. Als Testamentsvollstreckerin und Nachlassverwalterin diente sie ihm noch über seinen Tod hinaus. 1880–1882 gab sie zusammen mit Dickens' Tochter Mamie die erste Sammlung seiner Briefe heraus. Dickens nannte sie «die beste und treueste Freundin, die ein Mann je hatte».

Die Kinder

CHARLES CLIFFORD BOZ, genannt Charley (1837–1896), besuchte nach der King's College School die Public School von Eton und versuchte sich danach als Geschäftsmann. Nach der Trennung der Eltern lebte er zunächst bei seiner Mutter. 1862 heiratete er gegen den Willen seines Vaters Elizabeth Evans, die Tochter von Dickens' früherem Verleger, worauf Dickens sich weigerte, an der Hochzeitsfeier teilzunehmen. Doch ehe noch das erste Enkelkind, Mary Angela, am Weihnachtstag 1862 geboren wurde, hatte sich der Vater mit dem Sohn wieder versöhnt. Es folgten sieben weitere Enkelkinder. Nach Dickens' Tod gab Charley Lesungen aus seinen Werken und schrieb Artikel über ihn.

MARY, genannt Mamey (1838–1896), blieb unverheiratet und lebte im Haus ihres Vaters bis zu dessen Tod. Nach der Trennung ihrer Eltern besuchte sie ihre Mutter nie wieder. Zusammen mit ihrer Tante Georgina gab sie die oben erwähnte Sammlung von Dickens' Briefen heraus, deren Wert aber durch die zensierenden Eingriffe beeinträchtigt wurde. 1897 erschien posthum ihr Buch *My Father as I Recall Him* (Mein Vater in meiner Erinnerung) heraus.

KATE MACREADY, genannt Katey (1839–1929), die Dickens' Freund, den Schauspieler Macready, zum Paten hatte, heiratete 1860 den Maler Charles Allston Collins und nach dessen Tod den Maler Carlo Perugini. Kate hielt nach der Trennung der Eltern weiterhin Kontakt zu ihrer Mutter. Im hohen Alter erzählte sie der Biographin Gladys Storey Details der Ternan-Affäre, die dadurch zum ersten Mal in die Öffentlichkeit gelangten.

WALTER SAVAGE LANDOR (1841–1863), benannt nach seinem Paten, erhielt durch Vermittlung von Miss Burdett-Coutts eine Stelle als Kadett im 26. Infanterieregiment der East India Company. 1857 wurde er nach Indien geschickt, wo er sich bei der Niederschlagung des Sepoy-Aufstands auszeichnete. Später zog er sich eine Tropenkrankheit zu und starb noch vor dem Rücktransport in die Heimat in Kalkutta.

FRANCIS JEFFREY, genannt Frank (1844–86), dessen Pate Lord Jeffrey war, arbeitete zunächst bei seinem Vater für dessen Zeitschrift, ging danach wie sein älterer Bruder nach Indien und trat in die berittene bengalische Polizei ein. 1871 kehrte er nach England zurück und ging später zur berittenen Polizei in Nordwest-Kanada, wo er 1886 starb.

ALFRED D'ORSAY TENNYSON (1845–1912), der auf die Namen seiner beiden Paten Alfred Tennyson und Graf D'Orsay getauft war, wurde von Dickens «Skittles» genannt. Er ging 1865 nach Australien, wo er Jessie Devlin, «die Schöne aus Melbourne», heiratete und eine erfolgreiche Geschäftskarriere begann.

SYDNEY SMITH HALDIMAND (1847–1872) wurde nach dem Autor Sydney Smith und nach William Haldimand, einer Zufallsbekanntschaft in der Schweiz, benannt. Dickens pflegte diesen Sohn als «Ocean spectre» zu bezeichnen, weil er immer in die Ferne zu schauen schien. Tatsächlich ging Sydney dann auch zur Königlichen Marine, wo er zum Leutnant aufstieg. Seine extravagante Lebensführung zwang Dickens immer wieder, ihn finanziell zu unterstützen. Er starb 1872 auf See an einer schweren Bronchitis.

HENRY FIELDING, genannt Harry (1849–1933), der Harrison Ainsworth zum Paten hatte, war Dickens' erfolgreichster Sohn. Schon als 14-Jähriger gab er eine Zeitschrift, *The Gad's Hill Gazette*, heraus, studierte mit großem Erfolg am Trinity College in Cambridge und startete danach eine erfolgreiche Anwaltskarriere. 1928 publizierte er das Buch *Memories of my Father*, dem 1934 posthum der Band *Recollections* folgte.

DORA ANNIE (1850–1851) wurde nach der Figur der Dora Spenlow in *David Copperfield* benannt. Sie starb noch in ihrem ersten Lebensjahr.

EDWARD BULWER-LYTTON (1852–1902), der Dickens' lebenslangen Freund zum Namenspaten hatte, wurde von seinem Vater mit dem ungewöhnlichen Kosenamen «Plorn» bedacht, der in Dickens' Briefen auch in den Langformen «Plornishmaroon» und «Plornishghenter» erscheint. Plorn war der erklärte Liebling seines Vaters, versagte aber in der Schule und wurde deshalb zu seinem Bruder Alfred nach Australien geschickt. Er blieb aber auch dort erfolglos.

Enkel und Urenkel

Von Dickens' zehn Kindern hatten nur die Söhne Charley und Henry Kinder. Die älteste Enkelin Mary Angela, genannt Mekitty (1862–1948), publizierte 1911 den Aufsatz *My Grandfather As I Knew Him* in *Nash's Magazine.* In Dickens' Fußstapfen als Erzähler trat erst die Urenkelin MONICA ENID DICKENS (1915–1992), die Enkelin des Sohnes Henry. Sie schrieb zahlreiche Bücher, darunter *An Open Book* (1978; «Ein offenes Buch»), worin sie sich mit ihrem literarischen Vorfahren auseinandersetzt.

Die Geliebte

Über ELLEN LAWLESS TERNAN, genannt Nelly (1839–1914), wurde das meiste in dem Kapitel über sie gesagt. Von Dickens gibt es in seinen Briefen nur Andeutungen über sein Verhältnis mit ihr, während von ihr selber überhaupt keine Zeugnisse bekannt sind. Nach seinem Tod heiratete sie 1876 den Geistlichen George Wharton Robinson und half ihm bei der Leitung einer privaten Knabenschule in Margate. Von ihm hatte sie zwei Kinder. Ab 1907 lebte sie als Witwe zusammen mit ihren Schwestern in Southsea. Dort wurde sie auf dem gleichen Friedhof begraben wie Dickens' Jugendliebe Maria Beadnell.

Die Schwester MARIA gab 1863 ihre Bühnenkarriere auf und heiratete William Taylor, den Sohn eines Oxforder Bierbrauers. FRANCES ELEONOR (genannt Fanny), die mit Dickens' Hilfe 1858 zum Gesangsstudium nach Florenz ging, hatte von ihm ein Empfehlungsschreiben an die mit ihm befreundete Frances Trollope, die Mutter des Romanautors, mitbekommen und lernte auf diese Weise ihren späteren Ehemann Thomas Trollope, den Bruder des Romanciers, kennen. Der 25 Jahre ältere Witwer lebte in Italien und war dort als Schriftsteller tätig. Fanny selber hatte in den 1860er Jahren ebenfalls mit dem Schreiben begonnen. 1865 druckte Dickens ihren Roman *Aunt Margaret's Troubles* in seiner Zeitschrift *All the Year Round.* Thomas blieb Dickens freundschatlich verbunden und widmete ihm eine überschwängliche Würdigung in seinem Buch *What I Remember* (1887).

Dickens' Freundeskreis

Dickens' Freundeskreis war ungewöhnlich groß. Zur besseren Übersicht für den Leser sollen die wichtigsten Mitglieder der unterschiedlichen, sich z. T. überschneidenden Gruppen hier noch einmal mit ergänzenden Daten vorgestellt werden. Unberücksichtigt bleiben dabei einige Personen, mit denen Dickens viel zu tun hatte, die aber vor allem Funktionsträger für ihn waren. Dazu zählen sein Schwager HENRY AUSTIN (gest. 1861), der als Architekt für ihn die Umgestaltung von Tavistock House und Gad's Hill leitete, ARTHUR SMITH (gest. 1861), den Dickens als seinen «rechten Arm» bei der Organisation der Lesetourneen in England bezeichnete, und GEORGE DOLBY, der diese Aufgabe ab 1866 bis zu Dickens' Tod übernahm. Weitere hier nicht aufgeführte Freunde waren die Amerikaner HENRY WADSWORTH LONGFELLOW (1807–1882), Professor CORNELIUS FELTON (1807–1862), JAMES T. FIELDS (1817–1881) und WILLIAM H. PRESCOTT (1796–1859), mit denen Dickens in Briefkontakt stand. Über allen stand einer, der Dickens ein Leben lang begleitete, ihn juristisch und künstlerisch beriet, der ihm nützliche Kontakte vermittelte und den er zusammen mit seiner Schwägerin Georgina Hogarth zu seinem Testamentsvollstrecker bestimmte:

JOHN FORSTER (1812–1876), der erste Dickens-Biograph, ist untrennbar mit dessen Andenken verbunden. Seine in den Jahren 1872–74 erschienene dreibändige Biographie ist die unverzichtbare Quelle für alle späteren Lebensbeschreibungen, obgleich darin die Affäre mit Ellen Ternan gänzlich ausgespart bleibt. Forster war von Anfang an bis zu Dickens' Tod ein ebenso taktvoller wie loyaler Freund, wenngleich sein nüchternes, zur Rechthaberei neigendes und wenig humorvolles Naturell in scharfem Kontrast zu Dickens' überschäumender Lebhaftigkeit stand. In späteren Jahren, als Dickens den Kontakt zu jüngeren Männern wie Wilkie Collins und Edmund Yates suchte, die genauso unternehmungslustig waren wie er, wurde das Verhältnis zwischen den beiden distanzierter, blieb aber vertrauensvoll. Selbst die satirische Figur des selbstgefälligen Mr. Podsnap in *Unser gemeinsamer Freund*, in der alle Eingeweihten ein Porträt Forsters erkannten, kränkte diesen offenbar nicht. Forster begann als Theaterkritiker am *Examiner*, den er von 1847 bis 1855 als Herausgeber leitete. Politisch rückte er in den 1850er Jahren etwas nach rechts, weshalb er den liberalen *Examiner* verließ und 1855 den Posten des Sekretärs der *Lunacy Commission* antrat, die die Oberaufsicht über alle Irrenhäuser Englands hatte. Der mit 800 Pfund Jahresgehalt dotierte Posten machte ihn finanziell unabhängig. Hinzu kam das Vermögen der reichen Witwe Eliza Colburn, die er 1856 heiratete, was bei seinen Freunden, auch bei Dickens, mokante Kommentare hervorrief. Auch Forster, der wie Dickens aus einfachen Verhältnissen kam, hatte das Verlangen, seinen Aufstieg nach außen zu zeigen, und so ließ er sich auf einem großen Grundstück, das allein schon 4000 Pfund kostete, nach eigenen Entwürfen ein schlossartiges Haus bauen, dem er den stolzen Namen Palace Gate House gab. Obwohl er in den späten 1860er Jahren zunehmend Gesundheitsprobleme hatte, übernahm er den Auftrag, Dickens' Biographie zu schreiben. Damit setzte er seinem Freund ein Denkmal, das erst sechs Jahrzehnte später Risse bekam, als die Ternan-Affäre publik wurde.

Literaten, Schauspieler und Angehörige der High Society

WILLIAM HARRISON AINSWORTH (1805–1882) war der erste Autor von Rang, den Dickens kennenlernte. Ainsworth war mit seinem im Verbrechermilieu spielenden Roman *Jack Sheppard* (1839) Mitbegründer der sogenannten *Newgate novels* (benannt nach dem Londoner Strafgefängnis). Dieser Roman erschien im Anschluss an *Oliver Twist* in Dickens Wochenzeitschrift *Bentley's Miscellany.* Deshalb ärgerte sich Dickens sehr, als man ihm indirekt vorwarf, er habe sich mit seinem Roman an Ainsworth angelehnt, der zu der Zeit der Berühmtere war. Ein distanziert freundschaftlicher Kontakt zwischen beiden wurde auch später gepflegt, doch die gegenseitige Wertschätzung hielt sich in Grenzen.

LADY MARGUERITE BLESSINGTON (1789–1849) gehörte nicht zu Dickens' persönlichen Freunden, war aber durch ihren Salon für ihn wichtig. Dickens warb sie später für seine Zeitung *Daily News* als Korrespondentin für Gesellschaftsklatsch an. 1849 floh sie als Bankrotteurin mit ihrem Liebhaber D'Orsay nach Paris, wo sie kurz darauf starb.

MARY BOYLE (1810–1890), die Nichte von Dickens' Freund Richard Watson, war die engagierteste Laienschauspielerin seiner Truppe und die einzige, der er professionelle Qualitäten zubilligte. Er unterhielt zu ihr ein spielerisch flirtendes, doch von aufrichtiger Freundschaft geprägtes Verhältnis. Als sie von seinem Zusammenbruch erfuhr, eilte sie sofort an sein Sterbebett.

EDWARD BULWER-LYTTON (1803–1873) ist der zweite Romancier, den Dickens schon früh kennenlernte und mit der Zeit zum Freund gewann. Bulwer, der 1843 den Familiensitz der Lyttons erbte und sich danach Bulwer-Lytton nannte, war ein äußerst erfolgreicher Romanautor, der beim Erscheinen der *Pickwickier* bereits dreizehn Romane vorzuweisen hatte, darunter den Klassiker *The Last Days of Pompeii*. Bereits 1831 saß er als 28-Jähriger im Parlament und kämpfte für die Reform Bill. In den 1850er Jahren vertiefte sich die Freundschaft zwischen den beiden. 1850 starteten sie gemeinsam die Initiative zur Gründung der *Guild of Literature and Art*, für deren Finanzierung sie zahlreiche Laientheateraufführungen organisierten. 1851 fanden solche Aufführungen auf Lyttons Schloss Knebworth statt, wofür der Schlossherr selber die Komödie *Not so Bad As We Seem* schrieb. 1852 kehrte er nach elf Jahren politischer Abstinenz ins Parlament zurück, jetzt aber auf der konservativen Seite, da er sich mit dem Liberalen Lord Russell über die Kornzölle zerstritten hatte.

THOMAS CARLYLE (1795–1881) war der zeitgenössische Autor, den Dickens am meisten verehrte. Als er ihn 1840 bei einer Dinnerparty kennenlernte, hatte sich der in Ecclefechan, Dumfriesshire, als Sohn eines einfachen Steinmetzen geborene Schotte durch seine *Geschichte der französischen Revolution* bereits höchstes Ansehen erworben. Ob Dickens beim ersten Treffen auch schon Carlyles sozialkritische Streitschrift *Chartism* (1839) kannte, ist nicht ganz sicher. Carlyle, der dem jungen

Autor zunächst mit herablassender Skepsis begegnete, schätzte ihn später durchaus, auch wenn er Dickens' Sozialkritik als wirkungslos und bloß sentimental ansah. Auf die Nachricht von Dickens' Tod reagierte er mit tiefer Betroffenheit. In einem Brief an Forster schreibt er: «Kein Tod seit 1866 [dem Tod seiner Frau] traf mich so sehr wie ein Schlag, und bis heute kein Tod eines literarisch Schaffenden. Der gute, zartfühlende, hochbegabte, stets freundliche, edle Dickens – jeder Zoll ein Ehrenmann.»

Carlyles Ehefrau JANE BAILLIE WELSH (1801–1866) war ihrem Mann eine intellektuell ebenbürtige Partnerin und gilt als eine der besten Briefschreiberinnen in englischer Sprache, wie auch aus dem intensiven Briefwechsel der Eheleute hervorgeht. Sie hatte sich von Anfang an ganz in den Dienst ihres Mannes gestellt und dies insgeheim als zutiefst frustrierend empfunden, was Carlyle in vollem Ausmaß erst nach ihrem Tod aus ihren Tagebüchern erfuhr.

WILKIE COLLINS (1824–1889) war zwölf Jahre jünger als Dickens und wurde erst 1851 mit ihm bekannt, als er als Laiendarsteller in der Aufführung von Bulwer-Lyttons Komödie auftrat. 1856 holte ihn Dickens an seine Zeitschrift *Household Words*, wo Collins' äußerst erfolgreiche Romane *The Woman in White* (1860; *Die Frau in Weiß*) und *The Moonstone* (1868; *Der Mondstein*) in Fortsetzungen erschienen. In dieser Zeit war Dickens auffällig bemüht, sich mit jüngeren Männern zu umgeben. Nach der Trennung von seiner Frau wurde Dickens' Freundschaft mit Collins stetig enger, zugleich aber auch die Konkurrenz mit ihm stärker; denn Collins hatte sich auf das Detektivschema spezialisiert, das Dickens vorher bereits in die Grundform seiner Romane eingearbeitet hatte. In *Edwin Drood* wollte er dem jungen Konkurrenten ganz offensichtlich zeigen, wer von beiden der Meister ist.

COUNT ALFRED D'ORSAY (1801–1852), der Stiefsohn und Liebhaber von Lady Blessington, übernahm nach Beau Brummells Flucht nach Frankreich die Rolle des «Prinzen der Dandies». Er war Trendsetter in Modedingen und dilettierte in bildender Kunst. Dickens war von ihm so fasziniert, dass er ihn bat, Pate seines sechsten Kindes zu werden.

AUGUSTUS EGG (1816–1863), ein Maler, nahm an Dickens' Theateraufführungen teil und unterstützte ihn und Bulwer-Lytton bei der Gründung der *Guild of Literature and Art.* 1853 begleitete er Dickens auf seiner zweiten Italienreise. Später macht er seiner Schwägerin Georgina einen Heiratsantrag, den diese ablehnte.

JOHN ELLIOTSON (1791–1868), ein Londoner Medizinprofessor, war die führende Autorität für den medizinischen Einsatz des Mesmerismus. Er schrieb darüber einflussreiche Bücher, wurde aber von den Kollegen der Schulmedizin so heftig abgelehnt, dass er seine Professur aufgeben musste. Dickens lernte ihn schon früh als Arzt kennen und wurde durch ihn mit Townshend, einem anderen Propagator des Mesmerismus, bekannt gemacht.

CHARLES (Karl) FECHTER (1824–1879), ein deutschstämmiger Schauspieler, der zuerst in Paris Furore machte und sich dann in London niederließ, gehörte ebenfalls zu Dickens' «jungen Männern». Dickens bewunderte seine Schauspielkunst und gewann ihn als Darsteller für das mit Collins verfasste Stück *No Thoroughfare.* Fechter erwiderte die Bewunderung und übersandte dem Dichter 1865 als Geschenk ein in 94 Teile zerlegtes Schweizer Chalet, das Dickens in seinem Garten aufbauen ließ.

PERCY FITZGERALD (1834–1925), ein irischer Autor, war Dickens zum ersten Mal 1858 in Dublin begegnet und schrieb danach zahlreiche Beiträge für dessen Zeitschriften. Anlässlich eines Besuchs in Gad's Hill schenkte er dem Dichter einen irischen Wolfshund. 1913 publizierte er das Buch *Memories of Charles Dickens.*

ELIZABETH CLEGHORN GASKELL (1810–1865) zählte nicht zu Dickens' engeren Freunden, hatte aber literarischen Kontakt zu ihm. Von ihrem Roman *Mary Barton* (1848) war er so beeindruckt, dass er sie für seine Zeitschrift *Household Words* zu gewinnen versuchte. Sie schrieb dafür zunächst eine kürzere Erzählung, dann die Romane *Cranford* (1851–53) und *North and South* (1854–55). Heute gilt sie als gewichtige sozialkritische Autorin und erreicht mit Verfilmungen ihrer Romane immer noch ein breites Publikum.

LEIGH HUNT (1784–1859) gehörte wie Landor zur Generation der Romantiker. Er schrieb Gedichte und Essays, gründete zusammen mit seinem Bruder den *Examiner* und blieb bis zu seinem Tode ein eifrig publizierender Autor. 1813 kam er wegen Verleumdung des Prinzregenten für zwei Jahre ins Gefängnis, wo ihn viele prominente Literaten besuchten. Als Herausgeber diverser Zeitschriften erwarb er sich durch die Entdeckung und Förderung von Talenten große Verdienste. Wie Dickens war er ein Stadtmensch durch und durch. In Essays für die Zeitung *The Sun*, für die auch Dickens zur selben Zeit Sketches schrieb, versuchte er unter dem Pseudonym *The Townsman* 1833–34 eine Art poetische Topologie Londons, für die er den Begriff *Townosophy* prägte. Dickens schätzte Hunt und seine Publikationen sehr und half dem ständig in Geldnot befindlichen Kollegen mit zwei von ihm organisierten Benefiztheateraufführungen. Trotzdem konnte er es sich nicht verkneifen, den umtriebigen Hunt in *Bleak House* zum Vorbild für die unsympathische Figur des verantwortungsscheuen Harold Skimpole zu wählen, was die Freundschaft zwischen den beiden fortan belastete.

FRANCIS JEFFREY (als Richter Lord Jeffrey; 1773–1850), ein Schotte, der als Liberaler im Unterhaus saß und 1834 ein hohes Richteramt erhielt, gründete zusammen mit Sidney Smith 1802 die *Edinburgh Review*, die lange Zeit die einflussreichste Literaturzeitschrift Großbritanniens war. Jeffrey zählte zu den frühesten Bewunderern von Dickens, mit dem ihn seit der ersten Begegnung im Jahr 1839 eine lebenslange Freundschaft verband. Er selber bezeichnete sich als Dickens' *critic laureate.*

DOUGLAS WILLIAM JERROLD (1803–1857) war zunächst Dramatiker, wandte sich dann dem Journalismus zu und wurde vor allem mit seinen Beiträgen zu *Punch* berühmt. Er traf mit Dickens zum ersten Mal 1836 zusammen. Die beiden teilten die meisten ihrer politischen Überzeugungen außer der über die Todesstrafe. Als Dickens das Ende öffentlicher Hinrichtungen forderte, war Jerrold dagegen, weil er glaubte, damit werde nur die gänzliche Abschaffung der Todesstrafe hinausgezögert. Obwohl Jerrold nur einmal mit Dickens beruflich zu tun hatte, als er Beiträge zu *Daily News* schrieb, blieb er ein enger Freund von ihm und nahm an vielen seiner Theaterunternehmungen teil.

CHARLES KENT (1823–1902) zählte seit seiner enthusiastischen Rezension von *Dombey and Son* zu Dickens' glühenden Bewunderern. 1867 organisierte er das Abschiedsbankett vor Dickens' Amerikareise. Sein Buch *Charles Dickens as a Reader* (1872) ist ein wichtiges Dokument zu Aufbau und Organisation von Dickens' Lesetourneen.

WALTER SAVAGE LANDOR (1775–1864) war 1836, als er Dickens über Forster persönlich kennenlernte, bereits 61 Jahre alt und gerade erst nach seiner Scheidung aus Italien zurückgekehrt, wo er 20 Jahre gelebt hatte. Literarisch hatte Dickens mit dem großen Essayisten aus der Epoche der Romantik wenig gemein. Doch ihm war der temperamentvolle alte Mann auf Anhieb sympathisch. In einem Brief beschreibt er ihn als «vierzig Löwen konzentriert in einem Dichter». Dickens mochte den stolzen Ehrenmann mit der Löwenpranke so sehr, dass er ihn bat, Pate seines zweiten Sohnes zu werden. In *Bleak House* porträtierte er ihn auf sympathisch karikierende Weise in der Gestalt des Mr. Boythorn.

MARK LEMON (1809–1870), der die Zeitschrift *Punch* mitbegründete und von 1841 bis zu seinem Tode herausgab, hatte bereits früher für das von Dickens redigierte *Bentley's Miscellany* geschrieben, lernte den Dichter wohl aber erst 1843 persönlich kennen. Von da an verband ihn über viele Jahre hinweg eine herzliche Freundschaft mit ihm. Dickens' Kinder mochten ihn sehr und nannten ihn scherzhaft «Uncle Porpoise» (Onkel Tümmler). Lemon schrieb zahlreiche Theaterstücke und Farcen und nahm oft an Dickens' Theateraufführungen teil. Doch als er sich 1858 weigerte, Dickens' öffentliche Erklärung seiner Eheprobleme in *Punch* abzudrucken, brach dieser die Beziehung vollständig ab. Erst am Totenbett des gemeinsamen Freundes Clarkson Stanfield kam es 1867 zu einer Versöhnung.

GEORGE HENRY LEWES (1817–1878), der Lebensgefährte von George Eliot, gehörte anfangs zu Dickens' weiterem Freundeskreis und nahm 1847 an dessen Theateraufführungen teil. Nach dem Erscheinen von *Bleak House* kam es zwischen beiden zu einer Kontroverse über das Phänomen der inneren «Spontanverbrennung» von Alkoholikern, dessen Realität Dickens für erwiesen hielt. 1872 rezensierte Lewes den ersten Band von Forsters Biographie und bezeichnete Dickens bei der Gelegenheit als «das einzigartige Beispiel eines Dichters, bei dem die Empfindungen niemals zu Ideen wurden». Lewes nannte dies «eine animalische Intelligenz» und begründete damit ein negatives Vorurteil gegenüber Dickens' Kunst, das sich lange halten sollte.

WILLIAM CHARLES MACREADY (1793–1873), der berühmteste Schauspieler seiner Zeit, war neben Forster Dickens' treuester Freund. Obwohl Macready als launisch, überempfindlich und egozentrisch galt, scheint es zwischen den beiden nie zu einem Streit gekommen zu sein. Macready wurde Pate von Dickens' erster Tochter und kümmerte sich um die Kinder, als Dickens mit seiner Frau in Amerika war. Er besuchte den Freund 1844 in Paris, beriet ihn bei seinen Theaterunternehmungen und blieb der Familie bis zuletzt eng verbunden. Dickens bewunderte in dem Freund den genialen Schauspieler; und Macready, der sich über Bühnenamateure meist abfällig äußerte, nahm Dickens von diesem Urteil aus und sah in ihm einen ebenbürtigen Bühnendarsteller.

BRYAN WALLER PROCTER (1787–1874), der unter dem Namen «Barry Cornwall» zu seiner Zeit ein populärer Lyriker war, spielte als Literat in Dickens' Freundeskreis keine wichtige Rolle, war dem Dichter aber seit der ersten Begegnung im Salon der Lady Blessington in lebenslanger Freundschaft verbunden.

GEORGE AUGUSTUS SALA (1828–1896) schrieb ab 1851 zahlreiche Beiträge für Dickens' Zeitschriften, wobei er dessen Stil so täuschend echt übernahm, dass seine Texte oft für solche von Dickens gehalten wurden. Zwischen 1856 und 1858 kam es vorübergehend zu einem Zerwürfnis zwischen ihnen, doch danach wurden sie wieder Freunde. Sala schrieb unmittelbar nach Dickens' Tod einen Nachruf und 1894 das Erinnerungsbuch *Things I Have Known*, worin er sein Verhältnis zu Dickens beschreibt.

SYDNEY SMITH (1771–1845), ein liberaler Geistlicher, der für seinen Witz berühmt war und zusammen mit Francis Jeffrey die *Edinburgh Review* gegründet hatte, gehörte zu Dickens' frühen Idolen. Smiths *Lec-*

tures on Moral Philosophy zählten zu seinen Lieblingsbüchern. 1847 taufte er seinen vierten Sohn als posthume Ehrung auf den Namen dieses Mannes. Nach anfänglicher Ablehnung bewunderte Smith den jungen Dichter seinerseits und sah in ihm einen wiedererstandenen William Hogarth.

ALFRED TENNYSON (1809–1892) hatte als Lyriker wenig literarischen Kontakt zu Dickens, wurde von ihm aber hoch geschätzt und zum Namensgeber seines vierten Sohnes erkoren. Doch die Beziehung zwischen den beiden blieb, bei gegenseitiger Anerkennung, freundlich distanziert. Bis zu seinem Tod war Dickens repräsentativ für die englische Literatur seiner Zeit. Danach ging diese Rolle auf Tennyson über, der 1850 zum *poet laureate* ernannt und 1884 in den Adelsstand erhoben wurde.

WILLIAM MAKEPEACE THACKERAY (1811–1863) war Dickens' größter Rivale und wird auch heute noch von vielen Kritikern als der seriösere von beiden angesehen, da er auf sentimentale und sensationelle Effekte verzichtete und sich stattdessen auf die ironische Darstellung der Gesellschaft konzentrierte. Dickens lernte ihn bereits 1836 flüchtig kennen, als Thackeray sich bei ihm um die Nachfolge Seymours als Illustrator der *Pickwick Papers* bewarb. Danach kam es wiederholt zu Kontakten, doch ging das Verhältnis nicht über gegenseitige Achtung hinaus. Thackeray empfand Dickens' Kunst zunächst als *abominably course* (abscheulich grob), doch später äußerte er immer wieder seine Bewunderung. Als er sein eigenes Meisterwerk *Vanity Fair* (1848; *Jahrmarkt der Eitelkeiten)* herausbrachte, schrieb er seiner Mutter, dass er damit «die Spitze des Baumes erklommen hätte, wenn die nicht schon von Dickens besetzt gewesen wäre». Der distanziert freundschaftliche Verkehr zwischen den beiden kam zeitweilig zum Erliegen, als Thackeray 1858 von Dickens' jungem Freund Edmund Yates im Garrick Club unhöflich angegangen wurde. Erst kurz vor Thackerays Tod kam es zu einer Versöhnung, worüber Dickens beim Eintreffen der Todesnachricht sehr erleichtert war.

CHAUNCY HARE TOWNSHEND (1798–1868) war ein Geistlicher, mit dem Dickens 1838 durch das gemeinsame Interesse am Mesmerismus bekannt wurde und der danach ein lebenslanger Freund blieb. Dickens widmete ihm *Great Expectations* und schenkte ihm sogar das Originalmanuskript des Romans. Außer einem Buch über den Mesmerismus schrieb Townshend Gedichte und philosophisch-religiöse Abhandlungen. Als er 1868 starb, hinterließ er ein Testament, in dem er Dickens zu seinem literarischen Nachlassverwalter bestimmte, was diesen zwang, aus einer wirren Ansammlung von Notizen ein Buch zu kompilieren, das 1869 unter dem Titel *Religious Opinions* erschien.

RICHARD WATSON (1800–1852), Spross einer alten Aristokratenfamilie, und seine Frau LAVINIA (1816–1888) lernte Dickens 1846 während seines Aufenthalts in Lausanne kennen. Trotz seiner Ablehnung des Adels zählten die beiden zu Dickens' engsten Freunden. Er besuchte sie später auf ihrem Schloss Rockingham Castle in Northamptonshire und organisierte dort Theateraufführungen.

WILLIAM HENRY WILLS (1810–1880), den Dickens bereits 1837 als Autor für *Bentley's Miscellany* kennenlernte und der ab 1841 für *Punch* schrieb, wurde im Laufe der Jahre Dickens' wichtigster Mitarbeiter für seine beiden Zeitschriften. Bei *All the Year Round* machte er den treuen Freund schließlich zum Teilhaber.

EDMUND YATES (1831–1894), auch er einer der «jungen Männer», war der Sohn eines Schauspielers, mit dem Dickens freundschaftlich verkehrte. Yates wird von Zeitgenossen als ein fragwürdiger Charakter beschrieben und hatte auch als Autor nur mäßiges Niveau, doch in seinen *Recollections and Experiences* (1884) gibt er ein sehr lebendiges Bild des großen und von ihm aufrichtig verehrten Dichters.

Maler

Von den drei prominentesten Viktorianern – SIR EDWIN LANDSEER (1802–73), WILLIAM FRITH (1819–1909) und FREDERIC LORD LEIGHTON (1830–96) – verkehrte Dickens nur mit den ersten beiden, während sein Rivale Thackeray ein engeres Verhältnis zum Letztgenannten hatte. Landseer war Spezialist für Tierbilder und wurde von Königin Viktoria besonders geschätzt. Frith machte sich vor allem mit Porträts und großformatigen Bildern von Massenszenen einen Namen. Von ihm stammt das bekannte Dickensporträt (1859) im Victoria & Albert Museum. Außerdem malte er wiederholt Szenen aus Dickens' Romanen. Dickens verkehrte mit ihm bis zuletzt freundschaftlich, während der Kontakt zu Landseer in den 1850er Jahren einschlief.

DANIEL MACLISE (1806–70) war der Maler, dem Dickens am engsten verbunden war. Von ihm stammt das Dickensporträt aus dem Jahr 1839, das heute in der National Portrait Gallery in London hängt. Der gebürtige Ire, ein charmanter, später zu depressiver Verstimmung neigender Mann, schloss sich schon früh dem Trio Club an und wurde bald ein gern gesehener Gast in Dickens' Haushalt. In den 1850er Jahren wurde Maclise mehr und mehr zum Einsiedler. Als er im April 1870 starb, hielt Dickens ihm eine Gedenkrede, in der er ihn als «den sanftesten und bescheidensten Menschen» beschrieb. Für Illustrationen zu Dickens' Büchern ließ der zum Perfektionismus neigende Maler sich selten gewinnen. Nur zu den Weihnachtserzählungen steuerte er einige Bilder bei.

Sir JOHN MILLAIS (1829–1896), der zur Präraffaelitischen Bruderschaft gehörte, wurde ebenfalls ein Freund des Dichters, obwohl dieser 1850 eines seiner bekanntesten Bilder, das Jesus in der Zimmermannswerkstatt seines Vaters mit verletzter Hand zeigt, als «abstoßend» kritisiert hatte. Von Millais stammt die bekannte Zeichnung, die Dickens auf dem Totenbett zeigt.

Illustratoren

Dickens' Karriere als Romanautor begann damit, dass er den Auftrag erhielt, zur Bilderserie eines Graphikers passende Texte zu schreiben. Von da an hatte er bis zuletzt Kontakt zu Buchillustratoren. Der erste, Robert Seymour (1800–1836), beging bereits am Anfang der Arbeit an den *Pickwick Papers* Selbstmord, bevor es zu einer persönlichen Beziehung kommen konnte.

HABLOT KNIGHT BROWNE (1815–1882) ist der Dickensillustrator schlechthin; unter dem Pseudonym «Phiz» illustrierte er zehn von Dickens' Romanen. Mit ihm arbeitete Dickens so eng zusammen, dass er ihn auch privat auf Reisen mitnahm und in seinen engsten Freundeskreis einbezog. Browne teilte Dickens' Sinn für Humor und folgte lange Zeit bereitwillig den Anweisungen seines Meisters. Erst in späteren Jahren zeigte er sich zunehmend widerspenstig, bis Dickens nach Abschluss von *A Tale of Two Cities* die Zusammenarbeit mit ihm beendete.

GEORGE CATTERMOLE (1800–1868), der 40 Illustrationen für die in Dickens' Zeitschrift *Master Humphrey's Clock* erschienenen Romane schuf, war in den Jahren der Zusammenarbeit ein humorvoller Freund und Trinkkumpan des geselligen Dichters. Später schlief die Freundschaft ein. Doch als Cattermole, durch den frühen Verlust zweier Kinder seelisch gebrochen, 1868 starb, bemühte sich Dickens sehr, für seine Witwe, eine entfernte Kusine, eine Pension zu erwirken, allerdings ohne Erfolg.

CHARLES ALLSTON COLLINS (1828–1873), der jüngere Bruder von Wilkie Collins, wurde 1860 durch die Ehe mit Dickens' jüngerer Tochter Katey sein Schwiegersohn. Er gehörte zum Kreis der Präraffaelitischen Bruderschaft und betätigte sich als Maler, Romancier und Essayist, u. a. für Dickens' Zeitschriften. Den Auftrag, *The Mystery of Edwin Drood* zu illustrieren, musste er aus Gesundheitsgründen zurückgeben. Von ihm stammt nur das Umschlagbild, das seitdem der Ausgangspunkt aller Drood-Spekulationen ist.

GEORGE CRUIKSHANK (1792–1878), der zweite Illustrator, mit dem Dickens zu tun hatte, war der ausdrucksstärkste von allen, weshalb er zuweilen mit Hogarth verglichen wird. Doch für Dickens illustrierte er nur die *Sketches by Boz* und *Oliver Twist*. Danach arbeitete er noch weiter von Fall zu Fall mit ihm zusammen und war als Illustrator für *Barnaby Rudge* vorgesehen, doch der Bruch mit dem Verleger Bentley vereitelte die Zusammenarbeit. Zu einer Entfremdung zwischen ihnen kam es, als Cruikshank, ein starker Trinker, nach dem Tode seiner ersten Frau dem Alkohol abschwor und zu einem Wortführer der Temperenzler wurde. Das ging dem lebenslustigen Dichter gegen den Strich.

SAMUEL LUKE FILDES (1844–1927) war der letzte Illustrator, den Dickens für einen Roman gewann. Er sollte *The Mystery of Edwin Drood* illustrieren. Für eine engere Freundschaft war Fildes' Bekanntschaft mit Dickens' zu kurz, aber das Aquarell «Der leere Stuhl», das der junge Maler nach Dickens' Tod publizierte, zählt zu den bekanntesten Bilddenkmälern des Dichters. Fildes blieb auch nach Dickens' Tod ein Freund seiner Familie. Außerdem war er der erste, der vom Bazillus des Drood-Fiebers so angesteckt war, dass er dem Rätsel bis zu seinem Tode auf der Spur blieb, ohne es lösen zu können.

JOHN LEECH (1817–1864), dessen Illustrationen der ersten Weihnachtsgeschichte und zu den anderen Weihnachtserzählungen untrennbar mit dem Dickensbild der Nachwelt verbunden sind, war damals bereits ein angesehener Illustrator, der sich durch seine Karikaturen für *Punch* einen Namen gemacht hatte. Er war oft Gast in Dickens' Haus und machte gelegentlich mit ihm Urlaubsreisen. Obwohl ein enger Freund von Thackeray, der 1864 wenige Monate vor ihm starb, blieb er bis zuletzt Dickens herzlich verbunden.

CLARKSON STANFIELD (1793–1867), der älteste von Dickens' Illustratoren, war mit diesem 1837 bekannt geworden, als er selber bereits ein angesehenes Mitglied der Royal Academy war. Da er den Ehrgeiz hatte, als seriöser Ölmaler anerkannt zu werden, nahm er nur selten und nur von Freunden Aufträge für Buchillustrationen an. In seinem Haus in Hampstead verkehrten die angesehensten Künstler und Dichter der Zeit. Nach seinem Tod schrieb ihm Dickens einen rühmenden Nachruf.

MARCUS STONE (1840–1921) war der Sohn von Frank Stone (1800–1859), mit dem Dickens eine ältere Freundschaft verband. Nach dem Tod des alten Stone fühlte sich Dickens verantwortlich für dessen Kinder, vor allem für den Sohn Marcus, den er protegierte und dem er den Auftrag zur Illustration von *Our Mutual Friend* sowie zur Nachillustration von *Great Expectations* für die *Illustrated Library Edition* seiner Werke erteilte.

Dickens nahm schon früh Anteil am politischen Geschehen, das er als Parlamentsstenograph an der Quelle kennenlernte. Die Ziele, für die er sich danach engagierte, waren die Reform des Gefängniswesens, die Armenfürsorge, die Schulbildung der unteren Schichten, die Reform des Rechtswesens und der Verwaltung, die Verbesserung der sanitären Verhältnisse und die Rettung ‹gefallener Mädchen›. Ein weiteres persönliches Anliegen war ihm der Kampf für einen besseren Schutz des Urheberrechts von Autoren. Zu den folgenden Personen, mit denen er zu diesen Zwecken Kontakt hielt, war sein Verhältnis von unterschiedlicher Nähe.

ANGELA BURDETT-COUTTS (1814–1906), Tochter des liberalen Politikers Sir Francis Burdett und Enkelin des Bankiers Thomas Coutts, war durch eine doppelte Erbschaft zur zweitreichsten Frau Englands nach Königin Viktoria geworden. Dickens lernte die umworbene Erbin schon 1838 oder 1839 kennen. Da sie ihr Geld für wohltätige Zwecke einsetzen wollte, bat sie ihn, ihr bei der Auswahl würdiger Empfänger zu helfen. Daraus erwuchs eine zwei Jahrzehnte währende Freundschaft. 1843 besuchte er in ihrem Auftrag eine der umstrittenen *Ragged Schools.* Später entwarf er für sie den Plan eines Heims für ehemalige Prostituierte, das 1847 unter dem Namen Urania Cottage eröffnet wurde; und 1852 überwachte er ein anderes ihrer Projekt, das die Ersetzung eines Slums durch modellhafte Wohnungen in Bethnal Green zum Ziel hatte. Als Dickens' Eheprobleme publik wurden, bemühte sie sich um eine Versöhnung zwischen den Ehepartnern, doch ohne Erfolg. Da die streng religiöse Frau Dickens' Trennung missbilligte, kühlte sich die Freundschaft zwischen beiden stark ab. 1881 erregte Miss Coutts Aufsehen, als sie nach dem Tode ihrer Freundin Hannah, mit der sie 52 Jahre lang ein enges Verhältnis hatte, ihren 29 Jahre alten Sekretär heiratete. Zahlreiche Stiftungen zeugen von ihrem philanthropischen Einsatz, für den sie 1871 von Königin Viktoria in den erblichen Adelsstand erhoben wurde.

SIR AUSTEN HENRY LAYARD (1817–1894), ein archäologisch interessierter Reisender, der Dickens 1853 bei der Besteigung des Vesuvs begleitete, saß ab 1852 als liberaler Abgeordneter im Parlament und setzte sich vor allem für eine Reform der öffentlichen Verwaltung ein. Dickens unterstützte die von ihm gegründete *Administrative Reform Association.*

HARRIET MARTINEAU (1802–1876), eine sozialreformatorisch engagierte Autorin, bot sich Dickens als Mitstreiterin an und schrieb zahlreiche Beiträge für seine Zeitschrift *Household Words.* Doch die Zusammenarbeit mit ihr erwies sich als schwierig. Zum Bruch kam es, als die scharfzüngige Frau Dickens anlässlich der Trennung von seiner Frau «Eigenliebe» vorwarf, worauf dieser sie als «verbohrt und eitel, kurzum, als Humbug» bezeichnete.

LORD JOHN RUSSELL (1792–1878), der Anführer der Reformwilligen im liberalen Lager, war wohl der einzige Politiker, für den Dickens uneingeschränkte Achtung empfand. Russell war zweimal Premierminister, das erste Mal von 1846 bis 1852, das zweite Mal von 1865 bis 1866. Mit seinem Namen sind vor allem die Reformen im Schulwesen verbunden. Dickens hatte ihn bereits in den frühen 1830er Jahren als Reporter für den *Morning Chronicle* persönlich kennengelernt und schrieb später für ihn Berichte, z. B. über die *Ragged Schools.*

THOMAS NOON TALFOURD (1795–1854), ein höherer Anwalt und späterer Richter, war einer von Dickens' ersten Freunden. In jungen Jahren war Talfourd Journalist und verkehrte freundschaftlich mit den Romantikern Wordsworth und Coleridge. Dickens fand in ihm einen Verbündeten im Kampf für einen besseren Schutz des Urheberrechts, weshalb er ihm die Buchausgabe der *Pickwick Papers* widmete. 1844 vertrat Talfourd den Dichter als Anwalt gegen einen Verleger, der unberechtigt Werke von ihm druckte.

SIR JAMES EMERSON TENNENT (1804–1869), ein liberaler Politiker, der 1832 die *Reform Bill* und später den Kampf gegen die *Corn Laws* unterstützte, blieb Dickens bis zu seinem Tod verbunden. Dickens widmete ihm seinen letzten vollendeten Roman *Our Mutual Friend.* Tennent hatte Dickens auf einem Teil seiner zweiten Italienreise 1853 begleitet und mit ihm und Layard den Vesuv bestiegen.

Zeittafel

1812 (7. Februar) Charles John Huffam Dickens (CD) wird in Landport, Portsmouth, als zweites Kind und erster Sohn des Ehepaars John und Elizabeth Dickens geboren und am 4. März getauft. John Dickens ist Angestellter des Zahlamts der Marine. Das erste Kind war Francis Elizabeth (genannt Fanny). Später werden noch sechs weitere Kinder geboren.

1814 Der Vater wird an das Somerset House in London versetzt. Die Familie wohnt im Bezirk St. Pancras.

1817 Versetzung des Vaters nach Chatham, Kent. Erster Schulbesuch für CD und Fanny.

1822 Versetzung des Vaters nach London, was mit Gehaltseinbußen verbunden ist.

1823 Finanzielle Probleme nehmen zu.

1824 John Dickens kommt ins Schuldgefängnis (2.2.-28.5.). CD arbeitet in einer Schuhwichsfabrik (9.2.1824 bis Frühjahr 1825)

1825–27 CD besucht die Wellington House Academy;

1827 arbeitet in einer Anwaltskanzlei;

1828 lernt Stenografie und wird freiberuflicher Gerichtsreporter;

1829 verliebt sich in Maria Beadnell;

1832 wird Parlamentsreporter für den *Mirror of Parliament*, später auch für die *True Sun*;

1833 gibt seine Werbung um Maria auf.

1834 Ab Dez. 1832 publiziert er unter dem Pseudonym ‹Boz› Skizzen im *Monthly Magazine* und *Morning Chronicle*; bezieht mit seinem Bruder Frederick eine eigene Wohnung in Furnival's Inn. Er lernt den Romancier William Harrison Ainsworth kennen, der ihm später den Verleger Macrone vermittelt.

1835 CD publiziert Skizzen im *Evening Chronicle*, der von George Hogarth, seinem späteren Schwiegervater, herausgegeben wird.

1836 An seinem 24. Geburtstag erscheint die Buchausgabe der *Sketches by Boz* (verlegt von John Macrone). Am 10. Februar schließt er einen Vertrag mit Chapman & Hall über den Begleittext zu Stichen von Robert Seymour in 20 Fortsetzungen. Daraus werden die *Pickwick Papers* (*PP*).

(2. April) CD heiratet Catherine (Kate), die älteste von Hogarths Töchtern. Ihre jüngere Schwester, die fünfzehnjährige Mary, zieht mit in den Haushalt des jungen Paares. Vetrag mit Macrone über den Roman *Gabriel Vardon, the Locksmith of London*. Im November wird CD Herausgeber der Monatszeitschrift *Bentley's Miscellany* (*BM*). (Dezember) Vermutlich am Weihnachtstag lernt CD in Ainsworths Haus John Forster kennen, der sein lebenslanger Freund wird.

1837 (6. Januar) CD's erstes Kind, der Sohn Charles Culliford Boz (gen. Charley), wird geboren. Ab Februar erscheint *Oliver Twist* (*OT*). Im März kommt CD's Farce *Is She his Wife?* im St. James's Theatre heraus; er bezieht ein Haus in Doughty Street, Bloomsbury. Am 7. Mai stirbt Mary Hogarth in

CD's Armen. Catherine erleidet eine Fehlgeburt. (16. Juni) CD lernt den Schauspieler William Charles Macready kennen, der ein weiterer lebenslanger Freund wird. Im Juli Urlaub in Frankreich und Belgien; im August in Broadstairs, Kent. (18. November) CD feiert den Abschluss von *PP*. Irgendwann in dieser Zeit lernt er den Maler Daniel Maclise kennen, der rasch zu seinem engsten Freundeskreis gehört.

1838 (Januar) CD beginnt mit *Nicholas Nickleby* (*NN*). (6. März) Geburt von Mary, der ersten Tochter.

Ab 1. April monatliche Fortsetzungen von *NN*. (9. November) Dreibändige Buchausgabe von *OT*.

1839 Im Januar nimmt CD an einem öffentlichen Dinner zu seinen Ehren in Manchester teil. Im Februar gibt er die Herausgeberschaft von *BM* auf und schließt einen Vertrag mit Bentley über den Roman *Barnaby Rudge* (*BR*), der ab Januar 1840 erscheinen soll. (Juli) CD kauft mit Hilfe seiner neuen Verleger Chapman & Hall das Copyright für seine früheren Werke zurück und löst den Vertrag mit Bentley. (August und September) Urlaub in Broadstairs. (5. Oktober) Chapman & Hall geben für CD ein großes Bankett im Albion Hotel zur Feier des Abschlusses von *NN* und überreichen ihm das Porträt, das Maclise von ihm gemalt hat. (29. Oktober) Geburt des dritten Kindes, Tochter Kate Macready (Katey). (November) CD pachtet für 12 Jahre das Haus in Devonshire Terrace, Regent's Park, und zieht im Dezember ein. Vermutlich in diesem Winter wird CD von Forster in den Salon von Lady Blessington eingeführt, wo er Edward Bulwer-Lytton, Benjamin Disraeli und Walter Savage Landor kennenlernt. Um diese Zeit wird er auch mit Angela Burdett-Coutts bekannt.

1840 Ab 4. April erscheint CD's Wochenzeitschrift *Master Humphrey's Clock*, darin in Fortsetzungen sein vierter Roman, *The Old Curiosity Shop* (*OCS*). (März) Auf einer Dinner Party im Hause des liberalen Politikers Edward Stanley lernt CD Thomas Carlyle kennen. Im Juni und noch einmal im September macht die Familie Urlaub in Broadstairs.

1841 (23. Januar) Geburt des vierten Kindes: Sohn Walter Savage Landor. (6. Februar) Abschluss von *OCS*. (13. Februar) Beginn von *BR*. Im Juni und Juli reist CD mit Catherine nach Schottland; er wird Ehrenbürger von Edinburg. (August und September) Urlaub in Broadstairs. CD plant Amerikareise. Im Oktober unterzieht er sich einer schmerzhaften Operation wegen einer Darmfistel. Im Dezember erscheint die einbändige Buchausgabe von *BR*.

1842 (4. Januar) CD tritt mit Catherine die Amerikareise an. (22. Januar) Ankunft in Boston, danach Rundreise über New York, Philadelphia, Washington, Baltimore, Richmond, Pittsburgh, Cincinnati, St. Louis, Niagara, Toronto und Montreal. Heimreise von New York am 7. Juni. Ankunft in Liverpool am 29. Juni. Im Oktober erscheint *American Notes*. Im November beginnt CD mit *Martin Chuzzlewit* (*MCh*) In diesem Jahr tritt seine 15-jährige Schwägerin Georgina Hogarth in seinen Haushalt ein und wird bis zu seinem Tod bei ihm bleiben.

1843 Ab Januar erscheint *MCh* in monatlichen Fortsetzungen. (August und September) Urlaub in Broadstairs. Am 17. Dezember erscheint *A Christmas Carol*.

1844 (15. Januar) Geburt des fünften Kindes: Sohn Francis Jeffrey (gen. Frank). CD löst den Vertrag mit Chapman & Hall und schließt einen neuen mit

Bradbury & Evans. (Juli) Abschluss von *MCh.* (2. Juli) CD geht mit seiner Familie für ein Jahr nach Genua in Italien. Von dort unternimmt er eine Besichtigungsreise nach Parma, Modena, Bologna, Ferrara und Venedig. Am 30. November reist er nach London, um den Druck seiner zweiten Weihnachtserzählung, *The Chimes*, zu überwachen. Zu Weihnachten wieder in Genua.

1845 Ab 19. Januar Reise nach Rom, Sorrento, Paestum, Pompeji, Besteigung des Vesuvs. (3. Juli) Zurück in London. CD inszeniert mit einer Laientruppe Ben Jonsons Komödie *Every Man in his Humour*, spielt darin die Rolle des Bobadil. (28. Oktober) Geburt des sechsten Kindes: Sohn Alfred D'Orsay Tennyson. Am 20. Dezember erscheint die dritte Weihnachtserzählung, *The Cricket on the Hearth.*

1846 CD übernimmt im Januar die Herausgeberschaft der *Daily News*, übergibt sie aber schon im Februar an seinen Freund John Forster. Im Mai erscheint *Pictures From Italy*. (31. Mai) CD reist mit seiner Familie in die Schweiz, bleibt längere Zeit in Lausanne, danach in Genf, reist von dort am 16. November nach Paris. Die Familie bleibt bis März 1847. (27. Juni) CD beginnt mit seinem siebenten Roman, *Dombey and Son* (*D&S*). Am 19. Dezember erscheint die vierte Weihnachtserzählung, *The Battle of Life*. Zwei Tage später bringt CD eine dramatisierte Fassung davon im Lyceum Theatre heraus. Sohn Charley bleibt in London, besucht dort die King's College School.

1847 Im März erkrankt Charley an Scharlach, die Familie kehrt aus Paris zurück nach London. (18. April) Geburt des siebenten Kindes: Sohn Sydney Smith Haldimand. (Juni und Juli) Urlaub in Broadstairs. (26. u. 28. Juli) CD leitet erneut eine Amateuraufführung von *Everyman in his Humour*, diesmal in Manchester und Liverpool. Nach Weihnachten reist er mit seiner Frau nach Schottland. Catherine hat im Zug eine Fehlgeburt.

1848 (April) Abschluss von *D&S.* (Mai) CD bringt *Every Man in his Humour* und *The Merry Wives of Windsor* im Theatre Royal, Haymarket, heraus. Königin Viktoria und Prinzgemahl Albert besuchen eine der Vorstellungen. Weitere Aufführungen in Manchester, Liverpool und Birmingham, danach im Juli auch in Edinburg und Glasgow. (August) Urlaub in Broadstairs. Am 2. September stirbt CD's Schwester Fanny. Am 19. Dezember erscheint die fünfte Weihnachtserzählung, *The Haunted Man*; wenig später folgt eine dramatisierte Fassung im Adelphi Theatre.

1849 (7. Januar) CD reist mit John Leech und Mark Lemon nach Norfolk, entdeckt dort die Landschaft um Yarmouth, in der ein Teil seines nächsten Romans spielt. (16. Januar) Geburt des achten Kindes: Sohn Henry Fielding (genannt Harry). Im Februar beginnt CD mit *David Copperfield* (*DC*), dessen erste Folge im Mai erscheint. (12. Mai) CD gibt ein Dinner, an dem u. a. Thackeray, Carlyle mit seiner Frau Jane, Elizabeth Gaskell, Douglas Jerrold und H. K. Browne teilnehmen. (Juli) Urlaub zunächst in Broadstairs, später auf der Isle of Wight. CD besucht mit seiner Frau den liberalen Politiker Richard Watson, den er in Lausanne kennengelernt hatte, auf dessen Landsitz Rockingham Castle.

1850 Am 30. März erscheint die erste Nummer von CD's Wochenmagazin *Household Words*, das er bis zum 28. Mai 1859 leiten wird. Im Juni macht er mit Maclise zehn Tage Urlaub in Paris. (August bis Oktober) Urlaub in

Broadstairs. Catherine bleibt in London und bringt dort am 16. August ihr neuntes Kind, Tochter Dora Annie, zur Welt. Im November Abschluss von *DC.* Danach inszeniert CD erneut *Every Man in his Humour*, diesmal in der großen Halle von Knebworth Castle, dem Familiensitz des befreundeten Autors Edward Bulwer-Lytton. Das ganze Jahr über setzte sich CD für die Gründung einer *Guild of Literature and Art* ein, die die Versorgung mittelloser Schriftsteller und Künstler zum Ziel haben soll. Für dieses Projekt sollten die Theateraufführungen Mittel einwerben.

1851 (7. Januar) CD reist zu den Watsons, um in Rockingham Castle an einer Theateraufführung teilzunehmen. Im Februar erkrankt das Baby. CD macht trotzdem 5 Tage Urlaub in Paris. Im März geht Catherine wegen einer depressiven Störung zu einer Badekur nach Malvern, wo CD sie besucht. (18. März) Beginn der Proben zu Bulwer-Lyttons Komödie *Not So Bad As We Seem.* Am 31. März stirbt CD's Vater und am 14. April die Tochter Dora, worauf Catherine nach London zurückkehrt. (Mai bis Oktober) Familienlaub in Broadstairs. Am 16. Mai besucht Königin Viktoria die Aufführung von *Not So Bad As We Seem.* Im November bezieht die Familie das neue Heim Tavistock House. Kurz danach beginnt CD mit der Arbeit an *Bleak House* (*BH*).

1852 Am 1. März erscheint die erste Folge von *BH.* (13. März) Geburt des zehnten und letzten Kindes: Edward Bulwer Lytton. (Juli bis September) Familienurlaub in Dover. Im August sterben die Freunde Richard Watson und Graf D'Orsay. (Oktober) CD macht Urlaub in Boulogne.

1853 Im März ist CD für zwei Wochen in Brighton, im Mai besucht ihn Prof. Cornelius Felton aus Boston. (Juni) CD ist eine Woche wegen seiner oft wiederkehrenden Nierenprobleme ans Bett gefesselt. (August) Abschluss von *BH.* (10. Oktober bis 11. Dezember) CD reist mit Wilkie Collins und Augustus Egg durch Frankreich, die Schweiz und Italien. (27. Dezember) Er gibt in Birmingham mit *A Christmas Carol* die erste öffentliche Lesung, in diesem Fall für das *Birmingham and Midland Institute.*

1854 (Januar) CD besucht die Industriestadt Preston in Lancashire und wird Zeuge eines Streiks. (1. April) erste Folge von *Hard Times* (*HT*) in *Household Words* (letzte Fortsetzung am 12. August). (17. September) Tochter Mary erkrankt unter Choleraverdacht, erholt sich aber schnell. (19. Dezember) öffentliche Lesung von *A Christmas Carol*, diesmal in Reading, danach in Herborne und Bradford.

1855 Am 10. Februar meldet sich CD's Jugendliebe Maria Beadnell bei ihm mit einem Brief, er trifft sie am 23. Februar. Zwischendurch ging er mit Wilkie Collins zu einem Kurzurlaub nach Paris. Im Mai beginnt er mit der Arbeit an *Little Dorrit* (*LD*). Vom 15. bis 19. Juni wird Collins' Stück *The Lighthouse* in Tavistock House aufgeführt. (27. Juni) CD hat den Vorsitz einer Versammlung der *Administrative Reform Association.* Im Juli macht die Familie Urlaub in Folkestone, im Oktober in Boulogne und danach in Paris. Am 1. Dezember beginnt *LD* zu erscheinen. (19. Dezember) CD gibt eine Lesung in Sheffield und kehrt am 24. zurück nach Paris.

1856 Im Februar und März von Paris aus Kurzbesuche in London. (14. März) CD kauft den Landsitz Gad's Hill Place in Kent. (April) Rückkehr aus Paris nach London. Von Juni bis August Urlaub in Boulogne. (Oktober) Planung der Aufführung von Wilkie Collins' Stück *The Frozen Deep.*

1857 (6. Januar) Erste Aufführung von *The Frozen Deep*. Weitere Aufführungen am 8., 12., und 14. Januar. Am 17. Mai gibt CD in seinem neuen Heim Gad's Hill Place eine Einweihungsparty; Einzug der Familie am 1. Juni. CD lehnt eine Einladung der Königin, das Stück im Buckingham-Palast zu spielen, höflich ab. (11. Juni) Hans Christian Andersen besucht CD in Gad's Hill, bleibt fünf Wochen. (1. Juli) Die Königin, Prinz Albert und der König von Belgien besuchen eine Privataufführung von *The Frozen Deep*. danach öffentliche Benefizaufführungen für den Douglas Jerrold Fund. (20. Juli) Sohn Walter geht nach Indien. (August) Weitere Benefizaufführungen. Hier verliebt sich CD in Ellen Ternan (Nelly), die er zusammen mit ihrer Mutter und der Schwester Maria für die weiblichen Rollen des Stückes engagiert hat. (September) CD unternimmt mit Wilkie Collins eine Reise nach Cumberland.

1858 (9. Februar) CD wirbt mit einer Rede für das *Hospital for Sick Children*. Für denselben Zweck gibt er am 15. April eine Lesung. Ab 29. April folgen die ersten 17 kommerziellen Lesungen in London. Am 14. Mai akzeptiert Catherine die Bedingungen der Trennung und verlässt das Haus mit Sohn Charley, während die übrigen Kinder im väterlichen Haushalt bleiben, der von da an von der Schwägerin Georgina geleitet wird. (12. Juni) CD druckt in *Household Words* eine öffentliche Erklärung seiner ‹häuslichen Probleme› *(domestic troubles)*. Vom 2. August bis 13. November gibt er 83 Lesungen in England, Schottland und Irland, im Dezember acht weitere in London. Er kauft für Nelly in London ein Haus, das sie später vermietet, um in ein von CD gemietetes Haus in Slough zu ziehen. Von dem Liebesverhältnis dringt nichts an die Öffentlichkeit.

1859 Nach einem Streit mit den Verlegern Bradbury & Evans gibt CD die Leitung von *Household Words* auf und wechselt zu seinem früheren Verlag Chapman & Hall. Hier bringt er die neue Zeitschrift *All the Year Round* heraus, in der sein Roman *A Tale of Two Cities* (*TTC*) erscheint. (September) Kurzer Urlaub in Broadstairs. Vom 10. bis 27. Oktober 14 Lesungen in der Provinz, im Dezember drei in London.

1860 Arbeit an *TTC* und an der Zeitschrift. (17. Juli) Tochter Katey heiratet Charles Allston Collins, den Bruder von Wilkie. Zehn Tage später stirbt CD's Bruder Alfred. (September) CD verkauft Tavistock House. (Oktober) Beginn der Arbeit an *Great Expectations* (*GE*).
(November) CD reist mit Wilkie Collins nach Devon.
(26. November) Letzte Folge von *TTC*.
(1. Dezember) Erste Folge von *GE*.

1861 (März und April) Sechs Lesungen in London. (Juni) Besuch bei Bulwer-Lytton auf Schloss Knebworth. Ab 28. Oktober eine Tour durch die Provinz mit 46 Lesungen. (November) Sohn Charley heiratet gegen den Willen des Vaters, der an der Hochzeitsfeier nicht teilnimmt.

1862 Im Januar letzte Lesungen in der Provinz. Von März bis Juni 11 Lesungen in London. Im Juni kommt das Angebot von 10 000 Pfund für eine Lesetour durch Australien, das CD ablehnt. (16. Oktober) CD reist nach Paris, wohin ihm Georgina und Tochter Mary folgen. Über Weihnachten zurück nach Gad's Hill.

1863 Im Januar wieder in Paris. Drei Benefizlesungen an der englischen Botschaft. März bis Juni 13 Lesungen in London. Am 13. September stirbt CD's

Mutter, am 24. Dezember Thackeray und am 31. Dezember Sohn Walter in Indien. (Dezember) Von der Weihnachtsnummer mit der Geschichte *Mrs. Lirriper's Lodgings* werden 300 000 verkauft.

1864 (30. April) Erste Folge von *Our Mutual Friend* (*OMF*). (Juni) Kurzurlaub in Frankreich und Belgien. Gesundheitsprobleme und Anzeichen von Überarbeitung. CD schreibt die Weihnachtsnummer *Mrs. Lirriper's Legacy*.

1865 Am 29. Mai geht Sohn Alfred nach Australien. Danach reist CD nach Paris. Auf der Rückreise ist er mit Nelly in ein schweres Eisenbahnunglück verwickelt, bleibt selber unverletzt. (November) Letzte Folge von OMF.

1866 (Januar) CD mietet eine Wohnung in Slough, um nahe bei Nelly zu sein. (April bis Juni) 30 Lesungen in London, Liverpool, Manchester, Glasgow, Edinburg, Clifton, Birmingham, Aberdeen und Portsmouth für ein Honorar von 1500 Pfund. (10. Dezember) Die Weihnachtsnummer der Zeitschrift erscheint mit der Rahmengeschichte *Mugby Junction*. Bis 27. Dezember sind 250 000 verkauft.

1867 (Januar bis Mai) 42 Lesungen in England und Irland für 2500 Pfund. (2. November) Abschiedsdinner vor der Lesereise nach Amerika. (9. November) Abreise von Liverpool auf der *Cuba*. (19. November) Ankunft in Boston. (2. Dezember) Beginn einer Serie von 75 Lesungen für ein Gesamthonorar von 20 000 Pfund.

1868 (20. April) Letzte Lesung in Amerika. (22. April) Abreise von New York auf der *Russia*. (1. Mai) Ankunft in Liverpool. Im Juli hat CD Longfellow in Gad's Hill zu Gast. (Oktober) Sohn Henry geht zum Studium nach Cambridge. (6. Oktober) CD beginnt eine Abschiedslesetour von 72 Lesungen in England, Schottland und Irland.

1869 (5. Januar) CD liest zum ersten Mal die Texte «Sikes und Nancy» aus *Oliver Twist*, in die er sich bis an den Rand der physischen und seelischen Erschöpfung hineinsteigert. (20. April) CD erleidet einen Schwächeanfall und muss die Lesereise abbrechen. (23. April) CD macht sein Testament. (August) Beginn der Arbeit an *The Mystery of Edwin Drood* (ED).

1870 (11. Januar) Beginn der letzten Serie von 11 Lesungen in London. (9. März) Königin Viktoria empfängt CD im Buckingham-Palast. Letzte Lesung am 15. März. Im April erste Folge von ED. Am 8. Juni erleidet CD einen Schlaganfall und stirbt am 9. Juni 18.10 Uhr. Am 14. Juni wird er in der Westminster-Abtei in London im Kreis der Familie beigesetzt. Danach nehmen drei Tage lang Tausende an dem offenen Grab von dem berühmtesten Autor ihrer Zeit Abschied.

1872 Erster Band von Forsters Dickens-Biographie. Bis 1874 folgen Band zwei und drei.

1880–82 Georgina Hogarth und Mamie Dickens geben eine dreibändige Sammlung von Dickens' Briefen heraus.

1902 Gründung der *Dickens Fellowship*.

1905 Gründung der Zeitschrift *Dickensian*.

1912 Dickens' 100. Geburtstag wird mit der Herausgabe der *Centenary Edition* und einer Sonderbriefmarke begangen.

1939 Gladys Storeys Buch *Dickens and Daughter* macht die Ellen Ternan-Affäre allgemein bekannt. Im selben Jahr erscheint Edmund Wilsons Aufsatz

Dickens: The Two Scrooges, mit dem die Modernisierung des traditionellen Dickens-Bildes beginnt.

1952 Edgar Johnsons Biographie *Charles Dickens. His Tragedy and Triumph*, 2 Bde.

1965 Beginn der Zeitschrift *Dickens Studies: A Journal of Modern Research and Criticism*, Boston.

1970 Gründung der *Dickens Society*. Dickens' 100. Todestag ist Anlass für eine allgemeine Würdigung seines Werkes. Danach verlagert sich die wissenschaftliche Auseinandersetzung mit ihm in Fachzeitschriften, während seine Werke mehr in Filmversionen als in gedruckter Form rezipiert werden.

1971 Beginn der Zeitschrift *Dickens Studies Annual* (Carbondale, Illinois), die an die Stelle der *Dickens Studies* tritt.

1984 Beginn der Zeitschrift *Dickens Quarterly*, hg. von der *Dickens Society*.

1988 Fred Kaplans *Dickens. A Biography*.

1990 Peter Ackroyds Biographie *Dickens*.

2009 Michael Slaters Biographie *Charles Dickens*.

Dickens' Werke

Dickens' Romane, Erzählungen, Bühnenstücke sowie andere Prosawerke im Buchformat. (Bei den weniger bekannten Erzählungen und Prosatexten wird auf eine deutsche Übersetzung der Titel verzichtet.)

1836 *Sketches by Boz, Illustrative of Every-day Life and Every-day People* (*Skizzen von Boz. Bilder aus dem Alltagsleben*), 2 Bde., illustriert von George Cruikshank; verlegt von John Macrone. Zuerst in Zeitschriften zwischen 1833 und 1836.
(Juni) *Sunday Under Three Heads* bei Chapman & Hall.
The Strange Gentleman. A Comic Burletta in Two Acts. Uraufführung: 9. Sep. 1836; verlegt von Chapman & Hall (Ende 1836 oder Anfang 1837).
The Village Coquettes. A Comic Operetta. Uraufführung: 6. Dez.; verlegt von Richard Bentley (22. Dezember).

1837 *Is She His Wife? or Something Singular. A Comic Burletta in One Act.* Uraufführung: 6. März. (Gedruckt 1877).
The Posthumous Papers of the Pickwick Club (Die nachgelassenen Aufzeichnungen des Pickwick-Clubs) in 1 Bd., verlegt von Chapman & Hall; illustriert von John Seymour und Hablot Knight Browne, gen. Phiz. Zuerst in monatl. Fortsetzungen von April 1836 bis November 1837; Anfangsauflage 14 000, zuletzt 40 000. Bis 1878 waren in England und Amerika 1,6 Millionen Exemplare verkauft.

1837–38 Satiren in *Bentley's Miscellanies*. Gesammelt u. d. T. *The Mudfog Papers* (1880).

1838 *Oliver Twist, or The Parish Boy's Progress (Oliver Twist oder Der Weg eines Fürsorgezöglings)*, 3 Bde., illustriert von George Cruikshank; verlegt von Richard Bentley. Zuerst in 24 monatlichen Fortsetzungen von Februar 1837 bis April 1839.
Sketches of Young Gentlemen; bei Chapman & Hall.
Memoirs of Grimaldi. Hg. v. Boz. 2 Bde., illustriert von George Cruikshank; verlegt von Bentley.

1839 *The Life and Adventures of Nicholas Nickleby (Leben und Abenteuer Nicholas Nicklebys)*, 1 Bd., illustriert von Phiz; verlegt von Chapman & Hall. Zuerst in 19 monatlichen Fortsetzungen von April 1838 bis Oktober 1839; Durchschnittsauflage 50 000. Gesamthonorar ca. 14 000 Pfund.

1840 *Sketches of Young Couples*; bei Chapman & Hall.

1841 *The Old Curiosity Shop* (*Der Raritätenladen*), in 1 Bd. illustriert von Phiz u. a., verlegt von Chapman & Hall. Zuerst in 40 Fortsetzungen in Dickens' Wochenzeitschrift *Master Humphrey's Clock* von April 1839 bis Februar 1841. Anfangsauflage 70 000, zuletzt 100 000.
(9. Aug.) *The Lamplighter's Story*; in *The Pic-Nic Papers*, verlegt von Coburn (Benefizband für John Macrone). Der Geschichte liegt eine Bühnenfarce zugrunde, die Dickens 1838 schrieb, die aber nicht aufgeführt wurde.

(Dez.) *Barnaby Rudge*, 1 Bd., illustriert von Phiz und George Cattermole; verlegt von Chapman & Hall. Zuerst in *Master Humphrey's Clock* wöchentlich vom 13. Februar bis 27. November 1841. Im Lauf des Erscheinens sank die Auflage von 70 000 auf 30 000.

1842 *American Notes (Notizen aus Amerika)*, 2 Bde., keine Illustrationen; verlegt von Chapman & Hall. (Wegen des hohen Preises kein großer Erfolg).

1843 (17. Dezember) *A Christmas Carol in Prose. Being a Ghost's Story of Christmas (Ein Weihnachtlied in Prosa. Eine weihnachtliche Geistergeschichte)*, illustriert von John Leech; verlegt (in Kommission) von Chapman & Hall. Trotz des hohen Preises waren bis Weihnachten 6000 Exemplare verkauft. Bis Mai 1844 sechs weitere Auflagen.

1844 *The Life and Adventures of Martin Chuzzlewit (Leben und Abenteuer Martin Chuzzlewits)*, 1 Bd., illustriert von Phiz, verlegt von Chapman & Hall. Zuerst in 19 monatl. Fortsetzungen von Januar 1843 bis Juli 1844; durchschnittliche Auflage ca. 20 000.

(16. Dezember) *The Chimes. A Goblin Story of Some Bells that Rang an Old Year out and a New Year in (Die Glocken. Eine Geistergeschichte von einigen Glocken, die das alte Jahr aus- und das neue einläuteten)*; illustriert von Daniel Maclise, John Leech, Richard Doyle und Clarkson Stanfield; verlegt von Bradbury & Evans. Die erste Auflage von 20 000 brachte Dickens bereits ein Nettohonorar von 1065 Pfund.

1845 (20. Dezember) *The Cricket on the Hearth: A Fairy Tale of Home (Das Heimchen am Herde. Ein Märchen vom Heim)*, illustriert von Daniel Maclise, John Leech, Richard Doyle und Clarkson Stanfield; verlegt von Bradbury & Evans. Mit den rasch folgenden zwei Nachauflagen belief sich Dickens' Honorar auf 1022 Pfund.

1846 *Pictures From Italy (Bilder aus Italien)*, mit 4 Illustrationen von Samuel Palmer; verlegt von Bradbury & Evans. (Für die Ausgabe in der Library Edition 1862 schuf Marcus Stone weitere 4 Illustrationen).

The Life of Our Lord (Das Leben unseres Herrn). Dickens schrieb diese Nacherzählung des Neuen Testaments für seine Kinder. Das Manuskript wurde 1934 für 40 000 Pfund von der Zeitung *Daily Mail* erworben und danach in zahlreichen Zeitungen und auch in Buchform publiziert. (19. Dezember) *The Battle of Life (Der Kampf des Lebens)*, illustriert von Daniel Maclise, John Leech, Richard Doyle und Clarkson Stanfield; verlegt von Bradbury & Evans. 23 000 wurden am Tag des Erscheinens verkauft.

1847 Beginn der *Cheap Edition* der Werke (17 Bde. bis 1867; drei Serien erschienen in wöchentlichen Lieferungen zu anderthalb Pence.)

1848 *Dealings with the Firm of Dombey and Son (Geschäfte mit der Firma Dombey und Sohn)*, 1 Bd., illustriert von Phiz; verlegt bei Bradbury & Evans. Zuerst in 19 monatl. Fortsetzungen von Oktober 1846 bis April 1848; Anfangsauflage 25 000, später 33 000.

(19. Dezember) *The Haunted Man and the Ghost's Bargain: A Fancy for Christmas Time (Der Heimgesuchte und der Handel mit dem Geist. Eine Weihnachtsfantasie)*; verlegt von Bradbury & Evans. Bis Jahresende waren 18 000 Exemplare verkauft.

1850 *The Personal History, Adventures, Experience, and Observation of David Copperfield, the Younger (Die Lebensgeschichte, Abenteuer, Erfahrungen und Betrachtungen David Copperfields des Jüngeren)*, 1 Bd., illustriert von Phiz; verlegt von

Bradbury & Evans. Zuerst in 19 monatl. Fortsetzungen von Mai 1849 bis November 1850; Anfangsauflage 25 000, später etwas geringer.
A Christmas Tree; in der Weihnachtsnummer von *Household Words.*

1852/53/54 *A Child's History of England (Eine Geschichte Englands für Kinder)*, 3 Bde.; verlegt von Bradbury & Evans. Zuerst erschienen in 39 Episoden in *Household Words* von Januar 1851 bis Dezember 1853.
The Poor Relation's Story und *The Child's Story*; in der Weihnachtsnummer von *Household Words.*
To be Read at Dusk; in dem Jahresband *The Keepsake.*

1853 *Bleak House*, 1 Bd., illustriert von Phiz; verlegt von Bradbury & Evans. Zuerst in 19 monatl. Fortsetzungen von März 1852 bis September 1853; Aufl. ca. 35 000.
The Schoolboy's Story und *Nobody's Story* in: *Another Round of Stories by the Christmas Fire* (Weihnachtsnummer von *Household Words*)

1854 *Hard Times, for These Times (Harte Zeiten. Für diese Zeiten)*, 1 Bd., keine Illustrationen; verlegt von Bradbury & Evans. Zuerst in 20 wöchentlichen Fortsetzungen in *Household Words* von April bis August 1854. Die Zeitschrift ging gut; von der Buchausgabe wurden zunächst nur 5000, wenig später weitere 3000 gedruckt.
The Seven Poor Travellers; in der Weihnachtsnummer von *Household Words.*

1855 *The Holly-Tree*; in der Weihnachtsnummer von *Household Words.*

1856 *The Wreck of the Golden Mary*; in der Weihnachtsnummer von *Household Words.*

1857 *Little Dorrit (Klein-Dorrit)*, 1 Bd., illustriert von Phiz; verlegt von Bradbury & Evans. Zuerst in 19 monatl. Fortsetzungen von Dezember 1855 bis Juni 1857; Anfangsaufl. 32 000, später 38 000.
The Lazy Tour of Two Idle Apprentices (in Zusammenarbeit mit Wilkie Collins); in *Household Words* (3.–31. Okt.) *The Perils of Certain English Prisoners*; in der Weihnachtsnummer von *Household Words.*

1858 *Going Into Society*; in der Weihnachtsnummer von *Household Words.*

1858–59 *LIBRARY EDITION* (22 Bde. zu 7 Shilling und 6 Pence pro Band). Darin die Sammlung *Reprinted Pieces* mit 31 Aufsätzen, Geschichten und Skizzen aus *Household Words.* Verlegt von Chapman & Hall und Bradbury & Evans je nach Copyright. Die Ausgabe enthielt keine Illustrationen außer den Frontispizen.

1859 *A Tale of Two Cities (Eine Geschichte von zwei Städten)*, 1 Bd., illustriert von Phiz; verlegt bei Chapman & Hall. Zuerst in 31 Fortsetzungen in Dickens' Wochenzeitschrift *All the Year Round* von April bis November 1859; Anfangsaufl. 120 000, später 100 000.
Hunted Down; in *New York Ledger* und *All the Year Round.*
The Haunted House; in der Weihnachtsnummer von *All the Year Round.*

1860 *The Uncommercial Traveller* (Sammlung von 17 Prosastücken, die in *All the Year Round* erschienen waren. 11 Stücke kamen in der *Cheap Edition* dazu. Nach Dickens' Tod wurden noch acht Stücke in den Band der *Illustrated Library Edition* aufgenommen.

1861 Dickens kauft das Copyright seiner früheren Werke von Bradbury & Evans zurück und gibt es an Chapman & Hall.
A Message From the Sea; in der Weihnachtsnummer von *All the Year Round.*

1861 *Great Expectations (Große Erwartungen)*, 3 Bde., keine Illustrationen; verlegt von Chapman & Hall. Zuerst in 36 wöchentlichen Fortsetzungen in *All the Year Round* von Dezember 1860 bis August 1861; geschätzte Wochenaufl. 100 000.

1861 *Tom Tiddler's Ground*; in der Weihnachtsnummer von *All the Year Round.*

1861–74 Erweiterte *Library Edition* (zuletzt 30 Bde.) Darin außer den Romanen und den *Christmas Books* auch ein Band mit *Christmas Stories*, die ab 1850 in *Household Words* und ab 1859 in *All the Year Round* erschienen waren. Diese Ausgabe enthielt auch die Illustrationen und wird deshalb *Illustrated Library Edition* genannt.

1862 *Somebody's Luggage*; in der Weihnachtsnummer von *All the Year Round.*

1863 *Mrs. Lirriper's Lodgings*; in der Weihnachtsnummer von *All the Year Round.* Aufl. angeblich 300 000.

1864 *Mrs. Lirriper's Legacy*; in der Weihnachtsnummer von *All the Year Round.*

1865 *Our Mutual Friend* (*Unser gemeinsamer Freund*), 2 Bde., illustriert von Marcus Stone; verlegt von Chapman & Hall. Zuerst in 19 monatlichen Fortsetzungen von Mai 1964 bis November 1865; Anfangsaufl. 40 000; zuletzt 19 000.
Doctor Marigold und *To Be Taken With a Grain of Salt*; in *Doctor Marigold's Prescriptions* (Weihnachtsnummer von *All the Year Round*); Aufl. 250 000.

1865–67 *The People's Edition* (nach den Druckstöcken der *Cheap Edition* in 27 Bänden); erschien in Monatsabständen für 2 Shilling pro Band. Von dieser Ausgabe wurden zu Dickens' Lebzeiten 382 317 Bände verkauft.

1866 *Mugby Junction*; (Weihnachtsnummer von *All the Year Round*; mit vier Kapiteln von Dickens, darunter *The Signal-Man*); Aufl. 265 000.

1867 Beginn der *Charles Dickens Edition* (bis 1875 21 Bde.), überarbeitete Ausgabe mit neuen Vorworten. Darin eine erweiterte Sammlung von *Christmas Stories.* Die Bände wurden je nach Umfang für 3 Shilling oder 3 Shilling und 6 Pence verkauft und enthielten pro Band acht ausgewählte Originalillustrationen. Bis Juni 1870 wurden 500 000 Einzelbände verkauft. Dickens erhielt die Hälfte des Reingewinns von 12 500 Pfund.
No Thoroughfare (Weihnachtsnummer von *All the Year Round*). Dickens schrieb die «Ouvertüre» und Akt 3, Collins Akt 2; die Akte 1 und 4 schrieben sie gemeinsam.

1868 *George Silverman's Explanation*; in *Atlantic Monthly* (Januar – März 1868) und in *All the Year Round* (1., 15., 29. Februar).
A Holiday Romance; in *Our Young Folks* (Januar bis Mai) und gleichzeitig in *All the Year Round.*

1870 *The Mystery of Edwin Drood (Das Geheimnis um Edwin Drood)*, 1 Bd., illustriert von Luke Fildes; verlegt von Chapman & Hall. Nur 6 der geplanten 12 monatlichen Fortsetzungen erschienen von April bis September 1870; Anfangsaufl. 50 000.

1871–79 *The Household Edition* (22 Bde.) mit neuen Illustrationen, bei Chapman & Hall. In Teillieferungen zu einem Penny, in Monatslieferungen zu einem Shilling oder in Einzelbänden. Darin auch Forsters Biographie.

1873–76 *The Illustrated Library Edition* (30 Bde.). Neuauflage in besserem Druck und auf besserem Papier für 15 Shilling pro Band, bei Chapman & Hall.

1893–1925 *The Macmillan Edition* (21 Bde.; Nachdruck der Erstdrucke; Einleitungen und biographische Anmerkungen von Dickens' Sohn Charles, dazu eine Auswahl von Briefen, hg. von Georgina Hogarth und Dickens' Tochter Katey. Verlegt von Macmillan.

1897–1908 *The Gad's Hill Edition*, hg. v. Andrew Lang (36 Bde.) (Andrew Lang schrieb die Vorworte, doch der tatsächliche Herausgeber war B. W. Matz), verlegt bei Chapman & Hall; dies ist die erste vollständige und editorisch betreute Ausgabe.

Weitere wichtige Ausgaben:

1906–08 *The National Edition*, hg. v. B. W. Matz (40 Bde.)

1906–21 *Everyman's Library Edition* mit Vorworten von G. K. Chesterton (22 Bde.)

1910–11 *The Centenary Edition* (36 Bde.)

1913–15 *The Waverley Edition* (30 Bde.)

1937–38 *The Nonesuch Edition*, hg. v. A. Waugh, W. Dexter, T. Hatton u. H. Walpole; galt bis zur Clarendon-Ausgabe als die verlässlichste.

1947–59 *The New Oxford Illustrated Dickens* (21 Bde.)

1966– *The Clarendon Dickens* (erste textkritische Werkausgabe; noch nicht vollständig).

Dickens' journalistische Arbeiten

The Dent Uniform Edition of Dickens' Journalism, hg. v. Michael Slater. 4 Bde. London 1994–2000.

Dickens' Briefe

The Pilgrim Edition of the Letters of Charles Dickens. 12 Bde. Hg. v. Madeline House, Graham Storey, Kathleen Tillotson u. a. Oxford 1965–2002.

Quellenverzeichnis

Textzitate

Alle Zitate aus Dickens' Werken und Briefen sowie aus anderen englischsprachigen Quellen, insbesondere aus Forsters Biographie, wurden vom Verfasser selber übersetzt. Um ein Gestrüpp von Fußnoten zu vermeiden und das Auffinden der Originaltexte in unterschiedlichen Ausgaben der Quellen trotzdem zu ermöglichen, wurde bei Briefzitaten im Text das Datum und bei Zitaten aus den Werken das Kapitel angegeben, so dass sich weitere Angaben erübrigen. Die Hauptquellen für das Datenmaterial waren – in dieser Rangfolge – die 12-bändige *Pilgrim Edition* von Dickens' Briefen, die Biographien von John Forster und Michael Slater, der *Oxford Reader's Companion to Dickens* von Paul Schlicke und der *Critical Companion to Charles Dickens* von Paul Davis. Die folgenden Quellenangaben beziehen sich auf längere Wortzitate, deren Fundstelle nicht aus den Angaben im Text zu erschließen ist. Bei Kurzzitaten hält der Verfasser eine Quellenangabe für entbehrlich, sofern deren Urheber und Kontext aus dem Text ersichtlich ist.

S. 11. *Auf Koinzidenzen, Ähnlichkeiten* ... Aus: John Forster, *The Life of Charles Dickens 3 Bde. London 1872–74*, Buch 1, Kap. 5.

S. 28 *In Pickwick war ein schlechter Geruch* ... Aus: Humphry House, *The Dickens World.* 2. Aufl., London 1942, s. 135.

S. 34. *Sie hatte sehr helle, nussbraune Augen* ... Aus: Paul Schlicke, *Oxford Reader's Companion to Dickens.* Oxford 1999. S. 171.

S. 37 ff. *Es ist mir unbegreiflich* ... diese und die weiteren Zitate finden sich in John Forster, *The Life of Charles Dickens*, Buch I, Kap. 2.

S. 166. *Es gibt kein Mittel gegen solche Sprachgewalt.* Aus: *Dickens. The Critical Heritage*, hg. v. Philip Collins. London 1971, S. 219.

S. 196 *Und weiter gehts über das Hochmoor* ... Aus: *Household Words*, Nr. 200, Bd. 8 (1854), S. 481

S. 209. *eine stattliche fette Lady* ... Aus: Schlicke, *Oxford Reader's Companion to Dickens*, S. 160.

S. 242. *Mir war, als dürfte ich sie* ... Zitiert nach: Aubry Noakes, *William Frith: Extraordinary Victorian Painter*, London 1978, S. 144

S. 291. *Er ist zu sehr Künstler, um noch* ... Zitiert nach: Peter Ackroyd, *Dickens*, London 1990, S. 952.

S. 323. *Dickens ist das einzigartige Beispiel* ... Aus Michael Hollington (Hg.), *Charles Dickens. Critical Assessments*, Bd. 1, Helm Information Ltd. 1995, S. 464.

Bildzitate

Frontispiz: Charles Dickens. Nach einer Daguerreotypie, die dem Fotografen Henri Claudel zugeschrieben und auf 1852 datiert wird. Zitiert nach John B. Priestley, *Charles Dickens. Eine Bildbiographie*. München 1965. Frontispiz.

S. 29 «Das Leidmotiv». Dickens in der Schuhwichsfabrik. Stich von Fred Barnard. Zitiert nach Paul Davis, *Critical Companion to Charles Dickens. A Literary Reference to His Life and Work*. New York 2007. S. 4.

S. 32 Elizabeth Dickens. Porträt von John W. Gilbert. Zitiert nach John B. Priestley, S. 6.

S. 33 John Dickens. Porträtskizze (c. 1845). Ebenda, S. 6.

S. 39 Die Schuhwichsfabrik. Zeitgenössischer Stich. Ebenda, S. 12.

S. 45 Dickens im Alter von 18 Jahren. Gemalt von Dickens' Tante Janet Barrow. Zitiert nach Wolf Mankowitz, *Dickens of London*. London 1976, S. 37.

S. 46 Maria Beadnell als Milchmädchen. Gezeichnet von Henry Austin (1831). Ebenda, S. 35.

S. 50 William Harrison Ainsworth. Zeitgenössischer Stich. Zitiert nach John B. Priestley, S. 24.

S. 53 Titelbild der *Sketches by Boz*. Zitiert nach der *Library Edition*.

S. 55 «Öffentliche Dinners» in *Sketches by Boz*. Gezeichnet von George Cruikshank. Zitiert nach der *Library Edition*.

S. 62 John Forster. Zeichnung von Daniel Maclise (1840). Zitiert nach John B. Priestley, S. 38.

S. 63 William Charles Macready. Zeitgenössischer Stich. Ebenda, S. 54.

S. 64 Charles Dickens. Zeichnung von Samuel Laurence (1837). Zitiert nach Michael Slater, *Charles Dickens*. London 2009. Abb. 21.

S. 65 Catherine Dickens. Zeichnung von Samuel Laurence (1837). Ebenda, Abb. 22.

S. 67 Mary Hogarth. Nach einem verschollenen Porträt von Hablot Knight Browne. Zitiert nach John B. Priestley, S. 33.

S. 70 «Mr. Pickwick spricht vor seinem Club». Gezeichnet von Robert Seymour. Zitiert nach der *Library Edition*.

S. 72 «Erster Auftritt von Sam Weller». Gezeichnet von Phiz (Hablot K. Browne). Zitiert nach der *Library Edition*.

S. 73 «Die Wahl in Eatanswill». Gezeichnet von Phiz. Zitiert nach der *Library Edition*.

S. 74 William Hogarth, «Die Stimmabgabe». Stich. Zitiert nach *William Hogarth 1697–1764*. Ausstellungskatalog der Neuen Gesellschaft für Bildende Kunst e.V. Berlin 1980.

S. 81 «Oliver bittet um mehr». Gezeichnet von George Cruikshank. Zitiert nach *Oliver Twist* in der *Library Edition*.

S. 83 «Fagin in der Todeszelle». George Cruikshank. Ebenda.

S. 85 Daniel Maclise. Selbstporträt in Fraser's *Gallery of Literary Characters* (1838). Zitiert nach John B. Priestley, S. 65.

S. 87 Dickens' Haus in Devonshire Terrace. Zitiert nach John Forster, *The Life of Charles Dickens, The Fireside Dickens*. London 1907. S. 591.

S. 88 Dickens. Porträt von Daniel Maclise (1839). Zitiert nach *The National Portrait Gallery Collection*, hg. v. Susan Foister u. a. London 1988. S. 118.

S. 93 Die Gräfin Blessington (um 1821). Stich nach einem Porträt von Thomas Lawrence. Zitiert nach W. Teignmouth Shore, *Charles Dickens and His Friends*. London 1909. S. 32 f. Reproduktion: Bayerische Staatsbibliothek, München.

S. 94 Thomas Carlyle. Daguerreotypie. Zitiert nach John B. Priestley, S. 40.

S. 95 Jane Carlyle. Daguerreotypie. Ebenda, S. 40.

S. 96 Edward Bulwer-Lytton. Zeitgenössischer Stich. Ebenda, S. 37.

S. 97 Miss Angela Burdett-Coutts. Zeitgenössischer Stich. Ebenda, S. 36.

S. 104 Little Nell. Gezeichnet von George Cattermole. Zitiert nach *The Old Curiosity Shop* in der *Library Edition*.

S. 111 Dickens' Kinder. Zitiert nach *The Catalogue of the Suzannet Charles Dickens Collection*, hg. v. Michael Slater. London 1975. S. 146.

S. 124 «Mädchen am Wasserfall». Gemälde von Daniel Maclise (1842) mit Georgina Hogarth als Modell. Zitiert nach Martin Fido, *Charles Dickens*. Twickenham 1970. S. 93.

S. 125 Dickens mit seiner Frau und Georgina Hogarth. Skizze von Daniel Maclise (1842). Zitiert nach John Forster, *The Life of Charles Dickens*, S. 293.

S. 130 «Scrooges dritter Besucher». Gezeichnet von John Leech. Zitiert nach *Christmas Books. Library Edition*, S. 39.

S. 131 «Mr. Fezziwigs Ball». Gezeichnet von John Leech. Zitiert nach *Christmas Books. Library Edition*, Frontispiz.

S. 137 «Mrs. Gamp bringt einen Toast aus» in *Martin Chuzzlewit*. Zitiert nach der *Library Edition*, Frontispiz in Bd. 2.

S. 141 Dickens liest *The Chimes*. Zeichnung von Maclise (1844). Zitiert nach Wolf Mankowitz, S. 135.

S. 148 Theaterzettel von Dickens' erster Inszenierung. Zitiert nach Martin Fido, S. 78.

S. 149 Dickens in der Rolle des Bobadil. Gemälde von Charles Robert Leslie (1846). Zitiert nach Martin Fido, S. 80.

S. 158 «Die Schwestern». Gezeichnet von Daniel Maclise. Zitiert nach *Christmas Books* in der *Library Edition*.

S. 162 Catherine Dickens (1847) Ölgemälde von Daniel Maclise im Dickens House Museum, London. Zitiert nach Lillian Nayder: *The Other Dickens. A Life of Catherine Hogarth*. Ithaca 2011.

S. 165 William Makepeace Thackeray. Gezeichnet von Samuel Laurence 1852. Zitiert nach Martin Fido, S. 102.

S. 168 Umschlagbild von *Dombey and Son*. Zitiert nach Michael Slater, Abb. 40.

S. 174 Schlusstableau von *The Haunted Man*. Gezeichnet von Clarkson Stanfield. Zitiert nach *Christmas Books* in der *Library Edition*.

S. 181 Schloss Knebworth. Zitiert nach Martin Fido, S. 80.

S. 189 Tavistock House. Zeitgenössischer Stich. Zitiert nach Paul Davis, S. 620.

S. 210 Georgina Hogarth. Zeichnung von Augustus Egg um 1850. Zitiert nach Wolf Mankowitz, S. 120.

S. 211 Catherine Dickens. Daguerreotypie von John Jabez Edwin Mayall (?1852–1855). Zitiert nach Michael Slater, Abb. 62.

S. 213 Wilkie Collins. Porträt von Sir John Everett Millais (1850). Zitiert nach *The National Portrait Gallery Collection*, S. 119.

S. 228 Ellen Ternan mit ihren Schwestern. Zitiert nach Claire Tomalin, *The Invisible Woman: The Story of Nelly Ternan and Charles Dickens*. New York 1991.

S. 229 Ellen Ternan. Daguerreotypie (1857). Ebenda.

S. 240 Dickens. Porträt von William P. Frith (1859) im Victoria & Albert Museum. Zitiert nach Aubry Noakes, *William Frith: Extraordinary Victorian Painter*. London 1978. Tafel 6.

S. 248 Gad's Hill Place. Aus *The Illustrated London News*, 18. Juni 1870. Zitiert nach Michael Slater, Abb. 77.

S. 250 Dickens und Charles Fechter. Unveröffentlichte Karikatur von Alfred Bryan. 1879 erschien eine stark veränderte Version in *Entr'acte* (238). Zitiert nach *The Catalogue of the Suzannet Charles Dickens Collection,* S. 49.

S. 251 Das Chalet. Zeitgenössischer Stich. Zitiert nach Michael Slater, S. 539.

S. 265 Das Eisenbahnunglück von Staplehurst. In der Zeitung *The Penny Illustrated Paper* vom 14. Juni 1865. Ebenda, S. 223.

S. 266 Dickens liest seinen Töchtern in Gad's Hill Place vor. Fotografie. Zitiert nach John B. Priestley, S. 103.

S. 278 Dickens, *All the Year Round.* Undatierte Karikatur unter dem Pseudonym SEM. Zitiert nach Wolf Mankowitz, S. 189.

S. 284 Dickens überquert den Kanal. Karikatur von André Gill aus *L'Eclipse*, Paris, 14. Juni 1868. Zitiert nach John B. Priestley. S. 123.

S. 290 «Der Britische Löwe in Amerika». Karikatur (1867) aus der Zeitschrift *The Daily Joker.* Zitiert nach B. W. Matz (Hg.), *Dickens in Cartoon and Caricature. Compiled by William Glyde Wilkins.* Boston 1924. Tafel XX.

S. 293 Dickens in seinen Figuren. Ebenda, Tafel XXIII.

S. 301 Dickens bei seiner letzten Lesung. Zitiert nach John B. Priestley, S. 125.

S. 302 Dickens auf dem Totenbett. Zeichnung von Sir John Millais. Zitiert nach Michael Slater, Abb. 79.

S. 303 «Der leere Stuhl». Aquarell von Luke Fildes. Erschienen am 25. Dezember 1870 als Stich in der Weihnachtsnummer von *The Graphic* 1870. Ebenda, Abb. 80.

S. 304 «Der leere Stuhl». In der Zeitschrift *Judy* vom 22. Juni 1870. Zitiert nach B. W. Matz (Hg.), *Dickens in Cartoon and Caricature*, Tafel XXIV.

S. 306 Umschlagbild von *The Mystery of Edwin Drood.* Zitiert nach John B. Priestley, S. 124.

S. 310 Die letzte Manuskriptseite von *The Mystery of Edwin Drood.* Zitiert nach Michael Slater, Abb. 78.

S. 313 John Forster. Fotografie. Zitiert nach Martin Fido, S. 49.

S. 314 Georgina Hogarth. Fotografie. Zitiert nach John B. Priestley, S. 106.

S. 325 «Dickens' Traum». Unvollendetes Aquarell von Robert William Buss (1875). Zitiert nach Lionel Lambourne, *Victorian Painting,* London 1999. S. 73.

Ausgewählte Literatur
(chronologisch)

Deutschsprachige Werkausgaben

Boz's sämmtliche Werke. 27 Bde. Leipzig 1878.
Charles Dickens' ausgewählte Werke, dt. v. Auguste Scheibe. Halle 1879–88.
Sämmtliche Romane und Erzählungen, dt. v. Paul Heichen. Naumburg o.J. (ab 1892–).
Ausgewählte Romane und Geschichten, dt. von Gustav Meyrink. 16 Bde. München 1909–14.
Ausgewählte Werke, dt. v. R. Zoozmann. 16 Bde. Leipzig 1910.
Werke. Einzelausgaben von versch. Übersetzern, 18 Bde. Winkler, München ab 1956.
Gesammelte Werke in Einzelausgaben. 25 Bde. (versch. Übersetzer). Rütten & Löning, Berlin 1965–90.

Ausgewählte Einzelausgaben

Italienische Reise. Übers. v. Noa Kiepenheuer u. Friedrich Minckwitz. Mit einem Nachwort von Werner Hermann. Hamburg 1968. (Lizenzausgabe des Kiepenheuer Verlags Weimar).
Weihnachtsmärchen und Weihnachtserzählungen. Mit den Illustrationen aus den Erstausgaben. Übers. v. Carl Kolb und Julius Seybt. 2 Bde. Rastatt 1976. Zahlreiche Neuauflagen.
Notizen aus Amerika. Übers. v. Gertraud Michel. Mit einem Nachwort von Jürgen Kuczynski. Berlin 1980.

Nachschlagewerke

Michael und Mollie Harwick, The Charles Dickens Encyclopaedia. Reading 1973.
Norman Page, A Dickens Companion. London 1984.
Paul Davis: Charles Dickens A to Z. The Essential Reference to His Life and Work. New York 1998. Erweiterte Ausgabe u. d. Titel: Critical Companion to Charles Dickens. A Literary Reference to His Life and Works. New York 2007.
George Newlin, Everyone in Dickens. 3 Bde. Westport, Conn./ London 1995.
Paul Schlicke (Hg.), Oxford Reader's Companion to Dickens. Oxford 1999.
David Paroissien (Hg.), A Companion to Charles Dickens. Oxford 2008. (In der Reihe ‹Blackwell Companions to Literature and Culture›).

Zeitgeschichtlicher Hintergrund

R. J. Cruikshank, Charles Dickens and Early Victorian England. London 1949.
Martin J. Wiener, English Culture and the Decline of the Industrial Spirit 1850–1980. Cambridge 1981.
F. M. L. Thompson, The Rise of Respectable Society: A Social History of Victorian Britain 1830–1900. London 1988.

Illustrierte Kurzbiographien

John B. Priestley, Charles Dickens. A Pictorial Biography. London 1961. Deutsch: Charles Dickens. Eine Bildbiographie. München 1965.
Martin Fido, Charles Dickens. London 1970.
Wolf Mankowitz, Dickens of London. London 1976.
Johann N. Schmidt, Dickens. Mit Selbstzeugnissen und Bilddokumenten. Reinbek 1978 (rowohlt monographie).
Wolfgang Dohrmann, Charles Dickens. Salzburg 1981. (In: Die großen Klassiker. Literatur der Welt in Bildern, Texten, Daten).
Peter Ackroyd, Dickens. Public Life and Private Passion. London 2002.
Elizabeth James, Charles Dickens. Oxford 2004. (In: The British Library Writers' Lives).

Große Biographien

John Forster, The Life of Charles Dickens. 3 Bde. London 1872–74. Deutsch: Charles Dickens' Leben. Dt. v. Friedrich Althaus (vom Verf. autorisiert). Berlin 1872–75.
Edgar Johnson, Charles Dickens. His Tragedy and Triumph. 2 Bde. London 1952.
Norman u. Jeanne Mackenzie, Dickens. A Life. Oxford 1979. Deutsch: Dickens. Ein Leben. Frankfurt a. M. 1983.
Fred Kaplan, Dickens. A Biography. Baltimore 1988.
Peter Ackroyd, Dickens. London 1990.
Michael Slater, Charles Dickens. London 2009.

Einzelne Aspekte der Biographie

J. W. T. Ley, The Dickens Circle. A Narrative of the Novelist's Friendships. London 1918.
Gladys Storey, Dickens and Daughter. London 1939.
Christopher Hibbert, Charles Dickens. The Making of a Genius. London 1967.
Michael Allen, Charles Dickens' Childhood. London 1988.
Claire Tomalin, The Invisible Woman. The Story of Nelly Ternan and Charles Dickens. New York 1990.
Grahame Smith, Charles Dickens. A Literary Life. London 1996.
Lillian Nayder, The Other Dickens. A Life of Catherine Hogarth. Ithaca, N. Y., 2011.

Einführungen

K. J. Fielding, Charles Dickens. A Critical Introduction. London 1958.
Die Welt des Charles Dickens, hg. v. E. W. Tomlin. Dt. v. Eva Gärtner. Hamburg 1969.
Angus Wilson, The World of Charles Dickens. London 1970.
Philip Hobsbaum, A Reader's Guide to Charles Dickens. London 1972.
Paul Goetsch, Dickens. Eine Einführung. München 1986.
Peter Ackroyd, Introduction to Dickens. London 1991.
Michael Slater, An Intelligent Person's Guide to Dickens. London 1999.
Andrew Sanders, Charles Dickens. Oxford 2003. (In: Authors in Context. Oxford World's Classics)

Kritische Literatur zum Romanwerk insgesamt

Wilhelm Dilthey, «Charles Dickens und das Genie des erzählenden Dichters» (1877) in: Ders.: Die grosse Phantasiedichtung und andere Studien zur vergleichenden Literaturgeschichte. Hg. v. Hermann Nohl. Stuttgart 1954.
George Gissing, Charles Dickens. A Critical Study. London 1898.
Gilbert Keith Chesterton, Charles Dickens. London 1906.
Wilhelm Dibelius, Charles Dickens. Leipzig 1916.
Humphry House, The Dickens World. London 1941.
George H. Ford, Dickens and His Readers. Aspects of Novel-Criticism since 1836. New York 1955.
James Hillis Miller, Charles Dickens. The World of His Novels. Cambridge, Mass., 1958.
Mark Spilka, Dickens and Kafka. A Mutual Interpretation. Gloucester 1963.
Heinz Reinhold (Hg.), Charles Dickens. Sein Werk im Lichte neuer deutscher Forschung. Heidelberg 1969.
Barbara Hardy, The Moral Art of Dickens. London 1970.
John Lucas, The Melancholy Man: A Study of Dickens's Novels. London 1970.
A. E. Dyson, The Inimitable Dickens. A Reading of the Novels. London 1971.
Harry Stone, Dickens and the Invisible World. Fairy Tales, Fantasy, and Novel-Making. London 1979.
Andrew Sanders, Charles Dickens: Resurrectionist. London 1982.
Beth Herst, The Dickens Hero. Selfhood and Alienation in the Dickens World. London 1990.
Heinz Reinhold, Charles Dickens und das Zeitalter des Naturalismus und der Ästhetischen Bewegung. Eine geschmacksgeschichtliche Untersuchung. Heidelberg 1990. (Anglistische Forschungen: Heft 201).
Annegret Maack, Charles Dickens. Epoche – Werk – Wirkung. München 1991. (In: Arbeitsbücher zur Literaturgeschichte).
Anny Sadrin, Parentage and Inheritance in the Novels of Charles Dickens. Cambridge 1994.
Harry Stone, The Night Side of Dickens. Cannibalism, Passion, Necessity. Columbus, Ohio 1994.
Andrew Sanders, Dickens and the Spirit of the Age. Oxford 1999.

Einflussreiche Aufsätze

George Orwell, «Charles Dickens» in: Inside the Whale. London 1940.

Edmund Wilson, «Dickens. The Two Scrooges». In: The Wound and the Bow. Seven Studies in Literature. Boston 1941. (Als Vortrag gehalten 1939).

Zu einzelnen Aspekten

Dickens' Arbeitsweise

John Butt u. Kathleen Tillotson, Dickens at Work. London 1957.

Humor, Komik und Satire

The Humour of Dickens. Chosen by R.J. Cruikshank. London 1952. (Eine Anthologie).

Sylvia Manning, Dickens as Satirist. New Haven, Conn. 1971.

Michael Hollington, Dickens and the Grotesque. London 1984.

Hans-Dieter Gelfert, «Madam, I'm Adam». Eine Kulturgeschichte des englischen Humors. München 2007.

Dickens und die Welt des Kindes

Malcolm Andrews, Dickens and the Grown-Up Child. Iowa City 1994.

Dickens und Religion

Dennis Walder, Dickens and Religion. London 1981.

Dickens und London

Jeremy Tambling, Going Astray. Dickens and London. London 2009.

Dickens' Sozialkritik

Philip Collins, Dickens and Crime. London 1962.

Ders., Dickens and Education. London 1963.

Dickens und das Geld

Grahame Smith, Dickens, Money, and Society. Berkeley 1968.

Dickens und Amerika

Michael Slater (Hg.), Dickens on America and the Americans. London 1978.

Sidney P. Moss, Charles Dickens' Quarrel with America. Troy, NY, 1984.

Dickens und seine Verleger

Robert Lowry Patten, Charles Dickens and His Publishers. Oxford 1978.

Dickens' Interesse am Mesmerismus

Fred Kaplan, Dickens and Mesmerism. Princeton 1985.

Dickens und die Frauen

Michael Slater, Dickens and Women. London 1983.

Dickens und seine Illustratoren

Michael Steig, Dickens and Phiz. Bloomington, Ind. 1978.

Jane Rabb Cohen, Charles Dickens and His Original Illustrators. Columbus, Ohio 1980.

Dickens und Collins

Lillian Nayder, Unequal Partners: Charles Dickens, Wilkie Collins and Victorian Authorship. Itahaca, N. Y., 2002.

Dickens' Lesereisen

Philip Collins (Hg.), Charles Dickens: The Public Readings. London 1975.

Malcolm Andrews, Charles Dickens and his Performing Selves: Dickens and the Public Readings. Oxford 2006.

Dickens und die Unterhaltungskultur

Paul Schlicke, Dickens and Popular Entertainment. London 1985.

Dickens und das Theater

J. B. Van Amerongen, The Actor in Dickens: A Study of the Histrionic and Dramatic Elements in the Novelist's Life and Works. London 1926. Neuaufl. New York 1970.

William F. Axton, Circle of Fire: Dickens' Vision and Style and the Popular Victorian Theatre. Lexington, Kentucky 1966.

Deborah Vlock, Dickens, Novel-Reading and the Victorian Popular Theatre. Cambridge 1998.

Dickens und der Film

Grahame Smith, Dickens and the Dream of Cinema. Manchester 2003.

Zur Symbolik

Hans-Dieter Gelfert, Die Symbolik im Romanwerk von Charles Dickens. Stuttgart 1974.

Personenregister

Aus dem Verlagsprogramm

HANS-DIETER GELFERT BEI C. H. BECK

Edgar Allan Poe

An Rande des Malstroms
2008. 249 Seiten mit 27 Abbildungen.
Gebunden

Typisch englisch

Wie die Briten wurden, was sie sind
6., durchgesehene Auflage. 2011. 200 Seiten mit 18 Abbildungen.
Paperback
Beck'sche Reihe Band 1088

Kleine Geschichte der englischen Literatur

2., aktualisierte Auflage. 2005. 384 Seiten mit 33 Abbildungen.
Paperback
Beck'sche Reihe Band 1181

Kleine Kulturgeschichte Großbritanniens

Von Stonehenge bis zum Millennium Dome
1999. 364 Seiten mit 52 Abbildungen.
Paperback
Beck'sche Reihe Band 1321

Typisch amerikanisch

Wie die Amerikaner wurden, was sie sind
3., aktualisierte und um ein Nachwort ergänzte Auflage. 2006.
214 Seiten.
Paperback
Beck'sche Reihe Band 1502

VERLAG C. H. BECK MÜNCHEN

HANS-DIETER GELFERT BEI C. H. BECK

Englisch mit Aha!

Die etwas andere Einführung in die englische Sprache
2. Auflage. 2011. 222 Seiten.
Paperback
Beck'sche Reihe Band 1528

Was ist gute Literatur?

Wie man gute Bücher von schlechten unterscheidet
3., überarbeitete Auflage. 2010. 222 Seiten.
Paperback
Beck'sche Reihe Band 1591

Was ist deutsch?

Wie die Deutschen wurden, was sie sind
2005. 211 Seiten mit 24 Abbildungen.
Paperback
Beck'sche Reihe Band 1657

Shakespeare

2000. 128 Seiten mit einer Abbildung.
Paperback
Beck'sche Reihe Band 2055
C.H.Beck Wissen

Madam I'm Adam

Eine Kulturgeschichte des englischen Humors
2007. 239 Seiten mit 42 Abbildungen.
Paperback
Beck'sche Reihe Band 1767

VERLAG C. H. BECK MÜNCHEN

ENGLISCHE GESCHICHTE

Karina Urbach

Queen Victoria

Eine Biografie

2. Auflage. 2011. 191 Seiten mit 14 Abbildungen.

Paperback

Beck'sche Reihe Band 1975

Thomas Kielinger

Elizabeth II.

Das Leben der Queen

2011. 256 Seiten mit 15 Abbildungen. Gebunden

Thomas Kielinger

Großbritannien

in der Reihe «Die Deutschen und ihre Nachbarn»

Herausgeben von Helmut Schmidt und Richard Freiherrn von Weizsäcker

2009. 272 Seiten mit 13 Abbildungen und 2 Karten. Gebunden

Peter Wende

Englische Könige und Königinnen der Neuzeit

Von Heinrich VII. bis Elisabeth II.

Herausgegeben von Peter Wende

2008. 407 Seiten mit 23 Abbildungen und einem Stammbaum.

Paperback

Beck'sche Reihe Band 1872

Hans-Christoph Schröder

Englische Geschichte

6., aktualisierte Auflage. 2010. 135 Seiten.

Paperback

Beck'sche Reihe Band 2016

C.H.Beck Wissen

VERLAG C. H. BECK MÜNCHEN